佛學

方立天講談錄

儒家是人本主義的
道家是自然主義的
佛家是解脫主義的
三者的共存互補，
構成了完整的中國傳統文化

方立天 著

崧燁文化

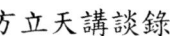

目錄

編輯緣起

佛學研究的人生體悟（代序）

禪

禪宗精神——禪宗思想的核心、本質及特點
 一、禪宗思想的核心——心性論
 二、禪宗思想的本質：自然——內在——超越
 三、禪宗的思想特點

如來禪與祖師禪
 一、何謂如來禪？
 二、何謂祖師禪？
 三、如來禪與祖師禪的禪法區別
 四、如來禪與祖師禪的歷史界限
 五、祖師禪提出的思想背景及其流傳的文化意義

門外看生活禪
 一、生活禪的提出
 二、生活禪的界說
 三、生活禪的宗旨
 四、生活禪的內涵
 五、生活禪的修持方法

禪宗與念佛
　　一、禪與念佛的本義與發展
　　二、禪宗與念佛
　　三、小結

佛教思維方式

般若思維簡論
　　一、般若
　　二、中道
　　三、二諦
　　四、八不
　　五、現觀

佛教「空」義解析
　　一、「空」義的類別
　　二、「空」義的內涵
　　三、佛教「空」義學說的評價

談「空」說「有」話佛理
　　一、「空」「有」問題是佛教義理的核心
　　二、「空」「有」學說的歷史演變
　　三、「空」「有」思想的現代意義

禪悟思維簡論
　　一、無念、無相、無住
　　二、觸類是道與即事而真

三、四料簡、四賓主與四照用
　　四、曹洞五位與雲門三句
　　五、機鋒與棒喝
　　六、超佛越祖與呵祖罵佛
　　七、文字禪、看話禪與默照禪
　　八、略評

中國佛教哲學思維方式簡論
　　一、中國佛教哲學思維方式的類型
　　二、中國佛教哲學思維方式的特點
　　三、中國佛教哲學思維方式是中國傳統哲學思維方式的重要組成部分

中印佛教思維方式之比較
　　一、印度佛教思維方式的演變
　　二、中國佛教思維方式的演變
　　三、中印佛教思維方式的異同

佛教與人生

佛教的人生哲學——兼論佛儒人生哲學之異同
　　一、佛教的人生哲學
　　二、佛、儒人生哲學的異同
　　三、中國佛教對待與儒家人生哲學差異的態度

人生理想境界的追求——中國佛教淨土思潮的演變與歸趣
　　一、前言

　　二、彌勒淨土信仰的興衰
　　三、彌陀淨土思想的歧解
　　四、唯心淨土觀念的流傳
　　五、人間淨土理念的倡導

彌勒信仰在中國
　　一、彌勒信仰興起的三個原因
　　二、彌勒信仰演變的三個階段
　　三、彌勒信仰的三個特點

中國佛教慈悲理念的特質及其現代意義
　　一、慈悲理念的哲學基礎
　　二、慈悲理念的思想含義
　　三、慈悲理念的善行要點
　　四、慈悲理念的形象創造
　　五、慈悲理念的內在特質
　　六、慈悲理念的現代意義

中國佛教的過去與未來
　　一、引言
　　二、中國佛教的歷史經驗
　　三、中國佛教的未來走向

佛、道的人生價值觀及其現代意義
　　一、人生價值觀是佛、道思想的核心
　　二、佛、道人生價值觀的要義
　　三、佛、道人生價值觀的現代意義

佛教生態哲學與現代生態意識
　　小引
　　一、佛教緣起論與生態構成
　　二、佛教宇宙圖式論與生態共同體
　　三、佛教因果報應論與生態循環
　　四、佛教普遍平等觀與生態平衡
　　五、佛教環境倫理實踐與生態建設
　　小結

佛教與文化

中華文化的核心與國民素質的提高
　　一、中華文化的形成與核心
　　二、人生價值觀的要義
　　三、人生價值觀與國民素質提高的關係

談談佛教與中國民俗
　　一、佛教信仰與民風葬俗
　　二、佛教活動與民間節慶
　　三、佛教生活與飲食習俗

佛教與中國文化
　　一、小引：探討的範圍、方法和視角
　　二、佛教與中國文化發生交涉的內在思想機制
　　三、佛教與中國文化交涉的過程與方式
　　四、佛教對中國文化的充實與豐富
　　五、佛教與中國文化交涉的成功經驗

中國佛教文化的內涵
　　一、佛教文化的意義
　　二、中國佛教文化的內涵

中國佛學思想精華與當代世界文明建設（論綱）
　　一、中國佛學思想的特質：重自力、重解脫、重入世
　　二、中國佛學思想的精華：緣起因果，求智修善，平等慈悲，中道圓融
　　三、中國佛學思想精華與當代世界文明建設

佛教中國化與中國化佛教
　　一、佛教中國化與中國化佛教的界說
　　二、佛教中國化的必要性與可能性
　　三、佛教中國化的歷史進程
　　四、中國化佛教的基本內涵
　　五、中國化佛教的重要特點

編輯緣起

　　方立天教授是我的老師。1980年代，我在中國人民大學哲學系讀研究生的時候，每一天，我們在進出圖書館的路上，大概都能看到方老師進出圖書館的身影。同學之間就一個傳一個地知道了，這位個子不高，神態怡然，步履安泰的老師，就是我們系專門研究佛教的方老師。在我的印象裡，方老師進出圖書館幾乎形成不變的規律，猶如康德先生在哥尼斯堡那條小路上定時地散步。對於方老師治學勤奮的精神，那時候就有了欽佩之情。

　　雖知其名，但是我一直沒有機緣聽過方老師的課。不過，離開學校之後，第一次接觸佛教理論，就是向方老師學習，拜讀他的大作《佛教哲學》。方老師的文風深入淺出，佛教哲學這樣看起來高深玄遠的學問，在他的筆下，變得條理清晰，易於理解。當時在書中讀到佛教總結的人生八大苦難，頓時感到對我是一種振聾發聵的提醒，佛教以一種獨特的眼光審視娑婆世相，為人打開一扇解除煩惱的智慧之窗。這個認識的機緣，即是從方老師的著作而來。

　　後來，我收存了方老師的關於佛教研究的各種專著，由於時間緊張，尚不及仔細研讀。不過，每一次讀他的書，總是感到當下獲益。一次，在編輯書稿時，遇到英文meditation的翻譯問題，譯者譯為「冥想」。而「冥想」這個詞，包含了多種不同的意思。從印度宗教文化背景的表達來看，譯得是否妥當？我為此猶疑良久。此時正好讀到方老師關於禪宗起源的著述，這個問題當下迎刃而解。今年初，我讀到方老師關於佛教因果論積極意義的闡釋，感到方老師佛學研究的境界更有突破升高。當時就萌發一想，把方老師尚未結集出版的演講等著述彙編成書，為喜愛佛學和中華傳統文化的讀者，提供一個新的通俗讀本。這個想法，得到方老師欣然同意和支持。於是，由王海燕博士整理編排，經方老師增刪審定，《方立天講談錄》得以和讀者見面。並由此，我們開闢了一個「名家講談錄」系

列，擬將學術名家的成果精華以通俗形式奉獻給普通讀者。為這個機緣的實現，我要對方老師表示深摯的感謝！

我想，接下來，我們將繼續向方老師學習，繼續把他的豐富的研究成果和思想智慧傳播給廣大讀者。希望方老師繼續地給予可貴的支持。

張海濤

佛學研究的人生體悟（代序）

我不是一個宗教的信仰者，也不是一個宗教的反對者，而是把宗教作為一種客觀對象進行研究的一個大學老師。我想跟佛教有關的大概有這樣幾類人：直接有關的就是佛教的信徒，第二類就是研究佛教的一些學者，第三就是佛教部門有關的行政官員。

佛教學術界研究佛教的人是怎麼研究的？他們的立場、方法和觀點怎樣？可能對我們信仰佛教的朋友也會有參照價值。

研究中國佛學的因緣

我是浙江人，1933年出生，1956年進入北京大學哲學系，1961年從北大哲學系畢業，分配到中國人民大學哲學系中國哲學史教研室做教師。

當時哲學系對老師有兩條要求：一是從先秦到近現代中國哲學史要會通曉講習；二是要確定哪一段哲學史作為你的重點研究方向。當時很多人報了先秦、兩漢、宋明、近現代，但魏晉南北朝、隋唐幾乎沒人報。這一階段除了儒學以外，還有佛教、道教，宗教內容比較多，1960年代初期的政治輿論環境中，道教、佛教研究都被稱為「險學」，但我還是報了這一段，而且決定先研究佛教。

當時研究佛教有三個困難。一是內容龐雜，歷史很長，派別很多，要想系統、全面地把握佛教思想史很不容易；二是佛教有很多概念，它的文字我們大多認識，但它的意思有特定的內涵，不易了解；三是佛教的思維方式跟我們一般的思維方式不同，是透過排斥而肯定，透過否定來呈現事物的真相，透過不是這個，不是那個，然後就是那樣來認識事物，與儒家注重現實的思維很不一樣。雖然困難不少，但我最後還是確定把佛教研究堅持下來。

我覺得我與佛學研究有三點因緣：

一是傳統影響。浙江一直是一個佛教大省，佛教的禪宗、天臺宗等在民間影響很大。我母親就信仰佛教，我就讀的那個小學和一座廟相連，上完課我們就跑到廟裡去玩，去看佛像。我的幾個哥哥姊姊都不到成年就走了，母親希望觀音菩薩保佑我活下來，就說我是觀音菩薩生的，並把我的小名「觀生」貼在關公像後面，這把我和佛教的感情拉得很近，好像我和觀音菩薩、關公老爺都有一種特殊關係似的。這很可能是影響我研究佛教的一個內在基礎性的原因。

二是理性選擇。進入北京大學以後，在對中國哲學的了解當中，對中國佛教也有了一點了解。認識到佛教內容很豐富，和中國文化、中國哲學的關係密切，很值得我們研究。

三是個性愛好。我比較喜歡研究、思考冷門的問題，不太喜歡研究大家都研究的、都有興趣的東西。佛教當時當然是不被大家重視的一個學科。我就想，別人不研究我就去研究。只要克服了困難，就會取得學術研究的成果。

研究中國佛學的軌跡

我到中國人民大學的時候，具備的佛教知識很少。後來了解到中國佛教協會辦了一個中國佛學院，學校的領導允許我去聽課，我就住到廟（法源寺）裡，幾位教我們的法師都是飽學之士，學習了約八個月，取得兩大收穫：

一是對佛教的基本歷史、基本理路、基本思想有了一個初步的了解。二是了解到佛門法師的生活，了解到他們都是道德高尚、有追求、有信仰的人，而且也了解到佛教內容很龐大，學問很深。從佛學院回到學校以後，我就開始了佛學研究。我想這個研究不僅要取得近期效果，而且應能成為一個長期研究的系列。

1.從佛教代表人物的個案研究入手

經過反覆考慮，我決定從佛教傳到中國以後一些在中國佛教中影響最大的僧人入手。第一個研究的是東晉的道安法師，頭一篇研究的文章在《新建設》上發表。當時《新建設》相當於現在的《中國社會科學》，是中國科學院辦的人文社會科學的雜誌，地位很高。

「文革」結束後，我繼續進行個案研究，當時研究的人物有道安、慧遠、支

道林、僧肇和梁武帝蕭衍等等。我的研究方法是首先找全資料。比如說道安，首先要把道安寫的所有文獻、資料都反覆看，有關他的傳記等也都要看。第二是將已有研究道安的成果都找來看，這樣就知道別人已經研究到什麼程度，哪些還可以拓展。

我寫的魏晉南北朝佛教人物的系列研究成果，後來被中華書局注意到，1980年代初中華書局主動約我把對魏晉南北朝佛教人物的研究結集成書，這就是《魏晉南北朝佛教論叢》。中華書局的人說，我們一般不給年輕人（我當時還比較年輕）出論文集，都是給老專家出書。中華書局出《魏晉南北朝佛教論叢》，對我來說是很大的鼓勵和鞭策。

後來我發現有一個人物在東晉時代特別重要，這就是慧遠大師。慧遠是山西人，後來在江西弘法，在江西廬山東林寺主持佛事活動。我將對慧遠的研究寫成專著《慧遠及其佛學》。

我注意到這些個案研究的意義：它是對於佛教領袖的思想的集大成研究，實際上中國佛教領袖的思想就是中國佛教的思想。研究中國佛教思想首先要從研究中國佛教不同階段的一些重要人物的思想開始。所以後來到了隋唐那一段我也研究了法藏（華嚴宗的創始人）的思想，寫了《法藏》一書，在臺灣出版，受到較高評價。後來我還研究了禪宗的創始人慧能。這些個案研究使我掌握了中國佛教派別的重要背景，對了解中國佛教思想的發展有很大幫助。

2.佛教典籍的整理

研究佛教首先要研究文獻，要看得懂。我的文化背景，功夫、能力都有局限，要讀懂佛教典籍的內容有困難。但是，如果缺乏對文獻的準確了解，研究佛教就沒有基礎。我反覆思考，想出一個辦法：選一本書，把這本書加以標點、註釋和校勘，然後用現代的語言進行翻譯。對一本書做過這樣的系統工作，再讀第二本佛教典籍，就會相對比較容易。

我當時選的那本書是華嚴宗的經典《金師子章》，是法藏給武則天說法的。他將佛教的華嚴經義理說給武則天聽。文章很短，但很重要。是闡述華嚴經中關於最高精神境界理論的著作，很深刻，不是一般人能了解的，是要經過修持，達

到很高境界以後，宇宙呈現出來的現象、狀態在人的主觀心境中的體現。這本書很薄，我把它精心地加以整理，又加以翻譯，由中華書局出版《華嚴金師子章校釋》。

這本書被當時的古籍整理領導小組組長李一氓看到了，寫了一篇書評，派了祕書送到我家來徵求意見。這個書評後來在《讀書》雜誌上發表，對我的古籍整理的方式、方法和路子給予了充分的肯定。他還多次在不同場合提到這本書。我在華嚴宗《金師子章》的校釋裡面，不光進行了標點、斷句、校勘、註釋和翻譯，而且還進行了比較客觀的評論。

經過一些這樣的鍛鍊，我對佛教典籍了解的程度提高了，後來還和幾位朋友一起編了一套《中國佛教思想資料選編》。這套書成為大學哲學系學習佛教的重要文獻。

3.佛教哲學現代化研究的嘗試

我對佛教人物有了一定的研究，對典籍也有一定的了解，接下去我又開始了對佛教哲學現代化研究的嘗試。佛教哲學很深奧，這一研究在我看來，一要有現代問題的意識。現代人類社會存在什麼問題？佛教哲學當中相應地有哪些資源？佛教哲學有人生哲學、宇宙論、認識論和修持論（實踐論）等很多方面，哪些方面是現代人所關切的？對此我們要重視。因為研究歸根結柢是為提升現代人素質服務的。

二要用現代的語言表述佛教的思想。不能只說「般若」、「涅槃」，這些佛教用語要用現代語言把它解釋清楚。

三要運用現代方法對佛教哲學進行闡釋。佛教從早期原始佛教到部派佛教到大乘佛教有個發展過程，其思想邏輯的形成也有個過程。早期佛教思想主要是四諦——「苦、集、滅、道」，部派佛教內容就豐富起來了，到大乘佛教就講「緣起性空」。研究它的思想邏輯與歷史發展，是研究佛教的重要方法。還有分析和綜合的方法。佛教理論包括人生論、心性論等等，內容很多，要把其中不同的元素進行分解，分解了以後進行深入地研究，然後再加以綜合。這對於了解佛教哲學關係很大。對於佛教哲學我研究的側重點是人生論、心性論和修持論。每一個

問題都有不同的要點。透過歷史和邏輯的統一、分析和綜合等研究方法來把握佛教哲學，取得了較好的效果。

四是要做出評價。作為一個學者，對一個思想體系、信仰體系，應該做出自己的評論。我認為，這個評價應當是具有現代意識的、實事求是的，既要有理性的了解，又要加以心性的體會，認同的就肯定，有不同意見的、需要發展的，就提出自己的看法。

我對佛教哲學經過以上四個方面的研究後，寫出了《佛教哲學》一書，印量較大，在地攤上都有。北京大學歷史系周一良教授看後給我寫了信，認為有了這本書，佛教入門的書就算有了。《佛教哲學》是在個案研究基礎上，就整體佛教的思想進行宏觀研究的。這本書與我的其他佛教研究著作一樣，也得到了獎勵。

4.佛教文化中國化的探索

接下來，我又開始思考佛教中國化的問題。印度佛教到了中國內地，用中國各民族文字翻譯傳播；中國的西部地區、中部地區、長江、黃河以北地區和以南地區自然環境不一樣，人文環境也不一樣。這些都會使一個外來的宗教在傳播過程中發生變化，比如飲食習慣，藏傳佛教和漢傳佛教就不一樣。翻譯的文字也不同，於是形成了漢傳佛教、藏傳佛教和南傳佛教。

中國佛教和印度佛教的區別是我思考了很多年的問題。我把它歸納為好幾個方面，例如，中國佛教比印度佛教更重視現實，重視自性，重視簡易，重視頓悟等等，這些我都有專門的文章論述。中國佛教傳播的過程，是對印度佛教進行了重大發展的一個過程，只有進行這樣的研究，才能推動佛教學術研究的發展，才能把握佛教發展的規律。這方面我寫了《中國佛教與傳統文化》，這本書也是在地攤上都有，是一本比較、研究了佛教和中國其他文化形態（哲學、倫理道德和文學藝術等等）的關係的著作。

佛教是發展的，不同的歷史階段佛教所面臨的、要解決的問題很不一樣，時代會帶來佛教思想的發展和變化。作為一個佛教學術研究者，重要的是要觀察這些變化。比方說，中國佛教禪宗的產生就和時代的變化有極大的關係。佛教傳播到民間，就需要像慧能這樣的人調整印度佛教的很多思想內容——走中國禪宗的

路。當代海峽兩岸都提倡人間佛教，這個人間佛教也是時代對佛教提出的要求。我很早就給星雲大師提過一個建議：成立一個社會心理研究所，觀察社會的變化、各類人群心理的變化後提出對策。人間佛教和唐代的禪宗可以說是中國佛教的兩大創造。

5.對中國佛教哲學的整體研究

中國佛教哲學有沒有體系？它的體系是怎樣的？這是我在完成個案研究、典籍整理，又進行了宏觀的研究以後做得最多的工作：從中國的佛教領袖、思想家的著作出發，把他們對印度佛教哲學的發展創造加以系統的整合，整理出中國佛教的哲學體系——我把它看作是自己學術生平中一個最重要的志業。起初想用七八年的時間完成這本書，後來因為社會工作越來越多，結果用了十五年時間完成了這部九十多萬字的《中國佛教哲學要義》（上下冊）。在這部書中，我把中國佛教哲學體系分成人生論、心性論、宇宙論、認識論和修持論。這本書獲得第六屆國家圖書獎、北京市第八屆哲學社會科學優秀成果特等獎、2004年「中華文化優秀著作獎」一等獎，並列入「中國文庫」出版。很早就有了韓文版，日文、英文版都在翻譯之中。

這本書體現了我幾十年研究的總積累，所以完成以後我寫了一個後記，說我真是解放了、解脫了，很高興！

回顧我研究中國佛學的整個過程，大概的研究軌跡就是這五個方面：個案人物研究、典籍整理、佛教哲學的現代化探討、佛教文化的中國化研究，以及對中國佛教哲學體系的整體研究。現在看起來這個研究是符合邏輯的，它由基礎到專業，由比較容易到比較困難，由具體到抽象，由局部到整體，體現了它的邏輯性和有效性。

研究中國佛學的人生體悟

大體上可以說我從1960年代初期（中間也停了十多年時間），到現在為止對佛教進行了重點的學術研究。在對佛教研究的五十年中，我感觸最深的人生體悟有三條：

第一個感悟，五十年來學習研究中國佛學，使我懂得佛教是有益於提高覺悟和培育道德的學術體系。佛教主要有兩個特點：一是追求真理，一是提升道德。第一個是對宇宙人生有正確的認識，對宇宙人生的真相、實相要有真實的把握；第二個是對自己的道德人格素質要努力有所提升。

　　例如，在提升覺悟方面，我認為關鍵性的一個命題就是佛教的「緣起性空」。這是佛教認識宇宙、認識人生最核心的觀念。所謂提高覺悟、提高智慧就是要認識、覺悟緣起性空。大家都知道佛教的世界觀就是緣起論，一切事物都是互相依存的。正因為是互相依存的，所以它是性空的。這個用現代化的語言來解釋，就是說一切事物都是關係的組合，包括我們現在這個書院都是由各種因素、關係構成的。既然是關係，它必然是個過程。組成這種關係的各種因素都在不斷變化，在不斷變化當中推動整體緣起事物的變化。用佛教的語言叫做「無我」、「無常」。一切事物都是關係，一切事物都是過程，因此，結論是性空，一切事物都是相對的。大體上也可以說佛教認為一切事物現象都是有的，但本質是空的。

　　緣起性空，這個對我們人生的修持其實意義很大，是很重要的。2011年9月分，胡錦濤在北京會見歐巴馬時說了一句話，我認為非常重要。他說：「全世界已經進入了相互依存的時代。」就是說由於全球化，帶來了國家之間的互相依存，互相之間的聯繫越來越密切。要合作，合作就雙贏，互相鬥就兩敗俱傷。這實際上就是緣起論。所以，佛教的緣起論是和當代人類社會的變化關係最密切的一個理論。人們認識當代的時代特徵，實際上會藉用佛教的緣起論去觀察——一切事物都是緣起的、互相依存的。

　　佛教要弘揚佛法，要傳播佛法。我非常強調傳播佛法最重要的是將緣起論的思想貢獻給人類。互相緣起，互相依存，要和諧，這個就是普遍價值。這個價值很重要，如果儒、釋、道與西方的思想能夠融通，加以綜合創造，就可能形成新的、符合當代人類需要的具有普遍意義的理念。我認為佛教在這方面可以作很大的貢獻。佛教的理論確實是能提高覺悟、增長智慧的。

　　另外，大家都知道佛教給自己做了一個定義表述，就是：「諸惡莫作，眾善

奉行，自淨其意，是諸佛教。」這就是說佛教的道德和智慧是不分離的。智慧要體現在道德的實踐上，智慧和道德不能分開。所有不好的事情我們都不要去做，所有好的事情我們都要努力去做，這就是佛教。佛教就透過這樣的表述把道德的提升和智慧的提高統一起來。

我想這對我的人生的指引是有意義的——要求自己要不斷去追求真理，要提升自己的人格。我有兩本文集：《尋覓性靈》和《仰望崇高》。一個是北京師範大學出版社出版的，一個是首都師範大學出版社出版的。尋覓性靈就是尋求良知，就是透過研究佛教以後懂得要尋找良知。仰望崇高，佛教要我們追求崇高，追求超越。這實際上就是佛教對我影響的結果。這是我的第一個感悟。

第二個感悟，要有坐冷板凳的精神。因為研究佛教要有定力。佛教不是那麼好研究的，它需要坐下來學習、思考、體會和反覆思索。坐冷板凳的過程是甘於寂寞的過程，外界物質利益對自己的誘惑要淡然面對。我沒有別的長處，但是有一條我是可以說的，我不去爭——不爭房子，不爭職稱，不爭這個那個，從來不去爭。我現在也可以說有些當時就可以得到的東西，我都沒有得到，沒有得到也泰然處之。幾十年來我基本上就在圖書館裡看書、備課和寫作。所以，中國人民大學領導說我上圖書館是大學的一道風景線，當然現在由於身體不允許，這個風景線沒有了。中國人民大學後來有一篇寫我的文章叫《不爭而爭》——不爭但都得到了。本來1983年評副教授，我是排在前面的，當時領導說我年輕，科學研究成果很好，中華書局都有論文集，雖說你教學缺56個學時，但是，我們也不會因為你缺56個學時就把你排在後面。後來又說不行了，說我態度不好。其實就是沒有去感謝某領導給我提升，相反給領導提了點意見，所以把我的副教授拿掉。但是人遇到不高興的事不要不高興，因為高興的事就要來了，高興的事來了你也不要太高興，因為不高興的事就要來了。1984年中央要在全國重點高校的文史哲經的每一個專業裡，選五個人為正教授。有的是要破格提拔，有的是從副教授往上提。文學五個，哲學五個，經濟五個，歷史五個。這個時候各個單位的領導沒有別的考慮，就是希望學校儘量有人入選，因為這樣可以表現學校的素質。我的東西也被送上去了，1984年就被破格提升為正教授，成為特批教授。這與我研究佛教有關係，淡泊名利。關鍵是自己努力，你努力了，社會總有會公

正對待你的時候。不爭而爭，要坐冷板凳，要不去爭。但要努力，不爭不是放棄自己的追求，我的追求主要是在學術上。

　　第三個感悟，是好學深思，獨立思考，自由思想。治學成敗關鍵是你有沒有獨立思考的精神，自由思想的精神。要獨立思考，不能畫地為牢，作繭自縛，那樣寫出來的東西是重複的，沒有意義的；從典籍實際出發，進行分析、研究，推導出獨到的結論，學術研究的關鍵是要提倡獨立思考，提倡自由思想，這樣才會有所創造。否則只有枝枝節節的東西，那樣的研究是無效的。中國禪宗思想中，有「小疑小悟，大疑大悟」，提倡懷疑精神，提倡思考，這是很重要的。

禪

禪宗精神——禪宗思想的核心、本質及特點

　　在中國佛教史上，禪宗是中國禪師依據中國思想文化，吸取並改造印度佛教思想而形成的頗具創造性的成果，在東亞思想文化史上產生了巨大的作用和影響。禪宗經歷了準備、興盛和衰落的過程，歷史悠悠，流派眾多。自達摩迄至道信、弘忍以來，有牛頭宗的興起和南宗北宗的對立，南宗內又有荷澤、洪州、石頭等諸宗的競起，洪州、石頭兩宗又衍出臨濟、溈仰、曹洞、雲門、法眼五家的分立，門葉繁茂，家風各異，蘭菊爭艷，異彩紛呈。禪宗主流標榜不立文字，教外別傳，直指人心，見性成佛。其間不同流派或云即心即佛，或謂非心非佛，或言即事而真，或稱本來無事，還有諸如揚眉、瞬目、叉手、踏足、擎拳、豎佛、口喝、棒打甚至呵祖、罵佛等類機鋒，其教學與禪修的方法更還有語錄、公案、古則、話頭、默照以及雲門三句、黃龍三關、臨濟三玄三要、四料簡、四賓主、四照用、曹洞五位等，五花八門，紛然雜呈，令人眼花繚亂，困惑難解。究竟如何認識禪宗？禪宗的根本精神是什麼？這是研究禪宗首先遇到的重大問題。我想，若要解決這個問題，必須了解禪宗的思想核心、本質及其特點。

一、禪宗思想的核心——心性論

方立天講談錄

　　中國古代封建社會，以高度的中央集權專制和分散的自然經濟為基本特徵。自中唐以來，這種社會格局的內在階級緊張、中央與地方摩擦、民族之間衝突，漸趨激化，適應破產農民和失意的士大夫的精神需要，禪宗獲得了廣泛的社會基礎和普遍流傳。禪宗為解救人生的苦難而產生，也在解救人生的苦難中發展，形成了一套人生價值哲學體系。禪宗思想體系包括本體論、心性論、道德論、體悟論、修持論和境界論等思想要素，其中最主要的是心性論、功夫論和境界論三大要素，分別闡明了禪修成佛的根據（基礎）、方法（中介）和目的（境界）三個基本問題。從這三大思想要素的相互關係來看，心性論是禪宗思想體系的核心內容。

　　禪宗把自心視為人的自我本質，認為苦樂、得失、真妄、迷悟都在自心，人生的墮落、毀滅、輝煌、解脫都決定於自心。自心，從實質上說是本真之心，也稱本心、真心，也就是佛性、真性，正如唐代道宣在《高僧傳》中介紹菩提達摩新禪法時所說的「含生同一真性」，此真性為人人所平等具有。由此，禪宗在傳法時講「以心傳心」，即師父不依經論，離開語言文字直接面授弟子，以禪法大義使弟子自悟自解，這也稱傳佛「心印」。「自心」是眾生得以禪修成佛的出發點和根據，是禪宗的理論基石。

　　禪宗也以「自心」為禪修的樞紐，提倡徑直指向人心，發明本心，發現真性，以體認心靈的原本狀態，頓悟成就佛果。也就是說，禪修是心性的修持。從中國禪宗的發展來看，禪師們都把修持功夫專注於心性上，如達摩、慧可、僧璨重視坐禪守心，道信、弘忍重視「心心念佛」、「念佛淨心」。牛頭法融主張「無心」，也是心性的禪修功夫。北宗神秀的禪法，其弟子普寂歸結為「凝心入定，住心看淨，起心外照，攝心內證」（見《荷澤神會禪師語錄》）。南宗慧能提倡單刀直入，自證於心，自悟本性。神會認為靈智是人心的體性、本質，強調開發靈智。馬祖及其門下派生出的溈仰和臨濟兩宗，提倡直指本心，強調平時的言語舉動、日常生活表現都是本心的自然流露，由此而有屙屎放尿、著衣吃飯、走路睡覺、運水搬柴等都是佛事之說，認為都可以從中體悟真理。石頭希遷及其門下演化出的曹洞、雲門和法眼三宗，重視一切盡由心造的唯心論，認為人的心靈是圓滿完美的，只要心地自然，就會佛法遍在，一切現成。由此可見，雖然禪

宗各派在修行的方式、方法、風格上各有不同，但是，或為了啟導心地的開悟，或順應心地的自然展現，或求得心靈的自由，各種禪修實踐都圍繞著心性進行，這是一致的。

禪宗還把禪修的目的、追求境界、成就佛果落實在自心上，強調佛從心生，自心創造（成就）佛，自心就是佛。如道信提出的「念佛心是佛」的命題，就是專念於佛，心心相續，以求心中見佛。如此，心與佛相融無別，佛就是心，心就是佛。神秀主張「離念心淨」，並認為淨心的呈現就是佛地。慧能宣揚「我心自有佛，自佛是真佛；自若無佛心，向何處求佛？」（《壇經》）「見自本性，即得出世。」（同上）認為人的自心、自性就是成佛的內在根由，就是佛的本性。成佛並不是另有一種佛身，眾生的自心、自性就是佛。眾生只要認識自我，回歸本性，當即成佛。在慧能看來，佛就是眾生原始心靈、內在本性的人格體現，就是本心、本性的覺悟者，並不是外在於眾生的具有無邊法力的人格神。慧能門下及其後來的臨濟、曹洞等五宗都宣揚「即心即佛」的思想，「即心」，此心；「即佛」，就是佛心，就是佛。認為眾生當前的現實心就是佛之所在。有的禪師還強調「即境是佛」、「觸境皆如」，「境」，指事、物。眼前的事物就是佛「真如」之所在。這是從理與事相即的角度，即把理事兩邊統一起，以求禪境。這裡的「理」是指性理，心性的「理」，性理是指一切事物的本質和根源。實際上就是以心性（佛性）與事境相統一，以事境為心性的體現作為禪修的境界。還有的禪師鼓吹「本來無事」、「無心可用」，這是強調人心本來是清淨的，而心清淨就是佛。所謂心清淨就是從主觀上排除執著佛法和萬物為實有的觀念，排除把心視為能實生佛法和萬物的實有心的觀念。可見，仍是「即心即佛」的變相。簡言之，所謂涅槃，所謂佛，就是本性的護持，心態的復原，心靈的昇華。

從上述禪宗的根據、方法和目的三方面思想來看，都是圍繞心性展開的，心性是禪宗禪理的基礎、禪修的樞紐和禪境的極致，心性論是禪宗思想的核心。研究禪宗，必須著重研究禪宗的心性思想。

二、禪宗思想的本質：自然——內在——超越

從禪宗思想體系的內涵、結構、核心來看，禪宗的基調是以心性論為基點，透過心性修持獲得心性昇華的心性學說，是一種擺脫煩惱、追求生命自覺和精神境界的文化理想。貫穿於禪宗心性學說、文化思想的本質內容是：自然——內在——超越。

禪宗吸取中國道家的「自然」觀念來詮釋人的生命自然狀態、人的自性。道家把自然規定為萬物的本質、本性，是不假人為、自然而然、本來如此的真實存在。「僧家自然者，眾生本性也。」（《荷澤神會禪師語錄》）禪宗認為，「自然」就是眾生本性，也就是佛性。這也就是把佛性界定為自足完滿、純真樸實的生命本然。人的本性既然是自然的，也就是內在的，是內涵於人身的本質性存在，既非外在的神靈所賦予，又非透過超越經驗、違背人性的作為所獲得的，同時也是各種外在因素所不能消滅的。人的內在自性是生命的主體、成佛的根據。人的現實感性生活是自性的外在作用和體現，人轉化為佛是自性的發現，是由此而生的精神境界的顯現。人的自性是內在的又是超越的，因為內在本性是清淨、圓滿、純樸、覺悟的，是離開一切現象，有別於人的外部表現的。如何實現超越？禪宗認為修禪成佛，就是見性成佛，就是向自己心性去體認，識得自性便成佛道，便是實現了超越。禪宗強調佛就在心中，涅槃就在生命過程之中，理想就在現實生活之中。這樣，禪宗就把彼岸世界轉移到現實世界，把對未來生命的追求轉換為內心反求。由此禪宗反對捨棄現實感性生活扭曲自性去尋求超驗，而是強調「佛法在世間，不離世間覺」（《壇經》），要求在日常生活中發現超越意義，實現理想精神境界。禪宗公案中的「世尊拈花迦葉微笑」（《法演語錄》卷下）就是提倡心靈溝通，要求會心體悟。禪宗要求從「饑則吃飯，困則打眠，寒則向火，熱則乘涼」（《密庵語錄》）中體會禪道，從「青青翠竹，鬱鬱黃花」（《祖堂集》卷三）中發現禪意。禪宗要求從青山綠水中體察禪味，從人自身的行住坐臥日常生活中體驗禪悅，在流動無常的生命中體悟禪境，從而實現生命的超越，精神的自由。

禪宗提倡內在超越，這種超越意識的具體內涵是什麼呢？我們認為包括了超

越對象、超越方法和超越結果幾個方面，這裡著重論述超越對象和超越結果。

為了追求解脫，成就佛道，禪宗設計了一套消解人們心靈深處的緊張、矛盾、障礙，超越二元對立的方案。人是自然的一部分，又是從自然中分裂出來的獨立實體，嚮往與自然同樣具有永恆性、無限性，嚮往與自然的同一是人類最深沉、最根本、最強烈的內在願望。生命現實與美好願望並非一致，生命短暫與時間永恆、生命個體與空間整體、生命主體與宇宙客體等一系列人類所面臨的矛盾，是禪宗的超越對象，超越目標。

人生短暫與宇宙永恆的矛盾最能激發人內在心靈的不安與痛苦。了脫生死大事是佛教也是禪宗的最基本目的。禪宗以「無生」思想來泯滅生死界定，超越生死的時間界限。「幾回生，幾回死，生死悠悠無定止。自從頓悟了無生，於諸榮辱何憂喜。」（《永嘉證道歌》）「無生」，指一切事物是無實體的、空的，由此也是無生滅變化的。這是要求轉變觀念，從生滅的現象中看到無生無滅的本質。生滅是短暫的，無生無滅是永恆的，從悠悠生死中了悟無生，就是在短暫中體認永恆，消除短暫與永恆的隔閡。

個體生命的認識和實踐等多方面的有限性與宇宙空間的無限性的矛盾，也是引人困惑不安的永恆性課題。禪宗透過無限擴張個體心靈的作用來擺脫個體生命的局限，進而消除有限與無限的矛盾。「心境明，鑒無礙，廓然瑩徹周沙界。萬象森羅影現中，一顆圓光非內外。」（同上）這是說只要人的心境明淨透澈，就能周遍宇宙萬物，從而在內心實現泯滅內外的超越，使有限與無限在個體心靈中相即圓融。

由生命與萬物、主體與客體的矛盾而引發的物我、有無、是非、善惡、真妄、苦樂等一系列的差別對立，是又一使人產生煩惱、痛苦的根源。這也是禪宗大師們所著力尋求解決的一大問題。他們繼承道家的思想，透過直觀宇宙本體（道、無）來尋求解決問題的途徑。他們宣揚「本來無一物」（《壇經》）、「本來無事」以消解矛盾，稱「體諸法如夢，本來無事，心境本寂，非今始空……既達本來無事，理宜喪己忘情，情忘即絕苦因，方度一切苦厄。」（《禪門師資承襲圖》）即一個人了悟萬物如夢如幻，一切皆空，做到忘卻情慾，超越

自我,也就不存在生命與萬物、主體與客體的對立了。為此,他們特別強調「無念」的重要性,「念」,指妄念,要求人們不被糾纏於種種差別的妄念所迷惑。

從上面的論述,我們可以看到,禪宗是透過心性、心理、認識、觀念等範疇,即在主觀精神領域轉變生滅的觀念,擴大心的作用,泯滅情慾,排除妄念等內在活動來消解人的基本矛盾,排除心靈的緊張,克服人的意識障礙,從而實現自我超越的。

實現自我超越,就會出現不同層次的超越結果:(1)在泯滅種種矛盾的禪修過程中,會使人的情感得以宣泄,煩惱得以排除,痛苦得到緩解;(2)禪修具有心理調節的功能,這種功能的增強,使得人們的心緒趨於穩定,心態歸於平衡;(3)禪宗把涅槃理想落實於現實生活中,強調在日常生活實踐中實現人生理想,這會使人居安樂道,使人滿足、愉快、興奮,平添生活情趣;(4)禪宗尊重宇宙萬物自然本性的自發流露,又提倡從統一和諧的視角超越地審視宇宙萬物,這會使人從對自然、對宇宙萬物的感性直觀中獲得一種特殊的愉悅體驗,即審美經驗,從而極大地提高人們的生活意境;(5)禪宗超越短暫與永恆、有限與無限、主體與客體的對立,使人由悲嘆人生短暫、渺小、孤獨,轉而提升為體驗不朽、偉大、和諧,從而提高人的主體地位,並把人格尊嚴高揚到極致;(6)在肯定人的主體地位和人格尊嚴的基礎上,禪宗進一步確立人的內在本性與超越佛性的終極合一,從而使每個人獲得真正認識和終極安頓:我是自然本性未曾扭曲的我,一旦對自然本性自我發現,整體體悟,我就與宇宙萬物和諧共存,我就與宇宙同在,我就是佛。這些超越結果,禪師們自然會因根基差異和修持程度而有所不同,有的可能達到某個層次,或某幾個層次,也有的可能同時達到上述全部超越境界。

三、禪宗的思想特點

禪宗的思想特點主要是相對於印度佛教、中國佛教其他宗派的差異性而言,禪宗內部不同派別的思想也有差異,這裡是從總體上論述禪宗的思想特點,主要

有：

　　1.直指人心，不立文字。佛教其他各派都重視心性修持和經典教化在由凡轉聖中的作用，禪宗卻有所不同。它在心性修持上提倡單刀直入，徑直指向當下現實的人心，體驗清淨本性，見性成佛。不重視經典和言教，廢除坐禪，排斥繁瑣名相辨析，否定絕對權威，反對偶像崇拜。這種簡易明快的禪修道路和方法是禪宗思想的根本特點。

　　2.成就理想，不離現實。其他佛教派別普遍地排斥現實生活，而禪宗卻肯定現實生活的合理性，認為人們的日常活動是人的自然本性的表露，洋溢著禪意，人們要在平平常常的感性生活中去發現清淨本性，體驗禪境，實現精神超越。這種寓理想於現實中，在現實生活中成就理想的主張使禪修具有最為接近世俗生活的優異，具有十分明顯的活用實用價值。

　　3.繼承傳統，不斷創新。禪宗除繼承佛教外，最重視結合中土固有的傳統思想，是最典型的中國化佛教宗派。如它繼承道家的道、無、自然、無為無不為等範疇、命題和思想，也和道家一樣具有鮮明的超越差異、對立、矛盾的意識。同時，禪宗不僅創造了一系列生動活潑、豐富多彩的現實超越方法，而且又否定了道家「遊於塵垢之外」的脫離現實生活的超越道路。如上所說，禪宗主張在現實的感性生活中，實現心理、觀念、精神的超越。禪宗是繼承道家，又超越道家，這也是它的影響作用在唐末以來一時超過道家的原因所在。

　　綜合以上對禪宗思想的核心、本質和特點的簡要評析，我們似可以回答以下的問題：

　　1.什麼是中國禪宗的禪？中國禪宗的禪是一種文化理想，一種追求人生理想境界的獨特修持方法，或者說是一種生命哲學、生活藝術、心靈超越法。

　　2.什麼是禪宗精神？回答是超越精神。超越是禪宗思想的本質，超越現實矛盾、生命痛苦，追求思想解放，心靈自由，是禪宗追求的理想目標，它如一條紅線貫串於整個禪宗思想體系之中。

　　3.如何評價禪宗？禪宗的修持方法、生活態度、終極關懷、超脫情懷，對於

人的心靈世界、精神生活是有不可否認的正面意義的。在歷史上，它對破產農民和失意士大夫、知識分子造成一定的思想解放作用，吸引了大批破產農民聚集山林，過著農禪並重的生活，同時，也深受一些思想家、文學家、藝術家的歡迎和讚賞，從而推動了思想文化的發展。在當前社會轉型期中，出現了某種價值取向失衡，道德水準下降，拜金主義、享樂主義和極端個人主義盛行的傾向，我們若能重視吸取禪宗的超越精神的合理內核，無疑有助於端正人們的價值坐標和道德規範，提高人們的文化品位和精神境界。與禪宗的這種積極作用相聯繫，禪宗對客觀環境和客觀矛盾的悲涼超越，對物質生產和物質生活的消沉冷漠，則又是和人類的物質需求相悖的。我們認為，人們面對大自然大宇宙，也應當以現實的人文精神為主導，永不滿足，不懈求索，依靠智慧與創造、知識與科學的力量，不斷戰勝苦難，求得人類幸福。如果精神上的自我超越，變成精神上的自我滿足，進而喪失了進取精神、開拓精神與奮鬥精神，是既不利於實現人生的價值與光華，也不利於推動社會的進步與發展的。

（本文的基本論點，曾先後在首屆禪宗與中國文化國際學術研討會和中國國際漢學研討會上報告過，後又作了補充。）

如來禪與祖師禪

在中國禪宗史上，從如來禪為最上乘禪的提出到祖師禪的崛起，這一過程集中地反映了慧能禪宗一系的分化與演變，具有深刻的思想文化意義。中國古代禪師對如來禪與祖師禪的指稱並不一致，且有的語焉不詳，有的語意含混，以致影響了後人對如來禪和祖師禪兩個名稱的含義、兩種禪法的差異，以及兩者歷史的界限的理解和認識，論說五花八門，莫衷一是，直至今天仍困擾著對禪宗史的深入研究。本文擬在充分理解古代禪師的有關用語及其思想原意的基礎上，試圖探討和釐清以上諸問題，以求對如來禪與祖師禪的再認識。

一、何謂如來禪？

就現存的佛教文獻來說，最早出現如來禪這一名稱的經典，是南朝劉宋時求那跋陀羅譯的《楞伽經》（全稱為《楞伽阿跋多羅寶經》）。該經卷二稱禪有四種，並列舉了愚夫所行禪、觀察義禪、攀緣如禪、如來禪四種名目。這四種禪也稱為凡夫所行禪、觀察相義禪、攀緣如實禪、如來清淨禪。據《楞伽經》講，愚夫所行禪，是指聞聲、緣覺和外道修行者了知「人無我」的道理，體察到人身的苦、無常、不淨的相狀，而進入「無想定」、「滅盡定」的境界。觀察義禪，是既已懂得「人無我」的道理，也觀察「法無我」的意義。攀緣如禪，是謂若執著前二種禪境，分別二種「無我」，仍是虛妄之念；若能了知兩種「無我」是虛妄之念，不令生起，契合於「如來藏心」，則為攀緣如禪。如來禪是「謂入如來地，行自覺聖智相三種樂住，成辦眾生不思議事」。這裡的「聖智」，是指聖者的智慧，佛的智慧。「自覺聖智」是自悟的如來智慧。這是說，如來禪是指已經獲得如來智慧，成就了佛果，而住入如來地，受用法樂，又示現不可思議的妙用以普度眾生。《楞伽經》總結了禪的四個類型或四個層次，把「人無我」、「法無我」亦即空寂的思想與「如來藏心」統一起來，以具備自覺聖智的如來禪為止觀的最高層次，又以契合「如來藏心」的攀緣如禪為階梯，這就直截指示了佛家修持實際的究竟和源頭——如來藏清淨心，啟發當時一些禪師另闢返歸清淨心的禪修途徑。中國禪宗的思想實導源於此。

自菩提達摩以來，中經慧可、僧璨、道信、弘忍，至慧能，據現存有關文獻來看，他們幾乎都沒有論及如來禪。禪宗內部最早論及如來禪的是慧能的弟子神會。神會說：

> 有無雙遣，中道亡者，即是無念，無念即是一念，一念即是一切智，一切智即是甚深波若波羅密，波若波羅密即是如來禪。是故經云：佛言，善男子，汝以何等觀如來乎？維摩詰言，如自觀身實相，觀佛亦然。我觀如來，前際不來，後際不去，今即無住。以無住故，即如來禪；如來禪者即是第一義空。

「波若」,當作般若。神會以般若智慧為如來禪,這和《楞伽經》以具備自覺聖智為如來禪有相通之處,然而,神會所講的智慧是有無雙遣的般若中道,這和自覺聖智泛泛而談的如來智慧又並不等同。神會還以無念、無住為如來禪,這與慧能的「無念為宗」、「無住為本」思想相呼應,實是肯定了慧能的禪法為如來禪。

《歷代法寶記》云:「東京荷澤寺神會和上每月作壇場,為人說法,破清淨禪,立如來禪,立知見立言說為戒、定、惠(慧),不破言說,云:正說之時即是戒,正說之時即是定,正說之時即是惠(慧)。說無念法,立見性。」清淨禪是九種大乘禪法之一,是菩薩以上階位長期修行後達到的禪境。這裡是以頓悟說的立場,來稱讚神會破神秀的清淨禪而立如來禪。肯定神會的如來禪是立知見、立言說的,言說即是戒、定、慧,並強調知見、言說與頓悟是一致的。

宗密是歷史上第一個對禪宗史進行系統總結的佛教學者,他對禪法的內涵、類別、高下,對禪宗各派的傳承系統、理論主旨、修行方法以及深淺得失都作了深入的評述。他把禪法分為五類,即五個層次,將如來禪置於最上等級。他在《禪源諸詮集都序》卷上之一中說:

> 禪則有淺有深,階級殊等。謂帶異計,欣上厭下而修者,是外道禪。正信因果,亦以欣厭而修者,是凡夫禪。悟我空偏真之理而修者,是小乘禪。悟我法二空所顯真理而修者,是大乘禪(以上四類,皆有四色四空之異也)。若頓悟自心本來清淨,元無煩惱,無漏智性本自具足,此心即佛,畢竟無異,依此而修者,是最上乘禪。亦名如來清淨禪,亦名一行三昧,亦名真如三昧,此是一切三昧根本。若能念念修習,自然漸得百千三昧。達摩門下展轉相傳者,是此禪也。

宗密在這裡把禪分為五等:第一外道禪,是把境分為上下兩種,厭棄在下的經驗世界,欣慕在上的超越世界,也就是厭棄世間,企求擺脫現實的苦難,希求天上的悅樂,把心定止於在上之境,從而造成一心的分裂。第二凡夫禪,沒有外道禪的那種「欣上厭下」的分裂,此禪信仰因果報應,使心定止於善行以求善報。由於心定止於善行在先,希求獲得果報在後,這樣,心也有先後二境,同樣存在難以定止下來的缺陷。第三小乘禪,知我為空,不求善行必有善報,但不知法空,而將心定止於法上,也是有所偏。第四大乘禪,知我空,也知法空,能於一切境觀其空,使心與境(空)冥合為一,但還不是最高層次的禪法。第五如來

禪，宗密認為這當是最上乘禪。他指出，這種禪法的特質在於：肯定人人自心本來清淨，本具佛性，本無煩惱，自心與佛畢竟無異；在這種基礎上，眾生經過禪修，若頓悟自心本來清淨，使本來清淨的自心得以呈現，眾生就是佛了。這是在強調如來禪的本源——清淨本心，如來禪的修持方式——頓悟。修持這種如來禪，既能直接把握修持的源頭，又能頓然快速覺悟。與前面四種禪法相較，如來禪是最上等的禪法。宗密還明確指出，如來禪是菩提達摩門下代代相傳的禪法。

宗密在《中華傳心地禪門師資承襲圖》中，把禪宗分為牛頭宗（法融一系）、北宗（神秀一系）、南宗（慧能一系），又由南宗分出荷澤宗（神會一系）和洪州宗（馬祖道一一系）。在《禪源諸詮集都序》中，宗密又把禪宗分為由低到高的三宗：一是修心息妄宗，指北宗；二是泯滅無寄宗，指牛頭宗；三是直顯心性宗，指洪州宗和荷澤宗。宗密雖然把洪州宗和荷澤宗並列為禪宗的最高層次，但是又強調荷澤宗比洪州宗更高一疇。首先，宗密認為荷澤宗是慧能南宗的嫡系，而洪州宗則是傍出。他說：「荷澤宗者全是曹溪之法，無別教旨。為對洪州傍出故，復標其宗號。」在荷澤宗人看來，馬祖道一一系並非嫡傳，只能算是「傍出」，只有荷澤宗一系才是正統，才是南宗真正的代表。其次，在禪法的理論和實踐方面，宗密認為，洪州宗承認真心或真性是眾生成佛的本源，這是正確的，正因如此，與荷澤宗同被列為「直顯心性宗」。但是，「洪州意者，起心動念，彈指動目，所作所為，皆是佛性全體之用，更無別用。全體貪、嗔、痴，造善造惡，受樂受苦，此皆是佛性。」「朝暮分別動作，一切皆真。」據此，宗密評論說：「真心本體有二種用：一者自性本用，二者隨緣應用⋯⋯今洪州指示能語言等，但是隨緣用，缺自性用也。又，顯教有比量顯、現量顯。洪州云心體不可指示，但以能語言等驗之，知有佛性，是比量顯也。荷澤直云心體能知，知即是心，約知以顯心，是現量顯也。洪州缺此。」宗密認為，洪州宗把一切行事，一切修持，乃至一切現象都等同於佛性本體，這是「隨緣應用」，是「比量顯」，也就是佛性需經過外援而有的推知作用，而缺乏「自性本用」、「現量顯」，即缺乏佛性的直接顯現作用。也就是說，這種缺憾妨礙了對真心本體的認識、體悟，甚至會以現象代替本體，以為現象之外別無本體，從而導致在修持上誤入歧途。宗密的這種批評，必然引發洪州宗人的強烈反彈。時移斗轉，到了十

一世紀，洪州宗猶如燎原之火，傳遍了大江南北，並自認為慧能南宗的「嫡傳」，而此時的荷澤宗卻被說成「傍出」。洪州宗人提出祖師禪以貶低如來禪，就是和禪宗內部這一分歧的歷史背景直接相關。

與宗密同時代的、曾獲得馬祖道一門人懷海印可的黃檗希運禪師也有對如來禪的論述。他說：「夫學道者，先須摒卻雜學諸緣，決定不求，決定不著。聞甚深法，恰似清風屆耳，瞥然而過，更不追尋，是為甚深入如來禪，離生禪想。從上祖師唯傳一心，更無二法。指心是佛，頓超等、妙二覺之表，決定不流至第二念，始似入我宗門。」希運在心即是佛的思想基礎上，強調排除雜學諸緣，不求不著，頓入如來禪。希運對如來禪是充分肯定的，他對如來禪法門的解說和神會、宗密的思想也是一致的。

仰山慧寂（841～890）是由洪州宗分衍出來的溈仰宗創始人之一，他首先提出與如來禪相區別的祖師禪的名稱，並把如來禪作為與祖師禪相對舉、在層次上低於祖師禪的禪法，相應地，他還對如來禪的內涵作了新的解說。史載：

> 師（仰山慧寂）問香嚴：「師弟近日見處如何？」嚴曰：「某甲卒說不得。」乃有偈曰：「去年貧未是貧，今年貧始是貧。去年無卓錐之地，今年錐也無。」師曰：「汝只得如來禪，未得祖師禪。」

從仰山慧寂、香嚴智閑師兄弟的對話內容來看，香嚴對貧的認識在時間上有從去年到今年，在內涵上由無地進到無錐的變化過程，就禪法來說，這種變化大約與漸悟方式相應。若這一解說得以成立，似可說仰山禪師是以漸悟指稱如來禪，以頓悟為祖師禪的覺悟方式。仰山不僅把祖師禪與如來禪加以區別，而且還肯定祖師禪高於如來禪，這在中國禪宗史上是第一次。

自仰山以來，如來禪與祖師禪對舉的觀念日益為禪宗各派禪師所認同，一些禪師重視把握、區別兩種禪法，如北宋時臨濟宗楊岐派禪師法演（？～1104）就關注兩種禪法的區別，常問門徒：「還說得如來禪麼……還說得祖師禪麼？」上述仰山慧寂區分如來禪與祖師禪的說法，後來成為禪門的參禪公案。例如，臨濟宗石霜楚圓禪師對仰山的公案作了這樣的開示：「大眾，還會麼？不見道：『一擊忘所知，更不假修持。』『諸方達道者，咸言上上機。』香嚴恁麼悟去，分明悟得如來禪，祖師禪未夢見在。」這裡的「一擊忘所知」是聯繫到禪宗史上

的「香嚴擊竹」公案進行開示。這個公案是說香嚴拜溈山靈祐為師，一日靈祐對香嚴說，我不問你平日的學習心得，只想問你在未出世時的本來面目是什麼樣。香嚴連進數語，都不契理，又遍檢所集諸方語句，也沒有一言可以酬對，於是就焚燒所集語句，泣涕辭去。後偶於山中芟草，以瓦礫擊竹作聲，廓然省悟。便歸堂沐浴，焚香遙禮溈山，贊云：「和尚大悲，恩逾父母。當時若為我說卻，何有今日事也？」石霜楚圓禪師評論香嚴擊竹省悟是「一擊忘所知」，意思是，悟則悟了，但是仍有言語知解，悟得的只是如來禪，而不是祖師禪。

值得注意的是，後出的《壇經》北宋契嵩本和元代宗寶本對如來禪的界定和肯定。經載唐中宗李顯神龍年間，中宗據神秀等人的薦舉，派內侍薛簡南下，馳詔迎請慧能進京。薛氏見到慧能後，二人有一段對話，「薛簡曰：『京城禪德皆云，欲得會道，必須坐禪習定，若不因禪定而得解脫者，未之有也。未審師所說法如何？』師曰：『道由心悟，豈在坐也！經云：若言如來若坐若臥，是行邪道。何故？無所從來，亦無所去，無生無滅，是如來清淨禪。諸法空寂，是如來清淨坐。究竟無證，豈況坐耶？』」這段對話反映了宋代以來《壇經》增補者的觀點，是針對神秀一系堅持坐禪方式而發的，並以心悟與坐禪相對立。增補者依據般若思想，強調不來不去、不生不滅就是如來清淨禪，如此堅持諸法空寂，也叫如來清淨坐。在增補者看來，慧能的禪法是如來禪，而堅持坐禪是邪道。這也反映了此時禪宗內部有些禪師對如來禪的推崇和對神會、宗密的如來禪觀點的認同。上述「無所從來，亦無所去，無生無滅，是如來清淨禪」云云，在敦煌寫本《壇經》原本（法海本）和惠昕本中都沒有記載，而當代有些學者以此為據，謂慧能認為自己的禪法是最上乘的如來清淨禪，看來這種說法是難以成立的。

從以上佛典和歷代禪師對如來禪的論述來看，關於如來禪的意義，概括起來，重要的約有六說：（一）佛地的禪定，此為《楞伽經》所說。（二）般若波羅蜜、無住、第一義空，此為神會偏於以般若智慧來言如來禪。神會的如來禪重視立知見、立言說。（三）頓悟自心本來清淨，宗密以此為如來禪，希運也持這一說法。（四）漸悟空無為如來禪，慧寂首創此說；慧寂並置如來禪於祖師禪之下，使如來禪的意義發生重要變化。（五）以立語言知見為如來禪，楚圓此說符合神會、宗密的界說，但含有貶義。（六）不來不去、不生不滅為如來禪，此為

後出契嵩本和宗寶本《壇經》所言，其思想與神會對如來禪的界說是一致的。以上表明，如來禪的意義是多種的、複雜的、不斷演變的。總體說來，禪宗內部先是以般若智慧和頓悟清淨本心為如來禪的本質規定，祖師禪名稱提出後，強調以主張漸悟和言說為如來禪的特徵，並偏於貶斥。

二、何謂祖師禪？

禪宗史上論及祖師禪的重要史料，除上面提到的仰山慧寂對香嚴智閑禪師的評論，後來還有香嚴禪師與仰山慧寂的又一段對話：「復有頌曰：『我有一機，瞬目視伊。若人不會，別喚沙彌。』仰山報溈山曰：『且喜閑師弟會祖師禪也。』」「機」是禪修時心靈產生的一種能力。「伊」指佛法。香嚴頌文的意思是說，我的心靈，眨眼間就能直覺到佛法。也就是說，這種直覺是應緣接物，一如無心道人，是不存在知見又不廢視聽的，若不會這種禪法，就如同未受具足戒的沙彌。香嚴禪師的頌文，這次得到了仰山慧寂的肯定，認為也是得到祖師禪的真傳了。根據頌文「我有一機，瞬目視伊」就是祖師禪的立義，顯然，仰山慧寂是以不作分別，當下頓悟為祖師禪的本質規定的。

石霜楚圓禪師發揮仰山慧寂的祖師禪說，進一步闡發祖師禪的長處。他說：「且道祖師禪有什麼長處？若向言中取，則誤賺後人，直饒棒下承當，辜負先聖。萬法本閑，唯人自鬧。」「賺」，騙。他認為如來禪「向言中取」，是誤導甚至是欺騙後人，有負先聖。萬法本來無事，只是庸人自擾。這就是說，祖師禪的長處是離開言語文字的，是靠自心體悟，當下即是，這裡說的「萬法本閑，唯人自鬧」即一切現成的思想，實是祖師禪的理論基礎。

後來，修祖師禪的禪師還進一步提出過祖師關的說法，強調修禪者必須要參透祖師禪機的關門，領悟祖師禪法的關口。《無門關》云：「參禪須透祖師關，妙悟要窮心路絕。祖關不透，心路不絕，盡是依草附木精靈。且道，如何是祖師關？只者一個無字，乃宗門一關也。」這裡說祖師關的核心問題就在一個「無」字上，這個「無」字的內涵是什麼呢？就是無一切相對相狀，無一切相對差別，

無一切相對格局。過祖師關，就是過「無」字關，就是離卻言語知解，斷絕思維活動，也就是「窮心路絕」，超越相對分別。只有這樣，才能當下體證悟得，才算是進入了祖師禪的境界。

為了突顯祖師禪的淵源有自，歷史久遠，禪門還提出「拈花微笑」的公案、「西天二十八祖」的說法和「祖師西來意」的機語。「拈花微笑」公案是說「世尊昔在靈山會上，拈花示眾。是時眾皆默然，惟迦葉尊者破顏微笑。世尊云：『吾有正法眼藏，涅槃妙心，實相無相，微妙法門，不立文字，教外別傳，付囑摩訶迦葉。』」這是一則在宋代以後才流傳的故事。這裡的「正法眼藏，涅槃妙心」是指佛的內證法門，也即不能以言說表達，只能以心傳心的甚深微妙法門。「拈花微笑」被祖師禪奉為「以心傳心」方式的典型，是傳授佛法真理的典範。中國禪師把創立佛教的教主釋迦牟尼說成是不立文字、教外別傳的創立者。實際上，不立文字、教外別傳這種說法只是中國祖師禪法的要旨，是與釋迦牟尼的法門迥異其趣的。

與拈花微笑的公案相應，中國禪師還提出「西天二十八祖」說。「西天二十八祖」是指印度依次傳承禪法的有二十八位祖師，靈山法會上得釋迦牟尼心印的迦葉被推為一祖，阿難是二祖，直至菩提達摩為二十八祖。菩提達摩是西天第二十八祖，同時又是東土初祖。菩提達摩後，依次相傳為慧可、僧璨、道信、弘忍、慧能，總稱為「東土六祖」。宋代以來，禪宗透過編排歷代祖師的傳授關係，以表示祖師禪自佛祖釋迦以來，代代相承，法脈不絕，為祖師禪的源遠流長製造了歷史根據，同時它的編排的虛擬性又為祖師禪的形成演變增添了歷史迷霧。

菩提達摩既是從西方印度來中土傳播禪法的初祖，他從西方印度傳來的密意，即是禪的真消息、真精神。「祖師西來意」究竟是什麼？這個問話，成為祖師禪開悟的機語，重要的公案。祖師禪認為，禪的真髓是強調人人具有成佛的心，而自心及其覺悟成佛，是要個人親證，而不能以言詮來表示。所以，禪師們對於「如何是祖師西來意」的提問，通常是給以不著邊際的回答，以示「西來意」只能意會，不能詮釋，從而啟發提問者轉向自我內心的體悟。

在仰山慧寂以祖師禪與如來禪對舉以前，馬祖道一的門下廬山歸宗寺智常禪師已將一味禪與五味禪相對揚，一味禪正是通向祖師禪的重要一環。史載：「師（智常）因小師大愚辭，師問：『什處去？』云：『諸方學五味禪去。』師云：『諸方有五味禪，我這裡有一味禪，為甚不學？』云：『如何是和尚一味禪？』師劈口便打，愚當下大悟，乃云：『嗄！我會也，我會也。』師急索云：『道！道！』愚擬開口，師又打，即時趁出。」這裡所說的「五味禪」是指前述宗密禪師在《禪源諸詮集都序》卷一中所歸納列舉的五種禪。智常禪師貶斥五味禪為五味駁雜不純不淨的禪，高揚一味禪是純正無雜的最上乘的禪。智常禪師不讓小師大愚開口，開口便打，就是在暗示禪是不能言說的，這就是祖師禪的本質所在。

以上祖師禪禪師關於祖師禪意義的論述，概括起來要點是：（一）主張當下頓悟，凡提倡漸悟的，都不屬於祖師禪。（二）強調教外別傳，不立文字，主張經教、知解和言詮的，不是祖師禪。（三）提倡參透祖師關，斬斷一切思念活動，凡參禪時心路不絕者，不算祖師禪。（四）以心傳心，師資相承，凡不屬東土六祖系統和慧能一系的，不列入祖師禪。祖師禪的這些意義既是互相聯繫的，又是相對獨立的，如凡提倡漸悟的，都不屬於祖師禪，但又不等於凡主張頓悟的就都是祖師禪，只有既主張當下頓悟，又強調不立文字，教外別傳的，才是祖師禪。教外別傳，不立文字，是祖師禪最重要、最本質的核心規定，是祖師禪與其他禪相區別的主要標尺。

三、如來禪與祖師禪的禪法區別

如來禪與祖師禪是既有聯繫又有區別的兩種禪修形態，而祖師禪又是在如來禪的基礎上形成的，也主要是針對如來禪提出的。那麼，如來禪與祖師禪的主要區別點何在呢？根據祖師禪禪師的有關論說，並結合祖師禪的習禪表現可以看出，兩者的主要區別點大約有以下四個方面：

（一）藉教悟宗與教外別傳——宗旨不同。如來禪禪師重視從佛教經典出發理解佛學和禪。他們或奉《楞伽》，或尊《般若》，或誦《金剛》，主張用經教

發明心地,只是在構成信仰以後,才不再憑藉言教。他們也主張「不離文字」,強調知解。如慧能是聽聞經義後「言下大悟」的。慧能也重視說法,其弟子還集錄《壇經》傳世。祖師禪則以「教外」自居,打出「教外別傳」的旗幟,以與「教內」依據經籍的諸教派相區別,也表示與禪宗內部藉教悟宗的宗旨不同。《佛果圓悟禪師碧巖錄》第十四則云:「禪家流,欲知佛性義,當觀時節因緣,謂之教外別傳,單傳心印,直指人心,見性成佛。」在祖師禪看來,佛教的真髓,禪法的密意,不是任何經籍文字所能契合的,也不是任何教說所能表露的,只能是直接地以心傳心的體驗方式來傳達。這種對語言文字的超越性才表現出真正的禪法和更高的理境。祖師禪認為,以文字言說來傳達的佛學和禪法,是教內系統,以心傳心則是在教之外,是教外別傳。祖師禪的鬥機鋒,打手勢,參話頭,乃至棒喝等奇詭動作,甚至呵佛罵祖等超出常規言行,就是表示以心傳心的種種不可言說的禪修形式和手段。

（二）真心體用與自心顯用——禪源差別。禪源即禪的本源,指眾生本來具有的真心、本性、佛性,這是最高主體性,是眾生成佛的根據。如來禪與祖師禪都認同眾生本來具有佛性,這一點是相同的,然而對佛性的體與用,或者說對真心、佛性作用的看法則不完全一致。如來禪強調真心的體與用的區別,強調真心的用是依恃真心本體的作用,據此而預設一超越的分解,透過分解以顯示超越的真心,顯示真心本體的作用。祖師禪不同,它把真心、佛性和自心、自性等同起來,以自心、自性表示眾生本來具有的超越的真心、佛性,全面地、充分地肯定自心、自性的意義和作用,認為語默動靜,作惡造善,乃至全部貪、嗔、痴都是佛性的作用、表現。祖師禪強調作為真心、佛性的自心、自性的當前的覺悟,排除顯示超越的真心、佛性的分解工夫。

（三）漸修頓悟與無修頓悟——方式歧異。自菩提達摩以來,如來禪並不排斥頓悟,而是主張透過漸修以達到頓悟的境界,為此提倡坐禪、看心、看淨等漸修方式。祖師禪不講漸修,而主張無修,所謂無修就是順其自然,隨緣任運,無修而修,修而無修。史載:「王常侍一日訪師（臨濟義玄）,同師於僧堂前看。乃問:『這一堂僧還看經麼?』師云:『不看經。』侍云:『還學禪麼?』師云:『不學禪。』侍云:『經又不看,禪又不學,畢竟作個什麼?』師云:『總

教伊成佛作祖去。』」這是在自心顯用、平常心是道的思想基礎上，進一步主張無事是貴人，提倡不看經，不坐禪，而在日常行事中隨時體悟禪的境界，提倡生活就是禪，無修即是修的平俗化的禪修模式。

（四）人格理想與藝術境界——境界的偏離。如來禪與祖師禪透過不同的禪悟方式而使個體生命意義飛躍，進入宗教境界、道德境界、哲學境界與藝術境界。如來禪與祖師禪都追求禪修成佛的境界，這點是相同的。然而如來禪更偏重於宗教道德的修持，欲望的排除，觀念的調整，人格的提升，而祖師禪則把終極理想落實在現實生活中，強調現實生命就是佛性的體現，主張在現實活動中獲得情趣和美感、自得與滿足，在感性直觀中獲得一種特殊的審美愉悅體驗，從而在心靈的深處發揮、提升出一種燦爛的意識境界。

以上是我們根據有關的資料對如來禪與祖師禪的區別所作的概括，而從禪宗發展史來看，由於對祖師禪的界定不夠明確，以致如來禪與祖師禪的區別，一直成為一些禪師的一大困惑。《潭州潙山靈祐禪師語錄》在論及仰山慧寂勘定香嚴會祖禪師後，有這樣的附錄：「玄覺云：『且道，如來禪與祖師禪是分不分？』長慶稜云：『一時坐卻。』雲居錫徵云：『眾中商量，如來禪淺，祖師禪深。只如香嚴當時何不問如何是祖師禪，若置此一問，何處有也？』」這裡把玄覺禪師和唐末五代長慶慧稜禪師，以及宋代雲居清錫禪師的話組織在一起，表現出一種因難以區分如來禪與祖師禪而取消兩者分別的傾向。

迄至明末，臨濟宗漢月法藏禪師還關注如何抉擇如來禪與祖師禪，並就兩者的界說作了明確的區分：「祖師禪者，透十法界之外，不墮如來之數，故曰出格。如來禪者，起於九種法界，墮在十法界之頂，猶是格內。欲知格內特別之分，需在一事一物上分清十法界諸種之見，直到極頂方是如來地位，祖師禪又從佛頂上透出。」法藏禪師以十法界為格局，認為祖師禪是超出十法界的極頂佛的界限，而如來禪則以如來佛為目標，是在十法界之內。如來禪與祖師禪的區別就是「格內特別之分」。法藏禪師把祖師禪視為在境界上超出或高於成佛的禪法，如此，在理論上必然帶來困難：佛教以佛為覺悟者，為十界之最上等，也即達到了最高境界者，而「從佛頂上透出」的「出格」，應是高於佛的更高境界了，在

佛教看來，這種境界是不存在的。通常禪宗講超佛越祖是指超越佛與祖師的權威，顯露眾生自家本具的佛性，並不是說在成就的果位上超越佛，在達到的境界上高於佛。「出格」，是超越佛的境界，實際上也就游離於佛教之外了。此外，法藏還認為，要達到格內特別之分，就必須在具體事物上分清十法界的不同知見、見解。法藏的這一看法和傳統的祖師禪反知見、反見解的主張也是不一致的。由此看來，法藏禪師對如來禪與祖師禪的區分，雖然簡要明快，但是並不符合以往禪宗祖師區分如來禪與祖師禪的主流界說。

當代太虛法師（1889～1947）在《中國佛學特質在禪》一文中，把菩提達摩至五家的禪，分為三個發展階段和三種禪修形態：從菩提達摩到慧能的禪為「悟心成佛禪」，慧能以後至五家禪宗之前為「超佛祖師禪」，五家禪宗稱為「越祖分燈禪」。從名稱的角度言，「悟心成佛禪」實即如來禪，而後兩種禪均可稱為祖師禪，因為祖師禪自然是「超佛」的，而「越祖分燈」也是祖師禪的分燈，並沒有越出祖師禪法的軌道。把太虛法師提出的三種禪法名稱，歸結為如來禪與祖師禪兩種也未嘗不可，這樣也許更為簡要、明確。不過，從歷史的角度而言，太虛法師提出從菩提達摩至五家禪宗的禪法存在著三個階段，可以看出其間禪法的演變，又給人以重要的啟示。

四、如來禪與祖師禪的歷史界限

在禪宗學說史上，宗密禪師明確指出如來禪是禪法中最上乘禪，並認定從菩提達摩以下直至洪州宗均屬如來禪。仰山慧寂提出了祖師禪的概念，他實際上還把重漸悟的神秀一系列入如來禪。在唐武宗會昌五年（845）滅佛以後，一些禪師確把教外別傳、不立文字作為祖師禪的根本特徵，從而更鮮明地表現了祖師禪與如來禪的區別。祖師禪禪師還有西天二十八祖、東土六祖說。由此，古代禪師通常認為祖師禪傳承是指菩提達摩傳入禪法始，經慧能下及五家七宗，或是指慧能、馬祖一系的禪法。也有近代禪師依據如來藏清淨心的思想，把菩提達摩至慧能均歸屬於如來禪。

當代學者對如來禪與祖師禪的歷史界限的看法分歧也很大。除了認為兩者等同不作區別的看法之外，重要的看法有：（一）菩提達摩以前所傳的禪，無論是小乘禪，還是大乘禪，都是如來禪，菩提達摩是禪宗的開山祖師，所傳的是直指心源、見性成佛的禪法，是有別於如來禪的祖師禪。（二）慧能以前所傳的是如來禪，慧能、馬祖一系開出直指本心、見性成佛的頓悟的禪法，是為祖師禪。（三）洪州宗、石頭宗成立前是如來禪，提倡教外別傳，不立文字，直指人心，見性成佛的洪州宗、石頭宗是祖師禪。有的還認為只有禪宗五家才是真正的祖師禪。還有的學者從廣義和狹義兩方面界說如來禪與祖師禪，認為廣義的如來禪包括印度佛教的禪法及其在中國的傳播，直至慧能南宗創立以前的禪法，狹義的如來禪則指神秀一系和宗密的禪法；廣義的祖師禪是指慧能一系的禪法，狹義的祖師禪則指慧能本人的禪法以及保持慧能禪法風格的禪法，這主要是指荷澤宗神會和大珠慧海的禪法。這些分歧看法，反映了區分如來禪與祖師禪的根據不同，也反映了對有關禪師禪法的認識差異。這些分歧的焦點集中在慧能禪法的歸屬問題上。牟宗三先生在《如來藏與祖師禪》一文中認為，慧能是「將《般若經》與空宗之精神收於自心上來，轉成存在地實踐地『直指本心，見性成佛』之頓悟的祖師禪」，而神會則是「以如來藏真心系統為背景而來的如來禪」。對於牟先生的這種看法，唐君毅先生則持有鮮明的疑義和異議。

劃分如來禪與祖師禪的歷史界限，是一個十分複雜的問題。我們認為，中國禪宗從如來禪到祖師禪是一個歷史演變的過程，其間並不存在絕對的界限，但如來禪與祖師禪在禪修的途徑、方式、方法以及風格上，也確實存在著差別。如上所述，我們以為應從古代禪師的論述和實踐中概括出區別點，這種區別點集中表現在是否主張在日常行事中隨時體現佛性與禪境，尤其是，是否標榜「教外別傳，不立文字，直指人心，見性成佛」的宗旨。就總體而言，凡是提倡這種宗旨的是祖師禪，而如來禪則是和這一宗旨不符合或基本上是不符合的。

應當指出的是，自菩提達摩始，禪門就已主張見性成佛了，他在《略辨大乘入道四行》中說，一切眾生都具有清淨的真心真性，只是在現實生活中，這真心真性為煩惱所蔽，不能顯了罷了。他教人澈底排除虛妄的煩惱，回歸本身自有的真心真性。菩提達摩提出了見性成佛的思想，但還沒有明確提出直指人心的說

法。慧能則進一步，他宣揚「悟人頓修，自識本心，自見本性」，「一切萬法，盡在自身中，何不從於自心頓現真如本性」。這種頓修、頓現的說法顯然已有「直指人心，見性成佛」的思想，也就是提倡單刀直入的頓教。同時，慧能雖也講「法以心傳心」，但又多次重複強調自己聞說《金剛經》，言下大悟，頓見真如本性，以此來開導門人。慧能並不排斥經教，這與禪宗後來的「教外別傳，不立文字」的主張有所不同，而他的自識本心、自見本性的思想又與「教外別傳，不立文字」的主張相通。按照自識本心、自見本性思想的邏輯要求，成佛並不必依賴經論的權威，不必經過任何言說的分解方式，據此後來的禪宗五家最終形成「教外別傳，不立文字，直指人心，見性成佛」的禪修路線，至此祖師禪真正進入了成熟階段。

根據以上判別如來禪與祖師禪的標準，以及由如來禪發展為祖師禪的歷史進程，我們認為菩提達摩至溈仰、臨濟、曹洞、雲門、法眼「五家」的禪法，似可分為三個階段：從菩提達摩至弘忍是如來禪，從慧能至禪宗五家形成前是由如來禪向祖師禪的過渡形態，五家的形成標誌著禪宗進入了祖師禪的歷史階段。

為什麼說從慧能至五家形成前是由如來禪向祖師禪的過渡形態呢？這是因為從慧能至五家形成前的禪法背景複雜，很難直接歸入如來禪或祖師禪的範疇。例如慧能，他的基本思想是性淨頓悟，或者說是真心自悟；在修禪上，他重視藉教悟宗，也不籠統地排斥讀經、念佛、禪定，這都是與如來禪相類似的。同時，慧能又主張自識本心，自見本性，頓悟成佛，還鼓吹「定慧等」，擴大了禪定的範圍，並有把「定」融入於「慧」的傾向，這又是與祖師禪相近的。從慧能至五家形成共有四、五代法系，其間是不斷演變的過程，也是祖師禪成分愈來愈多的過程。如黃檗希運明確說的：「祖師直指一切眾生本心本體，本來是佛，不假修成。」「祖師西來，唯傳心佛。直指汝等心，本來是佛。」相比較而言，慧能較後繼者較多如來禪色彩，而他的法嗣如馬祖道一、百丈懷海、黃檗希運等則越來越富祖師禪的風格。至於有人把慧能說成是祖師禪，而把他的門下神會說成是如來禪，我們認為是不恰當的。實際上，慧能的單刀直入、直了見性的頓教法門應是神會舉揚起來的，神會和慧能應同屬從如來禪向祖師禪的過渡階段，同是兼具如來禪和祖師禪兩種色彩的禪師。

一部禪宗史昭示人們：溈仰宗的問世，標誌著祖師禪的形成。此後祖師禪禪師更日益鮮明地高舉「教外別傳，不立文字，直指人心，見性成佛」的旗幟，不持戒，不誦經，不念佛，不坐禪，強調任其自然，自性自度，動輒揚眉瞬目，行棒行喝，甚至超宗越格，呵佛罵祖。在唐末、五代和北宋時代，祖師禪蔚然成風，一度成為禪宗的主旋律，影響廣泛而深遠。直至明代文人在評論北宋時代親炙禪法的兩大著名詩人蘇東坡和黃庭堅的禪法時還說：「黃、蘇皆好禪，談者謂子瞻是大夫禪，魯直是祖師禪，蓋優黃而劣蘇也。」子瞻和魯直分別是蘇東坡和黃庭堅的字。蘇氏主禪淨皆修，黃氏則嗣臨濟宗支派黃龍祖心禪師的禪法。從談者的評論可看出，明代文人認為祖師禪高於大夫禪，在禪法上黃庭堅優於蘇東坡。

禪宗五家都以日常行事為禪的生活，也主張不滯文字，離開言句，但是實踐這些主張的具體方法則是靈活多樣、各不相同的。如五代末期，在禪宗中影響極大的派系法眼宗，其創始人清涼文益就是重視經教，提倡認真看經的，他對《華嚴》很有研究，並以《華嚴》的理事圓融說為中心來講禪。他既不凌空談禪，又不滯著於文字，對當時祖師禪的缺陷和叢林的時弊起了一種補救作用。後來，約在兩宋之際，從曹洞宗演化出的默照禪，提倡以打坐為主的寂默靜照，並與從臨濟宗演化出來的看話禪相對峙，從此結束了祖師禪主導禪宗天下的歷史。

五、祖師禪提出的思想背景及其流傳的文化意義

祖師禪是中國佛教中唯一標榜「教外別傳」的流派，是佛教中國化的最突顯的典型。祖師禪的提出具有深刻的思想文化背景，祖師禪的流傳具有重要的歷史文化意義。

祖師禪既是禪宗禪法的邏輯發展，也是中國固有文化影響的結果。中國禪宗吸取了印度佛教的真心真性思想，進一步把真心真性與自心自性等同起來，強調生心起念，一舉一動，善惡苦樂都是佛性的表現，突顯了自心自性的作用與返歸自心自性的意義。這就勢必導向擺脫經教功能、排斥文字語言的禪修軌道。中國

儒家傾向於人性本善，重視心性修養，道家也認為人性自然，提倡返本歸源。儒道兩家也都偏重於直覺思維，重視在現實生活中提升自我，實現理想。在這種文化背景下，具有中國固有文化素養的禪師們，就自覺不自覺地融合了中印兩國的相關思想，創造出祖師禪禪法。祖師禪是在佛教的框架內融入了中國的民族思維、民族性格、民族追求，呈現出強烈的主體思想和鮮明的世俗傾向，表現了異於印度佛教的重要特色。

自由批判和獨立判教是祖師禪形成的又一重要思想文化背景。佛教是開放的、創新的體系，內部不同派別的自由論爭，相互詰辯，不斷推動了佛教學說的新發展。祖師禪的提出就是與慧能一系批判神秀一系的漸悟法門直接相關的，也是與洪州宗一系批判神會、宗密的重知見的禪法直接相關的，沒有這種學術上的自由批判，也就沒有祖師禪的出現。獨立判教是中國佛教學者的一大優異，宗密禪師把佛教禪法判為五類或五等，後來洪州宗一系禪師又把宗密所判的五類禪稱為五味禪，把它貶斥為五種雜交的禪法，而與一味清淨的禪相區別，其實一味禪實質上就是祖師禪。所以，在一定意義上說，祖師禪也是判教的結果。由自由批判和獨立判教而形成祖師禪的史實看，禪師的性格，一是具有反教條、反傳統、反權威的批判精神；二是在佛教修持上追求快速、純一，排拒緩慢、多雜，這就比較適應中國古代苦難深重的勞動者的需求，符合民眾的願望和民族的心理。從這一角度考察祖師禪的形成和流傳，對於了解中國民眾宗教信仰取向和民族心理結構，是有著重要意義的。

禪宗祖師地位的提高與民間祖先崇拜的影響，是祖師禪形成與流傳的又一重要因素。禪門講究傳承、嗣法，若沒有師承關係，沒有得到祖師印可證明，這樣的禪師是沒有地位的。從菩提達摩到弘忍的傳承是一代一位領袖，一位祖師只能印可一位弟子。慧能廢除衣鉢傳授制度後，是由祖師用一定的方式判定弟子是否得到正法，哪位弟子若獲得祖師的印證，也就被認為得到了傳授。這種傳授制度，突顯了祖師在傳承過程中的權威性，推動了祖師信仰的形成。祖師作為佛法、禪門的代表，與佛已無實質的區別，祖師與佛祖平起平坐，互相轉位，也就成為禪門平常的事了。祖先崇拜是中國固有的基本信仰與民間習俗，祖先崇拜影響了禪宗的祖師崇拜，如寺院設祖師堂，安置祖師遺像，以供拜瞻。又立祖師

忌，規定在祖師忌日時，舉行法會，以示紀念。祖師的崇高地位、祖師信仰的流行和祖先崇拜的習俗，直接影響了祖師禪名稱的確立與祖師禪的流傳。從禪門視祖師與佛祖平等，甚至比佛祖更崇高的現象來看，其間反映出的中國禪宗的民族主體意識是強烈的，所透露出的民間信仰習俗是濃郁的。

門外看生活禪

主持人，各位與會先進，大家好！

首先我要感謝舉辦單位邀請我參加這麼一個重要的、帶有開創性的學術會議。其次我要代表中國人民大學佛教與宗教學理論研究所、宗教高等研究院對會議的召開表示祝賀，並預祝會議取得圓滿成功。

我發言的題目是「門外看生活禪」。我想就生活禪的提出、生活禪的界說、生活禪的宗旨、生活禪的內涵、生活禪的方法，講一點我學習以後的看法和感想，並提出一些期望和建議。

一、生活禪的提出

生活禪的提出不是偶然的，他有禪宗歷史延續、發展的原因，有燕趙大地的孕育作用，有時代的現實要求，還和提出生活禪的淨慧長老的個人因素有關。

我認為淨慧長老繼承了兩個傳統：第一是虛雲老和尚禪法的傳統，也可以說是佛教禪宗叢林的傳統；第二個，是他長期在中國佛學院學習研究的現代佛教學術傳統。這兩個傳統使他形成了兩個特質：第一是他的理論造詣比較高。他是中國佛學院的研究生，他在讀研究生期間我有幸在中國佛學院旁聽，我是旁聽生，沒有資格當研究生。所以我跟淨慧長老是有殊勝法緣的，我每次遇見他，他都說我是他的老同學，我感到很榮幸。改革開放以後，他擔任了《法音》的主編，並

發表了一系列的著作，在我看來，他是當代中國在佛學理論造詣方面比較高的一位高僧大德，這是一個特質。第二，是他的開創精神。他在 1992 年提出了生活禪，1993 年舉辦了首屆夏令營，還創辦了一系列的刊物，如《禪》、《禪學研究》等，還出版禪佛教叢書，印大藏經，成立禪學研究所，創辦書店，給重點高校的有關佛教專業學生發獎學金，舉辦論壇，吸收一些學者，包括有的大學校長為信徒等等。他的活動很多，面很廣，這都說明了他的開拓創新精神，他是當代中國在佛教文化建設方面成就比較突出的一位高僧大德。我認為他的這兩個特質決定了他在對生活和禪關係的體悟基礎上，提出了生活禪。

生活禪的提出，我認為一是吸收了傳統的祖師禪 —— 特別是從臨濟禪和趙州禪中提出的一些理念、禪法，如趙州從諗和尚的「無門關」、「趙州橋」、「喫茶去」、「洗鉢去」、「庭前柏樹子」、「平常心是道」等公案，是說禪就是在當下的，是「觸類是道」，「觸目是道」，這些我認為對淨慧長老提出生活禪有很直接的影響。再者，他看到了近現代中國佛教的弊病。這個弊病主要是佛教和現實社會脫節，表現在兩個方面：一個是遁跡山林，一個是追求死後解脫。淨慧長老既繼承了祖師禪的傳統，又看到了佛教的弊病，他強調要把佛教傳統禪法的精神和現代人的生活實際結合起來，要把祖師禪的精神和人間佛教的思想結合起來，從而提出了生活禪的理念，我認為是適應時代要求的，是時代的必然，是歷史的必然。

二、生活禪的界說

淨慧長老給生活禪做出界說，下了定義。他說：「所謂生活禪，即將禪的精神、禪的智慧普遍地融入生活，在生活中實現禪的超越，體現禪的意境、禪的精神、禪的風采。」又強調，生活禪是一個大概念，不是一個小概念。這裡所講的「禪」，或者「在生活中修行，在修行中生活」所說的「修行」，也是一個大概念，是大智慧、大覺悟、大境界，它覆蓋著生活的方方面面，覆蓋著世（間）、出世（間）的全部，所以從廣泛的意義上來講，一切的修行無不是禪，也無不是

生活禪。

這就是說，相對而言，生活禪的「禪」是不限於禪定的「禪」，而是包括布施、持戒、忍辱、精進、禪定、智慧「六度」的全部內容，包括見識和功夫兩方面。淨慧長老強調生活禪修行基礎功夫的重要性，認為按照修次第禪的修法落實基礎功夫是一個根本。他還明確地指出，生活禪的次第就是發菩提心、立般若見、修息道觀、入生活禪。

三、生活禪的宗旨

生活禪的宗旨就是「覺悟人生，奉獻人生」，這是淨慧長老提出的帶有口號性的兩句話，也是對佛教修行生活影響最大的兩個理念。展開一點說，就是強調「在生活中修行，在修行中生活」，「在覺悟中奉獻，在奉獻中覺悟」。由此可以說，生活禪的目的就是，佛教要突顯以社會人生為本位，以利他為途徑，以解脫為歸宿。提倡積極地關懷社會、人生與大眾，積極地承擔責任和義務，要求「在盡責中求滿足，在義務中求心安，在奉獻中求幸福，在無我中求進取，在生活中透禪機，在保任中證解脫」。也就是說，生活禪的目的在於落實人間佛教的理念，進而把少數人的佛教變為大眾的佛教，把彼岸的佛教變為現實的佛教，把學問的佛教變成指導生活實踐的佛教。

四、生活禪的內涵

淨慧長老認為，生活是豐富多彩的，禪的內容是豐富圓滿的。生活有精神的生活與物質的生活，有迷失的生活與覺悟的生活，有染汙的生活與淨化的生活，有凡夫的生活與聖者的生活。禪是一種方法、一種道路、一種體驗、一種境界。所謂生活禪的內涵，就是透過物質生活、精神生活層面的禪修，使人們從迷失的生活轉化為覺悟的生活，從染汙的生活轉換為淨化的生活，從凡夫的生活提升為

聖者的生活。

五、生活禪的修持方法

修持生活禪，要求把學修佛法與現實生活結合起來，要求在生活中勤修戒、定、慧「三學」和慈、悲、喜、捨「四無量心」，要求將信仰落實於生活，將修行落實於當下，將佛法融化於世間，將個人融入於大眾。

生活禪的修持法門很多，而在淨慧長老看來，人類最大的問題是以自我為中心，一切從自我出發，所以破除「自我」、破除「妄心」是一個重點。由此他提出要照顧好此心，要照管好妄心——當下迷惑的妄心，也要照顧好覺悟時的真心。先要照管好妄心，為了照管好妄心，首先就要觀心，而觀心的拐杖——為觀心提供的拐杖，就是念南無阿彌陀佛，把千萬個妄念集中到一個念頭上來，集中到一句佛號上來，以妄制妄，調服妄心。其次，他強調要在每件小事上「善用其心」，他特別提到《華嚴經‧淨行品》中所講的 141 首偈子，每一個偈子講的都是日常生活中的一件小事，要求修行菩薩道的人要在每一件小事上善用其心，善待一切。總之，生活禪的方法可以簡單通俗地概括為：老老實實地做人，踏踏實實地做事，扎扎實實地做學問。以上是落實生活禪的基本方法和要求。

在講完對生活禪的看法和感想後，我還想講講對生活禪的期望和建議，共有四點：

其一，在我看來，禪是信仰價值、人文價值、精神價值，生活禪是在生活中透過體悟去發現，或者是呈現，或者是提升出一種人生意義、人生理想和人生價值，由自然的、功利的生活境界，上升為道德的、智慧的生活境界，也就是透過覺悟人生進而奉獻人生。這對於緩解當前普遍存在的個人自我中心、物慾橫流、信仰危機、道德滑坡等現象，以及對積極的心靈建設、心理建設都會有現實的、重要的意義，對於和諧社會的構建具有普遍意義和時代意義。

其二，我希望不斷地總結生活禪修持經驗，不斷地充實生活禪的內容。在我

看來，在這一方面，修行生活禪的修行者如何體悟緣起性空的宇宙觀，以及如何做好明心見性的功夫，是兩個重要環節。這對於破除有所住的妄心，顯現真心本性，通達到覺悟的禪境，是有重要意義的。

其三，我期望淨慧長老能逐步形成一套生活禪的程序，使生活禪程式化，這有利於初入生活禪的修持者有所依循，更便於操作。

其四，我希望生活禪能夠向深度和廣度兩個方面推進，為此我建議舉行一些專題會議。專題會議的任務有三條：第一是交流經驗，交流我們修持生活禪取得的經驗；第二是深入總結河北禪宗的歷史經驗，挖掘、弘揚河北禪宗的歷史資源；第三是加強理論建樹，進而把生活禪推向全國，推向全世界。

禪宗與念佛

禪宗與念佛關係的歷史演變情況如何？在中國佛教史上，這是一個比較複雜的問題，同時也是一個富有理論意義與實踐意義的問題。本文擬著重論述禪宗與念佛關係的歷史演變過程，並從歷史演變中簡要總結出禪淨融合的歷史趨勢和中國佛教的歷史走向。

一、禪與念佛的本義與發展

為了論述禪宗與念佛的關係，有必要先簡要地敘述一下禪與念佛的本義及其在中國佛教歷史上的發展。

先說禪。禪是梵語Dhyāna音譯「禪那」的略稱，漢譯是思維修、靜慮、攝念，即冥想的意思。用現代語言簡要地說，禪就是集中精神與平衡心理的方式方

法。從宗教心理角度來看，禪的修持操作主要是「禪思」、「禪念」和「禪觀」等活動。禪思是修禪沉思，是排除思想、理論、概念，使精神凝聚的冥想。禪念是厭棄世俗煩惱、欲望的種種念慮。禪觀是坐禪以修行種種觀法，如觀照真理、否定一切分別的相對性，又如觀佛的相好、功德，觀心的本質、現象等。禪修具有多種功能，諸如：精神集中，即注意力集中，以為修持提供穩定、良好的心理狀態。調節情緒，平衡心理，帶來寧靜與快適的感受。化解煩惱，捨棄惡慾，排除惡念，提升精神境界。禪還能產生智慧，有助於觀照人生、宇宙的真實。此外，禪經還說，長期禪修能獲得超常的能力，即神通力，與今人所謂「特異功能」近似；又禪修或可得見諸佛，斷除疑惑。

　　與禪那相應的梵語Samādhi，音譯三摩地、三昧等，漢譯作定、等持等。定是令心神專一，不散不亂的精神作用，或指心神凝然不動的狀態。一般地說，定是修得的，是禪修的結果。在中國，禪也當作定的一個要素，被攝於定的概念之中，通常是梵漢並用，稱作「禪定」。禪定成為慣用語，被視為一個概念。事實上，禪定的主要內容是禪，是透過坐禪這種基本方式使心念安定、專一、不散亂的修持實踐，其中心是靜慮、冥想。中國禪宗的禪，則明顯地向慧學傾斜，帶有排拒坐禪的意味，強調由思維靜慮轉向明心見性，返本歸源，頓悟成佛。中國禪宗的禪與印度佛教的禪在意義上是迥異其趣的。

　　大約自馬祖道一以來，中國禪宗把禪由坐禪靜思發展為日常行事，由心理平衡發展為生命體驗，從根本上改變了禪的內涵。中國禪宗學人還強調禪悟，認為覺悟要由日常行事來體現，由生命體驗來提升。這就是說，禪與悟是不可分的，悟必須透過禪來獲得，禪沒有悟也就不成其為禪。沒有禪就沒有悟，沒有悟也就沒有禪。從這個意義上說，禪就是禪悟。這與印度佛教所講的禪也是大相逕庭的。

　　中國禪宗還大力開闢禪悟的途徑和創造禪悟的方法。這主要有：

　　（一）禪宗以明心見性為根本宗旨，而性與相相對，相與念相聯，念又與住（住著）相關。為此慧能提倡無相、無念、無住的法門，要求不執取象的相對相，不生起相對的念想，保住沒有任何執著的心靈狀態，這是一種內在的超越的

方法。

（二）性與理、道相通，悟理得道，也就是見性。理、道又與事相對，若能理事圓融，也就可見性成佛。由此「觸類是道」和「即事而真」成為禪修的重要的途徑和方法。

（三）禪悟作為生命體驗和精神境界，具有難以言傳和非理性的性質。相應地，禪師們紛紛充分地調動語言文字、行為動作、形象表象的功能，突顯語言文字的相對性、行為動作的示意性和形象表象的象徵性，形成豐富多彩的禪悟方法。

次說念佛。「念」，本指主體對所緣對象的憶念作用，念佛就是憶念所歸依的佛。後又由心念向外轉為觀念、口念，也就是由心裡稱念法身佛，轉為觀想佛的體相、功能，口中稱念佛的名號。這心念、觀念和口念三種念佛，分別稱為法身念佛、觀想念佛和稱名念佛。法身念佛的法身即法的實相，故也稱為實相念佛。中國佛教學者宗密又從觀想念佛的念想佛的相好角度，分出觀像念佛，即觀念塑畫等的佛像。

念佛的對像是佛，小乘佛教的念佛偏重於對釋迦牟尼的歸敬、讚歎、思念，大乘佛教認為三世十方有無數量的佛，相應地所念的佛數量眾多，擴大了念佛對象的範圍。大乘佛教所念之佛常見的有阿佛、藥師佛、彌勒佛、阿彌陀佛、大日如來等，但通常又以阿彌陀佛為代表，以至於一提及念佛，一般都以為念阿彌陀佛，這是念佛對象的顯著變化。

佛教經典歷來重視以念佛為觀想內容和禪觀方式，也就是提倡透過念佛把心思集中起來的冥想法，從而構成一種禪觀，一種禪定，稱為「念佛三昧」。《觀無量壽佛經》云：「更觀無量壽佛身相光明……其光相好及與化佛不可具說。但當憶想，令心明見，見此事者，即見十方一切諸佛，以見諸佛，故名念佛三昧。」認為修持念佛三昧，觀想無量壽佛（阿彌陀佛）的相好光明，故能於定中見十方一切諸佛。念佛三昧中有一種般舟三昧。修行般舟三昧是在一特定時間（如七日或九十日）內，常行走不得休息，環繞行道，步步、聲聲、念念皆在阿彌陀佛。完成此三昧就能見諸佛現前，故也稱「佛立三昧」。天臺宗人則稱為

「常行三昧」。《文殊說般若經》還把一心念佛，專修念佛一行，稱為「一行三昧」。

中國佛教學者對念佛方法的梳理都很關注。如天臺宗智顗在《五方便念佛門》（見《大正藏》第四十七卷）中列舉出五種念佛法門：（一）稱名往生念佛三昧門，（二）觀相滅罪念佛三昧門，（三）諸境唯心念佛三昧門，（四）心境俱離念佛三昧門，（五）性起圓通念佛三昧門。這是根據不同對象隨機而說的五種方便念佛法門。華嚴宗澄觀的《大方廣佛華嚴經經疏》卷五十六（見《大正藏》第三十五卷）也舉出五種念佛法門：（一）緣境念佛門，（二）攝境唯心念佛門，（三）心境俱泯念佛門，（四）心境無礙念佛門，（五）重重無盡念佛門。這是從心境即主體與客體的關係角度分列的念佛法門。宗密在《大方廣佛華嚴經普賢行願品別行疏鈔》卷四（見卍《續藏經》第七冊）則從念佛對象的視角分為稱名念佛、觀像念佛、觀想念佛和實相念佛四種念佛。唐代兼通律、密、淨的僧人飛錫，著《念佛三昧寶王論》（見《大正藏》第四十七卷），以念佛三昧為諸禪三昧中的寶王，並把念佛從時間的角度分為念未來佛、念現在佛和通念三世無不是佛三大門。此外，有的佛教學者還把念佛分為念他佛、念自佛和自他俱念佛三種。念他即念阿彌陀佛，念自即觀心，自他俱念即觀心、佛、眾生三無差別。在中國佛教史上，念佛法門眾多，其中包含了中國佛教學者的創造。

念佛法門傳入中國後，最為流行的是觀想念佛與實相念佛。後來由於淨土學者曇鸞、道綽的提倡，尤其是善導（613～681）創立淨土宗，便以稱名念佛為主要修持法門，並廣泛深入千家萬戶。以後，持名求生極樂世界的信仰廣為流行，以致不論哪一宗派採用的念佛法門，都和持名往生淨土的思想相結合，這是印度佛教念佛法門在中國的重大發展。

持名念佛法門之所以在中國盛行，是受了龍樹《十住毗婆沙論・易行品》思想的影響。該品說菩薩道「或有勤行精進，或有以信方便易行疾至阿惟越致者……若菩薩欲此身得至阿惟越致地，成就阿耨多羅三藐三菩提者，應當念是十方諸佛，稱其名號。」「阿惟越致」，不退轉，是菩薩修持追求佛果的階位。「阿耨多羅三藐三菩提」，佛圓滿覺悟的智慧。這是說，稱名念佛是修菩薩行速

至不退地的方便易行道。中國淨土宗在接受這種思想影響和吸取淨土經典學説的基礎上，提「稱名念佛往生」説。《無量壽經》捲上第十八願文有「十念」之説，《觀無量壽經》也説「具足十念稱南無阿彌陀佛」，宣揚十念念佛即可往生彌陀淨土。關於「十念」的解釋，佛教學者説法不一。善導將十念解釋為十聲稱佛，並認為，一生無盡數地稱佛名號乃至一聲稱佛名號，都可以往生彌陀淨土。善導所立的「稱名念佛往生」説成為淨土宗的根本宗旨。

淨土宗的稱名念佛法門奠立在兩個原理之上：一是阿彌陀佛名號的神聖功效。阿彌陀佛的「阿彌陀」三字被認為是佛法界的內在音聲。阿字是表宇宙開闢，生命生發的根本音，彌字表一心平等的無我大我義，陀字是表含攝一切法藏的究竟處，三字各具神聖意義。阿彌陀佛名號凝聚著阿彌陀佛法身、報身與應身以及各種智慧和無量功德。阿彌陀佛的本願，就是使稱名念佛的眾生往生西方極樂世界。阿彌陀名號作為阿彌陀三身以及智慧和功德的載體，是凡聖同構相互呼應的媒介。名號所在之處，也就是阿彌陀佛願力光明遍照之處。修持者稱名念佛之時，也就是得阿彌陀佛護持之時。信願持名，也就能全部融攝佛功德為自身的功德。二是眾生自心內含阿彌陀佛，心想佛即生佛。《觀無壽經》云：「諸佛如來是法界身，遍入一切眾生心想中，是故汝等心想佛時，是心即是三十二相，八十隨形好。是心作佛，是心是佛，諸佛正遍知海，從心想生。」這是説，阿彌陀佛是最高真理，遍於一切眾生心念之中，阿彌陀佛與眾生心念相通相融，眾生若口念阿彌陀佛，心想阿彌陀佛，自心就能顯現阿彌陀佛，乃至十方一切諸佛。心作心是，繫念佛界，是念佛法門的又一重要理念。

二、禪宗與念佛

從菩提達摩來華弘揚禪法至慧能創立禪宗前，留下的文獻資料較少，其中記載有提倡念佛為禪修方式的主要是道信，慧能以後至五家禪宗則貶低、偏離，甚至排斥念佛，然自宋代延壽以來，禪師們又轉向修持念佛，並最後定型於禪淨合一的念佛禪。

（一）東山法門與念佛

菩提達摩禪法經慧可、僧璨傳道信。道信（579～651）和門人弘忍，在湖北黃梅共創「東山法門」禪法，使禪僧的生活方式和修持方法發生巨大變化。道信在《入道安心要方便法門》中説：「我此法要，依《楞伽經》諸佛心第一。又依《文殊説般若經》一行三昧，即念佛心是佛，妄念是凡夫。」這就是東山法門禪法的綱要。《文殊説般若經》一行三昧，是一種修持方法，指一心念佛的三昧。道信把屬於念佛法門的「一行三昧」引入禪修，強調念佛與成佛的合一，提出了「念佛心是佛，妄念是凡夫」的命題。所謂念佛心是「繫心一佛，專稱名字」，是排除一切妄念，專於念佛，心心相續，以求心中見佛。實際上這是主張念佛與念心的同一。道信的念佛是稱名、觀想等多種活動，念心就是觀心。也就是一方面以念佛求生無量無邊功德，一方面以觀心滅盡妄念，求得心地清淨。這兩方面是同步的，甚至是同一的。這也就是「念佛心名無所念」，是不作區別、無所執著的心，是心的本然。念佛心排除妄心、煩惱，不執著對象形相，其結果就會「忽然澄寂，更無所緣念」。念佛心的佛是無形相的，念佛心的心也是無形相的，從修持的更高意義上説，念佛實是無所繫念，連念佛心也不生起，只保持原來的淨心，才是真念佛。這種無所念的念佛心，才是禪修成佛的基礎：「身心方寸，舉足下足，常在道場；施為舉動，皆是菩提。」身心的一切活動，都是成佛的道場，都體現了成佛的覺悟。所以，「離心無別有佛，離佛無別有心」，念佛心是佛，真念佛時，佛與心的形相一同泯滅，佛與心相合相融，佛就是心，心就是佛。這也就是所説的「念佛即是念心，求心即是求佛」的真諦。

道信提出的「念佛心是佛，妄念是凡夫」的命題，既把念佛心與妄念，佛與凡夫對立起來，也把念佛心與佛、妄念與凡夫統一了起來。道信以念佛與念心相合而一構成念佛心的觀點，把眾生的現實心與原本的清淨心溝通起來，從而也就為從念佛過渡到成佛架起了橋梁。

弘忍的大弟子神秀也把念佛與觀心融為一體，提倡「正念」念佛。他在《觀心論》中説：「夫念佛者，當修正念。（了義）為正，不了義為邪。正念必得往生淨國，邪念云何達彼？佛者覺也，所謂覺察身心，勿令起惡。念者憶也，謂堅

持戒行，不忘精勤。了如來義，名為正念。故知念在於心，不在於言……既稱念佛之（之，原作云）名，須行念佛之體。若心無實，口通空言，徒念虛功，有何成益……念從心起，名為覺行之門；誦在口中，即是聲音之相。執相求福，終無是乎？」神秀認為，念佛在心不在口，應修正念，排除邪念。所謂念佛的正念是「覺察身心，勿令起惡」，「堅持戒行，不忘精勤」，這也就是把念佛與去惡從善，除妄顯淨的觀心統一起來，神秀把念佛納入了觀心的禪修實踐之中。此外，弘忍門人宣什開創了南山念佛門禪，門人智詵、法持也是念佛行者，堅持念佛修行。

（二）慧能至五家禪宗與念佛

中國禪宗實際創始人慧能，提倡心性本淨，頓悟成佛的學說，相應地也擴大了禪的範圍。敦煌本《壇經》（一九）載：「何名坐禪？此法門中，一切無礙，外於一切境界上念不起為坐，見本性不亂為禪。何名為禪定？外離相曰禪，內不亂曰定。」所謂禪定就是對外遠離一切境界相狀，對內保持心性平和不亂。禪定並不固定於傳統的坐禪形式，而是重在內在心靈的調控、超越。與此相關，慧能還把一行三昧加以推廣，擴展到活潑的現實生活層面，他說：「一行三昧者，於一切時中，行住坐臥，常行直心是。」一行三昧有理事二種，事方面的一行三昧就是念佛三昧，理方面的一行三昧是觀真如，以知法界一相，本無差別，持修定心。慧能就是將觀真如實相以使心靈安定下來的禪修，貫通到日常生活的行住坐臥中去。慧能不講念佛，他把念佛往生西方極樂世界定位為「下根」人的修持方式。敦煌本《壇經》（三五）載有當時韶州刺史韋璩與慧能這樣一段對話：

使君（韋璩）禮拜，又問：「弟子見僧俗常念阿彌陀佛，願往生西方，願和尚說得生彼否？望為破疑。」大師言：「使君聽慧能與說，世尊在舍衛國，說西方引化，經文分明，去此不遠。只為下根說遠，說近只緣上智。人有兩種，法無不一，迷悟有殊，見有遲疾。迷人念佛去彼，悟者自淨其心，所以佛言『隨其心淨則佛土淨』。使君東方人，但淨心無罪，西方心不淨有愆迷人，願生東方，兩者所在處，並皆一種。心但無不淨，西方去此不遠；心起不淨之心，念佛往生難到。除十惡即行十萬，無八邪即過八千，但行直心，到如彈指。使君但行十善，何須更願往生？不斷十惡之心，何佛即來迎請？若悟無生頓法，見西方只在剎那，不悟頓教大乘，念佛往生路遙，如何得達？」

由此看出，慧能認為修持念佛往生西方極樂世界的是「迷人」、「下根人」，真正的「悟者」、「上智者」是自淨其心。修持的關鍵是淨心而不是念

佛。心不淨，怎樣念佛也難以到達西方極樂世界，心淨則西方極樂世界就在當下。自淨其心與念佛往生，體現了兩種不同的修持方式與追求境界。

沿著慧能的禪修路線，馬祖道一禪師更是高唱「平常心是道」和高揚「道不用修」，從而在更大範圍內衝擊了佛教原有的修持方式、方法，持戒、坐禪、讀經、念佛等諸方面，不同地被淡化，有的甚至被否定了。如後來的臨濟宗創始人義玄就明確地主張不看經、不習禪。史載：「師（臨濟義玄）與王常侍到僧堂，王問：『這一堂僧還看經麼？』師曰：『不看經。』曰：『還習禪麼？』師曰：『不習禪。』曰：『既不看經，又不習禪，畢竟做個什麼？』師曰：『總教伊成佛作祖去！』」義玄認為成佛作祖的方法不在於看經、習禪，可以說，念佛也已在義玄的視線之外，不是成佛作祖的修持方法了。

百丈懷海禪師制定了禪院清規，清規的最重要特點是不立佛殿，只設法堂，表示佛祖親自囑受，以現前的眾人和佛法為重。懷海的《百丈清規》原本在宋時失傳，從北宋楊億《古清規序》來看，《百丈清規》一方面淡化了禮拜佛與念佛等修持形式，一方面仍堅持誦經與禪修結合、坐禪與適當休息結合的方法，並不取消念佛、誦經與坐禪。元代重編的《敕修百丈清規》捲上《住持章》中載有「唸誦」一小節，對念佛誦經的時間、方式、內容均有詳細規定，並附有唸誦巡堂圖。卷下《大眾章》中「坐禪」和「坐禪儀」二小節，對坐禪的時間、程式以及應注意的問題都作了明確說明。後來日僧無著道忠，蒐集百丈古清規以下各清規有關禪林規矩、行事等語、名目的起源和沿革，編成《禪林象器籤》，於西元1744年刊行。書中載有禪宗的稱念十佛之名的唸誦法。十佛為清淨法身毗盧遮那佛、圓滿報身盧舍那佛、千百億化身釋迦牟尼佛等。唸誦有二類：一是三八唸誦，內又分三唸誦，即每月逢三日、十三日、二十三日唸誦，八唸誦，即每月逢八日、十八日、二十八日的唸誦；二是四節唸誦，為結夏（夏安居開始）、解夏（夏安居結束）、冬至、年朝四大節日的唸誦。唸誦的行法次第為預掛唸誦牌，灑掃僧堂，備置香燭，屆時鳴鐘集眾，大眾按次第巡堂稱念佛名號。由此可見，在五家禪宗盛行時，念佛修持雖然受到衝擊，但是，諷誦念佛還是禪宗的修持方式之一。至於成書於元代的《敕修百丈清規》，則是反映了唐末五代延壽大力倡導禪淨雙修後，禪門轉而對念佛的重視，這從延壽以來雲門、臨濟和曹洞諸宗著

名禪師提倡念佛修持的實踐可以看得更加清楚。

（三）延壽以來的禪淨雙修思潮

唐末五代法眼宗禪師延壽（904～975）召集天臺、華嚴、唯識諸宗僧人，廣收博覽，並互相切磋，彼此質疑，編成《宗鏡錄》一百卷，調和了禪教之間和教內各家之間即各宗派的義理宗旨。延壽又撰《萬善同歸集》六卷，高提禪淨雙修一致之道。這是隋唐佛教宗派成立以來，佛教宗派義理的第一次大規模的整合、重建，突顯了禪淨的地位和禪淨雙修的方向。自宋代以來，念佛禪幾乎席捲整個中國禪界，宋、元、明、清歷代一些著名禪師，直至當代的虛雲、圓瑛，都奉行禪淨雙修的路線。禪淨雙修成為宋以來中國漢地佛教修持的基本方法之一，念佛禪則成為與這種修持方法相應的基本修持形態之一。中國禪宗的修持軌道又一次發生了轉向。

延壽在所著《萬善同歸集》中引證唐代慈愍三藏之說云：「慈愍三藏云『聖教所說，正禪定者，制心一處，念念相續，離於昏掉，平等持心。若睡眠覆障，即須策勤念佛，誦經禮拜。行道講經說法，教化眾生，萬行無廢，所修行業，迴向往生西方淨土。』」據此延壽進而主張禪定與念佛相結合，修持萬行，往生淨土。慈愍三藏慧日，曾赴印度參訪，回國後倡導有別於善導一系的淨土法門。他反對禪家視淨土為引導愚心的「方便說」，排斥禪徒的空腹高心，主張教禪一致、戒淨並行、禪淨雙修，提倡念佛往生，強調一切修持都迴向往生淨土。延壽繼慧日遺風，大力弘揚禪淨雙修。他說：「猶清珠下於濁水，濁水不得不清，念佛投於亂心，亂心不得不佛。既契之後，心佛雙亡。雙亡，定也。」認為念佛有助禪定，念佛是禪定的一種方法，兩者是完全統一的。他還作「念佛四料揀」偈，云：

> 有禪無淨土，十人九蹉（一作錯）路；陰境若現前，瞥爾隨他去……無禪有淨土，萬修萬人去；但得見彌陀，何愁不開悟……有禪有淨土，猶如戴角虎；現世為人師，來生為佛祖……無禪無淨土，鐵床並銅柱；萬劫與千生，沒個人依怙。

在禪與淨的四組關係中，延壽認為禪無淨土，十人有九人墮於魔道。無禪有淨土，則萬無一失，必能出離生死。也就是說，淨土要比禪更高，淨土是修行的方法，也是修持的歸宿。延壽強調禪淨雙修是最高修行層次，在現世為人師表，

在來生成就最高理想人格。

禪門歷來倡言「唯心淨土」，認為「淨土」是「淨心」的表現，離心無獨立的「淨土」存在。淨土宗則弘揚「西方淨土」，這是以阿彌陀佛為教主的極樂世界，是遠離人心、遠離世俗社會的彼岸世界。延壽竭力調和這二種淨土，他的《萬善同歸集》中的「圓修十義」，從理事、權實、二諦等十個方面圓融各種不同教義。延壽認為「唯心淨土」，心外無法是「理」，寄形極樂世界（「西方淨土」）是「事」，而「理事無閡」，「唯心淨土」與「西方淨土」是圓融無礙。佛說二諦，「西方淨土」屬於俗諦，而無俗不真，與「唯心淨土」是一致的。延壽調和二種淨土，是為了肯定「西方淨土」，是把「西方淨土」理念融入禪宗理論和實踐之中，以往生「西方淨土」作為禪修的終極目標和最高理想。

延壽的禪淨雙修思想對禪宗各派都產生了深刻的影響。雲門宗人、宋代天衣義懷提倡禪淨兼修，義懷之嗣慧林宗本、長蘆應夫和居士楊杰等也都既主參禪，又重念佛。應夫門下宗頤嘗論禪淨關係，言云：

念佛不礙參禪，參禪不礙念佛，法雖二門，理同一致。上智之人凡運著二諦，下智之人各立一邊，故不和合，多起紛爭。故參禪人破念佛，念佛人參禪，皆因執實謗權，執權謗實，二皆未成，地獄先辨。須知根器深淺，各得其宜，譬如營田人豈能開庫，開庫人安可營田。若教營田人開庫，如跛足者登山，若教開庫人營田，似壓良人為賤，終無所合也。不若營田者且自營田，開庫者且自開庫，各隨所好，皆得如心。是故念佛參禪各求宗旨，溪山雖異，雲月是同，可謂處處綠楊堪繫馬，家家門戶透長安。

「開庫」，開啟倉庫。話的意思是，念佛與參禪，二種修行方法雖然不同，但二者的宗旨是一致的。修行方法的運用與眾生根器有直接關係，上智人兼修禪淨，下智人可參禪或念佛各持一種，殊途同歸，皆得成佛。這也就是說，既可禪淨雙修，又可參禪念佛，各究盡一門，這都是要根據眾生的不同條件來決定的。

宋代以來，臨濟宗人也不乏提倡禪淨雙修者，如死心悟新禪師深得參禪的本旨，同時又大力勸修念佛。他也說：「清珠下於濁水，濁水不得不清。念佛投於亂心，亂心不得不佛。佛既不亂，濁水自清，濁水既清，功歸何所？良久云：『幾度黑風翻大海，未曾聞道釣舟傾。』」這與延壽的說法一致，也是強調以念佛定心，把念佛納入禪定，提倡念佛禪。到了元代，提倡禪淨兼修的臨濟宗著名

禪師益趨增多，如中峰明本，他一面為看話禪辯護，一面大力提倡禪淨融合，認為淨土之外沒有禪，淨土和禪是心，兩者體同名異。他作《觀念阿彌陀佛偈》，令病人念阿彌陀佛，以祈求輕安。偈文云：「阿彌陀佛真金色，相好端嚴無等倫。白毫宛轉五須彌，紺目澄清四大海。光中化佛無數億，化菩薩眾亦無邊。四十八願度眾生，九品咸令登彼岸。」提倡念阿彌陀佛，以求往生西方淨土。中峰明本法嗣天如惟則禪師也兼弘淨土教。他說：「永明悟達摩直指之禪，又致身極樂上品，以此解禪者之執情，為末法勸信。余謂其深有功於宗教者此也。」「永明」，即延壽。這是充分肯定延壽禪淨雙修主張的重要性。他還闡發了禪淨同一說：「參禪為了生死，念佛亦為了生死。參禪者直指人心，見性成佛。念佛者達唯心淨土，見本性彌陀。既曰本性彌陀，唯心淨土，豈有不同者哉？」強調禪與淨都是為了了脫生死，兩者目的相同；念佛是「達唯心淨土，見本性彌陀」的門徑，兩者方法一致。惟則在所著《淨土或問》中力說禪者有念佛之必要，並申說念佛應以稱名念佛為上。他說：

念佛者或專緣三十二相，繫心得定，開目閉目，常得見佛。或但稱名號，執持不散，亦於現身而得見佛。此間現見多是稱佛名號為上……稱名號者無管多少，並須一心一意，心口相續，如此方得一念滅八十億劫生死之罪……十念者每晨面西，正立，合掌，連稱阿彌陀佛，盡一氣為一念，如是十氣為十念……十氣連屬令心不散，專精為功。名十念者是借氣束心也，盡此一生，不得一日暫廢。

認為稱名念佛高於觀想念佛，是滅罪往生的最有效辦法。元末被喻為獅子王的臨濟宗人楚石梵琦，崇信華嚴圓教，宣揚教禪一如，謂：「教是佛口，禪是佛心，未了之人聽一言，只這如今誰動口，便向個裡會得，坐斷天下人舌頭，更分什麼禪，揀什麼教。」他作淨土詩，云：

遙指家鄉落日邊，一條歸路直如弦。空中韻奏般般樂，水上花開朵朵蓮。雜樹枝莖成百寶，群居服食勝諸天。吾師有願當垂接，不枉翹勤五十年……一寸光陰一寸金，勸君念佛早回心。直饒風閣龍樓貴，難免鳩皮鶴髮侵。鼎內香煙初未散，空中法駕已遙臨。塵塵刹刹雖清淨，獨有彌陀願力深。

竭力讚揚西方淨土的殊勝和彌陀願力的深厚。

宋代曹洞宗真歇清了與默照禪創始人宏智正覺同為丹霞子淳的高徒。他主張「但念阿彌陀佛，求生西方極樂」，又說：「捷徑法門，唯有念佛。功高易進，念佛為先。若不念佛而求出離者，終無所獲。普勸清信一心念佛，求願往生，決不誤矣。」清了認為念佛修持為往生西方淨土捷徑。他還批評大慧宗杲的看話

禪，說：「如今一般底將依師語、相似語、格則語、合頭語口傳心授，印板上次第排布，參來參去，參得一肚皮禪，三年兩歲依前忘卻。到處爭勝負，彼此人我，無明巨天。」又說：「你而今只管將古人言句玄妙公案築在肚皮裡，將謂平生參學事畢，殊不知盡是頑涎涕唾，古人喚作運糞人，汙汝心田。」指斥看話禪參究公案，口傳心授，以為大悟，實際上盡是邪見，汙染心性。同時，清了又主張「直將阿彌陀佛四字作個話頭，二六時中，自晨朝十念之頃，直下提撕」。也就是以阿彌陀佛四字為話頭，以念佛代公案，提倡「看話念佛」，形成看話禪的一種新形式，也即禪淨融合的一種特殊形態。又，明末曹洞宗人無明慧經根據一般禪家的「唯心淨土，自性彌陀」的旨趣，說：「念佛人，要心淨，淨心念佛淨心聽，心即佛兮佛即心，成佛無非心淨定。」又說：「念即佛，佛即念」，「念佛心即淨土」。他強調眾生本具佛性：「清清淨淨一靈光，剎剎塵塵不覆藏。萬萬千千都失覺，多多少少弗思量。明明白白無生死，去去來來不斷常。是是非非如作夢，真真實實快承當。」「靈光」即佛性，清淨無染，靈照而放光明。勸告眾生頓見佛性，成就佛果。慧經在強調念佛的同時，也倡導看話禪，他說：「參學之士，道眼未明，但當看個話頭。」一如大慧宗杲家風，又表現出曹洞宗與臨濟合流的趨勢。

　　與慧經同時代的明末佛教四大師袾宏、真可、德清、智旭，進一步淡化了宗派立場，他們幾乎都提倡禪淨雙修，並程度不同地主張會歸淨土。四大師中德清因恢復禪宗祖庭曹溪有功，被稱為曹溪中興祖師，是當時禪門巨匠。德清也極力倡導禪淨一致，他說：「參禪看話一路，最為明心切要……是故念佛參禪兼修之行，極為穩當法門。」對於看話頭，他強調：「古人說參禪提話頭，都是不得已。公案雖多，唯獨念佛審實的話頭，塵勞中極易得力。」提倡念佛話頭的禪修。對於坐禪念佛，他也提出了新解：「所云坐禪，而禪亦不屬坐。若以坐為禪，則行住四儀又是何事？殊不知禪乃心之異名，若了心體寂滅，本自不動，又何行住之可拘？苟不達自心，雖坐亦剩法耳。定亦非可入，若有可入，則非大定。所謂『那伽常在定，無有不定時』，又何出入之有？」「那伽」，此指佛。佛的行、住、坐、臥都在定，據此，那伽亦謂「常在定」。這是說禪是心，不能拘泥於坐。又大定也不可入，佛就並無出入而常在定。又說：「今所念之佛，即

自性彌陀，所求淨土，即唯心極樂。諸人苟能念念不忘，心心彌陀出現，步步極樂家鄉，又何必遠企於十萬億國之外，別有淨土可歸耶？」教人念佛時徹悟自性，成就唯心極樂淨土。也就是提倡念佛與禪合而為一。

當代禪宗泰虛雲和尚（1840～1959），身承五宗，長期參禪，久有體悟。他不僅對禪門五家宗派同樣尊重，而且也提倡禪淨雙修。他說：「參禪念佛等法門，本來都是釋迦老子親口所說，道本無二，不過以生夙因和根器各各不同，為應病與藥計，便方便說了許多法門來攝化群機。」又說：「動散之時，則持名念佛。靜坐之際，則一心參究『念佛是誰』。如斯二者，豈不兩全其美。」虛雲在提倡禪淨雙修同時，還認為「參禪、念佛、持咒等一切法門，皆教眾生破除妄念，顯自本心。佛法無高下，根機有利鈍。其中以念佛法門比較最為方便穩妥。」表現出當代禪門大師對持名念佛的充分認同和高度肯定。當代禪門又一高僧圓瑛（1878～1953）的禪修宗旨是教宗兼弘，側重禪淨，歸心淨土。他也認為禪淨是針對眾生不同根機而設施的不同法門，禪宜於上根人修持，念佛則智愚老少咸宜，而念佛達到極致，則與禪悟無異。圓瑛提倡禪淨雙修，禪修時繫心於佛，即守定阿彌陀佛的話頭參究，實際上把禪修融進淨土，為歸心淨土提供修持基礎。

三、小結

綜上所述，我們可以就禪宗與念佛的關係得出以下幾點看法：

自菩提達摩禪法傳入中國以來，先是兼修念佛，隨後一度偏離念佛，後來又轉而提倡念佛，可以說，在禪與念佛的關係上走了一個「之」字形。這其間的變化，慧能和馬祖、延壽分別起了關鍵性作用。

宋代以來禪淨結合的形式，大體上有三類：一是念佛禪，是實行念佛的禪法。二是看話念佛，即以「阿彌陀佛」四字為話頭的參禪方法。三是融禪於淨，這是以禪為修持往生西方淨土的一個法門，強調歸心淨土。

禪淨融合是古代中國佛教的最終走向，體現了自力與他力、內在超越與外在超越、此岸世界與彼岸世界的結合與統一。

　　禪淨融合的理論機制，一是根機說，多數禪師都認為禪淨兩種法門是適應眾生的不同根機的修持方法，各有適用的對象，從這種意義上說，兩者是不矛盾的。二是圓融論，即將禪淨與理事、二諦等相配，以理事、二諦的圓融，來論證禪淨的融合無礙。三是配合論，如主張動散時念佛，靜坐時參禪，如此互相配合，更富修持實效。

佛教思維方式

般若思維簡論

　　印度佛教經歷小乘之後，大乘興起，並成為佛教的主流。隨著大乘佛教的產生，般若學逐漸成為佛教的主導思想。「般若」，被認為能斷惑證真，度化眾生，而稱為「佛母」，是佛教所謂的高級智慧——一種指導觀察一切事物的根本視點，判別是非善惡的基本方法，也是佛教所證悟的最高理想境界。從認識論和思維科學的角度來說，般若是一種特殊的體證方法和體驗境界。

　　大乘佛教中觀學派奠基人龍樹，是般若思想的發掘者和弘揚者。他依據般若思想，進一步超越單純的空觀，主張離去「空觀」和「實有」兩邊，以合乎中道，把握一切事物的實相，這就是「中道正觀」，即「中觀」。這個學派認為，中觀是觀察一切事物的唯一正確的方法。為了論證中觀學說，龍樹還提出「二諦」說，作出了真理論的論證。又為澈底貫徹二諦說，還著重破除各種「偏見」，提出「八不」說，以否定世俗的認識。還提倡「現觀」即神祕的直觀，作為悟解人生宇宙的實相，證入涅槃的方法。本文就是對佛教這種特具異彩的思維方式作一簡要的論述。

一、般若

大乘佛教繼承小乘佛教禪觀的運思路數，同時又針對小乘佛教，尤其是說一切有部主張佛說的法都有自性的觀點，強調法無自性，對佛所說法不可執著，由此出現了般若類經典。此類經典影響深遠，後來的《寶積經》、《華嚴經》、《法華經》和《維摩經》等，都是依據《般若經》的般若思想撰成的。可以說，般若思想實際上已成為大乘經典的中心思想，般若是大乘佛教的新思維。

　　般若是梵文的音譯，也譯作「波若」、「體羅若」等，意譯為智慧。這種智慧不是指普通經驗的知識，也不是世俗人所能具有的一般智慧。它是包含各種神通的超越能力在內的超越知識、超越經驗的靈智，是洞照性空，超情啟智，達到成佛境界的宗教智慧，是一種宗教的神祕直觀，一種成佛的特殊認識、手段。按照大乘佛教的說法，發心修道要經過十地（階段），逐步學到一點般若，到了八、九地階段才能真正領會般若智慧，至於圓滿具足般若，要到最後十地階段，即成佛之時。可見，佛教認為完全具足般若是一個漫長的修習過程。般若漢語意譯作智慧，並不完全符合原意，有的佛教學者用「聖智」來表示般若，而唐玄奘則主張保持梵文音譯「般若」。用我們的話來說，般若實質上就是體悟萬物性空的直觀、直覺。

　　般若，作為一種特殊的智慧，一方面，只有透過對世俗認識的否定才能獲得，是排斥世俗認識的。另一方面，般若智慧如果不採用世俗人所能接受的方式、手段，又無法宣傳、影響群眾，為群眾所接受。因此，為了方便，又承認運用世俗認識的方式、方法作為通達般若智慧的工具、橋梁。這樣，通常般若又分為三種：一是「實相般若」，指般若的理體、實性，即是離開虛妄分別相的性空，是體證的境界；二是「觀照般若」，指觀照實相（性空）的真實智慧；三是「文字般若」，即以般若經論表述般若思想的言教，是一種言傳的方便。這就是說，般若是以特殊智慧為內核的包含了實性、功能和形式的內容豐富的概念。

　　從宗教思想方面來看，般若思想的中心內容是闡發一切現象「性空幻有」或「真空妙有」的道理。依據緣起論，一切現象都是因緣和合而成，也就是沒有自性的，是空的，是性空、真空；雖然一切因緣和合而成的現象沒有自性，但是假有的現象是存在的，幻有、妙有是有的。由因緣和合而成的現象是幻有，但不是

無，不是虛無。空，不是假空而是真空；有，不是真有而是假有。般若思想要求對一切現象同時看到性空和幻有兩個方面。《金剛般若波羅蜜經》對此作了形象的説明：「一切有為法，如夢幻泡影，如露亦如電，應作如是觀。」同時，般若學還認為，佛經上所説的般若言教也是佛為了教化眾生的需要而作的假設、方便：「如來説第一波羅蜜非是第一波羅蜜，是名第一波羅蜜。」「波羅蜜」，是到達彼岸的意思，也就是指到達彼岸的途徑、方法。這是説佛説的般若也就是概念的假設，是「文字般若」，佛説法也是幻有。般若思想就是要求在認識和行為上不滯於現象，排斥對於現象的執著，也就是超越「偏空」和「偏有」的偏見，以把握現象的實相。

從宗教實踐方面來看，般若思想和小乘佛教偏於追求痛苦的解脱不盡相同。般若為了證悟最高的理想境界，是以菩提為佛的境界，把菩提當作佛體。菩提是梵文Bodhi的音譯，意譯為覺悟、智慧。般若思想把菩提作為成佛的標誌，也就是突顯地強調智慧的關鍵性的意義。《大般若經》宣傳菩提的內容包括了三種不同層次的智慧：一是「一切智」，這是指對一切現象都能認識，也就是對現象的共性認識，是小乘佛教的最高智慧；二是「道種智」，不僅具有對現象的共性認識的一切智，而且還知道得到此種認識的具體方法，這是大乘菩薩的智慧；三是「一切種智」，不僅知道一切現象的共性，也知道一切現象的自性，是一種無所不知的認識，這是佛的智慧。這三種智慧，涉及認識對象的共性與自性、共相與自相的關係，涉及思維形式的抽象與具體的關係，它以宗教形態反映了由抽象到具體，再到抽象與具體統一的認識過程。

般若是佛教所謂接近、把握事物實相的唯一方法，般若就是直觀、直覺。但是普通所謂直觀是介於見者與被見者之間的，般若的直觀則是就某一事物還沒有成為事物以前的直觀。所謂還沒有成為事物是指還沒有被人為分別的事物，還沒有被概念化的事物。般若的直觀就是觀照天地未分、主客未分的東西，觀照未被分別的事物的真相，這是無分別的純粹經驗，這種經驗沒有被分別，還沒有概念化。這就是説，般若是一種內在的呈現，內在的體驗，是無法用語言、概念表達的；是用無分別説的方式，將般若智慧呈現出來，把真實的般若展現出來。所以，大乘佛教又説般若是一種「無分別説」，一種「無分別智」。但是大乘佛教

也強調般若直觀與分別智又不是絕對對立的。分別智和般若無分別智是相互聯繫的。比如，分別智把樹視為樹，同一時間又思考樹在未加分別前不是樹，樹是樹又不是樹，分別又無分別，也就是出於分別又入於無分別，分別而不分別。

由於般若智慧的運用，無分別智又有根本無分別智和後得無分別智的區別。根本無分別智就是無分別智，是指直觀親證佛教真理，也就是觀照事物的共相——空性，達到主觀與客觀的完全契合一致、沒有任何差別。因這種智慧是指導日後觀察種種現象的根本依據，故名根本無分別智。後得無分別智是在獲得根本無分別智之後，把它運用於分析各種具體現象的智慧，故名。後得無分別智重新與概念聯繫，藉以觀照事物的自相，這種自相是依據於共相的。共相是空性，所以自性也是空性。這兩種智實際上是一種智，只是先後和作用不同，與概念有否聯繫不同。根本無分別智要靠後得無分別智才能在世俗世界的認識中發揮功能，不為各種具體現象所迷惑，而後得無分別智要依靠根本無分別智才能掌握佛教真理，分析各種具體現象。

佛教般若理論提出的三種智慧（一切智、道種智、一切種智）和兩種智（分別智與無分別智、根本無分別智與後得無分別智），具有重要的認識意義。它以認識必須是在主體與客體相應的經驗反思中，觸及了人類的認識與智慧的最大難題，即鮮明地體現了人類面臨無限的時空而追求絕對的認識與智慧的願望和意向，也尖銳地反映了人類經驗知識的片面性、相對性的缺陷，人類認識能力的局限。有限的主觀與無限的客觀的對立，困惑、折磨著人類。佛教另闢道路，從精神境界中尋求解答。它把理想中的無限智慧奉獻給佛，宣揚佛具有一切種智、無分別智，為人類在認識上的努力指出獨特的方向，給以一種情感上、思想上的滿足。這種般若理論中所包含的主體與客體、有限與無限、能知與所知的矛盾，正是宗教賴以存在的深刻的認識根源之所在。

二、中道

《般若經》流行後，般若直觀思維方式日益成為佛教觀察、認識事物的基本

模式。繼《般若經》之後的小品《寶積經》就宣揚用般若作為觀察一切現象的「根本正觀」。這種主張是緣起空思想的繼承，同時又和以往單純的「空觀」不同。空觀是否定「實有」的，是以空為實際存在的。小品《寶積經》超越了單純的空觀，主張既是空觀，又不著空觀，既離去「實有」一邊，也離去「空觀」一邊，即離去兩邊，提倡「中道」，並把這種「中道」固定地運用到「正觀」方面，形成了「中道觀」。

龍樹在《般若經》和《寶積經》的思想基礎上繼續前進，他把「中道觀」即「中觀」作為澈底批判偏執一邊的部派佛教的基本武器，作為闡發中觀學派理論的根本方法，從而又進一步豐富和發展了佛教「空觀」和「中道觀」的理論。

龍樹在《中論·觀四諦品》中給「中道」下了一個定義，說：「眾因緣生法，我說即是無（空），亦為是假名，亦是中道義。」這是鳩摩羅什的譯文。因此偈有三個「是」字，中國三論宗稱之為「三是偈」，天臺宗認為此偈論及空、假、中三諦，稱之為「三諦偈」。這個偈是大乘佛教中觀學派的根本思想的集中表述，歷來為佛教學者所重視。偈文簡括地表述了中觀學派的緣起理論，表述了因緣、空、假名和中道四者的內在關聯：因緣是出發點，由此而表現為空和假名，也合而表現為中道。就此緣起法的含義來說，有兩方面：一是空，這個空是以言說出現的，存在於認識之中的，所以說「我說」；二是假名，假，假設，即用語言文字表示，是名言，是假立之名。事物雖然從認識上說是空，但是表述千差萬別的事物的概念是有的。假名是有，但又不是實有。空和假名是同一緣起法的兩個方面，是密切地相互聯繫的，因為是空才有假設，因為是假設才是空。這樣在看法上就要既不執著有（實有），也不執著空（虛無的空）。這樣看待緣起現象，就是中道觀。

龍樹常以水中月來比喻中道說：水中的月亮並不是真正的月亮，也就是沒有月亮的自性，是空，但是，水中月又確是人們看到了的，作為月的幻相，即幻月、假名月是存在的。說水中真有月亮是不對的，說水中根本沒有月亮也是不對的。只有說水中無真月亮而有假月亮才是合乎中道。這個比喻十分迷人，但遠非真切。我們要問：天上的月亮是否真有呢？只有證明天上的月亮是無自性，即天

67

上沒有真正的月亮才能證明龍樹的月亮無自性的根本立論，而事實上龍樹是難以證明天上的月亮是不真實的。

龍樹所講中道的「中」，是執中的意思，不是折中或中庸。這種中道的見解就是「中觀」。龍樹所講的中道和釋迦牟尼所講的中道有所不同。釋迦牟尼的中道是修行方法的指針，而不是方法論學說。龍樹把中道提高到一般方法論的高度，強調中道就是所謂真正把握一切事物現象的實相的方法和途徑。這種中觀思想是緣起空思想的發展，是在和那種視「空」為「零」、「虛無」的觀點的鬥爭中形成的。「中」是對「空」的認識的進一步發展，是對虛無的空的觀點的否定，對無自性的空的肯定。為了批判虛無的空的觀點，又強調假有的存在，由此產生假有的觀念。由無自性的空和假有，即「空」和「假」兩方面，綜合而為中道，即成立「中」。龍樹的中觀理論，把一切現象歸結為性空、幻有兩個方面，從根本上說是不符合實際的，但是它反對虛無的空的觀點，看到了事物的相對性、變動性，是有理論意義的。

按照上述的中道，一方面空掉因緣所生法，是「非有」，一方面這「非有」，即「空」，也不能執著，是「非空」，這樣就形成了非有非空二重否定的中道雙非的判斷形式。這種形式的展開，通常把事物判斷為非生非滅、非有非無、非常非無常、非我非無我、非來非去、非淨非染、非苦非樂等等。這被認為是對一切事物的實相的正確描述。在中觀學派看來，一切對立的概念都是相待而成、比較而言的，並不是事物本身具有這些特徵、特性、相狀，而是用概念加在事物上面，去說明事物，這必然是虛妄的。這裡，中觀學派用概念的相對性，去否定事物的固有特徵是不對的。中觀學派認為語言文字是假名，只能用於俗諦，不能用於說明真諦，不能說明般若真相，否定了語言文字的價值。由於否定語言文字的價值，又必然否定思維和思想，否定知識和邏輯。中觀學派的雙非判斷形式，肯定絕對矛盾的雙方同時並存，勢必混淆對事物特徵穩定性的認識，但它又以一種顛倒的形式猜測到了事物是存在與非存在的統一，猜測到了事物對立的兩重性，是包含辯證法因素的。

龍樹強調中觀是空觀的進一步發展。他認為中觀是對空的最全面、最正確的

認識,也就是對一切事物現象的實相的最全面、最正確的把握。何謂實相?「相」指事物的相狀、特徵,如牛有牛相,馬有馬相。人們給事物起的名稱,下的定義,這種名稱和定義就成了事物的相,人們關於事物的概念、觀念也就是事物的相。佛教認為,這些相是虛假的,不合乎事物實相的。所謂實相是指事物的真實相狀、特徵。佛教所講的實相是從緣起現象上發現真實的意義,也就是著重對緣起現象的真實意義作出價值判斷,而不是就緣起現象的實相作出客觀解釋。中觀學派描繪實相有種種相:不可破壞、常住不異、無能作者、非苦非樂、非常非無常、非我非無我,最重要的是從本以來無生無滅,為實相的根本義。由此中觀學派強調實相是無相的,所謂無相是講無定相,即不能有定相。比如主張生或主張滅,主張有或主張無,都是有定相,凡是主張矛盾的一個方面,就是定相,應當遠離、掃除,只有把矛盾的對立雙方合在一起,如非生非滅、非有非無,才是實相之相。所以中觀學派強烈反對執著相、執取相,強調相不可得,無取無捨,要超出四句義。四句義是用四句話來概括兩個概念之間的各種關係,是古印度邏輯的一種公式。如以有無概念為例,兩者關係為:有而非無,無而非有,亦有亦無,非有非無。這四句中任何一句都不反映實相,不符合實際,不能說明實相。在中觀學派看來,實相是離開一切相的,描述事物的相狀、特徵,是人們的分別,是人們的觀念、概念,其實與事物本身是不相干的。萬物皆空,實相是無分別相的。龍樹從對緣起現象的中觀認識上強調認識絕對的真,這種絕對的真就是空,性空。這個實相——性空,正是佛教追求的認識目標。龍樹的中觀理論歸根到底是為佛教的精神解脫論提供認識論根據的。

三、二諦

龍樹的中觀學說把一切現象歸結為「空」和「假名」,但是日月懸高,草木長地,萬象森然,怎能說它是空呢?這是常識很難同意和接受的。當時就有人反對龍樹的說法,說如果一切皆空的話,那就不可能有生活的規範和認識的原則,也不可能有佛教的三寶、四諦和因果報應等。這是需要從理論上作出回答的。同

時，佛教對於現象的看法，常有不同的說法，甚至是矛盾的說法，如有時說是空，有時又說有，使人無所適從。這也需要從理論上作出說明。對於這些情況，佛教認為是佛說法的層次不同。如何區分層次需要提出一個標準，這個標準叫做「諦」。佛教中觀學派通常以二諦為標準，也就是以俗諦來說明一切現象是有，以真諦來說明一切現象是空，從而構成了具有真理標準意義的二諦論。

龍樹在《中論‧觀四諦品》中說：

> 佛教依二諦，為眾生說法。一以世俗諦，二第一義諦。若人不能知，分別於二諦，則於深佛法，不知真實義。若不依俗諦，不得第一義。不得第一義，則不得涅槃……如謂我著空，而為我生過。汝今說所過，於空則無有。以有空義故，一切法得成。若無空義者，一切則不成。

龍樹在這段話中說明了二諦的重要性、真俗二諦的關係以及空的實際應用等重要問題。

諦，是認識、道理、真實、標準的意思。二諦就是相對的兩種實在的認識。諦，原為古印度婆羅門教用浯，為佛教所沿用。二諦指俗諦和真諦，俗諦又稱「世諦」、「世俗諦」，指世間的一般常識；真諦又稱「勝義諦」、「第一義諦」，指佛教所謂的殊勝認識、勝義認識，即佛教真理。龍樹認為，因緣和合而生的一切現象自性皆空，世俗的人們不懂得這個道理，誤認為一切現象都有自性，都是真實的。這種世俗以為正確的道理，稱為「俗諦」。佛教聖賢發現世俗認識的顛倒，闡發緣起性空的道理，這是真正真實的道理，稱為「真諦」。從俗諦來說一切現象是有，從真諦來說一切現象是空。將二諦統一起來觀察現象，就是既要看到現象的性空，又要看到現象的假有。龍樹強調，二諦是佛根據眾生即說法對象的不同而採用的兩種說法，有時以俗諦說，有時以真諦說。

龍樹認為俗諦和真諦是對立統一的關係。真俗是對立的，二諦不僅有高下之分，而且性質也不同。從根本上說，俗諦是虛幻的、顛倒的，真諦是真實的、正確的。同時二諦又是統一的，兩者是缺一不可的。真諦本來是無法用語言、名相概念來表達的，但是，不用名言表達又如何使人把握真諦呢？為了使人們證得真諦，就得「為真諦而說俗諦」。並不是有了真諦就可以不要俗諦了，「若不依俗諦，不得第一義」。俗諦和真諦的關係建立在運用概念的解釋上。從語言說，概念是「名」，從心思說，概念是「想」，只要能正確地運用冥想，和真諦配合，

相順相成,就是通向理解佛理的道路,足以成為真實。也就是可以以俗諦為階梯,由俗入真。這就是說,俗諦在一定意義上又是有真實性的。在證得真諦以後仍有俗諦,這是由真化俗,也就是真諦隨順世間的種種概念而作種種的方便,使眾生的認識逐步提高,趨向究竟。真諦如果不依隨俗諦,也無從成立,無以說明世界現象,更無從化導人們。所以必須將二諦聯繫起來說明現象。

中道、中觀的內涵,就是綜合真諦和俗諦兩個方面去看待世界萬物。從真諦看,萬物是空;從俗諦看,萬物是有。這是用真諦說明佛教真理,用俗諦說明世俗觀點。其次,還要看到,真諦的空不是虛無,而是一種不可表述的存在,即有,俗諦的有,不是真有,而是一種因緣和合的假有,即空。再次,還要看到,真諦和俗諦、空和假有是互相聯繫,不可分割的。因為是空,才是假有;因為是假有,才是空。只有空無自性,才可以有種種假名設施,即概念的表示,如三寶、四諦等。如果沒有空,一切現象都有獨立的恆常的絕對的自性,就難以用語言文字表示,也就沒有假名、假有了。這樣在認識上就會排斥兩種絕對對立的看法:虛無和實有。人們既不執著空(虛無的空),也不會執著有(實有的有),把真諦和俗諦統一起來,不偏於俗,也不偏於真,這就會合乎中觀。

龍樹弟子提婆(聖天)繼承和發展二諦說。他就二諦的說法提出了「真假」的問題,給以真假的區分。《廣百論本‧教誡弟子品》說:「諸世間可說,皆是假非真;離世俗名言,乃是真非假。」這裡包含有兩層意義:一是世間的現象是可以用語言表述的,而出世間的則是不能言說的,不可言說的;二是用語言表述的都是假的,是假有,只有離開世俗語言了解、表述的才是真的,是實有。也就是說,俗諦是假的,真諦才是真的。提婆認為真諦不可言說,同時又主張用俗諦來解說真諦,以便使眾生了解真諦。但是,他強調用語言表述的俗諦是假有、假沒,不能執著,眾生應當透過俗諦又超越俗諦,進入真諦。提婆以真假論真俗二諦的思想,對後來中觀學派學說的發展有重要影響。

佛教二諦說始自小乘部派佛教,而把二諦說作為根本的認識原則的是大乘中觀學派。這也說明,佛教各派對二諦的說法不完全相同,其含義有一個演變的過程。小乘說一切有部所講的俗諦,是指把因緣和合而成的、可以分析的事物看作

真實存在的認識，真諦則是指一種把單一的、不可分析的事物看作真實存在的認識。大乘中觀學派從對一切現象視為性空還是實有來區分真俗二諦。小乘經部和大乘瑜伽行派，都是以世俗和佛教為區分的出發點，認為世俗的認識就是俗諦，佛教的智慧和佛法就是真諦。應當說，小乘說一切有部的二諦說帶有一定的唯物主義因素，但又顯示出機械、割裂的弱點。小乘經部和大乘瑜伽行派的說法與常識相悖，帶有更多的宗教偏見，至於大乘中觀學派的說法更表現了澈底的唯心主義立場，但又閃爍出辯證法的光芒。佛教二諦說關係到認識的層次和類別以及真理的層次和標準的問題。佛教各派對這些問題看法雖然不盡相同，但一般地說都這樣認為：凡與外界萬物相符的認識，至多是常識的真，即使在常識範圍內，同一東西，不同人也有不同的看法，如對美醜、香臭，不同人的看法差別就很大；又在此時此地為真，在彼時彼地則為不真。佛教認為世俗所謂的真實，包括感性經驗和理性思維所得的知識都不是絕對的真實。佛教認為真理必須具有恆常性和普遍性的性格。所謂恆常性是指對於一切時間都恆常如此，不因時而變易，超乎時間的限制。所謂普遍性就是超乎空間而存在，是遍於一切物、一切處的。佛教教人要超越有分別的、無常的、不普遍的相對知識，進而掌握無分別的、恆常的、普遍的絕對知識。總之，佛教所講的真理，與世俗常識科學、哲學所講的真理是不同的。

四、八不

大乘中觀學派的對事物的生起和性質有一個重要的說法：「不生亦不滅，不常亦不斷，不一亦不異，不來亦不出（去）。」（《中論‧觀因緣品》）這就是著名的八不緣起說。八不緣起說否定一切事物的真實性、客觀性，同時也集中地反對用生、滅、常、斷、一、異、來、去概念去說明世界萬物的實有，反對把概念看作實在的。認為執著生、滅、常、斷等概念，乃是一種戲論，對認識現象的實相和宗教道德的實踐都是無益的。八不說就是為了消滅這種戲論，使人進入寂滅狀態。

從思維方式方面看，龍樹的八不主要是破，是否定，是一種以破為立，即透過否定來肯定佛理的方法。佛教通常認為，宣揚真理的語言表達有兩種方式：遮詮和表詮。遮詮是從反面作否定的表述，以排除事物的真實性。表詮是從正面作肯定的表述，以顯示事物的真實性。八不就是否定對一切現象的種種認識，從否定方式中，顯示悟入一切現象的實相——絕對空性。龍樹運用相待的二分法，從兩方面破生又破滅，破常又破斷，破一又破異，破來又破去，以體現中道正觀。生、滅、常、斷，可以概括為有、無，所以龍樹又著力於破有破無以顯示中道，也就是「破邪即顯正」之謂。《中論・觀涅槃品》說：「非有，非無，非有無，非非有非非無。」「非有」即無，「非有無」即非亦有亦無，也即非有非無，「非非有非非無」即亦有亦無。這是透過否定有無，以顯示亦有亦無的中道，是由否定到肯定。

　　提婆進一步發展了龍樹的學說。他認為龍樹以破為立的方法不澈底，主張一破到底，「破而不立」。他採用三分法，不僅破有破無，而且也破亦有亦無，的確比龍樹破得更為澈底了。

　　隨著中觀學派的二諦和八不學說的流行，大乘佛教形成了四句例的推理方法。四句例的格式，如以有無、是非為例是：

第一句	第二句	第三句	第四句
正	反	合（兼）	離
有	無	亦有亦無	非有非無
是	非	亦是亦非	非是非非

　　四句的邏輯推理順序是正反合離，也就是肯定（表）、否定（遮）、肯定又否定、超越肯定和否定。這四句是對一切事物的四種不同解釋。事物的根本性質是有無、是非問題，四句例按照正反合離的規定，分別為有、無、亦有亦無、非有非無，是、非、亦是亦非、非是非非。佛教認為，這四句並不是對事物的真實的說明，執著四句分別以為真實，就是偏見，就是戲論。但是沿著四句例的分合和否定的傾向逐步展開，繼續前進，也就可以進一步獲得更真實的知識。由此四句又稱為「四門」、「四句門」，是所謂悟入實相、進入涅槃之門。中國三論宗

創始人吉藏在《三論玄義》中說，釋迦牟尼之道「理超四句」，「體絕百非」。「四句」就是正反合離四句；「百非」，「非」，是不，不是，否定，「百」，是多數的意思，如非有非無、非有為非無為等等。「超四句」就是「離四句」，「絕百非」就是斷絕百非。大乘佛教認為，只有在道理上超離四句，在體性上斷絕百非，掃盡各種各樣的偏見，才能實現人生的理想要求，達到涅槃寂靜的境界。

龍樹的八不理論含藏著這樣的認識論觀念：知識並沒有也不能向人們提供真實可靠的東西，它只能產生分歧，增添矛盾，導致爭論，使人生增加煩惱和痛苦。顯然這是一種極端的懷疑論思想。

五、現觀

大乘中觀學派在大力破除對概念的執著，強調運用日常的概念是不可能認識世界實相的同時，又提倡認識世界實相的方法——現觀。龍樹說：「諸法實相者，心行言語斷，無生亦無滅，寂滅如涅槃。」（《中論·觀法品》）「心行」，即運思，思維活動。實相是寂滅清淨的，對實相的認識就是涅槃，實相就是涅槃。世界萬物的實相是不能用理性思維，不能用語言分別，不能用概念親證的。認識世界萬物實相的方法是現觀。所謂現觀是運用般若智慧直接與對象交通，直觀地認識對象，體會對象，與對象合而為一，中間沒有任何間隔，沒有通常的思維活動，無須語言概念的中介作用。後人把現觀比喻為「如啞受義」。「啞」，啞巴。「受」，領受。「義」，指對象、境界。啞巴不會說話，但對境界也有所感受。正如俗語所說的「啞巴吃黃連，有苦說不出」，啞巴吃了發苦的東西同樣有苦的感受，是難以用語言表述、形容的。「如人飲水，冷暖自知」，一個人飲水的冷暖感覺，他人是很難體會的，飲水者也只能用真熱、真涼、比較熱、比較涼等模糊語言來傳告他人，然而自身的實際感受也比語言的表述更為清晰、深刻、真切。龍樹所說的現觀就是這樣一種直觀、直覺。

現觀是佛教各派普遍採用的認識方法，如《阿毗達磨俱舍論》卷二三把現觀

分為見現觀、事現觀和緣現觀三種,其中「見現觀」最明顯地體現了現觀的特徵:「唯無漏慧於諸諦境現見分明,各見現觀。」「無漏慧」,「漏」,煩惱,指具有斷除煩惱、證得佛教真理的智慧。見現觀就是以無漏智慧觀照苦、集、滅、道「四諦」的各種境界,現見分明。佛教的現觀是屬於見道階段的認識活動。見道是佛教徒修行的階位之一,因以無漏智慧觀照苦、集、滅、道四諦,得以現見,證得佛教真理,故稱。在見道以前,眾生的修習都是凡夫位,所得的是有漏慧,是沒有斷除煩惱的智慧。經過不懈的修持,進入見道,獲得無漏慧,證得佛教真理,就成為聖者了。現觀就是透過修持禪定,不經過語言概念的媒介,用無漏慧使佛教真理直接呈現於面前,此時認識主體與認識對象、智慧與實相完全吻合,沒有差別,由此獲得新的智慧、認識,就是無分別智。

現觀是佛教徒修行的特定階段的思維方式、認識方法,是人類的一種特殊心理狀態,表現出人類心靈活動的種種特徵,主要有:

直接性:現觀是認識主體直接地把握認識對象,是以人生生命去體驗世界實相,是一念見道,當下悟得。雖有以往經驗的積累,但又超越以往的經驗,是一種直接的內在心理體驗。

整體性:現觀是把對象作為一個整體來看,而不是分別地局部地看,也就是整體地把握宇宙人生的實相——苦、空。在佛教看來,對事物分別地局部地看,就會看成是靜止的而不是變動的,割裂的而不是完整的,就不能得到真正的認識。分別的局部的認識並不是真實的認識,不是佛教真理。

契合性:佛教認為世俗中的人們只能認識事物的表面現象,這種表面的認識是不可靠的。佛教還認為,如果主體與客體處於差別、對立的狀態,主體是難以真正認識、把握客體的。現觀是主張認識主體置身於認識客體的內部,深入對象的內層,與之契合為一,從而真正地把握世界的實相。

不可說性:佛教現觀是不能用符號和語言文字表達的,凡以符號和語言文字表達出來的,就不是現觀。在佛教看來,語言文字不是真正溝通主體和客觀世界內在本質的橋梁,而是把握世界實相、達到真理的障礙。我們認為,語言雖然不能充分表達直觀思維和直覺思維的內容,但是絕不能貶低語言的作用。語言是主

體加工處理、儲存、傳遞訊息的工具，是一種符號系統，而這種符號系統是指稱被反映的客體的，客體的反映、訊息，形成意義，符號是意義的載體。主體的思維活動通常總是透過語言符號而向客體聯繫的。

神祕性：佛教的現觀是特定修行階段的認識活動，不是常人所能具有的，是要經過靜坐和禪定等預備性的心理鍛鍊才能形成的。現觀是追求一種宗教境界，以寂滅清淨的涅槃為目標。這種涅槃境界是一種涉及宗教、哲學、道德等感受的心理狀態，是一種幻覺狀態。

佛教的現觀就是神祕的直觀、直覺，直觀與直覺是有區別的，而在現觀中則是兩者兼而有之。佛教的神祕直觀、直覺和我們所說的直觀、西方所說的直覺的含義是不同的。我們所講的直觀，是指在實踐中客體作用於人的感覺器官，而在人腦中產生的感覺、知覺和表象，也就是感性知識。佛教的直觀是透過排斥感性認識和理性認識而對絕對實在性的把握。佛教的直觀是要經過長期的修持才能具有的，而一般的直觀是人們自然具有的。佛教要求修行者在獲得感性認識和理性認識之後，排除、超越這些認識，又回覆到這些直觀，這種直觀是後得的直觀，不是原始的直觀。佛教的直觀和我們所說的直觀都有直接性的共同特點，但是佛教的直觀對像是觀照苦、集、滅、道四諦，以把握宇宙人生實相，這又和具有具體性、生動性的一般直觀不同，而帶有抽象性、唯心性的特點。西方哲學所講的直覺多指理智的能力和活力，而有的學者又視為是與動物的本能近似的能力和活力。佛教的直覺不是人類的本能，而與西方哲學所講的理智的能力和活動有相似之處，但兩者在認識途徑和追求目標方面是不同的。

總之，佛教般若思維是直觀思維中極富特色的一種，它所包含的豐富內容是值得有關思維科學、哲學和宗教學的研究工作者細心發掘和認真總結的。

佛教「空」義解析

「空」是佛教哲學的根本概念和核心範疇，也是佛教義理的最高範疇。「空」因適應佛教人生歸宿學說解脫論的需要，而成為佛教哲學的第一個關鍵詞。談空說有，亦即空與有、自性與空性、無常與有常、無我與有我等關係，成為佛教哲學探討、論辯的中心問題。在佛教的長期發展演變過程中，「空」成為佛教徒從種種束縛、煩惱、痛苦乃至生死中解脫出來的主導觀念。佛教因倡導以觀照空理、證悟空性而趣入涅槃之門，號稱「空門」。諸佛被尊為「空王」。眾生歸命佛法，皈依佛教，謂為遁入「空門」。入佛門出家者，被稱為「空門子」。在大量的佛教經典裡，不同派別對「空」的含義各有不同理解，彼此紛爭，相互批判，反覆論辯，致使「空」義的內涵極為複雜多樣，產生了諸如我法俱有、人空法有、人空法空、假名性空、識有境空、非有非空、亦有亦空、真空妙有等等論說，真可謂眾說紛紜，形成了多姿多彩的「空」論體系。

面對人類和宇宙萬物的客觀存在，有人包括一些佛教學者對佛教各派各宗的「空」論產生了種種理論疑難和困惑，例如：由各種原因、條件和合而成的真真切切、確確鑿鑿的事物為什麼是假有，而不是真有？為什麼說事物是性空，而不是性實？如果說人是空，那麼輪迴主體是否存在？輪迴又有什麼意義？否定了人的真實存在，怎麼能肯定業力的作用？契入涅槃境界的主體又是什麼？一切眾生本性空寂，為什麼又有「如來藏」、「佛性」？而且為什麼「如來藏」和「佛性」還是本有的呢？除此之外，佛教講空，是否會否定人們追求現世福祉的努力呢？會不會由於說空而導致對邪惡認識不夠，對善良肯定不足，並產生負面的作用呢？諸如此類。可以說，佛教最富思辨色彩的「空」義哲學，就是為了回答、消解這些矛盾、疑難而展開的。

佛教的「空」論也不可避免地使一些人產生異議，被指斥為虛無主義。這種指斥雖有一定的根據，但實際上，「空」論是和佛教的理想歸宿、修持方法等緊密聯繫著的，是有豐富的實質內容的。就「空」論的思想主流而言，既非實有主義，也非虛無主義，而是一種不能簡單地以有或無論之的價值哲學理論。

佛教的「空」論是對人類通常的感性認識和理性認識的挑戰與反動，這一方面使它陷入背離常識的片面、局限乃至謬誤，另一方面也使它具有超越常識的見

解、判斷乃至超凡的智慧。可以這麼說，在佛教的「空」論體系中，交織著詭辯與真理、糟粕與精華、偏見與智慧，「空」論在人類思辨認識史上實是獨具華彩的篇章。

對於佛教史上「空」思想的複雜演化過程，筆者將有專文論述。本文試圖透過豐富的歷史資料，集中解析「空」概念的類別與內涵，特別強調佛教的「空」義可從空性、空理、空境和空觀四個方面予以把握，並對佛教的「空」義學說給予總體評價。

一、「空」義的類別

在佛教「空」義演變的歷史中，一些佛教學者對空的義理進行了不同的區分，有二空、三空、四空，直至十八空、十九空、二十空等多種分類，而其中以十八空最為著名，也最為重要。十八空初由大乘般若空宗的重要經典《摩訶般若波羅蜜經》提出，後龍樹的《大智度論》做了集中的詮釋和發揮。空的義理是般若經系統的根本思想。十八空說是在佛教內部圍繞空有問題的理論鬥爭中形成的，是對空的義理的系統分類和全面總結。下面，我們就以般若經系統的十八空說為中心來論述佛教「空」義的類別。

對於為什麼講十八空，龍樹解釋說：「若略說則事不周，若廣說則事繁。譬如服藥，少則病不除，多則增其患。應病投藥，令不增加，則能愈病。空亦如是，若佛但說一空，則不能破種種邪見及諸煩惱；若隨種種邪見說空，空則過多。人愛著空相，墮在斷滅。說十八空，正得其中⋯⋯善惡之法皆有定數⋯⋯以十八種法中破著，故說有十八空。」這是說，講十八空，一是從法（對象）上講，法的分位是有定數的，說十八空與法的定數相應；二是從對治眾生的邪見上講，說太少不好，說太多也不好，而說十八空，不簡不繁，應病投藥，適得其中。十八空的具體內容是：

（1）內空。「內」指眼、耳、鼻、舌、身、意「內六處」，也稱內法。內

空即認識器官空無自性。（2）外空。「外」指色、聲、香、味、觸、法「外六處」，也稱外法。外空即認識對象（境界）空無自性。（3）內外空。合內法空與外法空為內外空。（4）空空。內外法空即一切法空，此空亦屬假說名言，對此「空」概念也不應執著，應當空卻。（5）大空。十方世界本無固定方位，是空，也即宇宙空間是空無自性的。（6）第一義空。「第一義」指諸法實相。諸法實相空無自性，不能執著，為第一義空。（7）有為空。種種因緣和合之法與因緣之法都無自性，故空。（8）無為空。無為法無因緣，有為法與無為法相互依存，無為法是透過有為法的否定來實現的，由此有為法空，無為法亦空。此無為法指涅槃，無為空就是涅槃空。（9）畢竟空。有為空無為空，一切法畢竟無有遺餘，皆不可得，名畢竟空。（10）無始空。一切法皆無有始，然無始也是假名，執著無始也是一種邪見，應當破除，是為無始空。此是破除對有始與無始的時間觀念的執著。（11）散空。諸法由因緣條件和合而成，因緣條件離散，則空無所有。（12）性空。「性」指自性、法性，是不待因緣而自有的，而諸法都從因緣生，是故自性不可得，法性不可得，為性空。（13）自相空。此指諸法的總相與別相均空。（14）諸法空。諸法既無自性，又無自相，也即一切法空。（15）不可得空。諸法因緣和合而成，無自性空，故實無可得，是為不可得空。（16）無法空。諸法終歸滅無，無法可得，故為空。（17）有法空。諸法因緣和合而有，為有法；然有非實有，是名有法空。（18）無法有法空。無法與有法，兩者俱空，故名。

　　以上所講十八空，是大乘空宗從不同角度、不同側面，反覆地論述空的各種含義、形態，其間的組織排列既有交叉性，也有邏輯性。按順序來說，「內空」、「外空」、「內外空」是破主體和客體的實有觀，是以空破有。「空空」是破執著以上空的空見。前三種空是破因緣和合的有為法。「大空」是破空間的自性，破無為法。「第一義空」是破諸法的實相。隨後是概括為「有為空」和「無為空」，並歸結為「畢竟空」。七、八、九三種空都帶有總括的性質。此後第十至第十五種空是從時間、生滅、自性、相狀等視角去闡發空義，並總結為「諸法空」，「不可得空」。最後三種空是再次從生滅有無的角度提出「無法空」和「有法空」，併合為「無法有法空」。可見，大乘空宗對諸法實有自性的

破除是全面的、系統的、澈底的。

十八空又可大別為兩類：一類是破除眾生主觀執著而講的空，有「空空」、「大空」、「無始空」；另一類是破除諸法實有而講的空，除了以上三種空，其他十五種空均可歸於此類。大乘空宗破除諸法實有主要從內與外、性與相、有為與無為、生與滅（有與無）八個方面來進行，其中最重要的是性與相兩個方面，性空與相空實可概括第二類所講的各種空。性相相對，相由性攝，性空不僅可以統攝相空，也可統攝其他十三種空。由此又可說，諸法的十五種空都可歸結為性空，性空是大乘空宗十八空說的核心。

二、「空」義的內涵

在論述佛教「空」義的演變與類別之後，我們還要進一步揭示佛教尤其是大乘空宗的「空」義的內涵。《中論》卷四《觀四諦品》有頌云：「汝今實不能，知空空因緣，及知於空義，是故自生惱。」就是說，若不知道空的多重含義，就會產生疑難、苦惱。頌文所講空的多重含義是：空的本身；空的因緣，即為什麼要講空，或者說講空是為什麼；空義，此指空的意義，包含空的境界和空的用處兩層意思。由此頌文，「空」義的內涵可以擴展為四個層面，即空性、空理、空境和空觀，以下分述之。

（一）空性

在佛教史上，佛教各派對空的詮釋各有不同，就其影響來說，最具代表性的是大乘空宗的「空」說。如上所述，大乘空宗有十八空之說，內容豐富複雜，而就其核心內容來說，「空」主要是指「空性」而言。所謂空性，是說佛所說的一切法即一切現象都沒有實在的自性，也就是既無主宰性（不自在），也無實體性（無實在不變的體性），現象當體即空。諸法無有自性的「空」，更切實地說，諸法「空性」被認為是諸法的共同實相，共同的真實，共同的本質，這也就涉及我們現在所說的世界的統一性問題，可以說在佛教尤其是中觀學派看來，世界萬

物都統一於空性。

大乘空宗又強調，空絕不離開有，空並非虛無。諸法雖然自性空，但是由因緣條件產生的非實在的現象，即「假有」（幻有）是存在的。性空與假有不能分離，兩者是諸法的一體兩面。又如《中論》卷四的名句「眾因緣生法，我說即是無（空），亦為是假名，亦是中道義」，既是對構成諸法的恆久的實體的否定，也是對由因緣條件和合而成的無常變化的非實在的假有現象的肯定。空性說，可以說是佛教的根本觀念，包含了豐富的理論思維，其犖犖大者有：

關係論。佛教講「眾因緣生法」、「法不孤起」，認為任何事物都不是單一的、獨立的存在，而是和其他事物互為因果、互相依待的。如人是「五蘊」和合而成，山河大地是「四大」和合而成。這是說，緣起論是一種關係論，認為人和萬物都是不同因素組合而成的關係，並不是獨自本有的實體，也就是說都是空的。

過程論。由因緣條件產生的人和萬物，只要某一因素發生一點變化，與其相連的其他因素也就隨之變化，即處在不斷變化的過程中，如人的生老病死，世界的生住異滅。人與萬物既然是一個「無常」的過程，也就說明沒有不變的自性存在，都是空的。

本質論。緣起就是無任何實體。一切緣起法性空假有，也就是本質是性空，現象是有，是假有，這是一種性空的本質論。

價值論。佛教的空性說是為眾生提供一種透過對共同的實相認識，以了解事物對人生的意義的學說，它強調在因緣和合的無常的現象上，去苦心尋求主觀客觀的恆常自在的實體是不可能的，因為這種實體並不存在。眾生若要尋求和執著性空為實有，必定會帶來無窮的迷惑、煩惱和痛苦。佛教要求眾生空卻對實體的執著，體認空性，歸於寂靜，獲得解脫，求得自在，以達到人生理想的終極歸宿。

（二）空理

如上所述，龍樹認為，之所以要講空，是在於顯示佛教的真理、佛法的真

義。佛教把佛說法分成不同層次，以便於了解佛教義理，其區分層次的標準稱作「諦」。佛教通常以二諦為標準，以俗諦（世俗諦）說諸法是有，以真諦（勝義諦）說諸法皆空，也就是說，講空是為了顯示真諦。顯示真諦的空是一種理，空這種理稱為空理。一般說來，佛教真理稱作「真如」，「如」即如其本來狀態的真實相，也即無自性的實相。空是無自性的寂滅相。般若經系統將「如」立為空，認為空是一切因緣和合事物的本質狀態，是事物的無自性、空寂性的理論概括。一切皆空的空理，是最高的絕對的真理。

作為區別於俗諦的真諦空理，排除一切分別，排除一切成見，排除一切定見，尤其是排除有見（常見）、無見（斷見）。有見是偏執世間實有，實體不滅，常住不變。無見是否定因果相續之理，視一切法都會斷滅，化成烏有。空理遠離有與無、常與斷二邊，非有非無，非常非斷，合乎中道。

從道理看，空作為最高的絕對的真理，只有般若智慧才能把握。這就要求對緣起事物進行直觀體悟，當下證取對象的無自性之理。史載南唐中主李璟在與禪宗法眼宗開山祖清涼文益論禪道後，同觀牡丹花，中主命作偈，文益即賦曰：「擁毳對芳叢，由來趣不同。發從今日白，花是去年紅。艷冶隨朝露，馨香逐晚風。何須待零落，然後始知空。」形象地表述了隨時隨地當下悟空的智慧訴求。

（三）空境

佛教大乘空宗的空義的另一重含義是指對象、境界。此宗認為要了解眾生生存世間的意義，必須分清自相與實相。世間的自相只是言說的構想，而眾生執為實有，就會帶來痛苦。但若透過表面的自相，深入實相，就能了解實際上世間是自性本寂的。這性寂（空）就是實相，就是眾生證悟的對象，而證取了性寂，也就進入了空境——大解脫大自在的境界。

大乘空宗把世間的實相歸宿為無自性的「空」。《中論》卷四《觀涅槃品》云：「無得亦無至，不斷亦不常，不生亦不滅，是說名涅槃。」無得無至，不斷不常，不生不滅，就是涅槃狀態，涅槃境界。也就是說，眾生悟入一切法空的境界，就是進入涅槃境界，從而也就擺脫執著、束縛，獲得精神解脫。

（四）空觀

在大乘空宗看來，空的實際運用，一方面是空掉不正確的看法，以便於佛法的安排。如有空，才能講苦、集、滅、道「四諦」，講佛、法、僧「三寶」等；如沒有空，世間諸法都有自性，就不可能從空的方面講四諦、講三寶等佛法。另一方面，作為一種修證方法，觀想世間諸法空寂無相，構成空觀。空觀是佛教各派修持的重要法門，我們稍作論述。

　　佛教各派由於闡說「空」義之不同，隨之而立的空觀法門也有差異。總起來說，佛教空觀法門有三：一是從緣起事物的彼此依存，即透過事物的空間關係去觀空；二是從緣起事物的前後延續，即透過事物的時間變化去觀空；三是從緣起事物的當體，即透過事物的現象直入本質去觀空。這也就是橫觀彼此、豎觀前後和直觀當體的三種空觀方法。

　　大乘空宗和中國天臺、華嚴等宗都不贊成透過分析諸法而觀空性的方法，重視從事物當體直觀空性。如《般若波羅蜜多心經》云：「觀自在菩薩，行深般波羅蜜多時，照見五蘊皆空，度一切苦厄。」就是說，觀自在菩薩在修持深入的般若直觀時，當下觀照五蘊皆空。中觀學派在般若經系統空觀的基礎上，進一步主張中觀。中觀作為空觀的補充、發展，強調不落於空與假有兩個極端，以避免虛無主義與經驗主義，而又綜合此空與假有兩端，以臻於超越的中道境界。

　　天臺宗人認為空觀有多種，如析空觀、體空觀和偏空觀（於假、中以外觀空）等，但都不圓滿，他們提出空、假、中三諦圓融論，《摩訶止觀》卷一下云：「若謂即空即假即中者，雖三而一，雖一而三，不相妨礙。」空、假、中三諦是相即互具、圓融無礙的。天臺宗的三諦圓融論是對中觀學派的中觀論的發展。

　　華嚴宗人也重視空觀，提出了「真空觀法」，在《華嚴發菩提心章》中展開為四種：會色歸空觀、明空即色觀、空色無礙觀和泯絕無寄觀。前兩種又各有四個觀法，共為十個法門，為空觀提供了周密、具體的方法。

三、佛教「空」義學說的評價

佛教「空」義經歷了漫長的演變過程，內部不同教派對「空」理念的看法也很不一致，然就大乘佛教尤其是大乘空宗來說，一切緣起事物空無自性，即「諸法皆空」的觀點是對世界萬物、人的構成和人生現象的本質的根本看法，並奉為最高的普遍真理。佛教「空」義是對人生和宇宙的事實判斷，但主要是價值判斷；是理性思辨，但主要是悟性直覺；是解脫論的理論需要，但主要是眾生解脫的修持實踐要求。「空」義關涉人生和宇宙的有無、真假、虛實等根本理論問題和實踐問題，在人類認識史上既留下了理論誤區，也留下了辯證思維，在人類社會史上既帶來了消極的作用，也產生了積極的作用。

（一）理論思辨的價值

從哲學思維的角度來說，佛教尤其是大乘空宗的「空」義，論及了事物的形成、變化、現象、本質等諸方面的關係：

空與緣起。空宗認為宇宙間紛然雜陳、形形色色的事物，都是由因緣生起，由此也是空的。這是承認世界上的事物存在著普遍聯繫，是矛盾的對立統一，同時又由此推論出事物無實體、無自性，即空的結論。

空與無常。佛教認為緣起事物是「剎那不住」的運動，「念念生滅」的變化，由此無恆常不變的自性，是空的。這裡對一切事物不斷變化的論斷，是辯證思維的突出表現，但又由事物的無常變化片面地推導出事物是空的論斷。

空與自性。空宗強調自性是自有、不變、恆常的，而世間不存在這樣的自性。否定自性即是空，無自性即是空。一定意義上可以說，所謂諸法無自性，就是說事物的本質是空的。這種論說在哲學思維上具有一定的啟迪意義。

空與假名。空宗認為因緣所生法，既是空，又是假名。假名指現象假有，空指現象的本性，假有與空是統一的，事物的本質與現象在空性的基礎上得到統一。假名說揭示了名言與對象、名與實的差別。

空與諸法。《中論》卷四云：「以有空義故，一切法得成。」自性空而緣起有。強調空對成就一切法的作用，即為一切法的形成提供可能。這也邏輯地包含了空與諸法互不分離、互不排斥的思想。聯繫大乘佛教反對「頑空」（偏空）、

「斷滅空」的觀點，也是在於肯定空與有的對立統一。

佛教提出「空」的否定性概念，闡發「空」義的否定原理，體現了對宇宙與人生的深刻認識和體悟：一切事物都是互相聯繫和運動變化的，都將走向自身的反面，由肯定走向否定。這種思維方式具有反常識、反常規、反世俗、反現實、反傳統和反權威的意義。這是一種深邃的思想，也是一種生命的智慧。中國道家老子、莊子都重視「無」的作用，西方一些哲學家也強調「虛空」的意義，這都不是偶然的。至於「空」發展為「非有非空」及空、假、中三諦圓融等論說，其間所包含的辯證思維合理因素，是更加值得注意的。

（二）一些疑點的理論思考

從純學術立場來看，佛教「空」的義理有其合理的一面，也有其局限的一面。佛教「空」的思維如果講過了頭，越過了度，就會引向極端，導致偏頗。這也就是說，我們在反思「空」義過程中，形成了一些疑點，值得進一步深入思考。

在佛教的緣起性空命題中包含了這樣一個重要的理論預設：自性是自有的、恆常的、不變的本性，而這種自性是不存在的。萬物都是緣起而有，不是自有。不是自有，就會引生無常變化，而人的生活又希望保持恆常，這就產生了人的恆常要求與事物的變化不居的矛盾，然而這個矛盾又是不可克服的，「無常故苦」。煩惱、痛苦意謂著人不能主宰自己的生活和生命，這種不自在，就等於失去了「我」的意義，這就是「無我」，就是「空」。人是「空」，事物也是這樣，也是在不斷變化，沒有自性，也是「空」。但是，這裡至少有兩個問題：一是「自性」的恆常不變與緣起事物的變化不居是否截然對立呢？能否說在事物的變化中包含不變的成分呢？變中有不變，不變的也在變，這是否合乎事實，也合乎道理呢？二是「空」原是佛教的價值判斷，但實際上又擴展為事實判斷，在我們看來，劃清這兩種判斷的界限也是有重要意義的。

緣起事物的條件性與真實性是否絕對對立呢？這也是一個很重要的理論問題。把事物的聯繫絕對化，進而否定事物的實體性，實質上易於割斷因與果的聯繫，導致因與果的分離。

佛教的一個重大理論貢獻是尋求人生和宇宙的真實（真如實相），要求體悟不受思維和語言影響的、如其本來面目的真實相狀。這種實相被歸結為無差別的共相、無自性的空相（空性）。這就導致自相有與共相空的對立，即現象有與本質空的對立，這是淡化甚至抹殺了兩者統一的一面。

佛教深刻地揭示了語言文字與客觀事物的區別以及語言文字的局限性，同時又過度強調認識主體與客觀物自體（實相）的絕對對立，認為人類認識的本性不可能把握客觀事物的真實性和本質。凡被認識的對象，都是人們施設名相的結果，是虛幻的現象，是假有，其本質是空。而我們認為，名言概念作為人們表述思想的工具，凡是副實的名言概念，就是對客觀事物的真實性和本質的反映，其認識意義是不能低估的。

在我們反覆審視以上一些理論疑點時，發現正確認識和把握相對與絕對的相互關係有重要的理論意義。相對指有條件的、暫時的、有限的，絕對指無條件的、永恆的、無限的。相對與絕對的差別是相對的，彼此的關係是辯證的。絕對的東西只存在於相對的東西之中，同樣絕對真理也只存在於相對真理之中。如果這一理論得以確立，我們似乎可以說，相對與絕對是存在於同一事物之中，相對真理與絕對真理也是存在於同一真理之中，而不是分別存在於有的世界與空的世界、世俗的世界與出世俗的世界之中。由此又可以進一步說，一切因緣和合的事物，既由因緣生起而有，也由無常生滅而空，是有與空的統一。這個有是實有，事物是實有與空的統一。

（三）社會作用的兩重性

佛教「空」義在社會歷史上產生過兩方面的作用。從其積極作用來看，主要有：一是有利於社會的和諧共處。「空」義由因緣和合推演出來，空就是緣起。佛教的互為因果的緣起論，要求人們「未成佛道，先結人緣」，「廣結善緣」。也就是要重視因緣、珍惜因緣、感恩因緣，依照相依相存的因緣理論，處理好人與家庭、人與社會，乃至人與民族、人與國家的關係。這無疑有助於社會的和睦、互助和發展。二是有利於樹立忘我觀。按照緣起性空的理論，人生是一個變化無常的過程，這就要求人們從長遠的終極的眼光客觀而冷靜地反思人生的歷

程,重視人生過程,珍惜人生過程,把握人生過程,審視人性弱點和自身缺陷,破除我執、我貪、我慢,不計一時的利害得失、成敗榮辱。得意淡然,失意泰然,達觀豁然,以緩解人生的痛苦,充實人生的意義,完善人生的品格。從消極作用來看,一些人可能由於對「空」義的誤解,而形成虛無主義的世界觀和人生觀,所謂看破紅塵,消極悲觀,無所作為,得過且過,這是無助於社會發展的。也有一些人以空破有,破而不立,同樣也易於墮入消沉悲觀的泥潭而無所建樹。

談「空」說「有」話佛理

大家好!很高興來此作這場佛教學術交流活動。今天和諸位交流佛法研究心得的題目是「談『空』說『有』話佛理」。因為在座諸位都有一定的佛學基礎,所以就講講佛教義理的核心的問題,即「空」、「有」及其關係,以及如何指導修行實踐的問題。

一、「空」、「有」問題是佛教義理的核心

(一)「空」、「有」理念的含義

佛教認為,一切現象都是因緣和合而生,因緣在現象在,因緣散現象滅,因緣不是永恆不變的,所以現象也不是永恆不變的,是為「空」;又由於一切現象由因緣而生,屬於一種存在,故為「有」。「空」是就存在的本性說,「有」是就存在的現象說。空和有是一體二面的說法。佛語體系中,將一切現象稱為「諸法」,包括客觀事物、思想、想像乃至不存在的東西,如龜毛兔角之類。因緣即關係、條件,其中「因」為主要原因、內在根據,「緣」為次要原因、外在條件。若因緣不連用,單只說一個緣字,如緣起、緣生,緣則包括因和緣,也就是

包含主要原因和次要條件兩層含義。因緣和緣的聯繫和區別要搞清楚。

「空」、「有」理念為佛教對宇宙人生的根本看法，關乎宇宙人生的空有、真假、虛實問題，是哲學最普遍、最原初、最深刻、最尖銳的問題，是佛教的宇宙觀、人生觀、價值觀的根本觀念。

（二）「空」、「有」是佛教解脫主義教旨的內在邏輯

佛教的教旨是解脫人生的煩惱、痛苦及生死問題。佛教認為人生是痛苦的，儒家、道家認為人生是快樂的。相比而言，佛教認為人生是痛苦的認識要深刻得多，更具有憂患意識，能自覺地去變革人生、提升人生。

早期佛教認為，造成人生煩惱、痛苦的主要原因是有我，即個體生命，由此而積造惡業，召感身體，不斷在生死界中流轉。人要消除煩惱、痛苦，獲得解脫，就要破這個「有」的自我，而悟證「無我」。也就是在修證實踐過程中，要從「我」的觀念、「我的東西」的觀念束縛中脫卻開來。部派佛教又轉而從形而上學的旨趣，強調「無我」是作為實體的我不存在。後來大乘佛教更進一步主張：「無我」就是事物不具有永恆不變不滅的本體（我），就是無自性。在佛教理論體系裡有我與無我，即有與空，關係到人生的終極關切問題，構成消除煩惱、解脫痛苦、超越生死的佛教人生哲學的根本性理論前提。

二、「空」、「有」學說的歷史演變

佛教哲學不是僵化的、一成不變的，自釋迦牟尼佛創教以來，一直是開放的、不斷發展的、與時俱進的。把握「空」、「有」論爭是了解佛教思想發展的關鍵。

佛教的思想理論體系主要是緣起論。「空」、「有」理念的內涵，是奠立在緣起論學說上的，是隨著佛教緣起論的發展而演變的。佛教《緣起偈》曰：「若法因緣生，法亦因緣滅；是生滅因緣，佛大沙門說。」「佛大沙門」即釋迦牟尼。該偈是說，生滅為因緣作用，生亦因緣，滅亦因緣，生是「有」，滅為

「空」，生滅、有空都由因緣決定。緣起論是佛陀創立的基本學說，當時主要反對印度流行的兩種學說：轉變說，積聚說。轉變說認為，人和世間一切事物均由唯一原因轉變而生，此原因即梵天（相當於上帝），又稱為一因生多果說。積聚說認為，人與萬物是由許多元素積聚湊合而成的，又稱為多因生一果說。緣起論反對這兩種說法，認為一切現象是互為因緣、互為條件、互為因果、互為依存，是「此有故彼有，此生故彼生」，其間並無梵天（上帝）的創造、主宰，也不是若干元素湊合而成。佛教有「見緣起即見佛法身」之說，認為懂緣起即懂佛法，強調信仰佛教主要是信仰緣起說，用緣起學說觀察、認識宇宙人生的實際。這也是佛教在學說上區別於其他宗教的主要之點。

總結印度佛教思想文化史，緣起論以及空有論的發展演變，大致經歷了四個時期：

（一）早期佛教（原始佛教）的「離我執」說

早期佛教講的「我」，是針對奧義書哲學強調我為實體一點而來。

這裡的「我」是指永恆不變的存在，也即永遠不滅的實體。實體也就是本體的意思。當時印度社會流行有「大我」（梵天，類似上帝）和「小我」（靈魂）之說。雖然對於「我」是否存在的一類形而上學問題，釋迦牟尼未加討論，但是從他的緣起論世界觀來看，顯然是排斥、否定實體的「我」、靈魂的「我」的。釋迦牟尼還強調「離我執」，「我執」就是對自我的執著，以為生命中有常一不變、能作主宰的實體。其實所謂自我是由肉體和精神的諸條件組合而成，並無實體。所以釋迦牟尼提倡遠離我執，強調脫離我執這種錯誤的見解和態度。

早期佛教講人生實相，講「離我執」，講「人無我」，也是透過「四諦」學說來體現的。「四諦」即苦、集、滅、道，「諦」即真實、真理。「苦」，指人生有身心的痛苦，生死的痛苦，求之不得的痛苦等；「集」，是痛苦原因的集合；「滅」，即痛苦的消滅，為寂滅的理想境界；「道」，是實現寂滅理想的方法途徑。這是說，人生是痛苦的，要面對痛苦，尋找原因，主要原因一是無明，處在沒有理性光明、渾沌無方向的狀態；二是貪慾，諾貝爾文學獎得主莫言在其《生死疲勞》的扉頁上，就引用《佛說八大人覺經》：「生死疲勞，從貪慾起。

少欲無為，身心自在。」針對人生的痛苦及其原因，採取相應的修持方法，以期達到滅除煩惱痛苦的理想境界。四諦說為人生的清淨、光明指明了一條獨特的途徑。

早期佛教還強調，修行實踐者要懂得因緣、因果的道理，以及個人做事所形成的「業力」。「業」指行為，業力即以行為為原因導致果報的力量。業力在生命中會發生作用，在因果關係中產生果報。因此做人要有道德責任感，要覺悟人生可貴，用智慧處理人生問題。一方面，講道德，與人為善；另一方面，要勇於追求真理，體悟真實。如此透過追求至善和追求至真兩方面的精進修持，從而超越煩惱痛苦和生死輪迴，達到解脫境界。

（二）部派佛教時期的「我空法有」諸說

由於對世界現象的看法和對佛理的理解產生了分歧，佛教形成了不同教派，運用「空」、「有」的種種不同的說法，來闡發各自人生解脫的理論。如說一切有部主張「我空法有」說，認為我是空的，人是空的，而法是有的。為什麼佛教說一切有部說我是空的、人是空的呢？因為人是由五蘊構成的。「蘊」是積集的意思，「五蘊」就是構成人的生命存在和周圍環境的五種要素的集合。具體說，五蘊指色、受、想、行、識。其中「色」，指物質，就人來說，「色」為身體；「受」，感受、感覺、感情；「想」，想像，表象作用；「行」，意志、意念、欲求；「識」，認識作用，也指意識。色是身體，受等後四者是心的作用，合起來即是身和心，物質和精神。五蘊相合而成人，構成人們的生命存在。佛教認為，在五蘊積集以外，沒有獨立的、絕對的、不變的、實體的自我存在，是為「我空」、「人空」。至於構成人的五蘊即五種元素是有的，稱為「法有」。

此外，又如大眾部主張「法無去來」說，認為過去是沒有，因為已經過去了；未來還沒有來，故是「無」，是「空」；但現在是「有」，是存在的。再如正量、犢子等部主張「我法俱有」說，認為我與法二者都存在、都有，並以此來解決輪迴轉世的靈魂問題。

（三）中觀學派的「假有法空」（又稱緣起性空、萬法皆空、一切皆空等）說

義淨《南海寄歸內法傳》卷一載：「所云大乘無過二種，一則中觀，二乃瑜伽。中觀則俗有真空，體虛如幻；瑜伽則外無內有，事皆唯識。」大乘佛教中觀和瑜伽二大派提出了新的空有觀。

中觀學派為大乘佛教，主張不出家也可信奉佛教，但一定要發菩提心，即要有使人開悟成道的智慧，其核心即要了悟「諸法皆空」的道理。中觀學派認為以前的小乘佛教認識都不究竟（不澈底），正確的認識應該是假有法空、萬法皆空。例如龍樹菩薩云：「眾因緣生法，我說即是無（空），亦為是假名，亦是中道義。」（《中論》卷四）「無（空）」，指空性。「假」是施設、權宜的意思，「假名」，即施設的名稱。「中道」，遠離事物的對立狀態，不執著於空性和假名，而臻於不偏不倚的中正之境。例如咱們的講堂，是眾因緣生法，是各種建築材料、人工以及時空條件因緣和合而成，講堂是無自性、無實體的，是個施設的名稱。在龍樹看來，因為各種緣起法是有關因素結合而成的，也是變化的、無常的，所以一切緣起法都是空的，又是假名，也是中道。這也就是說，緣起、空、假名、中道四者是一致的，相通的，就外延而言，甚至是等同的。這其間的一致關係要領悟好。

《金剛經》云：「一切有為法，如夢幻泡影，如露亦如電，應作如是觀。」有為法即緣起法，如夢境、幻象、水泡、虛影，如朝露、電光，都是因緣和合的、生滅變化的現象，雖是有，但本性是空的；雖是有，但是假名有。

《心經》云：「色不異空，空不異色；色即是空，空即是色。」色即物質，物質現象不離開空，空亦不離物質現象；「即」為相合不離，相即不二，物質現象（有）與空，是有空相即，有與空既相攝受，又相制限。了解物質現象和空的不異、相即關係，十分重要。

由上可見，一切緣起現象之所以是空，一是緣起現象是因緣和合而生，是互相依存的關係結構，是「無我」；二是緣起現象都是不斷變化的生滅過程，是「無常」。無我、無常，故是空。總之，緣起性空有兩層意思：一切事物都是緣起，互為因果，互相依存，是因緣關係的結合；結合關係的元素都在不斷變化發展，是一個過程。也就是說，緣起論包含了關係論和過程論兩個理論要點，認為

一切事物、現象都是關係，都是過程，由此一切事物、現象均無主宰、無自性、無實體，是無我的、無常的，是空的。這實際是指事物、現象的相對性，是相對性的存在。緣起性空的「空」，不是虛無，不是沒有，不是零，不是絕對不存在，不是絕對否定。中觀學派認為，如能從緣起看到性空，又看到性空存在於緣起中，就可以了解宇宙人生的實相，增進人生智慧，提高人生境界。

中觀學派的學說頗為深刻。從存有論看，現象和本質、有和空不分離，不會有孤立的本質或孤立的現象存在。從認識論看，空、有不割裂，無自性的空屬於真諦，偏於超越面；假名有則是俗諦，偏於經驗面。真俗二諦圓融，常識、經驗與真知、真理，相對真理與絕對真理統一。從境界論看，由俗入真，觀照色空相即，五蘊皆空，就能「度一切苦厄」，這也是「涅槃與世間，無有少分別」（《中論》卷四）的理想與現實的統一論。

（四）瑜伽行派的「識有境空（無）」說

大乘佛教瑜伽行派為了批判和糾正執著於空，以為空是虛無的「惡取空」的思想流弊，提出「三性說」。這裡「性」指道理、真理，「三性」即三諦、三種真理。

瑜伽行派又稱唯識學派，此派創立了一種新視角，即從心生世界和心識轉為佛智的角度來觀察世界和人生，認為人對外境的認識、把握都是主觀意識的表象，是經過感知的外界事物在頭腦中再現的形象。例如一個人心態好時，看到美景就感覺很美麗，心態不好時，同樣看美景，就感到很淒涼，所謂好心情才會有好風景，從這層意義上講，外境的存在都是內在意識的產物。唯識學派從意識緣起現象上體認實相，以人的表象是否合乎本質以及本質自身存在的價值，把存在形態分為三種，構成「三性」，即三諦說，宣揚「識有境空（無）」的思想。

三性即遍計性、依他性、圓成性。遍計性是意識把一切法都周遍地計度臆測，而執取為具有實體、自性的真實對象，不知其本是因緣所生，並無實體、自性，是一種對緣起現象加以虛妄分別、執為實有的錯誤認識；在依他性中，「他」指緣、條件，即認識到一切現象都依因緣和合而成，是一種相對真理；圓成性，是在依他基礎上排除了遍計的虛妄而圓滿成就實相，是達到絕對真理的認

識。此派學者依三性認識的步驟作了這樣的譬喻：晚上因光線昏暗，錯認繩子是蛇，為遍計的評價；進而明白了繩子是由因緣條件和合而成，是著眼於依他性的評價；再進一步分析繩子由麻所構成，繩子的本質是麻，從而了解它的真實性能，是究竟的圓成評價。總之，唯識學派視識是境相的本質，境相是唯識所變，是識有境無（空），是「外境空」。

中國佛教對「空」「有」學說也有發展：

1. 晉代佛教形成了解空熱潮。當時聚集了大量學者，研究「空」、「有」關係，著名的如僧肇，撰《不真空論》，對「空」、「有」論爭作了總結，認為萬物緣起無自性，不是真實有自性，這就是「不真」，不真就是「空」。這是以不真解說空義。

2. 提出「法界緣起」說和「真空妙有」觀念。華嚴宗人提出「法界緣起」的學說。「法界」此指「如來藏自性清淨心」，即人人都具足的本來清淨無染的心靈。此說一是強調一切現象都由「清淨心」隨緣生起，離開「清淨心」，別無他物；二是宣揚在此「清淨心」的作用下，各種現象無不處於你中有我、我中有你、你即是我、我即是你的「圓融無礙」、「重重無盡」的聯繫之中。也就是說，世界一切現象共同為緣，互為因緣，「一即一切，一切即一」。一事物與他事物互不排斥，各各自在，圓融無礙。華嚴宗還提出「真空幻有」說，如魔術即是幻有，魔術不是無有，而是虛幻的有。後又發展為「妙有」，講「真空妙有」說。「真空」是指最高真理（真如）遠離妄想執著，不增不減；「妙有」是指真如常住不變，為現象世界成立的依據，是真的有。華嚴宗創始人法藏在《華嚴妄盡還源觀》中提出了「攝境歸心真空觀」和「從心現境妙有觀」，用以說明「一塵」上體現的「色空相即」的道理，並強調真心即人的主體性與客體性的真如相通，進而透過真空妙有的觀照達到主客融合無間的精神境界。

3. 主張「空有圓融」。如華嚴宗、禪宗的「理事圓融」，強調真理與事情現象、本質與現象的統一，即是「空」「有」思想的重大發展。又如天臺宗主張「三諦圓融」，三諦即空、假、中。空、假、中三諦互相融合，同時成立，每一諦都同時兼具其他二諦，構成天臺宗的認識境界、覺悟境界。

佛教的「空有圓融」說，就是提倡看問題的全面性。在佛門中有這樣一個故事，很能說明這個問題。古時有個老和尚外出期間，寺裡有個弟子不小心打破了他心愛的花盆。老和尚回來後，弟子們圍著他反映此事，有人建議對肇事者嚴肅處理以體現戒律，老和尚點點頭說對；有人建議寬容以體現慈悲，老和尚也點點頭說對；有弟子就疑惑了，說兩種建議是彼此矛盾的，為什麼師父卻說他們都是對的呢？老和尚對他也點點頭，說你也對。這個故事說明老和尚很有智慧，既肯定了三位弟子認識中合理的地方，同時又否定了各自認識的局限與不合理性，使大家增長了智慧和圓融處理事情的能力。

三、「空」、「有」思想的現代意義

1. 認識「空」、「有」關係要排除兩種誤解：（1）認為「空」為虛無，為絕對否定。其實佛法中的「空」是指相對性，是「有」的「空」，與虛無主義的惡取空不同，是排斥虛無主義的。最近一位法律專家來訪，說近來寺廟財產糾紛不少，有的當事人質問出家僧人：你們不是說「看破紅塵」，講「一切皆空」嗎，還要保留錢財做什麼？來訪者問我怎麼看，我說這是對佛教思想的誤解。所謂看破紅塵，著重指看破世間染汙的一面，並非全盤否定世俗社會的價值。所謂一切皆空，是講一切事物都是因緣和合而起，本性是空，並不是簡單否定緣起事物的存在。寺廟財產糾紛應按法律相關規定處理，才是解決問題的恰當辦法。（2）認為講「空」是消極的。其實體悟「空」，要看到一切都是緣起，是關係，因此要重視關係，要惜緣；緣起也是過程，因此要重視變化，重視當下，在緣起的關係和過程中，排除我執，去惡從善，離苦得樂，所以是積極的，「空」說與消極的人生哲學並沒有直接關聯。附帶地說，多年來有一種對中華傳統文化儒道佛三教思想特徵的評論，說儒家是「提得起」，道家是「想得開」，佛家是「放得下」。一般而言，這是講得有道理的，但是就佛教來說，既有「放得下」的一面，也有「提得起」的一面。現代著名僧人倓虛（1875～1963）在所著《影塵回憶錄》中，附有法相照片一張，兩邊題有十二個字「看破、放下、自

在，弘法、建寺、安僧」，是倓虛法師一生修持的最佳寫照。「看破」就是觀照宇宙人生的實相，「放下」就是遠離無明和貪慾，從而得到解脫自在，這是一方面；另一方面是要積極有為，勇猛精進，為弘法、建寺、安僧做出貢獻。我以為對佛教的評論應當兼顧這兩個方面，才是全面的觀點。

2. 「空」「有」理念說明，一切現象都是因果相續的，這就要求人們一方面排除不好的妄想、執著、貪婪，淡泊名利，諸惡莫作；一方面要把握向上的目標，勇猛精進，了解宇宙人生的真相本質，追求真理，眾善奉行，提升道德，從而完善人生，提升境界。

3. 理解現象與本質、現實與理想的關係，我們應從現象中把握本質，從現實中體認實相，進而顯現人生的意義和價值，提升人生的品格和境界。

4. 把握心識與智慧的聯繫與區別，重視由染轉淨、去惡從善、轉迷為悟的修持功夫，以轉識得智，轉凡成聖。

禪悟思維簡論

唐代慧能創立的禪宗是中國佛教獨特的一支，它標榜「教外別傳」，以不立文字、直指人心、見性成佛為宗旨，以追求理想人格和人生境界為目標，推行一套排斥語言文字、「以心傳心」的禪悟成佛方法，構成一種別有風采的直觀思維方式。本文著重就禪宗的禪悟思維作一簡要的論述。

禪宗的禪悟有一個歷史的演變發展過程。慧能首先提倡性淨自悟，追求主體對於自身內在本性的復歸，以求得主觀精神的解脫。慧能《壇經》用中國通俗語言闡發了禪悟思維，在中國禪宗史上具有最重要的意義，後來禪宗大師的主張都是慧能思想的發展。在慧能以後，禪宗荷澤系宗密主張「知之一字，眾妙之門」，而南嶽系則加以批評，認為「知之一字，眾禍之門」。南嶽、青原兩系都

高揚不立文字，尤其是南嶽系馬祖道一和青原系石頭希遷分別高唱「觸類是道」和「即事而真」的禪道，成為禪宗的典型宗風。此後沿著直指心源的道路前進，越來越趨向於捨棄經論文字，掃除玄句，大辟機用，以求頓悟成佛。青原系下形成曹洞、雲門、法眼三宗，南嶽系下形成潙仰、臨濟兩宗，各宗都發揮了各式各樣、豐富多彩的接化方法。如「四照用」、「五位君臣」、「三句」等教學模式，機鋒棒喝，超佛超祖甚至呵祖罵佛的教學手段。到了宋代，禪宗又出現了文字禪、看話禪和默照禪，各呈異彩。

歷代禪宗學人經長期禪修實踐，形成了大量的「公案」，這些公案表明禪師的基本修持方法是頓悟漸修，或者更準確地說是由漸修到頓悟，再漸修。也就是說，各種條件沒有成熟的學人要在平日重視漸修，準備、創造開悟的條件；對於條件成熟而還沒有開悟的學人，要提出疑難問題，或用棒喝手段，猛擊一掌，大喝一聲，引導他緊張尋思，激發開悟，尋思時可以和日常行事、感性活動結合起來；開悟後仍要經過嚴格的勘驗，繼續漸修，對遇到的問題隨時都要作出真切的解釋，從實際生活中去鍛鍊自己的功夫，塑造理想人格，進入新的人生境界。

一、無念、無相、無住

禪宗實際創始人慧能倡導自識本心、自見本性、自我成道的學說，是以認識、返觀眾生主體的本心、本性為成佛的根本途徑的，因此慧能竭力排斥對外界事物的思維、執著，提出「無念為宗，無相為體，無住為本」（敦煌本《壇經》）的三項禪修要求，構成了慧能頓悟說的基本內涵。

（一）無念為宗

慧能說：「無念者，於念而不念。」（同上）「無念法者，見一切法，不著一切法，遍一切處，不著一切處。」（同上）「念」，指記憶，此泛指分別、認識，即思維活動。「無念」的思維活動有兩點：一是就主觀方面說，心體要離開念，即認識本體，遠離一般的思維活動；二是就客觀方面說，見一切現象（「一

切法」）而又不執著。這就是説，思維時不執著主觀思維和客觀現象，為無念。其中第二重意義尤為重要，「於外著境，妄念浮雲蓋覆，自性不能明」（同上）。妄念是執著外境的雜念，無念就是無雜念，強調排除一切雜念。「悟無念法者，見諸佛境界。」（同上）只要悟解這種無念法門，排除一切妄念，就能見佛的境界。無念對於眾生成佛具有關鍵性的意義，所以要以「無念為宗」。「無念」是從否定角度講的，若從肯定角度講就是提倡「正念」。「真如即是念之體，念即是真如之用。」（敦煌本《壇經》）這裡所説的念就是正念。真如指萬物本性，即眾生的本心、本性、佛性。正念是真如本性（體）的自然呈現（用）。正念時能使眾生的內在本性頓然發露出來，此時也就由迷轉悟，成為佛了。無念是對外不執著境，所以要竭力排除世俗的分別、認識，也就是世間的各種概念、判斷、推理都應排除淨盡。正念是以心念心，直觀本心，人在自身內部設置認識主體與認識客體，進行觀照活動。在慧能「無念為宗」的命題裡，排除一般的感性經驗、理性思維與提倡神祕的內在直觀是相輔相成的。

（二）無相為體

慧能説：「無相者，於相而離相。」（同上）「相」，指一切現象的相狀，以及由認識相狀而產生的表象。所謂「無相」，是在接觸外界形相時能夠離開即不執著形相，也就是主張在接觸客觀世界時，不形成感性認識，以免產生對外界的貪戀執取，所謂「離相，性體清淨」（同上），表明離相即無相在禪修中也是十分重要的。能做到無相，就能在思想上得到昇華，達到性體清淨，所以「無相為體」。慧能認為，相是建立在主觀心的虛妄分別上的，是人們主觀分別的結果。所以「無相」也就是要看到一切現象的無分別性、無差別性。後來有人提出無相講不通，説釋迦牟尼佛就有三十二相，禪宗學人解釋説，釋迦牟尼佛三十二相也是人心主觀的虛妄之見，佛與眾生的差別相、佛相、眾生相都應破除，強調眾生的自心就是佛，眾生的本心與佛並沒有區別。

（三）無住為本

敦煌本《壇經》説：「無住者，為人本性，念念不住。」「無住」，是指人的本性。印度佛教講無住是指一切事物都沒有凝固不變的性質，這是一切現象的

共性。後來《大乘起信論》以無住為萬物本原「真如」的屬性，慧能把無住視為人的本性，強調在一切事物上念念無住，不能把意念定在任何事物上，亦即不把原來的性空的事物執著為實有，這樣思想就不會受束縛，而獲得解脫。慧能認為，萬物都由自心生，如果悟解事物的真性——空性，自心就不會定住在事物上；這種不在事物上定住，不把事物執為實有的心，是從萬物中洞察空性的一種智力。這是透過禪修從感性世界中獲得的精神超越，是從世俗現實感性經驗中得到的思想解脫。

慧能《壇經》所説的「無念為宗，無相為體，無住為本」，是禪宗悟道的基本途徑，這三者是密切聯繫的統一整體，其中「無念為宗」居於最重要地位，它主張排除一切雜念；排除雜念的根本要求是不能執著一切事物的相狀，即「無相」；排除雜念，還要求不在任何事物上定住，執為實有，為「無住」。從認識論來看，就是主張排除世俗的認識，排除感性認識和理性認識，或者説，透過直觀把握萬物的性空和主體的本性，從感性經驗中獲得昇華、超越，進入新的人生境界。

二、觸類是道與即事而真

慧能提出「無念為宗，無相為體，無住為本」的宗旨，要求眾生排除雜念，不執著事物的相狀，不執著事物為實有，返歸自性，頓悟成佛。慧能所説的眾生的自性就是佛性，佛性作為眾生的本性，歸屬於宇宙萬物的真如本性，佛性與真如本性是相等相通的。眾生體悟宇宙萬物的真如本性，也就返歸眾生的本性，覺悟成佛。這樣眾生頓悟成佛就集中歸結為這樣的問題：眾生的雜念、執著、行為和萬物的本性關係如何？眾生的日常行事與眾生的佛性關係怎樣？這也就是如何透過修禪頓悟眾生和萬物的本性問題。圍繞著這樣的主題，慧能門下衍為南嶽懷讓、馬祖道一和青原行思、石頭希遷兩大系的禪修方式，南嶽一系倡導「觸類是道」，青原一系主張「即事而真」。

（一）觸類是道

「觸類」是指人在禪修中的各種行為、表現，「道」是佛道、佛理、佛性。「觸類是道」是說人在禪修生活中的任何行為都是佛道、佛理、佛性的自然流露和表現。馬祖道一禪師（709～788）是「觸類是道」禪法的主要倡導者。道一原主坐禪，懷讓特以磨磚不成鏡為喻說明成佛不必坐禪，使他頓然開悟。他繼承慧能的思想，提倡「即心即佛」說，認為眾生心性與佛性沒有差別，人的自心即是佛心，自心就是佛。因此人的一切行為也都是佛道、佛性的表現，是一切皆真。馬祖高弟南泉普願禪師說：「平常心是道。」眾生的平常心本來就是佛心，只是因為眾生沒有覺悟到這一點，隨著名言，執著外物，以為實有，形成迷惑。若能一旦迴光返照，停止向外追求，返本歸源，那就全體都是佛心、佛道，沒有別的什麼東西；若能了解、覺悟本心就是佛心，那就大道只在目前。禪道觸目皆是，行住坐臥，應機接物都合乎佛道，都是佛道的體現。馬祖認為，修行成佛的關鍵在於悟得本心，只要小心護持本心（佛心），使其不受汙染，那就不需要另外一些特別的修持，不需要有意識地去做從善止惡的事，只要「縱任心性」，任運自在就夠了。如揚眉、動目、哈欠、咳嗽，這些小動作都是佛事。所以馬祖在接引前來禪修的學人時就採用奇特古怪的教學方法，他不用語言文字來講佛理，而是用打耳光、口喝、腳踢等動作，刺激誘導門人，教人去思索，返歸本心，悟得本心，求得自我解脫。

馬祖道一的禪學思想和禪修方式對後世禪宗的影響極大。黃柏希運繼承道一的思想和風範，進一步主張「心即是佛，更無別佛。即心是佛」（《黃柏山斷際禪師傳心法要》）。不僅如此，「此法即心，心外無法，此心即法，法外無心……心即是法，法即是心」（同上）。心不是「見聞知覺」，而是「本源清淨心，常自圓明遍照」（同上）。也就是宇宙萬物的清淨本體。希運排斥人們通常的感性和理性活動，主張直指心源。希運弟子義玄又創臨濟宗，形成峻烈的宗風。他提倡大機大用，棒喝齊施，把種種機用和一切言句都安措在劍刃口子上，逼人頓悟。在禪宗各派中，臨濟宗是對修持方式作了最大變革的流派，影響也最大、最久。馬祖後形成的另一系仰宗，創始人之一為山靈祐，也主張「以思無思之妙，返思靈焰之無窮，思盡還源，性相常住。事理不二，真佛如如」（《五燈會元》卷九《仰山慧寂禪師》）。強調藉尋思的方便以觸發頓悟，重視事理並

行，識心達本。

（二）即事而真

「即事」是不離開日常行事。「真」，真實、本性、道、理、空。「即事而真」是指在禪修時從個別的事象上體悟，顯現出性、理、空來。這種禪法和境界是青原行思門下希遷（700～790）提出的。相傳希遷讀僧肇《肇論》中「會萬物為己者其唯聖人乎」句，深受啟發，於是仿照道家《參同契》，也作《參同契》來發揮禪法。希遷所講的「參」，指參差互殊的萬物各不相犯，「同」是講萬物雖然殊異但又是互相滲透的、統一的，是「名異體一」，「契」是說禪修者在日常行事中，要體悟、契會萬物既異又同的道理。這個理是眾生本心所具有的，由此，理也就是心、本心。理與事並不相同，理是本，事是末，是有區別的。理與事又不分開，是統一的，要互相聯繫起來看。禪修者在禪觀時要善於從具體的事相上體證全體的理，會末歸本，返歸本源一心，也就達到「即事而真」的境界。希遷倡導的這種禪法，開闢了青原一系的宗風。希遷經藥山惟儼再傳雲岩曇晟，又提出「寶鏡三昧」法門，主張在禪觀時觀照萬物應當像面臨寶鏡一樣，鏡外是形相，鏡內是影子，形影對顯，形怎樣影也就怎樣，鏡裡的影子就是鏡外形相的顯現，影即是形。這是透過具體事象以顯現出理的形象比喻。曇晟用這個比喻來說明希遷倡導的由個別體現全體的境界。希遷禪法的流傳，導致後來曹洞、雲門和法眼三宗的成立，這些派系的禪法都是「即事而真」宗旨的闡揚。

「觸類是道」和「即事而真」是慧能以後禪宗內部的兩種禪法、兩種宗風。「觸類是道」側重於道、理，主張理體現到個別的事象上，所見的事象也無不是道。「即事而真」則從客觀的事象出發，強調從紛繁複雜的個別事象中看出全體理，所見的各種個別的事象無不是理。從認識論來說，這兩種禪法實質是，透過不同的途徑，共同達到理事圓融的境界。這兩種禪觀涉及認識中的個別與一般、殊相與共相的關係，揭示了不同的認識途徑，包含著辯證法因素。

三、四料簡、四賓主與四照用

臨濟宗創始人義玄（？～867）繼承道一、希運的「觸類是道」的思想，進一步宣傳一念心覺悟當下就是佛的主張，強調真正禪修的人並不著意追求佛果，而是隨緣任運，不為外物所拘。他接引學人就從這種根本宗旨出發，棒喝兼施，機鋒峻烈，單刀直入，為學人解除所受外物的束縛，以證悟觸類都是道的禪理。義玄確立了接引學人的原則、重點、方式、標準等一系列設施，以破除學人對「我」、「法」兩種偏見的執著（「我執」、「法執」），其中比較典型的是「四料簡」、「四賓主」和「四照用」。

（一）四料簡

「料」，度量。「簡」，簡別。「四料簡」，就是四種簡別的方法。這是根據修禪人的不同主觀條件（「根器」）和迷悟情況，而採取的有針對性的教授方法。義玄說：

我有時奪人不奪境，有時奪境不奪人，有時人、境俱奪，有時人、境俱不奪。（《人天眼目》卷一）

「奪人」，指人無真正實體，否定對人生的世俗見解，破除眾生的「我執」。「奪境」，指出外界事物是空的，破除「法執」。這是視學人「我執」和「執法」的情況，對於執著我見為實有的人，著重破除「我執」；對於執著外物為實有的人，著重破除「法執」；對於人生和外物都執著的人，兩者都破；對於那種人生和外物都不執著的人兩者都不破。

（二）四賓主

「賓」，參學者。「主」禪師。賓主，即師生，或者說是通禪理者和不通禪理者。「四賓主」是禪師和學人問答的四種情況和結局，區分參禪迷悟的四種類別。區分迷悟的標準是看對人生、對外境是否執著，這也是是否體悟禪理的分界線。不執著是主，是悟；執著是賓，是迷。具體說，「賓看主」，禪師不懂得禪理，學人懂得禪理；「主看賓」，禪師懂得禪理，學人不懂得禪理；「主看主」，師生雙方都懂得禪理；「賓看賓」，師生雙方都不懂禪理。四賓主全面地區分了師生答問的四種類型，是有意義的，但它以否定主客體的客觀實在性為禪理，這不能不說是一種顛倒的主張。

（三）四照用

「照」，觀照，指對客體的認識。「用」，功用，指對主體的認識。「四照用」就是針對學人對主客體的認識情況而採用的四種不同方式，以分別破除「我執」和「法執」，破除對主客體執為實有的觀點。具體說，「先照後用」，對於執著客體為實有的人，先破「法執」；「先用後照」，對於執著主體為實有的人，先破「我執」；「照用同時」，對於主客體都執著為實有的人，同時破我法二執；「照用不同時」，對於主客體都不執著為實有的人，給予肯定，不用再破除了，這類人已經獲得禪悟，應機接物，觸類是道，只要注意修持就是了。

四料簡、四賓主和四照用，都是臨濟宗人接引學人的說教模式，其中四料簡和四照用是相近的，都是著重於對主體和客體執為實有的觀點的破除。四賓主的區分也以是否破除對主體和客體執為實有為標準。這些做法的目的在於啟示學人排除世俗見解，返歸本心，見性成佛。這是唯心主義的認識論、心性論。但是值得注意的是，這些具體方法因人而異，區別對待，帶有鮮明的針對性、靈活性，反映了方法論上的某些規律。此外，臨濟宗人的四分法思維模式，也在一定程度上反映了認識的類型、標準和方法的某種特徵。

四、曹洞五位與雲門三句

（一）曹洞五位

曹洞宗創始人良價（807〜869）和本寂（840〜901）繼承石頭希遷的「即事而真」的觀點，吸取《周易》陰陽八卦組合的方法，從事（個別）理（全體）及其交涉關係出發，提出多種五位的說法來接引學人，透過事以顯理來指導修禪。曹洞宗的這套說法，世稱「曹洞五位」，「五位」就是五種形式。曹洞五位包括功勳、正偏、君臣等不同的五種形式，其中功勳五位「向、奉、功、共功、功功」，是用以判斷禪修的深淺的，而正偏五位、君臣五位則是顯示理事關係的，是正與偏、君與臣分別互相配合而構成的形式，也是五位中最為重要、最

具有認識意義的。

正偏五位和君臣五位是：

正中偏　　君位
偏中正　　臣位
正中來　　君視臣
偏中至　　臣向君
兼中到　　君臣合

「正」指體、空、真、理、淨、黑；「偏」指用、有（色）、俗、事、染、白；「兼」，非正非偏，亦即中道。「君」與「臣」，是以封建等級稱謂喻指正與偏，即君為正位，臣為偏位。正偏、君臣都是中國的語言，君正和臣偏分別代表事物的主次。從哲學上看，正、君是指世界萬有的本體、本性，代表理；偏、臣是指世界千差萬殊的現象，代表事。曹洞宗人認為宇宙萬有的本原是理（真如、佛性），事（現象）是理的顯現。他們根據這種理事關係，運用正偏、君臣互相配合而構成了五種認識和教學形式。教學時有敲有唱，要學人聽出偏正、君臣的區別及相互聯繫。正偏五位和君臣五位的具體內容是：

「正中偏」，是正中之偏，正位的體具偏位的用。體是能具，用是所具，能具的體定為君臣五位的君位。習禪者悟解體中的用，從體起用。

「偏中正」，是偏中之正，偏位的用具有正位的體。用是能具，體是所具，能具的用定為君臣五位的臣位。習禪者悟解用中的體，事中的理，覺知一切現象都是真如、空性，攝用歸體。

「正中來」，是指一切現象如理隨緣而起，是君臣五位的君視臣位。習禪者在此位是由體起用，按照理去修行。

「偏中來」，謂用全合乎體，從現象到本體，是君臣五位的臣向君位。習禪者於此位是終日修而遠離修念，終日用而不見功用。

「兼中到」，非正非偏，體用兼到，理事並行，內外和合，是君臣五位的君臣合位，是習禪者的最高果位。

正偏五位和君臣五位是由理與事、本體與現象的回互交錯關係而定的，前兩位是禪修的初級階段，三、四位是禪修的較高階段，第五位是禪修的最高階段。這也就是習禪者在修行上由淺入深的功勳五位。

正偏五位和君臣五位是對理事關係、體用關係的五種認識程序和模式，依次是體起用，理起事；用具體，事具理；用歸體，事歸理；用合體，事合理；體用雙兼、俱泯，理事並行、同泯。前四種雖然逐漸深化，但都各有所偏，或偏了體、理，或偏了用、事，只有第五位體用兼帶、理事圓融，才是最高認識境界，最高解脫境界。曹洞五位體現了曹洞宗人由事見理的認識論觀念。第二位「偏中正」、第四位「偏中至」、第五位「兼中到」都程度不同地反映了這種理事不離、即事而真的主張。

從理論思維來說，曹洞宗的五位說抓住了本體與現象的重大哲學問題，從本末的角度探索其種種關係，並主張體用合一，理事圓融，是有意義的，作為一種引導認識逐漸深化的教學方法也確有其獨到的細密深刻之處。曹洞宗所說的本體是真如、理、空性、佛性，其內容比較複雜，但就其基本點來說，不是眾生和事物內在的體，而是人們頭腦中虛構出來的觀念，由此展開的理事關係的內涵，也不可能是符合客觀實際的。

（二）雲門三句

禪宗青原法系經數傳又有文偃（864～949）創立雲門宗。文偃上承石頭希遷等人的「即事而真」的見解，創立了一套獨特的教學方法，這就是文偃的法嗣德山緣密禪師所總結的著名的雲門三句：

> 我有三句語汝諸人：一句涵蓋乾坤，一句截斷眾流，一句隨波逐流。作麼生辨？若辨得出，有參學分；若辨不出，長安路上輥輥地。（《五燈會元》卷十五《雲門宗‧德山緣密禪師》）

「涵蓋乾坤」句，後有頌闡釋說：「乾坤並萬象，地獄及天堂，物物皆真現，頭頭總不傷。」（《人天眼目》卷二）「真」，真如，佛性。這是說，宇宙一切，包括地獄天堂，頭頭物物，都是真如妙體的顯現，都有佛性。這也就是所謂「青青翠竹，盡是法身」（《雲門匡真禪師廣錄》卷中）。「一切現成」，不需要任何改變，這是雲門宗對宇宙萬物的生成和本性的總看法。

「截斷眾流」句,是接引學人認識事物的方法。有頌闡釋說:「堆山積岳來,一一盡塵埃,更擬論玄妙,冰消瓦解摧。」(同上)這是強調纖塵不立,用一句話或一個字回答學人的提問,使人驀地截斷轉機,不容擬議,體會真理不可名說,無路可走,轉而向內心領悟世間並沒有任何東西可以成立,破除各種執著,徑直地去體證真如。

「隨波逐流」句,也是接引學人的教學方法。頌闡釋說:「辨口利詞問,高低總不虧。還如應病藥,診候在臨時。」(同上)這是說對參學者要根據具體對象靈活說法。

雲門三句,又稱「雲門劍」、「吹毛劍」,喻其無比鋒利,能斬盡一切妄念、執著,獲得思想解脫。所以人們稱雲門宗風是「孤危聳峻,人難湊泊」(《人天眼目》卷二),十分險峻而簡潔高古。

雲門三句,分別說明了對世界的看法及接引參禪者的方法(即所謂「機用」),可以說,是世界觀、認識論和方法論的統一。雲門三句貫穿著理事關係的思想。「涵蓋乾坤」,合天蓋地,融攝一切,是真如,即理。「截斷眾流」,是一個斷面,是事。理是全體,事是個別。透過「截斷眾流」,體證真如,就是「即事見真」。總之,所謂雲門三句,實質上是透過極富特徵的直觀去體證宇宙本體,使主體返歸本性、體悟宇宙本體,進而使主體與客體合一的學說和方法。

五、機鋒與棒喝

上面我們介紹了慧能以後禪宗各派的獨特的認識方式和教學方法,在這些教學方式和教學方法中,禪師普遍運用「機鋒」與「棒喝」,這些形式在晚唐時更成為各派的主要教學方式。

(一)機鋒

「機」,幾微,動作之微妙,此指禪機。「鋒」,鋒利,尤喻語言的銳利。機鋒是禪師與學人的問答迅捷銳利,語言含蓄微妙,不落跡象,語句激人證悟。

禪師以銳利的語言開導學人，此種教學方法稱為「機用」。禪師和學人用銳利語言表達的主題與境界，稱為「機鏡」。禪師開導學人的一言一行都被認為含有「機要祕訣」，給人以啟迪，令人觸機生解，稱為「禪機」。隨著機鋒的廣泛運用，逐漸形成了固定的師徒問答句式，這些句式的原始紀錄，不加文字修飾，就成為「語錄」。禪宗所錄的問答口語，開創了中國的語錄體。由於這些問答句式的每一條都可作為教學的典型事例，因此後來又有了「公案」。「公案」，本來是指公府判斷是非的案牘，禪宗認為前輩祖師的問答機緣、言行紀錄，是一種典型的範例，可以用作判斷是非迷悟的標準，所以也稱為「公案」，相當於現在的檔案。禪宗傳燈錄編集這類公案一千七百餘條，稱為「一千七百則公案」。

後期禪宗學者往往以「拈花微笑」的傳說，作為機鋒的典範和來源。相傳佛祖釋迦牟尼在靈山會上說法時，有大梵天王獻上金色波羅花，佛祖當即拈花示眾，聽眾默然不解其意，唯獨摩訶迦葉破顏微笑。佛祖「拈花」示意，迦葉「微笑」以表領悟，師生心心相印。於是佛祖宣布，這個不立文字、教外別傳的法門，付與迦葉。「拈花微笑」被禪宗奉為「以心傳心」法門、運用機鋒方法的根據，迦葉也被後期禪宗尊為始祖。

禪宗機鋒涉及的範圍十分廣泛，提問和回答的內容也相當豐富。當時比較集中和廣泛流行的是兩個意義相近的熱門話題：「如何是祖師西來意」和「如何是佛法大意」。「祖師」指被奉為初祖的菩提達摩禪師。「如何是祖師西來意」是問菩提達摩自西天來中國傳授禪法，其禪意究竟如何。如果能了解「西來大意」，也就了解了佛祖的禪的本意，修禪也就入門了。所以通常禪宗師徒見面，學人首先問的是這個問題。公案裡大量記載著這種提問，但回答卻是五花八門，沒有雷同的，如「庭前柏樹子」、「好大燈籠」、「一寸龜毛重九斤」、「破草鞋」、「屎裡蛆兒」、「山河大地」、「西來無意」，以及反問「只今是什麼意」等等，都是「如何是祖師西來意」的答案。

禪宗人修禪畢竟是為了成佛，所以「如何是佛」也是一個常被提及的問題。史載大梅山法常問馬祖禪師「如何是佛」，答「即心是佛」。後來馬祖又改說為「非心非佛」。法常指斥馬祖「惑亂人心」，堅持「即心即佛」說。馬祖得知後

給以了充分的肯定，說「梅子熟也」（《五燈會元》卷三《大梅法常禪師》）。又如長慶大安問百丈禪師：「學人欲求識佛，何者即是？」答曰：「大似騎牛覓牛。」（《五燈會元》卷四《長慶大安禪師》）意思是自心是佛。後來禪宗語錄有許多類似的「牧牛話」，如有的說死後要「作一頭水牯牛」，有的還繪圖拈頌，更有的還摩岩刻石，以廣流傳。

禪宗機鋒語句的特點是含蓄、簡短、形象，有的直接回答，多數並不正面回答，教人自己去體會、證悟。如對「西來意」的回答「庭前柏樹子」，意在截斷學人別覓禪法的思路，強調大道就在眼前，要在日常行事上用功。它重在啟發、引導，重在問者內在的覺悟、體證，是一種頗有特色的方法。

（二）棒喝

「棒」，棒打。「喝」，口喝。棒喝是禪師接引學人的手段之一，是在機鋒的基礎上發展起來的教學形式。禪師對於初學者所問，不作正面的語言回答，或用棒打，或以口喝，以檢驗其根機是否銳利，並暗示使之開悟。據佛教史載馬祖道一已運用棒喝的手段。當有學人向他提問「如何是西來意」，他便打，還說：「我若不打汝，諸方笑我也。」（《五燈會元》卷三《江西馬祖道一禪師》）史載他的喝曾使門人百丈懷海禪師「三日耳聾眼黑」。懷海門人希運聽說後「不覺吐舌」。棒的廣泛施用，通常說始於青原系德山宣鑒（782～865）和南嶽系黃檗希運（？～約850）。喝的廣泛施用，則始於黃檗門下臨濟義玄，所以有「德山棒，臨濟喝」之稱。禪宗典籍常以雨棒雷喝、石火電光、棘句鉤章、懸崖削壁來描述禪宗，尤其是它的流派臨濟宗的權變莫測、生龍活虎的宗風。

德山宣鑒是青原下第四世，他用棒打的形式開導門人，史載：

小參示眾曰：「今夜不答話，問話者三十棒。」時有僧出禮拜，師便打。僧曰：「某甲話也未問，和尚因什麼打某甲？」師曰：「汝是什麼處人？」曰：「新羅人」。師曰：「未跨船舷，好與三十棒。」（《五燈會元》卷七《德山宣鑒禪師》）

德山對門徒經常是「道得也三十棒，道不得也三十棒」（同上），是一位經常使用棒打形式的著名禪師。

黃檗希運也採用棒打的方法。史載義玄向黃檗希運請教「如何是佛法的大

意」，義玄問聲未絕，希運便打。如此問了三次，被打三次。後來義玄悟道：「黃檗佛法無多子。」「無多子」，是沒什麼了不起的意思。義玄領悟到黃檗的宗旨是釋迦牟尼的佛法，極為平常。此後義玄去回覆黃檗，並給了黃檗一巴掌。黃檗說：「這風顛漢來這裡捋虎鬚。」義玄便喝。黃檗見義玄已經證悟，就特許他進堂參見住持（見《五燈會元》卷十一引臨濟義玄禪師》）。

義玄創立臨濟宗後，大力推行喝的方法，門人也都紛紛效法，「師應機多用喝，會下參徒亦學師喝」（同上）。下面是義玄師徒同喝的一個典型例子：

> 上堂，僧問：「如何是佛法大意？」師豎起拂子，僧便喝，師便打。又僧問：「如何是佛法大意？」師亦豎拂子，僧便喝，師亦喝。僧擬議，師便打。乃曰：「大眾！夫為法者，不避喪身失命。我於黃檗先師處，三度問佛法的大意，三度被打，如蒿枝拂似的。如今更思一頓，誰為下乎？」時有僧出曰：「某甲下乎。」師度與拄杖，僧擬接，師便打。（同上）

義玄師徒這種師喝僧喝、師打僧喝的動作性問答，是禪宗不立文字的禪法的集中表現，影響深遠。臨濟宗的機鋒峻烈、單刀直入，這種宗風是它久傳的原因之一。

在禪宗的教學與修持上，棒喝確實是一種能產生振聾發聵作用的強烈手段。它以迅雷不及掩耳的語句或手段，蕩滌情識，使人中斷和轉變習慣性的思維方式，激發緊張的尋思，喚醒學人的覺醒，迅速轉向反求內心，形成異常的心理狀態，進入神祕的精神境界。

六、超佛越祖與呵祖罵佛

禪宗提倡心淨自悟，即心即佛，並運用機鋒、棒喝等手段，尋求自我的精神解脫。沿著這樣的解脫之道前進，約在禪宗五宗盛行的時代，一批禪宗大師逐漸形成了這樣一些看法：一旦佛祖成了偶像權威，就會起束縛思想的作用，不利於解脫，必須破斥；佛教經典也如是，也可成為文字障，妨礙「得意」，影響成佛，也應當破斥。他們還形成了這樣的一種氣概、抱負和魄力，以為掌握了成佛的方法，集中尋思，明心見性，大徹大悟，覺悟成佛完全可能，而不是可望而不

可即之事，甚至認為自己的機用手段可以超越佛和祖師，從而產生「超佛越祖」之說。不止於此，一些禪宗大師不僅反對自卑怯弱，自認為自己的獨立人格與佛並無區別或已超越佛祖，而且更進一步，反對學人拾古人的牙慧、專去覓古人的足跡，強調自識本心、自求解脫，於是又產生了呵祖罵佛的教學方法和作風。

潙仰宗兩位創始人潙山靈祐和仰山慧寂有這樣的一段重要對話：「師（潙山）問仰山：『《涅槃經》四十卷，多少是佛說，多少是魔說？』仰曰：『總是魔說。』」（《五燈會元》卷九《潙山靈祐禪師》）抨擊佛教的文字經典為有害的魔說。臨濟宗創始人義玄是呵祖罵佛的突出代表人物，他說：「自達摩大師從西土來，只是覓個不受人惑底人。」（《五燈會元》卷十一《臨濟義玄禪師》）他重視做自由人，不受人迷惑，說自由人就是佛。他主張「不看經」，「不習禪」，「佛祖俱不禮」。為了破除執著之心，他主張「向裡向外，逢著便殺，逢佛便殺，逢祖便殺，逢羅漢殺羅漢，逢父母殺父母，逢親眷殺親眷，始得解脫」（《古尊宿語錄》卷四《臨濟語錄》）。佛教史上還有這樣的故事：「世尊初生下，一手指天，一手指地，周行七步，目顧四方。云：『天上天下，唯我獨尊。』」雲門宗創始人文偃禪師在敘述這個故事後說：「我當時若見，一棒打殺與狗吃，卻貴圖天下太平。」（《五燈會元》卷十五《雲門文偃禪師》）這可以說是從根本上反對佛教的言論。此外，如南嶽系丹霞天然禪師也說：「佛之一字，永不喜聞。」（《景德傳燈錄》卷十四）他還強調泥塑木雕的佛像，並不真正代表佛，成佛也絕非從佛像崇拜中來。他曾手劈木佛像，烤火取暖，以示破除偶像崇拜。青原系德山宣鑒禪師呵祖罵佛也十分激烈，他說「佛是西天老比丘」，罵佛是「老胡」，罵達摩祖師是「老臊胡」，斥貶佛經是「拭瘡痍紙」，他甚至主張棒殺天下衲子（僧人），可見其禪道之嚴峻。

禪師們的超佛越祖和呵祖罵佛，遣蕩經論教條的執著，是為了引導學人尋覓自己本來是佛的性，不必著意外求。這是中國佛教史上重視內在證悟、反對外在教導的最鮮明的史實。禪師們的這一套主張，當然不是真正的罵釋迦牟尼，不是反對佛教，而是反對偶像崇拜，打破經典束縛，主張得意自悟，以成真佛，不過它畢竟具有反對外國權威（佛、祖）、反對教條（佛典）和反對佛教傳統（依教相傳）的作用，是對傳統佛教信仰的重大突破。禪師主張突出自我人格，高揚自

我意識，恢復人的主體性，發揮主觀能動作用，對於衝破神學迷信，重建人的尊嚴，都具有一定的解放思想的意義。

七、文字禪、看話禪與默照禪

　　禪宗思想發展到宋代，又發生顯著的變化。此時一些知名的禪師失去了原來禪居山林與平民接觸而形成的樸實作風，轉而經常與士大夫、官僚等上層人士交往、周旋，思想與風格日益與文人學士相合拍，並適應了統治者的需要。同時，禪宗的機鋒、棒喝、呵祖罵佛等一套方法也已發展到登峰造極的地步，以往積累的大量公案，留給了人們足以揣摩、咀嚼、領會的大量思想資料。這一套方法不僅難以再有什麼新的發展，而且由於這些方法的泛濫，相應地出現了「破壞」佛教的危機。因此宋代臨濟宗、雲門宗的一些大師又一改以往「不立文字」、「教外別傳」的傳統，不僅重參究，也重「教」、重言說，即又轉向在文字上下功夫。這樣，在唐代原有「語錄」的基礎上，又出現了大量的「燈錄」，還有「頌古」、「評唱」等形式，由「內證禪」變成了「文字禪」。後來一些禪師又產生了憂慮，認為文字禪和禪宗的精神背道而馳，他們主張只把公案的某些語句作為題目（話頭）來參究，強調不從文字上去理解，而是從言外之意去領會，這就是所謂「看話禪」。與此同時，又有曹洞宗禪師反對看話禪，主張靜坐看心，寂默靜照，稱為默照禪，這實際上是回覆到慧能以前傳統禪學的觀法。宋代禪宗禪觀法門的這些變化、反覆，標誌著它的思想已經停滯不前了。

　　（一）文字禪

　　所謂文字禪是一種從文字上尋求禪意的觀行法門。禪師用以往公案來教學人，但公案的語意含蓄，不落形跡，很難講清楚。同時又不能直接點破公案語句的禪意，還要比原來語句明白易懂，這就需要迂迴曲折的方法繞著彎解說，也就是要求在文字言說上著力，下功夫，並採用傳統的偈頌、詩歌、註釋等文人喜聞樂見的體裁，以引人入勝，提高教學和宣傳效果，這就是「繞路說禪」的方法。

文字禪最早的形式是頌古。禪師以「古德」（禪宗德高的古人）所說的語句作為參禪的準則，稱為「古則」。以「古則」為韻語，發明其禪意的，稱為「頌古」，實際上就是公案的頌。臨濟宗人汾陽善昭（947～1024）最早創頌古的形式，他蒐集古人的一百條公案，分別用偈頌來闡述，為《汾陽善昭頌古》。後來雲門宗人雪竇重顯（980～1052）也作《頌古百則》。此後臨濟宗楊岐派的圓悟克勤（1069～1135）更以雪竇的《頌古百則》為本，編成《碧巖錄》。此書先在頌前加有「垂示」（提示），再在頌中加「著語」（夾注），介紹提出公案者的簡歷，再加「評唱」（註釋），以發揮禪意。這是臨濟宗的主要典籍，也是禪宗史上的一個重大標誌，即禪風發生了空前的變化，由講公案發展到註釋公案，由不立文字轉為不離文字，並且影響很大，使一些有文化的禪師紛紛走上文字禪的道路，湧現出一批文詞優美的禪宗著作，但同時也產生了舞文弄墨的流弊。

　　（二）看話禪

　　大慧宗杲（1089～1163）是圓悟的門下，他反對師父的文字禪，擔心後人「專尚語言以圖口捷」，就將所藏《碧巖錄》的刻版毀掉了，並且改變了運用公案的方向，不是直接去理解公案的文字，尋求禪師的禪意，而是以公案中的某些詞句作為「話頭」來參究，也就是參活句不參死句，他常常舉「狗子還有佛性也無」一則話頭，要學人持久、反覆地參究「無」字，也就是要晝參夜參，行住坐臥，著衣吃飯，屙屎放尿，都守個「無」字，這樣日久月深，就與「無」打成一片，驀然心花頓發，瞬間悟得佛祖的禪機。這種看話頭的禪法，就稱為「看話禪」。

　　看話禪自宗杲盛行以來，被臨濟宗人奉為圭臬，此後歷經元、明、清，一直流傳不絕。看話禪的特點是，用一則毫無意味和定見的活句，使人追問到底，大發疑情，如此疑來疑去，疑到山窮水盡，逼人返觀自內，照破一切妄想雜念，探究本性，洞見自己的真面目。通常參究的話頭是兩個：「如何是父母未生前本來面目？」「念佛是誰？」這些話頭是難以言說的，要靠內心的體察，作內省式的參究，以求省悟。參話頭要善於懷疑，所謂「不疑不悟」、「小疑小悟」、「大

疑大悟」，就是提倡懷疑，隨意聯想。看話禪的思維實質是直覺的把握，是對自我本性的心理體究，對主觀見解的自我肯定。

（三）默照禪

曹洞宗的禪觀法門回互細密，知見平實，和臨濟宗不同。到了宋代，更由曹洞和臨濟相異的禪觀，發展為曹洞宗天童正覺的默照禪和臨濟宗大慧宗杲看話禪的對立。天童正覺（1091～1157）認為心是成佛的根本，眾生固被妄念的矇蔽不得覺悟。如果靜坐默究，去掉妄緣幻習，本性恢復，清白圓明，那就能夠事事無礙。所以他堅持默然靜坐，攝心內觀。他在所著《默照銘》中說：「默默妄言，昭昭現前，鑒時廓爾，體處靈然。」（《宏智禪師廣錄》卷八）又在《坐禪箴》中說：「不觸事而知，不對緣而照。」（同上）這種禪觀法門是所傳菩提達摩「壁觀」和神秀的長坐不臥、住心靜觀的禪法的繼承，是佛教傳統的禪定方法，是與慧能以來的禪法不同的。雖然宗杲和正覺的私人友誼很深，但是禪風的不同，引起了宗杲的反對，指斥正覺是邪師，抨擊默照禪是只圖省力不求妙悟。儘管默照禪受到宗杲的強烈批判，卻也盛行不絕。

上述三種類型禪法幾乎同時出現，是禪法中兩大矛盾的反映。一是不立文字與不離文字的矛盾，一是不坐禪與坐禪的矛盾。這些矛盾實際上是慧能禪宗與以往禪學對立的新表現，是直覺思維不同形式的差異。

八、略評

上面我們從認知的宗旨、形式和教學方法的角度，對禪宗各派的禪悟思維作了簡要的介紹。從學術觀點來看，禪悟的思想重心在於徹悟心靈世界，以求人生境界的完滿實現，由此展示出一系列實現這種理想目的的道路、方式、方法，其中包括禪師開示學人的禪機和學人自身的禪悟，為認識論、思維科學和心理學提供了豐富的思想資料。

禪宗各派禪悟的主張、方式、方法並不相同，有的甚至是對立的，但多數流

派禪悟思維的基本軌跡是相近、相似，乃至於相同的。從總體來看，禪宗禪悟思維的實質是什麼？有什麼特點？禪師接引學人的禪機又有什麼特點？禪悟所追求的境界蘊含什麼樣的內涵？在哲學史上的意義怎樣？這裡我們試作一簡略的評述。

禪悟思維的實質，可以從密切相關的幾種角度去看。禪悟是一種內心體驗，內心訊息活動，即一種關於人的本體性的特殊的神祕感受和意會。在這種感受和意會中，超脫現實功利觀念，超越感性經驗，身心淨化，消除主客觀的對立，形成主客觀的融合，進而達到主客觀的泯滅狀態，由此徹悟心境，豁然開朗，轉換心態，發現新天地，進入新境界，獲得新的信仰價值。禪師的內心體驗，也是一種直覺反思。這是在內心突破語言文字和邏輯思維，超越自我經驗、直感、情感、意志和思辨程序，依靠內心的非理性的直覺反思，既直接覺察本心的清淨（佛性），又直接覺察萬物的性空（真如），「以心觀物」，心物交流，從而在瞬間克服主觀與客觀、主體與客體的對立，以及過去、現在和未來的時空界限，在內心中的物我、是非完全打成一片，洞察萬象，大徹大悟，獲得佛教的「終極真理」。禪悟的瞬間成就，也就是靈感爆發狀態。從思維科學來說，禪悟實質上是經驗訊息的積累與冥想，是在某種主客觀條件的引發下突然溝通而產生的突發性意識，是以直覺為接通媒介的思維活動，也就是靈感思維。直覺是洞察事物的一種特殊思維活動，靈感思維是一種具有突變性和突破性特徵的思維創造活動。禪悟是以直覺為認識方法和認識形式的，禪宗的頓悟就是靈感獲得創造性成果的表現，就是靈感的一種表現形態，所以禪宗的直覺、頓悟，具有靈感的性質。禪宗人正是將直覺、經驗誇大、膨脹、神化為成佛境界，從而陷入神祕主義的。

從認識論角度看，禪悟思維的特點有四：

（一）自得性：禪悟的重心在於自我，在於內心的自得，即要覺悟自性本自清淨，佛性本自具足，不要向外馳求。禪悟的基本途徑在於打破心物界限，以心入物，用主體的直覺去反思滲透，把握宇宙人生的整個時空，悟入人生的最高境界。這也是立足於內心，從內心和外物的往返交流，融通合一，共同泯滅，從而達到對自我的超越。這種內心的自得性是禪悟的最重要特徵之一。

（二）隨機性：這是禪悟方法的本質特徵之一。禪悟並不完全要求脫離日常實踐經驗，禪悟前往往有一個修持和思考的過程，後來由於突然受到某種因素的刺激、啟示，以靈感的形式頓然徹悟。禪悟是個體感性經驗的神祕飛躍。誘導禪悟的經驗是偶然的，與機遇相伴隨的，機遇有啟示性的，也有意外性的，是不定時空難以預料的。禪悟方法的這種隨機性特徵，充分表現了偶然性在直覺思維活動中的地位和作用。

（三）突發性：從頓悟的發生看，是一種突發性的體驗、感受，是非理性的直覺思維活動的瞬間高峰。在直覺反思活動中，由於某種偶然機遇的觸發，頓然出現主體本性與萬物本性的同一、有限（人）與無限（宇宙）的融合、瞬間（人）與永恆（宇宙）的冥符，突然徹悟人生和宇宙的真相，獲得頓悟——心靈的解脫。這種突發性、瞬間性的頓悟，是禪宗人的一種特有感受，是禪悟形式的重要特徵。

（四）意會性：禪悟的結果是一種體驗感受，體驗、感受是一種內訊息活動，不是一般的認識活動，是因人而異的；體驗、感受是非邏輯分析的非理性思維活動，是瞬間突發，稍縱即逝的，所以只能意會，不能言傳，難以用語言表達。如果有語言，也是一種不便於轉換的內部理解語言。需要藉用語言時，也不是循著語言的常識性、規則性去思維，而是打破語言的束縛，表現出超越語言限定的思想，以把握言外之意，弦外之音。這樣，禪宗既排斥邏輯思維的作用，也否定語言文字的作用，以為使用語言文字，只能是分割、限定事物，扭曲事物的真貌。悟道，感受，「如人飲水，冷暖自知」，是不可言傳的。同時，在張揚禪宗義理時，又不離開語言，特別重視並且能夠活用語言。

禪悟是主體的一種內在直覺、體驗、領會。禪師們在接引學人時，都重視運用禪機，令學人觸機生解，在教學方法和認識方法上形成了富有特性的創造。其特點是：

（一）針對性：禪悟因人而異，禪師們非常重視從具體對象出發，有針對性地、有區別地開導學人，並總結出多種模式，如上面所講的或「奪人」，或「奪境」，或「照」，或「用」等等。從方法論角度來看，體現了從實際出發、靈活

多樣的特性。

（二）重啟示：禪宗認為悟道是個人的事，人人都具有佛性，都可以證悟。所以，禪師對學人都重視啟示，只教人自己去體會，從不輕易給人解說，從不說破。為了啟發、暗示，禪師運用了各種生動活潑、豐富多樣的手段和方式。通常採用的是兩類做法：一是運用比較特殊乃至反常的語言，如隱語、比喻等，也就是相互矛盾、模糊不清以及無法理解的奧妙語言，如許多話頭與公案就是；二是特殊的非理性的動作，如棒、喝等象徵性的表現形式，是近似活潑自在的形象教學與直觀教學，這都是為了使人產生聯想，引發自覺，頓生悟解。

（三）提倡懷疑：禪宗認為人們受常識、觀念的束縛，迷信權威，盲從教條，所以不能覺悟，要覺悟就要懷疑，只有懷疑才能覺悟。禪宗教人相信自己，相信自己的判斷力，提倡懷疑，這是有重大積極意義的。

（四）反對權威、反對教條：與提倡懷疑密切相聯繫的是，禪宗認為悟道在於主體自身，眾生自心就是佛。外在的佛祖和佛經並不能救助人成佛，甚至會成為個人成佛的桎梏，不必要也不應當依靠外在的權威，反對向外求佛救助，由此更進而有呵祖罵佛、詆毀經典之舉，其目的在於教人向內追尋，求得自身的解脫。

上述方法論的內容雖然是宗教性的，但卻包含了大量的合理性，可以看作是啟發性教學實踐的創造，對於總結認識的方法、形式和過程也是富有啟發意義的。

禪宗的禪修悟道、瞬間頓悟所達到的心靈境界包含了宗教、哲學、道德、美學等多層次的思想內涵。

頓悟作為內心的直觀體驗，是思想觀念的巨大飛躍，這主要表現在兩個方面，從主觀方面說，是對自我本性的尋覓、把握，對人的本體的發現，對最高主體的確立；從客觀方面說，是對萬物實相的尋覓、把握，對世界終極本原的發現，對宇宙最高真理的體認。同時，人與自然的本性一致的觀念，使主客觀溝通，打成一片，從有限中體察無限，從瞬間中體察永恆，內在地體悟到人與自然、主體與客體的統一，共存共亡，不可執著。這是在深層思想上把握人生宇宙

真實的體驗、感受，在宗教經驗上是達到所謂即心即佛、自由快樂境界的體驗、感受，由此進入「至真」境界，獲得一種充實感和滿足感。禪悟在對萬有本原、宇宙終極的體認中，達到對社會、人生的超越，擺脫功利計較，形成淡遠心境，進入「至樂」境界，獲得精神的歡樂和道德的愉悅。禪悟心態也是一種美感體驗，由於瞬間洞照人生宇宙的奧祕，領悟大自然的和諧有序、風光美妙，人與自然的融通合一，而使人的平凡生命、日常生活躍升而具有藝術、詩意色彩，使禪師進入「至美」境界，獲得審美的愉悅和生命的快樂。總之，禪宗僧人在悟道中實現了宗教意義上的真善美三者統一的境界，獲得心靈的解脫、自由和滿足。這是一種真實存在的特殊的宗教感受和宗教境界，至於對這種感受和境界的各種意義的評價則是另一個問題。

中國禪宗與印度佛教的靜修沉思、般若直觀有一定的思想淵源關係，但它主要是在與中國道家、儒家等傳統認識論思想相結合的基礎上，進行思想重構的產物，是獨創性的中國化宗派。中國傳統哲學認識論是認識活動、道德修養和審美過程的統一，是主體的知、情、意對象，化為真、善、美，是追求主體與對象的直接合一。老子提倡透過「玄覽」去把握「道」，莊子更是主張透過「無己」、「坐忘」、「心齋」等方法以達到「道」的境界。儒家孟子主張「盡心、知性、知天」，以求人道與天道的同一。中國禪宗正是在這種古代傳統的直覺思維影響的基礎上，結合印度佛教的宗教思想和形式，而形成頓悟的認識方法。禪宗與印度禪學的不同在於強調智慧、悟解、頓悟和對現實的某種肯定。禪悟作為一種側重整體性、多向性的思考，和以非邏輯性為思維操作步驟的特殊的認識方式，突顯地運用了直觀思維形式和方法，闡發了非理性思維，顯示了直覺頓悟對人類的內心活動、潛意識等方面的巨大作用，在洞照事物的整體性、多極性等方面的特殊作用，豐富了思維科學的內容，彌補了理性思維的不足，緩和了語言概念的局限。這在認識論、思維科學和心理學上是有貢獻的。但禪宗貶低、排斥邏輯思維和語言文字的作用又是偏頗的。禪悟的思維方法不以實證科學為基礎，不是按照邏輯規則推出新知，它的偶然性、神祕性，都限制了它的認識功能，包括在科學技術發展中的作用。至於禪宗提倡的人生境界，一味向內追尋的禪修，以及強調一切現成等觀念所包含的消極社會作用，也是明顯的。

中國佛教哲學思維方式簡論

中國佛教哲學是中國傳統哲學的重要組成部分。而中國佛教哲學思維方式是中國佛教哲學的根本內容。研究中國佛教哲學思維方式，對於了解中國佛教哲學、中國傳統哲學乃至民族文化心理結構，都有重要意義。本文著重探討中國佛教哲學思維方式的類型和特點等問題。

一、中國佛教哲學思維方式的類型

中國佛教淵源於印度佛教，是印度佛教與中國封建社會的政治經濟生活以及傳統文化相撞擊、衝突、調和、融合的產物，是一種雙向選擇的結果。印度佛教經典和各種派別傳入中國後，由於中國佛教學者原有認知的差異，導致了選擇和吸收的不同。如繼承印度大乘佛教中觀學派思想的三論宗，繼承瑜伽行派思想的法相唯識宗與印度佛教思維方式相當一致；而東晉慧遠和南朝竺道生以及隋唐時代的天臺宗、華嚴宗和禪宗等，則更多地表現出中國佛教學者的中國化的思維方式。這裡要論述的是，更為鮮明地體現了中國風格和色彩的佛教學者及佛教宗派的思維方式。這些思維方式大體上可以概括為以下幾種類型：

（一）比附性思維

所謂比附性思維就是把兩種相同、相似或某種可以相通、相比的現象、觀念加以附會。佛教自兩漢之際傳入中國後，在相當長一段時間裡，中國人對於這種宗教的神靈、信仰、思想和修持都是陌生的，一些佛教的信仰者、學者，往往依據自身原有的文化素養、知識結構來理解佛教。因此，一些外來的譯經師，為了便於中國人理解、接受，表明佛教義理也是中國原已有之，為了求得佛教在中國

的生存、傳播和發展，就竭力將它與中國傳統思想文化相附會。中國佛教的比附性的整合加工思維活動，不但廣泛地涉及中國傳統的宗教迷信觀念、道家學說和儒學政治倫理觀念，而且延續年代也相當之久遠。其中表現比附性思維最突出、最集中的是漢魏兩晉南北朝時代的佛教學者。

東漢以來，中國信奉佛教的上層人士，往往把佛陀釋迦牟尼比附為黃老神仙、天帝、真人，把佛和黃老視為同類的神，視作天帝來祭祀。後來《牟子理惑論》還用道家所講的「修真得道」的真人來比附佛陀，描述其神通之廣大。《牟子理惑論》還說：「佛者，諡號也。猶名三皇神、五帝聖也。」把佛又說成與中國的三皇五帝的稱號一樣的「諡號」。後來東晉孫綽作《喻道論》，又進一步把佛和儒家聖賢等同起來，說「周孔即佛，佛即周孔」，也就是把佛視為中國的聖人。這都是用中國傳統的文化觀念來看待佛，已不再是印度佛教所講的佛了。

與對佛陀的比附相聯繫，當時把佛教教義也視為黃老道術的一種，以為佛教所講斷欲去奢、好生惡殺、行大仁慈、清虛無為，與黃老之教相近相通。又如佛教的禪學涉及神通，即透過修持禪定能得到一種神祕的功能和力量。這種神通當時都被理解為和神仙方術相似的法術。《牟子理惑論》還用中國道家的「道」和「無為」來描述佛道及其最高理想境界，說：「道之言，導也，導人致於無為。」實際上這和佛教的道與理想境界的內涵是完全不同的。

佛教與中國傳統文化中矛盾最大的是儒家思想，儒家學說又是中國封建社會的正宗思想，如何協調兩者的關係便是佛教面臨的一大問題。類比、比附也就成了佛教溝通儒教的方法手段。儒家提倡的仁義被佛教學者看成協調人際關係的最高準則。儒家主張的祖先崇拜和孝道，適應了以宗法血緣關係為紐帶的社會關係的需要。有人甚至把佛教的五戒和儒家的五常等同起來，如南北朝時學者顏之推書《顏氏家訓·歸心篇》中的開頭部分說：

內典初門，設五種禁，外典仁義禮智信，皆與之符。仁者，不殺之禁也；義者，不盜之禁也；禮者，不邪之禁也；智者，不酒之禁也；信者，不妄之禁也。

另外，把佛教的教義與儒家的政治觀念以及現實的政治相協調，也是佛教學者所關注的。如三國時僧人康僧會編譯了《六度集經》，透過比附手法，把佛教

的慈悲教義政治化為仁道主張，宣揚「治國以仁」，強調在全民中推行佛教的五戒十善，就是行仁道，就是治政安民。

佛經是佛教的主要傳播媒介。由於中印語言文字的不同，就有一個翻譯和理解佛經的問題，也就是首先要把握「語意」，然後再深入思想底層。為了把握佛經意義，中國佛教創造了一種「格義」方法。這種格義是自覺的比附思維的突出表現。格義方法創於東晉的竺法雅，史載：「雅乃與康法朗等，以經中事數，擬配外書，為生解之例，謂之格義。」（《高僧傳‧竺法雅傳》）「事數」，指佛教義理的條目名相，「格」是量的意思。「格義」就是以中國固有思想比擬配合佛教教義，使人易於了解教義的方法。這種方法曾普遍流行，雖然也有人主張廢棄這種方法，但是廢棄這種方法是一個過程，而且即使格義方法被捨棄，比附方法也仍然繼續在使用。

在晉代，佛教形成般若學六家七宗，這是用老莊玄學來比附闡釋佛教義理的不同學派。魏晉玄學的主題是本體論問題，探討有無本末的關係。般若學主題是講空，破除人們對一切事物的執著。兩者主題並不相同，但在思維形式上有某種表面相似之處。中國佛教學者主動依附玄學，往往用玄學本體論看待般若學，以玄學的「無」為般若學的「空」，以致與般若學否定事物實體真實性的觀點大相逕庭。般若學重要派別本無宗代表人物道安，宣揚以無為本的觀點，實際上是玄學家何晏、王弼本無論派思想的變相。

漢至南北朝時期佛教比附性思維的演變，大體上與當時傳統思想的發展相關。漢代比附道術，魏晉時比附玄學，同時也都比附儒學，這反映了佛學重心的轉移。佛教比附性思維的特徵，主要是就某類現象的形式上的相似，語意上的可相通之處進行類比說明，實際兩者之間相距甚遠，有的甚至完全相反。如把「真如」譯為「本無」，「涅槃」譯為「無為」，就根本不合原意。但中國佛教比附思維的出現和長期存在是歷史的必然。

（二）融會性思維

融會性思維與比附性思維既有聯繫又有區別。比附性思維是就兩種相似的現象、思想和概念進行比附，這種比附也帶有某種融通和求同的思維的某些特徵。

但是融會性思維則更前進一步，是把幾個不同方面加以融會貫通，或泯滅其差異，或轉化為新的觀念、思想。這可以說是一種創造性的思維。

中國佛教學者的融會性思維是在佛教傳入中國之日始就形成的，長期以來成為中國佛教思維的基本形式之一。融會性思維的發展演變過程大體上可以分為兩大階段：漢至南北朝時代，表現為一些佛教學者為緩和與傳統文化的衝突，為求佛教的生存和發展，與儒學、道學進行融合；隋唐時代則是透過融會性思維創立新的宗派。前一段可以《牟子理惑論》作者和慧遠為代表，後一段則以天臺宗和華嚴宗為典型。

《牟子理惑論》一書大量引用了儒、道著作的思想、典故來比附說明佛教教義。值得注意的是，此書的比附性思維與融會性思維是結合在一起的。它提出，雖然佛教與儒家、道家有所不同，但三者都是「道」的體現者。這是用「道」這一中國傳統哲學的基本範疇把三家思想加以融通。

慧遠（334～416），是東晉時很富於融會性思維的佛教學者。他的融會性思維主要表現在兩個方面：一是融合佛教內部各派的學說，一是融會佛教與儒家、道家的學說。慧遠把上乘毗曇學和大乘中觀學說加以融通，把般若學、彌陀淨土和禪法糅合在一起，並把印度佛教的十二因緣說和業報輪迴說跟中國原有的神不滅論和類似因果報應思想結合起來，形成一個內容駁雜的思想體系。不僅如此，它還以佛學為主，玄學、儒家為輔，用佛學來融會玄、儒，強調「內外之道，可合而明」。他著重用「理」的乖合，把佛祖釋迦牟尼和儒家推崇的聖人唐堯、孔丘等同起來，把佛教教義和儒家綱常名教溝通起來，強調最後都是合「理」的，或者說「理」是相同的。慧遠的這種佛教思維活動和方式，實際上為以後大多數佛教學者確立了思想軌跡。

隋唐時代國家是統一的，要求有相應的統一的宗教，而國家的統一也促進了各地佛教文化的交流和融合。中國最早成立的第一個宗派天臺宗，就其佛教思維方式演變史來看，就是圓融性思維的產物。圓融性思維是天臺宗創立的基本思維手段，它建築了天臺宗的思維架構和形式。天臺宗的基本教義止觀並重、圓教觀念、圓融實相和性具實相等，都是圓融性思維的突出表現。

天臺宗的實際創始人智顗繼承了先驅者慧文和慧思的綜合性思維模式，大力調和南北兩地的不同學風。在南北朝時代，北方佛教偏重於實踐（「止」），南方佛教偏重於義理（「觀」），天臺宗人提倡止觀並重，使南北兩地的差異趨向統一，綜合而成新的學風。天臺宗不僅統一了中國佛教的學風，還以中國人長於歷史性條貫的方法，會通了整個佛教的各類經典和各種派別，這就是「判教」。判教是把佛法作為一個整體加以分析和解釋。也就是一方面對各類經典和不同派別的地位都給以會通和安排，以排除相互間的矛盾，一方面顯出本宗所依據的經典的優越性，進而突顯本宗在整個佛教中的地位。天臺宗的判教的重心和特點在於，按照教理，提出把佛教的內容分為藏（指小乘）、通（通三乘）、別（大乘別於小乘）、圓（圓滿）四教。四教以圓教為最高。圓是圓滿的意思，或兼包通、別等，或是純圓。天臺宗認為自宗所宗奉的《法華經》是最圓滿的，所以是圓教。天臺宗以圓教為標榜也是對圓融思維方式的一種推崇。和這種判教相適應，天臺宗還應用圓融思維宣揚「圓融實相」和「性具實相」的學說。所謂實相是指觀照的對象。圓融實相的「實相」有空、假、中三種，稱為「三諦」。圓融實相是說空假中三者同時存在，互不妨礙，也稱「圓融三諦」。「性具實相」的「性具」，是說一切現象都是自然存在的，不是生起的，而且也不是孤立存在的，而是互相聯繫、互相轉化，作為一個整體而存在的。因此有「一念三千」之說，認為三千法（現象）同時圓滿地存在於一念之中。圓融實相和性具實相是關於認識論和世界觀的學說，為天臺宗教義的核心。這兩種學說是天臺宗就認識對象以及和人類相關的現象，運用圓融性思維進行編排整合而融為一體的精神產品。

　　華嚴宗的圓融性思維方式更為突出。此宗就是依據《華嚴經》並融合了天臺宗、法相唯識宗等思想而創立的。華嚴宗的判教也主張本宗是圓教，強調華嚴宗是真正的圓教，道理最圓滿。華嚴宗哲學的中心思想是「無盡緣起」說。所謂無盡緣起，是說一切緣起的事物都是互相聯繫、互相滲透、相即相入的，是既有個體區分又互相貫通的整體，是無窮的、無矛盾的，即重重無盡的統一體。華嚴宗為了論證無盡緣起的世界觀，從本體與現象的關係上，論證了理與事、性與相是圓融無礙的，從現象與現象的關係上，論證了事與事是圓融無礙的，從數量之間

的關係上、「質的量」之間的關係上，論證了一與多、一與一切是圓融無礙的，此外又從時間的關係上論證了一念與九世是圓融無礙的。總之，透過圓融性思維，對一些重要哲學範疇進行抽象思辨分析，從而直觀地把握萬物無盡無礙的境界。

天臺宗和華嚴宗的思維方式，是中國佛教圓融性思維方式發展的頂峰，是中國特有的會通圓融性格的表現。戰國時代思想家盛行整體思維，把世界視為一整體，每一個別事物也是一整體，整體包括個別，整體比個別重要。如惠施講「天地一體」，莊子講生死一體，《易傳》講「天地交而萬物通」，認為天地相交，萬物順通，主張「觀其會通」等。這些思維形式成為穩固的思維定勢，具有歷史的慣性，對後來包括中國佛教哲學思維在內的中國哲學思維的發展影響極大。

（三）頓悟性思維

頓悟性思維是中國佛教的又一特有的思維方式。天臺宗和華嚴宗也都有頓悟性思維，但是以頓悟思維為達到悟道成佛境界的基本思維方式，並進行論證的是南朝時代的竺道生和唐代慧能創立的禪宗。

竺道生提出了一項認識論和方法論的重要原則：

> 夫象以盡意，得意則像忘。言以詮理，入理則言息。自經典東流，譯人重阻，多守滯文，鮮見圓義，若忘筌取魚，始可與言道矣。（《高僧傳‧竺道生傳》）

「象」是達意的符號。獲得意義，切入真理，就應當拋去符號和語言。竺道生在這種思想原則的基礎上，進一步創立頓悟成佛說。何謂頓悟？「竺道生法師大頓悟云，夫稱頓者，明理不可分，悟語極照；以不二之悟，符不分之理。」（慧達《肇論疏》）真理玄妙一體，不可分割。所謂悟是證得真理，是對真理的證悟、冥符。理既不可分，悟也不能分，證悟真理的智慧不能有差異，必與理相契合。這種悟就是頓悟。竺道生的頓悟思維是建立在中國人對「理」這一哲學範疇的理解的基礎之上的。在戰國中期，「理」已成為哲學範疇，孟子以理、義並舉，此「理」是道德準則。《易傳》也講理，力主「窮理盡性」，此「理」是指天地萬物之理。魏晉玄學家主張「得意忘象，入理言息」，一時成為思潮。竺道生在中國傳統哲學範疇和思維方式的影響下，在中國佛教思想史上第一個引入

「理」的範疇，作為說明覺悟成佛的根本觀念，宣傳理不可分，中國人善於悟理，能夠頓悟。這可以說是開闢了一條新的思維途徑。

唐代慧能創立的禪宗，與重言教、主漸悟的佛教流派不同，它主張不立文字，教外別傳，提倡心淨自悟、頓悟成佛。「悟」有頓漸之分。禪宗的頓悟是繼承竺道生以來的頓悟學說，結合傳統的心性理論而形成的獨特的直觀思維方式。

禪宗的頓悟思維方式，主要表現為「無念為宗」、「觸類是道」和「即事而真」這些基本命題。「無念為宗」的「念」，即指思維活動。無念的含義有兩個方面：一是就主觀方面說，心體要離開念，認識主體要遠離一般的思想活動；二是就客觀方面說，對一切現象都不執著。就是說，主體在進行思維活動時，既不執著主觀思維，也不執著客觀現象，是為無念。

「無念為宗」是慧能提出的，其目的是要眾生排除雜念，還歸清淨自性，頓悟而成佛。慧能認為，眾生的自性就是佛性，而佛性也可以說就是宇宙萬物的真如本性。眾生的本性與宇宙萬物的本體是統一的。由此眾生覺悟成佛，也又可歸結為體悟真如本性，由此又有慧能門下兩大系的頓悟思維方式，南嶽一系倡導「觸類是道」，青原一系主張「即事而真」。所謂觸類是道的「觸類」，是指人們在禪修中的各種行為、表現。「觸類是道」是說禪修生活中的任何行為都是「道」的自然流露、表現。「平常心是道」，眾生的平常心就是佛心。縱任心性，任運自在，就是禪修。直指心源就能成佛。這是主張在日常的思維活動中，遇事以觸發、頓悟，透過直覺以與道（本性，佛性）合一。所謂即事而真，「即事」，指不離開日常行事；「真」，真實，指本性、道、理、空。即事而真是說在修禪時從個別的事象上體悟、顯現出性、理、空來。萬物既異又同，修禪者要在日常行事中證悟、契合萬物既異又同的道理。事是末，理是本。從具體的事象體證抽象的理，也叫做會末歸本。理是眾生本心所具有的，由此理也可以說就是本心。會末歸本，也就是返歸本心，在本心中達到即事而真的境界。即事而真的思維方式，就是由個別體現整體，從具體把握抽象。

禪宗的頓悟思維，強調不立文字，力求排除語言文字對思維的束縛，所以禪師傳道解惑時，採用各種暗示、雙關語，甚至棒打吆喝、拳打腳踢，催人頓悟。

禪師運用語言和動作不是規定學禪者的思維，而是使學禪者去創造一種宗教性的情景、境界，也就是在宗教的哲學觀念、道德自覺和審美情趣方面達到新的境界。

（四）內向性思維

佛教追求人生的理想境界，這種境界歸根到底是一種精神性的自得，內心的體驗，是心理上的變化；再者，追求人生的理想境界，歸根到底是決定於個人的道德實踐，而內心的道德意識往往被認為是道德實踐的基礎。順著這種邏輯，內心成為了佛教修持的出發點與歸宿點。

天臺宗人重視一心三觀，三觀即觀照空、假、中三種實相（真諦），而空、假、中三諦在心中得，由此就要求主體一方面心觀照三諦，一方面觀心自身。天臺宗創始人智　強調「心是惑本」，需要透過觀照拔除迷惑。這種觀心活動也稱為「以心觀心」，觀照心源。這種觀心的思維活動，就是透過內向性的自我意識的反思，在心靈深處開展去惡從善的鬥爭，以調整意識流向，轉變意識內容，求得自我超度。

華嚴宗創始人法藏提出「華嚴觀」，作為佛教修持的根本方法。在《修華嚴奧旨妄盡還源觀》中，他把華嚴觀分為六觀，六觀中前三觀都是直接就主體的心著眼的，如第一「攝境歸心真空觀」，是說外境本空，要努力止息對外境的種種分別，攝境歸心。第二「從心現境妙有觀」，是觀心裡出現的萬事萬物，第一門是「攝相歸體」，第二門是「依體起用」，歸體依體這個「體」就是心。第三「心境祕密圓融觀」，這是說心和境都是無礙的，是綜合第一、二門，會通心境，圓融無礙。會通心境，實質上還是突顯心的融通作用。

禪宗也稱佛心宗，它十分重視心性的修養，提倡性淨自悟，運用各種參究的方法，徹見心性的本源，成就佛道。為了頓見心性的本源，禪宗強調的參究方法是真心而行，不執著外物，也就是日常生活種種言行，都要純任心性的自然。華嚴宗兼禪宗學者宗密在《禪源諸詮集都序》中，把禪概括為三宗：息妄修心宗、泯絕無寄宗和直顯心性宗。這三宗的具體修持方法雖然不同，但都是以透過修心返歸心性本源為宗旨的。禪宗可以說是提倡和踐行內向性思維的典型。

二、中國佛教哲學思維方式的特點

中國佛教哲學思維方式又有什麼特點呢？這要從多方面進行考察，既要廣泛地與其他各種思想流派的思維作比較，其中尤其要與儒、道等哲學思維相比較，同時還要與印度佛教哲學思維相比較，透過這種多向的比較，就能揭示出中國佛教哲學與各種思想流派、傳統儒道哲學、印度佛教哲學的思維方式的異同。其中相異之點固然表現出中國佛教思維的特點，即使是那些相同之點在另一種意義上，也表現出中國佛教哲學思維的特點。

（一）直覺性是佛教也是中國佛教思維方式的基本特點

這是由於佛教哲學作為解脫人生痛苦的哲學，其目的是追求超越現實。人生的最高理想境界，實質上是一種內在的心理體驗、思想解脫和精神滿足，因此它往往排除分析、邏輯、經驗的思維，排除語言文字功能，提倡直覺思維。佛教直覺思維的特點是：（1）直接切入性。主體直接深入客體（人生的本性或宇宙的實相），與客體融合為一，泯滅主客界限。（2）整體契合性。主體完整地把握、悟解宇宙的實相（「空」，「真如」），或返歸、悟證人生的本性，達到與客體的完整契合。（3）神祕意會性。佛教直覺思維活動的過程和結果是意會性的，神祕性的，不可思議的。上面我們講到的中國佛教哲學的融會性思維、頓悟性思維和內向性思維就是直覺思維的具體形態。

（二）否定性是佛教也是中國佛教思維方式的重要特點

佛教追求超越現實的人生理想境界，這種境界或是彼岸佛國世界，或是主體內在本性的純正呈現。這就要求否定現實世界和現實人生，或是實現人生的某些方面（如欲望、情感、要求等），因此在思維活動過程中往往貫穿著否定現實的目的，要求透過直覺思維體悟一切皆空的佛理，主觀上對一切事物都不執著。印度佛教小乘主張破除對人生自我實體的執著；大乘中觀學派視一切皆空無自性，主張破除對人生和客觀世界的一切實體的執著；大乘瑜伽行派則主張識有境無，

強調外界客觀環境都是主體意識的變現。中國佛教學者僧肇提出「不真空」的命題，三論宗透過一系列的多重否定，宣揚無所得的思想，天臺宗以及後來的華嚴宗和禪宗的思維方式，也都程度不等地貫穿著否定現實的目的和要求。透過否定性的思維活動，以肯定成佛境界，是包括中國佛教在內的整個佛教的基本邏輯。

（三）實用性是中國佛教思維方式的又一顯著特點

這裡所講的思維的實用性，是指宣傳佛教、信仰佛教和成就佛道的最實際、方便、迅速、「有效」的思維方法和途徑。中國佛教學者所運用的比附性、融會性、頓悟性和內向性的思維方式，都表現出實用性思維的特徵。為了求得佛理的解釋而採用比附性思維，為了儘量減少傳播佛教的阻力而運用融會性思維，為了儘早由凡轉聖，快速成佛而提倡頓悟性和內向性的思維，這都反映出中國佛教學者重視實用、實效的思維品格。這種思維的實用性包含了承認現實、巧於調和的特點，如承認與調和跟佛教主旨相悖的儒學就是突出的表現。中國佛教思維的這種實用性特點，又一定程度上沖淡了否定性特點，使中國佛教思維中也帶有一定程度的肯定性、現實性，把修持活動與現實活動、成佛境界與眼前生活統一起來，從而又表現出某種世俗性、入世性的特點。

三、中國佛教哲學思維方式是中國傳統哲學思維方式的重要組成部分

從上述中國佛教哲學思維方式的類型與特點看，中國佛教哲學思維方式是中國佛教學者的創造，它是既繼承又不同於印度佛教哲學思維方式，既吸取又區別於中國傳統哲學思維方式，既對印度佛教哲學和中國傳統哲學的思維方式進行雙向吸取和選擇，又加以創造性轉化而形成的頗具獨特風格的思維方式。這些思維方式由於中國佛教學者的創造和運用，而又成為中國傳統哲學思維方式的重要組成部分。

中國佛教哲學給中國傳統哲學貢獻了直覺思維方式。中國儒道學派也運用直

覺思維方式，但應當承認，中國佛教對直覺思維方式作了最充分的發展和闡述，諸如頓悟與漸悟、知見與證悟、日常修持與行事、教學與頓悟、潛意識與意識、直覺與邏輯、直觀與語言等等的關係都作了自覺或不自覺的闡發，從而極大地豐富了中國傳統哲學的直覺思維的內容。這一方面是開拓了體驗人生理想境界的新途徑，對於哲學、文學、美學、倫理學以及思維科學作出了貢獻；一方面是遏制了邏輯思維、分析思維的發展，間接地影響了自然科學的進步。

中國佛教哲學的內向性思維方式為宋明理學所吸取。儒學一貫重視修身，就性與情、欲望與道德的關係進行不斷的探討、爭論。中國佛教尤其是禪宗的排除妄念、返歸本性、成就佛道的學說，為唐代儒家李翱和宋明理學家所吸取，作為主體道德修養的基本途徑，成為內向性的道德思維定勢，影響甚為深遠。

最後，唐代玄奘法師將印度佛教瑜伽行派的學說介紹到中國，此派的心理分析和邏輯學（「因明」）的思維方式，一時影響很大，但流傳不久即趨衰竭。直至近代，瑜伽行派的典籍再度引起佛教界和有關學者的重視，一些進步思想家，正是經過佛教的分析思維和邏輯思維的訓練而接受西方文化和哲學的。它充分表現了佛教哲學的分析思維和邏輯思維的正面作用。

中印佛教思維方式之比較

中印佛教思維方式，是指中印兩國佛教學者的認識結構、思考問題，和闡發理論的方式、方法，屬於佛教文化的高層內容。研究和比較中印佛教思維方式，有助於了解兩國佛教學者對外界刺激的反應格局，加工思維訊息的操作方式，了解兩國佛教學者直覺思維、分析思維和形象思維的具體形態，了解兩國佛教學者乃至一般佛教徒的心理結構和民族性格。這對於研究宗教學、哲學、思維科學和心理學等都是有意義的。本文擬著重透過闡述中印佛教思維方式的演變，揭示中

印佛教思維方式的異同，並從中得出一定的結論。

一、印度佛教思維方式的演變

佛教的根本宗旨是求得人生的解脫。如何認識人生、認識世界，從而把握宇宙的「真實」，獲得覺悟，達到人生的理想境界，是每個佛教信徒的根本追求。這是一個如何透過認識宇宙人生的客觀存在，成就主觀精神境界的問題。佛教的這種宗教旨趣，極大地決定了主體對外界刺激的同化、加工、整合，即決定了思維方式。由於印度佛教流傳的時代不同、地域不同，形成了不同的階段和不同的流派，因此其具體教義和思維方式也就有所不同。印度佛教思維方式的演變主要經歷了小乘、大乘中觀學派、瑜伽行派和密教四個階段。

（一）小乘佛教的思維方式

小乘佛教在理論上主要是反對當時流行的斷常二見，提出緣起論，宣揚無常、無我和因果報應學說。所謂斷常二見，「見」即見解、觀點、主張。「斷見」是認為人和事物的內在主宰者「我」死滅後就斷了，「我」可以不受因果報應的支配。「常見」是認為「我」即人和事物的內在主宰者是常住不斷、永恆不變的，就人來說也就是人的靈魂是不滅的。斷見和常見也稱「無見」和「有見」。小乘佛教反對這兩種看法，認為是兩種極端片面的見解，它強調人和事物都是「無常」的，不斷變化的；而無常也是「無我」的。「我」指實體、自性，支配人和事物的內在主宰者，「無我」就是人和萬物都沒有獨立的絕對的實體，沒有內在固定的主宰。小乘佛教反對斷常二見，是立足於緣起的絕對的實體，沒有內在的固定的主宰。小乘佛教反對斷常二見，是立足於緣起的理論。緣起論是釋迦牟尼的創造，是說一切事物都是原因和條件即因緣構成的，一切事物都處於因果關係之中，事物的根源就在於因果關係。因緣和合即事物生，因緣離散即事物滅，所以事物不是恆常不變的，而是無常的，也沒有絕對的實體或內在的主宰者，是無我的。一切事物都受因果律的支配，人也要受因果報應的支配。小乘佛教為了闡明這些道理，運用分析思維方式；為了體悟這些道理，提倡直覺思維方

式。

小乘佛教著力運用因果思維分析人和世界萬物的構成，以論證緣起、無常、無我的道理。它認為人是由色（物質、肉體）、受（感受）、想（思考）、行（意志）和識（意識）「五蘊」和合而成的生命體，且處在生、老、病、死，死而復生的不斷變化過程中。小乘佛教強調包括人的肉體在內的世界上的物質現象，都是由地、水、火、風「四大」即四種基本元素構成的，世界上的萬事萬物可歸結為75類。後來的大乘瑜伽行派更歸結為100類。小乘佛教不僅對人和物的構成及萬物的種類進行分析，而且還從理論上對原因和結果進行分類和解說，提出四緣、六因、五果的理論，進而系統地闡述了緣起論，這都生動地表明了小乘佛教的理性思辨精神。

小乘佛教還提倡用禪觀去體悟無常、無我的道理，以排除無知和欲望，獲得精神的解脫。小乘佛教認為要證悟真理，必須有相應的心理準備和特定的思維方式，這就是禪觀。禪觀包括禪定和觀照。禪定是指調整身體姿勢、調整呼吸使思想集中的方法。觀照是在禪定的基礎上，專心運用智慧觀照無常、無我之理，以獲得真切的認識和體驗。小乘佛教禪觀的種類很多，例如「因緣觀」，就是在禪定中觀想人在生死輪迴流轉中的各種因緣的關係，體悟過去、現在和未來三世因果相續的道理，把握無常、無我的真諦。又如「界分別觀」。「界分別」，是指將世界上一切東西加以各種分類。「界分別觀」是指在禪定中觀想各類事物都是由地、水、火、風、空、識「六大」和合而成的，聚散不定，生滅無常，沒有實體。再如「不淨觀」，是在禪定中觀想境界不淨的相狀，尤其是觀想自身和他身唾涕大小便、濃血骨骼汙穢不堪、全身不淨的相狀，以滅除貪戀的迷想和貪慾的邪心。

以上兩種思維方式，也就是小乘佛教的分別說和無分別說兩種方法的表現。分析思維和分別說相應，直覺思維和無分別說相應。

小乘佛教主張在分析思維基礎上運用直覺思維以達到人的理想境界，也就是主張透過分別認識人生和事物的無我、無常，悟入無分別的境界。由此看來，直覺思維是小乘佛教的主要思維方式。

（二）大乘中觀學派的思維方式

繼小乘之後的大乘中觀學派，反對小乘佛教某些流派主張的人以外的客觀事物或概念是有（「法有」）的觀點，也反對大乘方廣部的否定一切存在、純是虛無（「惡取空」）的觀點，而宣揚一切事物皆無自性的「畢竟空」觀念。認為一切事物因緣和合，無須經過分解，當體是空的。和這種世界觀相適應，中觀學派採取般若思維的方式進行論證和闡述。般若思維具有直觀、否定和綜合等思維特徵，是印度大乘佛教的最典型的思維方式。

1.直觀思維：般若是智慧的意思，但不是一般智慧，而是佛教智慧，是包含著各種神通的超越能力在內的超越知識、超越經驗的一種靈智。實際上也就是一種體悟萬物性空、獲得主觀精神解脫的直觀、直覺。般若通常分為三種：「實相般若」，指般若的體性，即體證了的性空境界；「觀照般若」，指觀照實相（性空）的智慧；「文字般若」，指表述般若思想的言教，如撰寫的經論，是一種言傳的方便。也就是說，般若是包含實相、功能和形式三者統一的直覺思維。般若智慧還被分為三個層次：「一切智」，是對現象的共性的認識；「道種智」，是對現象的自性的認識；「一切種智」，是兼知一切事物的共性和自性的無所不知的認識。這種思維反映了由抽象到具體，再到抽象與具體統一的運思過程。中觀學派所講的直觀也稱為「現觀」，就是以現觀為把握世界實相的方法，運用般若智慧直接與對象交通，直觀地體認對象，與對象合而為一。「如啞受義」，只能意會，難以言表。

2.否定思維：這是指目的在於否定存在的真實性的思維方式。般若是直覺萬物性空的智慧，是排除對事物和概念的任何執著的。文字般若只是一種方便，也是不能執著的。中觀學派提倡以破為立，即透過否定以顯示肯定的思維方法。著名的「八不」說就是這種思維的典型表述。「八不」的內容是不生不滅、不常不斷、不一不異、不來不去，從而說明了一切事物都是性空的。這是運用相待的二分法，進行雙向的否定，以否定為肯定。再一著名的事例是「離四句」的思維方式。大乘佛教形成了四句例的推理方法，四句例的格式是正、反、合（兼）、離。例如，有（正）──無（反）──亦有亦無（合）──非有非無（離），這

是對事物性質的四種解釋。四句例的邏輯是肯定、否定、肯定又否定、超越肯定和否定。大乘中觀學派認為，這四句並不是對事物的真實說明，也不能執著，應當超離。

3.綜合思維：般若直覺是要體悟萬物性空，以性空為真實。而山河大地，萬象森然，又如何是空呢？中觀學派以二諦即二種標準來加以解說，用俗諦說明一切現象是有，是幻有；用真諦說明一切現象是空，是真空。即既要看到有的一面，也要看到空的一面；既要不執著於有，也要不執著於空。要綜合兩方面看，以合乎「中道」。這也稱為「中觀」。這種先分別而後綜合的思維方式，對以後大乘佛教認識論和真理論的發展影響非常深遠。

（三）瑜伽行派的思維方式

中觀學派運用般若直觀闡述一切皆空的教義，因偏於講空而引起了一些佛教學者的異議，同時由於提倡般若直觀又導致一些佛教學者更加重視主體意識，專心內省，宣揚觀念論，形成了瑜伽行派。此派建立了一套重視主體意識的反觀、整治的思維方式。後來瑜伽行派還重視尋求合理的邏輯論據，對邏輯思維作出了貢獻。

1.內省思維：瑜伽行派的八識說體現了內省思維結構的特徵。此派認為，眼、耳、鼻、舌、身前五識的各種感覺為意識（第六識）所綜合，而形成知覺、思維、推理。第六識以「末那識」（第七識）為根據。末那識的功能是思維量度，著重分別哪些屬於自己，哪些不屬於自己，是一種強大的執持力量。末那識以「阿賴耶識」（第八識）為依據和攀緣的對象。阿賴耶識也稱為「藏識」，是最重要、最深層的識，前七識都由它產生，一切現象也都由它變現。八識說中的第七、八識可以說是內在的認識結構、潛意識。八識說體現了意識與潛意識互補的思維模型。前六識的認識結果經過第七識一起存在於第八識中，第八識經過加工整合再顯現其支配、變現一切的思維作用。內省思維重視潛意識的作用是正確的，但極度誇大潛意識的作用又是錯誤的。

內省思維還表現在四分說上。「四分」，四種差別，指每一個識體的四種作用。具體地說，「相分」：識所認識的對象；「見分」：識的認識能力；「自證

分」：證知見分的作用；「證自證分」：證知自證分的作用。值得注意的是，前六識的相分是阿賴耶識所變現的有關現象，第七識以第八識的見分為相分。第八識則以自身的功能、眾生及其所在的國土為相分。這可以說，意識是以潛意識產生的有關影像為認識對象並進行思維活動的，思維活動的證知也在識的自身內部進行，實質上這是對意識和潛意識的功能、作用的自我反省。

瑜伽行派的內省思維的又一特點是轉識成智。這是透過內省活動，轉變意識和潛意識的功能、作用、性質，亦即排除感官欲望、感性認識，轉變意識活動，實行內部轉換，使潛意識保持無差別、清淨無雜染，從而轉化為成佛的智慧，這也就是實現了思維內容的轉換。

瑜伽行派是奉行萬物唯識所變的唯心主義流派。在其唯識理論中，包含了豐富的思維科學、認識發生論和心理學的內容，其中既有天才的猜測和細密的洞察，也有顯著的偏頗和嚴重的局限，需要認真研究和總結。

2.邏輯思維：瑜伽行派重視邏輯思維的運用，並推進了邏輯學的發展。印度原來有古因明，即關於推理、證明的學說。瑜伽行派學者陳那革新了古因明的面貌，開闢了因明學的新階段。新因明把以前的宗（論題）、因（理由）、喻（例證）、合（應用）和結（結論）五支論式簡化為宗、因和喻三支論式，並在因和喻方面都作了重要的改造。後來又把宗、因、喻的順序調整為喻、因、宗，即和大前提、小前提、結論的邏輯三段論式相當，從而構成了從一般認識應用到個別事例上的演繹推理方式。這種思維方式是瑜伽行派駁斥論敵、宣傳教義的工具。

（四）密教的思維方式

繼大乘佛教之後的密教又轉而運用具象思維和符號思維。密教提倡「三密」相應，以求即身成佛。「三密」為：「身密」，即雙手做各種姿勢；「語密」，口誦真言咒語；「意密」，專心觀想大日如來。手勢是一種帶形象性的符號，真言咒語通常為「唵、嘛、呢、叭、咪、吽」，是語言符號。大日如來即毗盧遮那佛，觀想大日如來佛，是特定的形象思維。可見這是強調運用符號和形象作為達到某種境界的思維手段，是一種頗為特異的思維方式。

二、中國佛教思維方式的演變

　　印度大小乘佛教是不分先後混在一起傳入中國的，各派都在中國佛教史上發生過影響。由於中印思維元素如概念、詞的不同，社會背景和包括傳統思維方式在內的文化背景的不同，因此中國佛教思維方式必然發生變化。中國佛教各派中較能體現出區別於印度佛教思維方式的，有般若學派、涅槃學派和天臺、華嚴、禪諸宗。

　　（一）般若學派的思維方式

　　佛經是佛教傳播的主要媒介，由於中印文字不同，中國佛教學者有一個理解和把握佛經語意的問題。東晉時有些般若學學者創造了一種「格義」的方法作為理解佛經的方式。史載「雅乃與康法朗等，以經中事數，擬配外書，為生解之例，謂之格義」（《高僧傳・竺法雅傳》）。「事數」，指佛教義理的條目名相，如分析心理和物理現象的五蘊、十二因緣等。「格」，是量的意思。格義就是以中國固有思想比擬配合佛教教義，以使人們易於了解。這種比附方法一度流行，後來則受到佛教內部的反對。

　　東晉時的佛教般若學學者，由於對《般若經》的中心觀念「空」理解不一，形成了七個般若學派別。這些派別的思維方式和印度大乘中觀學派有共同之處，也存在著顯著的差別。當時般若學學者往往用魏晉玄學的觀點去理解《般若經》所講的「空」。魏晉玄學是講本末、有無、動靜之辨的，它有不同的派別，般若學者受玄學不同派別的影響，也分成相應的不同派別。例如，道安本無宗主張以「無」為本，是玄學家何晏、王弼本無派思想的變相，其實印度般若學是否定事物本體的真實性的。又如支道林即色宗的思想和玄學家郭象的觀點是一致的，如此等等。在般若學派內部，格義是一種比附性思維，一些反對格義的學者也運用比附性思維。兩者的區別在於格義是用中國先秦哲學的概念、範疇進行比附，一些反對者則是運用玄學家的思想觀點進行比附。

　　與比附性思維相聯繫，中國般若學者還運用融會性思維，來調和佛教思想與中國傳統思想的差異、矛盾，強調兩者的相通一致。在這方面可以慧遠為代表。

慧遠一方面融合佛教內部各派的學說，一方面還以佛學為主，玄學、儒學為輔，用佛學來融合玄、儒，強調「內外之道，可合而明」。他以「理」的乖合，把釋迦牟尼和儒家聖人唐堯、孔子等同起來，把佛教教義和儒家綱常名教溝通起來，認為都是合「理」的。慧遠的這種融會性思維方式對後世影響很大。

（二）涅槃學派的思維方式

東晉以來，隨著大乘《涅槃經》的譯出，湧現出一批研習該經的涅槃師，形成涅槃學派。此派最主要的代表人物是竺道生。他提出了頓悟成佛說，倡導頓悟思維。「竺道生法師大頓悟云，夫稱頓者，明理不可分，悟語極照；以不二之悟，符不分之理。」（慧達《肇論疏》）悟是對真理的證悟，真理是不可分割的，證悟也只能是一次性的、整體性的，也就是頓悟。這種頓悟性思維是體認真理的靈感思維、直覺思維的形態之一，是與那種經過長期學習、修持逐漸覺悟不同的，在當時可謂開闢了一條新的思維途徑。

（三）天臺宗的思維方式

天臺宗是隋代形成的中國佛教的第一個宗派，具有濃厚的中國化色彩。此宗以判教、止觀並重、一念三千、三諦圓融和真妄心觀等重要理論，構成龐大的思想體系。從這些理論中可以窺視出它的思維方式。

1.圓融思維：構成天臺宗思想體系的思維手段主要是圓融思維，這首先表現在創立新的止觀並重的宗風上。「止」，禪定；「觀」，智慧。止觀並重就是提倡理論與實踐並重，將南北兩地不同學風（北方重實踐，南方重義理）融合統一起來。其次，在判教（判定各類經典的意義和地位）上，它把佛教分為藏（指小乘）、通（通三乘）、別（大乘別於小乘）、圓（圓滿）四教，以圓教為最高。天臺宗一面會通了各派，一面自稱圓教，體現了對圓融思維的運用和推崇。再次，是宣揚「圓融實相」說。「實相」是直觀的對象。天臺宗人認為一切事物的實相分為空、假、中三個方面，這三方面是同時並存、互相滲透、互不妨礙的，稱為「三諦圓融」。天臺宗的圓融思維方式，表現了中國僧人處理內部矛盾和統攝佛教彼此差異的高超的思維能力和獨特的思維格局。

2.立體思維：天臺宗的重要教義「一念三千」說，既是圓融思維，也是整體

思維、立體思維。「一念」,指心念活動的短暫時刻。「三千」,指宇宙整體,其中包括各種生命、萬事萬物的形相、性質、時間、空間等。一念三千就是宇宙的相貌全部呈現在眾生的日常心思中。宇宙中萬事萬物是圓融無礙的,在一念中就具備宇宙整體立體的形象。在一念三千的運思過程中,經過由具象到抽象的過程,具象和抽象又共同存在於一念中,形成了對宇宙整體和萬事萬物的具象和抽象的內在把握。

3.觀心思維:天臺宗人講一念三千,一心三觀,一心中具現宇宙整體,一心同時觀照空、假、中三種實相(「三諦」)。由此就要求主體一面具現宇宙整體,觀照三諦,一面反觀心的自身。天臺宗創始人智強調「心是惑本」,需要透過觀照,拔除迷惑。這種觀心活動也稱「以心觀心」,觀照心源。這是透過內向性的自我意識的反思,在心靈深處開展去惡從善的鬥爭,以調整意識流向,轉變意識內容,獲求自我超度。

(四)華嚴宗的思維方式

華嚴宗為了宣揚本體與現象、現象與現象的互不矛盾、互相圓融的基本教義,提出或闡發三性、六因、十玄、六相、四法界等一系列哲學問題,具有極高的思辨水平。華嚴宗比天臺宗更重視也更強調圓融思想,富有更多的思辨性。

1.無礙思維:華嚴宗的理論一是判教,一是無盡緣起。在判教方面此宗也調和佛教各派,並認為《華嚴經》道理最為圓滿;強調本宗是圓教。所謂無盡緣起,是說一切緣起的事物都是互為依待、互為因果、相互滲透、相即相入的,整個宇宙是既有個體區分又相互貫通的整體,是無窮的、無矛盾的,即重重無盡的統一體。華嚴宗運用圓融思維方式,從本體與現象關係上,論證了理與事是圓融無礙的;從現象與現象關係上,論證了事與事是圓融無礙的;從數量之間關係上,論證了一與多、一與一切是圓融無礙的;還從時間關係上,論證了一念與九世是圓融無礙的。華嚴宗正是透過圓融思維手段以體證圓融的境界。

2.分析思維:華嚴宗的圓融思維是和分析思維密切不可分的,前者建立在後者的基礎之上,後者又最終歸結為前者。無盡緣起說的構成原理是三性同異與因門六義,無盡緣起說的內容是六相圓融和十玄無礙。三性同異是闡述事物種種性

質的相對原理；因門六義是揭示一切現象緣起的原因有六種特徵；六相圓融是描述一切事物都具有六種相狀；十玄無礙指的是一切事物都具備的十種複雜關係。這都是分析思維的細密運用。例如，華嚴宗人闡發原因的六種特徵：（1）「剎那滅」，不斷變化。（2）「果俱有」，原因在產生結果後仍然存在。（3）「待眾緣」，原因變為結果需要具備其他條件。（4）「性決定」，不同性質的原因決定了不同性質的結果。（5）「引自果」，原因只能引起自類的結果。（6）「恆隨轉」，永遠與「藏識」（第八說）共存。華嚴宗以因門六義來說明原因在形成各種現象中的複雜融合關係，說明緣起現象中的複雜融合關係，說明緣起現象之間的渾然圓融關係。又如六相圓融，六相：（1）「總相」，事物的全體。（2）「別相」，事物的各部分。（3）「同相」，事物各部分合成一體。（4）「異相」，事物各部分各不相同。（5）「成相」，事物各部分和合而成事物。（6）「壞相」，事物各部分不和合而不成事物。這是把一切事物的相狀分為六種，六相各不相同，但又可以通融無礙。也就是用總別、同異、成壞三對範疇六個方面，說明一切事物各有自性，又都可以融合無間。

3.內向思維：華嚴宗創始人法藏在《修華嚴奧旨妄盡還源觀》中，提出「華嚴觀」作為修持的根本方法。華嚴觀分為六觀，其中前三觀為：「攝境歸心真空觀」，是說外境由內心現起，要攝境歸心，觀萬物真空之理。「從心現境妙有觀」，是觀從心現起外境。「心境祕密圓融觀」，綜合前兩門，會通心境，圓融無礙。這三觀都是從主體的心著眼的，強調心在顯現外境和融通主客體中的作用，「歸心」、「從心」都是內向思維，是對主體心靈的反思要求，是把環境、客體歸攝、從屬於主體的反思活動。法藏之後，華嚴宗大師澄觀講「靈知之心」，宗密講「靈知本覺」，更加突顯了主體心靈的認識作用，也就是更加突顯內向思維的運用。

（五）禪宗的思維方式

禪宗的根本理論是性淨自悟，主張運用各種參究方法徹見心源，覺悟佛道，在現實生活中成就人生理想境界。禪宗提倡的以頓悟為特徵的禪悟思維，是重內證的直覺思維。禪宗流派很多，各派的參究方法風格迥異，五花八門，形成了禪

悟思維的不同具體形態。

1.無念思維：禪宗實際創始人慧能提出「無念為宗」的命題。「念」，即觀照，思維活動。「無念」的含義有二：一是就主觀方面說，心體要離開念，主體要遠離一般的思維活動；二是就客觀方面說，主體要對一切現象都不執著。無念思維是一種既不執著主觀思維，又不執著客觀現象的思維方式，其實質是透過排除一般的思維和客觀現象，返歸體驗清淨本性，發現清淨自性，以成就為佛。無念對於眾生成佛具有關鍵性的意義，所以說「無念為宗」。

2.觸類思維：禪宗慧能門下南嶽一系倡導「觸類是道」的禪悟方式。「觸類」是指禪修中的各種行為、表現。「道」，指禪道、佛道、修持。「平常心是道」，道也就是眾生的平常心。道體現在事中，心支配行為，觸類是道是說禪修生活中的任何行為都是道的自然流露。縱任心性、任運自在，就是禪修。直指心源，就能成佛。這是主張隨順平常心，在日常的思維活動中，遇事以觸發頓悟，透過直覺思維以與道（自性、平常心）合一。

3.即事思維：禪宗慧能門下青原一系倡導「即事而真」的禪悟方式。「即事」，就是不離開日常的行事。「真」，真實，指本性、道、理、空。即事而真，是說在禪修時要從個別的事象上體證頓悟出性、理、空，以成就佛道。這種思維方式是由個別體悟一般，從具象把握抽象。也可以說是一種具象思維。

4.參話思維：宋代以來禪宗思想又發生變化，出現了文字禪、參話禪與默照禪，與此相應，思維方式也發生了重要的變化。所謂文字禪，指注重言說，在文字上下功夫，從文字中求解悟。這樣由「不立文字」到不離文字，由內證到外參，使思維活動轉向註解模式，也多少帶有理性和邏輯的色彩。有一些禪師提出參話禪與之相抗衡。參話禪，是用一則毫無定見的話頭，如「如何是父母未生前的本來面目」「念佛是誰」作為題目。這些題目是難以言說的，要靠內心的參究、體察，要進行自我追問，大發疑情，如此疑來疑去，疑到山窮水盡，逼得反觀自心，照破一切妄想雜念，洞見自己的真面目，獲得頓悟。參話禪的思維方式帶有很大的隨意性，任憑隨意聯想，其目的在於追求對自我本性的心理體究。

5.默照思維：一些禪師反對參話禪，提倡默照禪。他們認為心是成佛的根

本，眾生因被妄念矇蔽，未得成佛，如果靜坐默究，攝心內觀，恢複本性，就能解脫。這種禪法是「不觸事而知，不對緣而照」，是靜坐看心，向內觀照，審視自我，淨化心靈，這是一種以禪定形式進行內向的觀心的思維方式。

三、中印佛教思維方式的異同

從上述中印佛教思維方式的演變來看，兩國佛教的思維方式存在著大量的共同點，也有著顯著的差異點，其共同思維方式主要有直覺思維、分析思維、否定思維、內向思維、具象思維和經解思維等。

1.直覺思維：中印佛教各派都普遍重視和運用直覺，直覺思維是佛教普遍而基本的思維方式。對人生最高理想境界的終極關懷，要求經過感性和理性的思維飛躍、超越，去獲取自我的內在體驗。佛教各派運用直覺思維，追求終極目標、理想境界，大約有三類：一是透過禪觀洞察人生的本質、價值和理想境界，求得覺悟，如小乘佛教就是如此。二是透過般若直觀，悟解宇宙萬物的真實本相，以達到理想的精神境界，如中觀學派、天臺宗等就是如此。三是透過內省思維，直接返觀內心，或轉變觀念，或恢復本性，以實現解脫，如大乘瑜伽行派、華嚴宗、禪宗就是這樣的。這三類境界又互相交叉，尤其是後兩類，一些佛教派別尤其是中國的天臺、華嚴、禪諸宗，都認為宇宙萬物的本相和眾生的本性是統一的。直覺思維的具體形態很多，大體上可以歸結為四類：第一類是禪觀，要求坐禪進行觀照特定對象。第二類是般若直觀，即現觀，是運用般若智慧直接與觀照對象合而為一。第三類是觀心，返觀本性，顯示本性。第四類是禪悟，在日常行事中，排除妄念，體驗佛道。這幾類直覺思維方式的區分也是相對的，其共同特徵是：（1）直接切入性：主體直接深入客體——人生的本相或宇宙的實相，與客體融合為一，泯滅主客界限，獲得一種思想、精神、心理、道德、美感的大超越。（2）整體契合性：主體完整地悟解、把握宇宙的實相（「空」、「真如」），或返歸、證悟人的本性，達到與客體的完整契合。（3）神祕意會性：排除語言概念和邏輯思維，追求自我的內心體驗，是意會性的、不可思議的，即

不能用語言表達的。

  2.分析思維：這也是中印佛教的重要思維方式。佛教追求人生的解脫境界，離不開對人生和宇宙的認識，這就需要運用分析方法，運用概念、推理和判斷。如小乘佛教對原因和結果的類型的區分，對人生和宇宙的緣起說、構成說的論證，中觀學派對各種「偏見」的揭示，對空的類別的分析，瑜伽行派對主觀意識和心理現象的分類，華嚴宗對原因的屬性、事物相狀以及現象與本體的關係的論述，都是運用分析思維的突顯事例，而且表現出古代分析思維的細密深入。尤其應當強調的是，瑜伽行派的因明和量論，更是對形式邏輯和認識理論作出了重要的貢獻。此派學者把推理的三支論式加以科學調整，分別相當於形式邏輯三段論式的大前提、小前提和結論，構成從一般認識應用到個別事例上的演繹推理方式，與日常運思順序一致，把思維活動和語言表達統一了起來，有力地推進了邏輯思維的發展。佛教的分析思維和直覺思維是兩種不同的思維方式，前者多運用於分析客觀對象，後者則多運用於追求理想境界，但兩者也有種種聯繫，可以這樣說，在佛教實踐中，通常是分析思維在先，直覺思維在後，而在直覺思維過程中有時又包含分析思維，最終是捨棄分析思維而用直覺思維去達到不可思議的成佛境界——人生理想境界。

  3.否定思維：佛教追求的超越現實的人生理想境界，或者是彼岸佛國世界，或者是排除一切煩惱、欲望、妄念的主體內在本性的純正呈現。這就需要運用否定思維以否定現實世界和現實人生，體悟人空或一切皆空的佛理。印度小乘佛教提倡否定性的直覺思維，以破除人們對人生自我實體的執著。大乘中觀學派更是運用否定思維的典型，他主張以破為立，甚至只破不立，以破除一切事物的實體和人們的執著。中觀學派強調事物都是名稱、概念，是假名，進而否定事物的真實性。它還提出「二諦」、「八不」、「離四句」等一套思維模式來否定語言概念和客觀事物的真實性。瑜伽行派是透過肯定意識變現事物來否定事物的客觀性。繼承印度中觀學派的否定思維，中國佛教學者僧肇宣傳「不真故空」的思想，以否定事物的真實性。三論宗還提出多重否定連續否定的思維模式，以宣揚「無所得」的思想。天臺、華嚴和禪諸宗也都情況不同地運用否定思維模式，以引導人們追求成佛境界。總之，透過否定現實的思維活動，以肯定成佛境界，是

佛教的基本邏輯。

4.內向思維：這是以主體內心為對象的思維活動。佛教作為一種精神解脫的學說，必然重視對主觀意識的修煉、轉換，甚至把這視為能否成佛的關鍵。在這方面印度大乘佛教瑜伽行派是一個典型。此派把佛教的修持歸結為內省活動，透過對自我意識進行審視、反省，改惡從善，以轉識成智，成就為佛。此派還提出「四分」說，把識的功能作用分為四分，強調認識對象也包括在識中，識也能自我驗證自身的認識功能，實際上是把整個思維活動限制在識的內部。這種思維方式為中國的法相唯識宗所繼承。中國的天臺、華嚴和禪諸宗也重視返觀自心。天臺宗內部甚至有真妄心觀之辯，對觀修對象的心是清淨的還是汙染的問題，長期進行爭論，形成了兩派對立的看法。華嚴宗的華嚴觀也是一種觀心修持。至於號稱為心宗的禪宗更是以主體返歸本性為覺悟成佛的標誌，其內向思維同樣是突顯的。內向思維是一種認識自我、完善自我、超越自我，從而也就是實現自我的思維活動，這種思維方式不僅是佛教，而且也是各種重要宗教必然採取的一種方式，它是一切為了獲得精神解脫的宗教徒的必經途徑。

5.具象思維：具象思維是一種透過對特定的具體形象的反覆、專一的思維活動，以求得認識的轉變、心理的昇華和精神的解脫的思維方式。如小乘佛教禪觀的不淨觀、白骨觀，就是專以人身或白骨為觀照對象的活動；密教尤其是它的意密是以大日如來為觀想對象的；中國淨土宗奉行一種觀想念佛的思維方式，目的是教人集中思維觀想阿彌陀佛的美妙莊嚴，使之油然生起敬仰嚮往之心，以便眾生因如此虔誠而被阿彌陀佛接引至西方極樂世界；中國禪宗青原一系主張「即事而真」，在日常行事中悟道，也是一種形象化的直覺思維。佛教的具象思維方式對於俗文化層的信徒具有重要意義，是便於這類信徒接受、運用的思維方式。同時，具象思維方式的盛行也極大地推動了佛教美學藝術的發展。

此外，中印佛教在思維方式上還存在著經解模式，即以為經典是絕對的、神聖的，佛教學者往往只是以註解經典的方式來理解佛教教義，因而懷疑精神、創造性思維受到嚴重的阻礙。中國禪宗對於經解模式作了重大的突破，提倡懷疑，鼓勵獨立思考，但後來出現的文字禪，仍然跳不出經解模式的窠臼。經解模式的

運用是宗教的特質所決定的。

　　中印佛教思維方式的差異點，主要可歸結為兩個方面。一是比附思維、圓融思維、頓悟思維為中國佛教所特有。首先，中國佛教的比附方式，是中國作為佛教接受國必然出現的現象。由於中印兩國語言文字、思維方法和思維方式的不同，以及歷史文化傳統的不同，因此在理解翻譯佛教經典時，中國佛教學者不免要用中國傳統的信仰觀念和哲學思想去比附，以推動佛教的傳播。其次，圓融思維在印度佛教幾乎是不存在的。印度佛教由小乘而大乘中觀學派，再瑜伽行派，後為密教，先後經歷了不同教派的發展過程，一般說來，後出現的派別雖然也繼承了先行者的思想，但是往往又批判它的「偏失」，自命為更高的教派。如大乘中觀學派就反對小乘一些派別所主張的事物是有的觀念，而瑜伽行派又不同意大乘中觀學派的一切皆空的學說，主張識有境無。印度佛教各派之間往往勢不兩立，不可調和，有時鬥爭相當激烈，因而不可能出現圓融思維。中國佛教則不同。印度大小乘佛教是不分先後同時傳入中國的，中國佛教學者經過一段時間的消化後才了解它們之間的差異，而且難以肯定一派否定另一派，只能採取判教的方法加以融通。即使是禪宗一度標榜教外別傳，後來也提倡禪教一致，事實上也和淨土宗甚至和天臺宗、華嚴宗合一了。中國佛教學者不僅要調和圓融佛教內部各派，而且還要和中國傳統思想文化，尤其是儒學、道學相調和，這是因為儒學、道學是中國本土固有的強大的思想文化，尤其是儒學在漢代至清代幾乎一直居於思想文化的主導地位，佛教只有在調和、迎合儒學的情況下才能立足、傳播和發展。這樣，圓融思維方式就一直成為中國佛教的思維特徵之一。再次，關於頓悟思維，印度佛教一般認為成佛是一個長期修煉、逐漸覺悟即漸悟的過程。小乘佛教認為眾生不能成佛，只能成羅漢。大乘佛教主張眾生可以成佛，但要先成為菩薩，然後繼續修行再成為佛。中國佛教則不同，一些佛教學者由於受「窮理盡性」觀念的影響和重視現實、崇尚簡易等民族心理的制約，反對漸悟成佛說，主張頓悟成佛說。竺道生認為悟理就成佛，慧能認為返歸本性即為佛。悟理、返性，都在頓然之間完成，是頓悟成佛。頓悟說重在整體把握，簡易明快。這反映了中印兩國民族性格的差異和實現人生理想境界途徑的差別。中印佛教思維方式差異點的另一個方面是，印度佛教的分析思維，尤其是邏輯思維比中國佛教要突

出、鮮明、細密得多。印度佛教既重直覺，也重分析和邏輯，正如上面所述的，印度小乘佛教和大乘瑜伽行派對於分析思維和邏輯思維都作出了重要貢獻。中國佛教如天臺宗、華嚴宗等也運用分析思維和邏輯思維，法相唯識宗更是繼承印度大乘瑜伽行派的思維理論和思維方式，但是法相唯識宗在唐代只流傳幾十年就衰落了，唐代以後成為中國佛教主流的禪宗幾乎排除了分析思維和邏輯思維。可見中國佛教較為重視和更多運用的是直覺思維。此外，印度和中國佛教都運用否定思維，但印度佛教要比中國佛教突出。印度大乘中觀學派著力運用否定思維，中國的華嚴宗和禪宗雖然也有否定思維，但是相對來說並不突出。

綜上所述可見：中印兩國佛教的思維方式既有共同點，也有差異點。因為同是佛教，所以思維方式的共同點是大量的、基本的；又由於是兩個不同國家的佛教，因此思維方式的差異點也是突顯的、鮮明的。同時，兩國佛教思維方式也是同中有異、異中有同。兩國佛教都運用直覺思維，但具體形態又各不相同；也都運用分析思維、邏輯思維和否定思維，但運用的情況和程度有別；雖然中印佛教各持頓悟或漸悟的不同主張，但都是不同形態的直覺思維。由此可見情況是錯綜複雜的。

中印兩國佛教的思維方式以直覺思維為主，同時兼有形象思維、邏輯思維。這些思維方式之間的關係也是錯綜複雜的。有的派別是三種思維方式結合，有的是兩種思維方式結合，有的則採用某一種思維方式，排斥其他思維方式。之所以出現這種種不同的情況，是由於不同教派學者的認知結構與追求境界不同，當然也和中印兩國的文化傳統背景直接相關。

佛教的主旨歸根到底是追求人生理想境界，這種特殊旨趣決定了佛教直覺思維的形態和特色，決定了佛教在思維科學上的貢獻和局限。

佛教與人生

佛教的人生哲學——兼論佛儒人生哲學之異同

探討和分析歷史上各種學派的人生哲學，對於我們建設新的人生哲學是有直接的借鑑意義的，因而也是一項重要的課題。本文著重闡述佛教的人生哲學，同時也兼論佛儒人生哲學的異同。

一、佛教的人生哲學

佛教的人生哲學，著重闡述人生的本質、意義、價值、命運，人生應當追求的理想境界，以及實現這種境界的道路和方法等問題，這是整個佛教教義的哲學基礎，是佛教思想的核心內容。下面就幾個基本問題來闡述佛教的人生哲學。

（一）人類在宇宙中的地位

佛教提出了宇宙的有情識的和證悟得道的生命體共分十類的說法。中國佛教學者把十類定名為「六凡四聖」。所謂六凡，也稱為「六道」、「六趣」、「有情」、「眾生」，指沒有超越生死輪迴、沒有獲得解脫的凡庸者。具體地說，由高到低，六凡是指：

天：因天然自然，清淨光明，非人類世間所能比擬，故名。指一般的神，也

稱「天神」。天又分若干層次，其中「四天王天」是最接近人間的，「三十三天」即「忉利天」是較高層次的天。這些天神都是護持佛法的護法神。天是六凡中最優勝高妙的，但還有升進與墮落，還受生死輪迴法則的支配，並沒有真正解脫。

人：人類，有智慧，有意識，能作惡也能從善者。

阿修羅：梵文音譯，略稱「修羅」，意譯為「非天」，是魔神。佛教説阿修羅的能力像天，但因多怒好鬥，失去了天的德性，被攆出了天界。

畜生：也稱「傍生」，謂傍行的生類，指飛禽走獸，以及蜻飛蠕動、水游地藏的一切動物。

鬼：因恐怯多畏，故名為鬼。依賴子孫的祭祀，或拾取人間遺棄的實物而生活。鬼的種類很多，如大財鬼、小財鬼、多財鬼、少財鬼等。鬼中的藥叉羅剎是有大威德者，而餓鬼是鬼中處境最糟糕的，常受饑渴，千年萬載也不得一食，即使得了也立即為猛火燒成灰燼。鬼類中餓鬼最多，所以通常講的鬼也就是指餓鬼而言。

地獄：這是六凡中地位最低、最為痛苦的受罪處。作惡多端、罪行纍纍的就在這裡受懲罰。佛教通常謂地獄裡面烈火熊熊，布滿熾熱的銅床鐵柱，墮落在地獄裡的要受火焚燒。地獄有三類，第一類是根本地獄，其中又分八熱地獄和八寒地獄。如八熱地獄中的第八阿鼻地獄，也稱無間地獄，罪人在此受苦永無間斷，最為痛苦。第二類是近邊地獄，第三類是孤獨地獄，在山間曠野、樹下空中等處。

所謂四聖是指聲聞、緣覺、菩薩和佛。聲聞是指聽聞釋迦牟尼言教的覺悟者。緣覺是指獨立觀悟佛説因緣道理而得道者。菩薩發大誓願要普度眾生到彼岸，是後補佛。佛是修持取得最圓滿的成就，是大徹大悟者。這四者雖然修持成就的大小、覺悟程度的高低有所不同，但都是屬於覺悟者，都已超脱生死輪迴，是超凡入聖的聖者。

由上可知，人類是六凡中的一凡，在宇宙中的地位很低，表現出佛教蔑視人

生的基本立場。但佛教又把人置於六凡中的第二個層次，接近天神，在六凡中地位是較高的。佛教宣揚，人如果相信佛教，努力修持，就能經過「天」再上升成為聖者。這是佛教對人類的許諾，表現出對人類的重視和期待。

（二）人的本質

人是什麼？佛教認為，人身是五蘊和合而成的生命體。「蘊」，也作「陰」，聚積的意思。五蘊是指構成人的五種要素、成分：色、受、想、行、識。「色」，物質，此指肉體。具體說，包括地、水、火、風「四大」。皮肉筋骨屬於地大，精血口沫屬於水大，體溫暖氣屬於火大，呼吸運動屬於風大。四大和合，組成人的肉體。「受」指感官生起的苦、樂、喜、憂等感情感覺（名曰「情」）。「想」，是理性活動、概念作用（名曰「智」）。「行」，專指意志活動（名曰「意」）。「識」，統一前幾種活動的意識。色是物質現象，受、想、行、識是精神現象。人有肉體，也有精神活動，人是物質現象和精神現象的綜合體。佛教宣揚，人是五蘊和合而生，五蘊是分散而滅、成壞無常、虛幻不實的。人猶如流動不息的水流和自生自滅的火焰，並沒有固定的實體存在，五蘊最終要分離而消散，人根本就沒有一個真實的本體存在。因此，人的本質是「無我」（無實體），是「空」。這裡所講的空，不僅是指人死亡後五蘊散滅是空，而且在未死亡時，也只是五蘊和合，也是空的。後者也是佛教最為強調的空的真正意義所在。應當承認，佛教對人是物質現象和精神現象的統一體的看法，是有道理的，但由此推論出人的本質是空的觀點是不正確的。

（三）人的本性

佛教教人修持成就為佛，這又必然要論及人有沒有成佛的內在根據的問題，也就是所謂佛性問題。佛性問題又和對人的本性染淨、善惡判斷直接相關，也就是要對人的本性作出道德評價。一般地說，佛教認為人的本性是清淨的，後來還進一步強調人的本性是覺悟的，其所以沒有成佛，是因為人受現實世間的種種不良影響，形成各種欲望，產生各種妄想，但是成佛的內在根據是存在著的。也有的佛教派別把人分為不同類型，認為有一種人作惡多端、反對佛教，不具有成佛的內在根據和可能。還有的派別認為人的本性有善有惡，是兩重的，人的修行成

佛的過程就是去惡從善的過程。總的說來，強調人的本性是清淨、善良的，人人都有成佛的根據和可能，是佛教對於人性的基本觀點。

（四）人生的價值

佛教斷定人生是「苦」，人的生命、生存、生活就是苦，苦就是人的命運，就是人的價值。所謂苦，主要不是專指感情上的痛苦或肉體上的痛苦，而是泛指一種精神上的逼迫性，即逼迫惱憂的意思。佛教認為，一切都是變遷不息、變化無常的，廣宇悠宙不外苦集之場。由於人不能自我主宰，為無常患累所逼，不能自主，因此也就沒有安樂性，只有痛苦性。佛教對於苦作了各種各樣的分類，但最通常講的是八苦，具體指：

生苦：人未出生，十月住胎，儼如關在黑暗的地獄裡，母親喝熱湯，就要備受煮燒。出生時，冷風觸身，猶如刀刮。住胎出胎都受逼迫。

老苦：人至老耄，髮白齒落，肌肉鬆弛，五官失靈，神智昏暗，生命日促，漸趨死亡。

病苦：一是身病，從頭到腳，從裡到外，「四大」不調，眾病交攻，十分痛苦；一是心病，內心憂愁悲切，十分苦惱。

死苦：一因生命無常，命終壽盡而死；一因意外事故或遭遇災難而死。

怨憎會苦：人們對主觀和客觀兩方面都有所不愛，對於怨仇憎惡的人或事，本求遠離，但是冤家路窄，仇人相遇，互相敵對的人偏偏要聚集在一起，憎惡的事偏偏要紛至沓來。

愛別離苦：人們對主觀和客觀兩方面都有所愛，但是偏要分離，難以相愛。如父子、兄弟、夫婦、朋友，情愛融洽，歡樂相處，然而終不免父子東西，兄弟南北，夫婦分居，骨肉分離，甚至禍起非常，造成生死離別的莫大痛苦。

求不得苦：人們的要求、欲望、喜愛，往往得不到滿足，求之而不能得，甚至所求愈奢，愈不能得到，痛苦也愈大。

五取蘊苦：也稱「五蘊盛苦」、「五盛蘊苦」。這是一切痛苦的匯合點，即

所有痛苦都歸結到五蘊的苦。五蘊與「取」（指一種固執的欲望，執著貪愛）聯結在一起就產生種種貪慾，稱為「五取蘊」。這裡，「取」即執著是關鍵。有了五取蘊就會產生苦，生、老、病、死、憎會、愛離、所求不得七苦天天向著五蘊襲來，人的身心盛儲眾苦，又稱為「五蘊盛苦」。

八苦分為兩大類，前四苦是自然生理現象，也就是説，人生的過程就是連續產生不同痛苦的過程。第五至第七苦，即和憎恨的事物聯結在一起的厭煩、和所喜愛的事物離別的悲傷、不能滿足所求的痛苦，是著重就社會現象、社會生活、人與人的關係講的。佛教把前面七種苦最後歸結為五取蘊苦，是為了說明：五蘊就是苦，執著、貪慾就是苦，人的生命就是苦，生存就是苦。

佛教還在時間和空間兩方面把人生的苦加以擴大化、絕對化，宣傳人生的過去、現在和未來三世皆苦。人生所面對的世界也是苦，「三界無安，猶如火宅」，人間世界是火宅，是無邊苦海。芸芸眾生因陷於熊熊火宅之中，備受煎熬；沉淪在茫茫苦海之中，盡受苦難。

人生是苦的命題，是佛教對人生價值的總判斷，是佛教人生觀的理論基石。

佛教還詳盡地闡發了人生痛苦的原因，歸結起來主要是兩條：無明和貪慾。無明即無知，對佛理的無知。這種無知主要表現在兩個方面：一方面，人生由五蘊和合而成，是「無常」的，終歸要死滅的，而人往往企求人生有常，這是一種很大的無明；又一方面，人生由五蘊和合而成，是沒有實體的，沒有實體也叫「無我」，而人往往堅持有我——永恆不變的實體是實有的，這又是一種很大的無明。貪慾，指生理欲望、物質需求。人都追求感官的刺激、享受，對外界可以享受的一切，周遍馳求，執著不放。欲望本身就帶來不幸，欲望不可能都得到滿足，欲望必然給人帶來種種痛苦。佛教著重從認識和欲望兩個方面探求了人生痛苦的原因。

（五）人生的理想境界

佛教把人生的趨向歸結為兩條相反的途徑：一是人生的需求往往由於自身的原因或和環境不協調而產生種種痛苦，人們又不了解它的原因，找不出解決的辦法，只好隨波逐流，聽任命運的安排，陷入不斷輪迴之中，稱為「流轉」；二是

對「流轉」的生活採取相反的方法，破壞它，變革它，使之逆轉，稱為「還滅」。這就是所謂人生行事的兩個相反系列，後者也就是佛教教人追求達到的人生最高理想境界。

早期佛教藉用婆羅門的涅槃概念來標明佛教的最高理想境界，佛教所講的涅槃，總的說是指滅除一切煩惱、滅除生死因果的意思。佛教各派對涅槃的看法並不相同，涅槃有不同的含義和類別。重要的有有餘涅槃、無餘涅槃、實相涅槃和以返歸本性為涅槃等。

小乘佛教提出有餘涅槃和無餘涅槃的主張。有餘涅槃是指斷除貪慾，斷絕煩惱，即已滅除生死的因，但作為前世惑業造成的果報身即肉身還在，仍然活在世間，而且還有思慮活動，是不澈底的涅槃。無餘涅槃是相對於有餘涅槃而言，是比有餘涅槃更高一層的境界。在這種境界中，不僅滅除了生死的因，也滅除了生死的果，即不僅原來的肉體不存在了，而且思慮也沒有了，灰身（死後焚骨揚灰）滅智，生死的因果都滅，不再受生，是更高的理想境界。

大乘佛教中觀學派，反對小乘佛教以無餘涅槃作為人生的最高理想境界。此派突破小乘佛教的思想模式，從新的角度提出新的主張。他們認為涅槃和世間的本性是一致的，兩者都是「空」，也都是不可言說的「妙有」，是完全統一的。他們批評小乘佛教不懂得這個道理，厭惡和離棄世間，去追求超世間的涅槃，這樣就不能真正達到涅槃境界。中觀學派認為，眾生所追求的目標應該是正確認識一切事物實相，實相就是本來面目，就是畢竟空，認識到一切事物是空無自性的，還事物以本來的清淨面目，並且加以實際運用，也就是去掉一切戲論，「顯示實相」。實相就是涅槃的內容，涅槃境界就是對實相的認識和運用，這就是實相涅槃。

中國禪宗以性淨自悟為立宗的理論基礎，強調眾生的本性是清淨的，眾生之所以不是佛是由於本性受到妄念的曚蔽，一旦去掉妄念，返歸清淨本性，眾生就是佛。禪宗是以認識、覺悟、體驗眾生自身的本性作為人生的最高理想境界的，這和印度佛教的涅槃觀念是頗不相同的。

（六）人生的解脫途徑

佛教對於達到人生的最高理想境界的途徑和方法，論述很多，各派的說法也不盡一致，其中最有代表性的主張是戒、定、慧「三學」。

戒是指佛教為出家和在家的信徒制定的戒規，藉以防非止惡，從是為善。這既是個人修持的基礎，也是維護僧團集體生活的紀律。戒有多種，多至比丘戒250條，比丘尼戒348條。戒律中最基本的是五戒：不殺生，不得殺害任何生命；不偷盜，不得偷竊搶奪他人的財物；不邪淫，在家信徒不得亂搞男女關係，出家信徒更是應當不淫；不妄語，不得說假話；不飲酒，以免刺激神經，保持頭腦清醒。

定即禪定，指心專注一境而不散亂的精神狀態，也是為獲得佛教智慧、功德、神通而修習的功夫。禪定的種類很多，如「四禪」，是用以對治妄惑、生諸功德的四種基本禪定，其內容為：初禪，由尋求伺察而厭離充滿食慾和淫慾的眾生所居的境界，以產生喜樂的心情；二禪，進一步斷滅以名言為思慮對象的尋求伺察作用，在內心對佛教形成堅定的信仰並產生新的喜樂；三禪，捨去二禪所得的喜樂，住於非苦非樂的境地，並運用正念正知，繼續努力修習，從而產生「離喜妙樂」；四禪，捨棄三禪的妙樂，唯念修養功德，由此而得「不苦不樂」的感受。四禪就是經過四個層次的禪定，引導眾生脫離欲界感受，專心於佛教的修養功德，而形成一種「不苦不樂」的特殊的心理感受。

慧，指能使修持者斷除煩惱、達到解脫的佛教智慧。佛教通常把智慧分為三種：聞所成慧，指聽聞佛法所得的智慧；思所成慧，依前聞所得慧而進行深思熟慮，融會貫通，是得於自己思索的智慧；修所成慧，依由聞和思所得的智慧，修習禪定，從而證悟人生和宇宙的實理，即得於證悟的智慧。

佛教強調戒、定、慧三學是統一的，由戒生定，由定生慧，由此智慧而斷絕一切無明煩惱，進入涅槃境界，成就為佛。

以上闡述的佛教關於人類在宇宙中的地位、人的本質和本性、人生的現實價值和理想價值以及實現理想境界的道路的學說，構成了佛教人生哲學體系的基本內容。

二、佛、儒人生哲學的異同

　　佛教和儒學幾乎是同時在西元前6～前5世紀出現的思想學說，是人類文化在古代東方的早期結晶，兩者遙相輝映，分別蔚成世界性的巨大學派和文化圈。儒學和佛教探討的對象都是人，都是對人生的一系列基本問題作出獨特的說明，各自構成了一套人生哲學體系。由於地理、歷史和傳統等因素，佛教和儒學在人生哲學問題上，雖有相通之處，但總的說來相距甚遠。

　　（一）相異之點

　　（1）關於人類在宇宙中地位的異說。如上所述，佛教比較貶低人類在宇宙中的地位，儒家不同，它重視人在宇宙中的地位，稱人和天、地為「三才」，又強調人優於禽獸，為萬物之靈，帶有人本的色彩。同時儒家傾向於人在人倫關係網中存在的意義，而比較忽視個體存在的價值。總的說來，在這個問題上，儒家的觀點是比較合理和正確的。此外，佛教又認為，在六凡中天過於享樂，不會修行，畜生、餓鬼、地獄則太愚蠢，難得有機會修行，只有人身難得，可以修行，即重視人的地位的轉化，教導人由凡轉聖，這又和儒家重視對人的教化有相似之處。

　　（2）關於人生價值的異說。佛教認為，人的肉體是「臭皮囊」，汙穢之物。它還從變化、流動，即無常的視角去觀察人生，強調人及其所處的環境都處於不斷變化的過程中，人的生、老、病、死，作為生理規律是不可改變的。人類對自由、快樂的主觀追求，與不斷變化的客觀現實形成衝突，這都造成矛盾的人生、痛苦的人生。儒家和佛教的看法不同，認為人生是樂，主張「自樂其樂」，「樂知天命」。孔子說：「知者樂」，「仁者不憂」，「君子不憂」。他還讚揚弟子顏淵（回）貧居陋巷，簞食瓢飲，安貧守儉，而不改其樂。後世儒家更有「尋孔顏樂處」之說。孟子說「反身而誠，樂莫大焉」。他主張「與民同樂」，說「君子有三樂」：「父母俱在，兄弟無故」，「仰不愧於天，俯不怍於人」，「得天下英才而教育之」。佛教與儒家對人生價值的截然相反的看法，實際上反映了人生現實價值的不同方面。

（3）關於人生理想價值的異說。佛教認為人生是痛苦，人間世界是苦海、火宅，要求出家脫離日常生活，進而超脫現實世界，成就為佛，也就是以涅槃、解脫為人生最高理想境界。儒家重視人的地位並讚美人生，所以也重視社會組織和人與人的關係，即社會內部整體的事情。由此，人生的理想是修身、齊家、治國、平天下。也就是要立德、立功、立言，即提倡所謂「三不朽」。雖然佛教和儒家都重視精神境界，在價值取向上有近似之處，但是，儒家是積極涉世、入世的，具有強烈的現實性和政治性，佛教是超世、出世的，具有鮮明的虛幻性和超俗性，兩者形成了尖銳的對立。

（4）關於人的生死的異說。佛教與儒家對人生價值和理想看法的不同，有其深刻的認識論根源，即對人的生死有不同的了解和態度，由生死問題的不同看法又必然引出鬼神問題。生死、鬼神問題，是牽動人們情志不安的大問題。佛教大講「生死事大，無常迅速」，宣傳因果報應，輪迴轉世，強調人死後將按照生前的善惡行為而轉化為另一種生命形態。儒家不同，一般地說，儒學認為人是由氣構成，人的生死是氣的聚散，有生就有死是自然現象。孔子關注人生，不重視人死，「未知生，焉知死？」「未能事人，焉能事鬼？」「敬鬼神而遠之」，獨重現世而不講來世。佛教重視人死的問題，由此又生出一套鬼神系統；儒家重視人生的問題，由此又從原則上排斥靈魂鬼神之說。這也是佛教與儒家根本性的差異。

由上可知，佛儒兩家在人生的根本問題上的觀點是對立的，人生價值觀念的不同，導致佛儒的對立，以致長期以來多數儒家學者對佛教持排斥的態度；也導致佛教不斷地自我調節和改造，竭力和儒家的價值觀念相協調，如禪宗等以返本歸原為人生理想境界，又和儒家在人生哲學理論方面形成了互補的格局，對古代不同類型的人們發揮了支配其人生道路的作用。

（二）相似、相通、相同之點

佛教和儒家的人生哲學也有相似、相通或相同之處，主要有以下三點：

（1）重視建設理想主體的共識。佛儒兩家都以人為探討對象，重視人生問題，追求人生的理想境界，致力於建設理想的主體。也就是說，從哲學的層面來

看，儒學和佛教都是主體性的哲學，是闡述個體的自我塑造、改良和完善，以實現最高主體性的哲學。在價值取向上，儒佛兩家有驚人的一致性。由此，雖然佛教淡漠人世，棄絕人倫，儒家重視現世，篤於人倫，但是兩者都十分重視個體的自我道德修養，都十分重視教化，而且兩者的道德規範也是相通的，如佛教的五戒和儒家的仁、義、禮、智、信「五常」，雖然具體含義和實踐目的不同，但又是相應的，反映了佛儒兩家代表人物對人們的基本道德規範的近似看法。

（2）性善論的共似理論基礎。佛教的根本宗旨是教人信佛，透過長期的修持，成就為佛。人之所以能成為佛，其內在根據是有佛性。有的宗派還把佛性看為宇宙萬物的本原。佛性論是整個佛教的理論基礎之一。從道德價值來看，所謂佛性論也就是性善論。這和儒家在人性問題上的基本觀點是一致的。儒家重視個人修養和道德教化，所以一直重視探討人性的善惡問題。從多數儒家學者的說法來看，強調人的特性，即人之所以為人者是善。孟子是這種主張的代表，他強調人性中有仁義禮智四端，仁義禮智是四種根本的善，在人性中已先天地具有其端，並不是後天修養而成的。荀子宣揚人性惡，好利多欲，但荀子所謂的人性是指「生之所以然者」，即生而完成的性質，與孟子所講的人性意義不同。荀子也承認人有善的可能，強調人性是可化的，一切善都是人性的改造。宋代理學家又以「天地之性」或「本然之性」為人生的究竟根據，從而為封建道德原則提供宇宙論的依據。儒家的這些人性理論都強調封建道德是善的，有的還把人性歸結為人生乃至宇宙的根本，這和佛教把佛性看為成佛乃至宇宙的究竟根據，在理論思維路線上是一致的。

（3）向內用功的近似修養方法。佛教和儒家都重視主體的道德修養，在修養方法上也都重視向內用功，強調心性的修煉，內心的體驗。為了向內用功，佛教運用禪定、直觀，儒家提倡主靜、省悟；佛教奉行禁慾主義，儒家倡導節慾主義，這都反映了佛教和儒家在主體修養方法上的近似之處。

由上可見，佛教和儒家在人生哲學問題上的相似、相通或相同之點，主要集中在心性學說和道德修養方法方面，這也是兩家得以長期共存乃至互補融通的思想理論基礎。

三、中國佛教對待與儒家人生哲學差異的態度

佛儒兩家的人生哲學體系是根本對立的，佛教傳入中國以後，在思想理論上遇到的最大挑戰就是儒家的人生哲學、價值觀念，這也是佛教難以排除和踰越的最大思想理論障礙。那麼，佛教又是怎樣處理與儒家人生哲學的差異的呢？綜觀佛教與儒學的交涉史，主要有以下幾個方面：

（1）在生死、形神和因果報應等問題上堅持固有立場：佛教和儒家在人生哲學問題上的最大理論分歧，主要是生死、形神和因果報應問題。自東晉以來，尤其是在南北朝時期，雙方更是在這些問題上形成了全面衝突。在爭論中，中國佛教學者強烈地堅持佛教觀點，如東晉後期南方佛教領袖慧遠，著文闡明「形盡神不滅」和因果報應、業報輪迴的理論，梁武帝蕭衍也撰文宣揚形盡神不滅的觀念，他曾動員60多人，撰寫約70篇文章，集中反對儒家學者范縝的《神滅論》，表現了中國佛教學者堅持有神論的堅定立場。

（2）高唱佛儒一致、互補論：中國佛教學者都主張從總體上與儒學認同，強調總體上的一致。如《牟子理惑論》，針對佛教傳入中國後在社會上引起的種種反響、疑難，廣泛引用孔子、老子的論點，為佛教辯護，宣揚佛教與儒、道精神一致。文中高唱佛儒之間如同金與玉、精與魄的關係一樣，是不相衝突的。又如東晉慧遠一面宣揚佛法，一面講授儒家的《喪服經》，他著力宣揚「內（指佛教）外（指儒學）之道，可合而明」，強調佛儒兩者的社會功能的互補作用。通常佛教學者都宣揚佛教可以「治心」，儒學可以「治世」；佛教可以「治出世」，儒學可以「治現世」，彼此互補，以共同穩定社會秩序。

（3）高揚儒家的忠孝思想：佛教和儒學的倫理道德觀念雖有相通之處，但從根本上說是對立的。無君無父、不忠不孝正是儒家攻擊佛教的主要論點。這也是佛教和儒學在政治倫理思想上的最大矛盾。佛教為了求得在中國的生存和發展，早期來華的佛經翻譯家，就以其特有的宗教敏感，透過刪、改等方法，與儒家倫理觀念相妥協，以消除矛盾。如早期譯出的《六方禮經》、《善生子經》和

《華嚴經》等，凡其中有關男女關係、家庭關係、主僕關係等人際關係的內容，譯者都作了調整，以求與儒家道德觀念相一致。後來，一些佛教學者進一步宣揚佛教的五戒和儒家的五常的一致性。唐代以來佛教學者更是公開提倡忠孝，沙門上疏改稱為「臣」，寺廟上香首先祝頌「皇帝萬歲萬萬歲」。佛教學者專門編造了講孝的佛經，如《父母恩重經》，宣揚父母的養育之恩。印度佛教《盂蘭盆經》敘述釋迦牟尼弟子目連入地獄救拔餓鬼身的母親的故事，被中國和尚視為孝經。寺院每逢農曆七月十五日要舉行盂蘭盆會，追薦祖先，影響深遠。宋代名僧契嵩專門作《孝論》12章，系統闡發了戒孝合一論，強調持戒就是孝，就是為前世、現世、後世即三世父母修福，由此契嵩還論定佛教比儒家還要重視孝，佛教的孝超過了儒家的孝。

從中國佛教對待與儒家人生哲學差異的態度來看，反映出佛教的自組織、自調節的功能，這種功能是佛教中國化的重要機制，也是佛教得以長期保持活力的內在因由，由此又體現出中國佛教的特色來。

人生理想境界的追求——中國佛教淨土思潮的演變與歸趣

一、前言

佛教淨土是指被淨化的國土，也就是淨化眾生，遠離汙染、穢垢和惡道的世界，是佛、菩薩和佛弟子所居住的地方，是眾生仰望和追求的理想世界。佛教淨

土觀念流傳中國，經歷了一個不斷演變的過程，其間也日益增添了中國佛教學者的思想創造。最初盛行的是彌勒信仰，後來彌陀信仰與彌勒信仰發生爭論，並取而代之，逐漸成為主流。由於天臺、禪等宗派與彌陀信仰結合，約自中唐以來，唯心淨土觀念又日益流行，並成為此後中國淨土思想的主導觀念。迄至近代，則更衍化出人間淨土的思想。對人間淨土的執著追求，就是中國佛教，尤其是近現代中國佛教淨土思想的歸趣，體現了中國佛教，尤其是近現代中國佛教對人生理想境界的憧憬。

二、彌勒淨土信仰的興衰

中國佛教的彌勒淨土信仰始於晉代有關佛典的傳譯。南北朝時，彌勒信仰就在上層社會和民間流傳開來，彌勒菩薩成為先於阿彌陀佛的信奉對象。彌勒淨土信仰廣泛流傳的原因之一，是彌勒境界所產生的強大吸引力。彌勒具有兩重身分，一是現今還在兜率天宮說法的彌勒菩薩，一是將來下生人間的彌勒佛。與這兩種身分相應也有兩種勝境，一是上生兜率天的天上勝境，一是下生成佛的人間勝境。

眾所共知，彌勒菩薩居住的妙聖而莊嚴的兜率天，是早期中國佛教學者追求的理想境界。據載，最早提倡彌勒上生信仰的典型人物是東晉名僧釋道安（312～385），在他的倡導下至少有包括曇戒在內的八位弟子也都專修彌勒兜率淨土。此後在北方地區和江南一帶，又都相繼有不少追隨者。迄至隋唐時代，天臺宗人智、灌頂，法相唯識宗人玄奘、窺基等著名佛教學者也仍然奉持死後上生彌勒兜率淨土的信仰。

《佛說彌勒大成佛經》就彌勒下生的人間淨土描繪說：

其地平淨如琉璃鏡……大金葉華、七葉寶華、白銀葉華，華鬚柔軟，狀如天繒。生吉祥果，香味具足，軟如天綿。叢林樹華，甘果美妙，極大茂盛……城邑次比，雞飛相及……智慧威德，五欲眾具，快樂安隱（穩），亦無寒熱風火等病，無九苦惱（即九種災難），壽命具足八萬四千歲，無有中夭。人身悉長一十六丈，日日常受極妙安樂，遊深禪定以為樂器。

這是說，彌勒未來降生的人間世界，大地平整，花果飄香，人們健康長壽，快樂安穩，沒有水火、刀兵、饑餓等各種天災人禍。該經還說，當彌勒佛從兜率天下生人間時，大地一派光明，處處五穀豐登，百姓康樂幸福。彌勒將在龍華樹下三次說法，使廣大民眾得以解脫。彌勒下生信仰給人們帶來了福音，不僅在佛教界，而且還在統治者和下層民眾中引發出強烈的反響。如武則天就利用這種信仰，儼然以彌勒化身自居，在改唐為周時，自稱「慈氏越古金輪聖神皇帝」。「慈氏」就是彌勒。下層民眾則利用彌勒下生信仰來造統治階級的反，他們打著「彌勒下生」的旗號反對隋唐王朝。這就是說，彌勒信仰的特殊魅力使它得以在當時興旺一時。彌勒信仰的發展，也使最高統治者感到了它對自身統治的負面影響，引起了高度的警覺和關注。唐玄宗就頒發了《禁斷妖訛敕》，明令禁止假托「彌勒下生」的名義從事各種不利於王朝統治的活動。這一舉措給了彌勒下生信仰以沉重的打擊。此外，彌勒信仰還遭到佛教內部彌陀信仰思想的不斷衝擊，在這內外雙重壓力之下，彌勒信仰也就漸趨衰落了。

三、彌陀淨土思想的歧解

隨著彌陀信仰經典的譯出，彌陀淨土學說在中國逐漸流行起來，同時在解釋說明上也出現了不同的觀點。據史載，東晉慧遠與其師父釋道安不同，他轉而信奉阿彌陀佛，他曾率弟子、同道一百二十三人發願往生西方極樂世界。然同時代的僧肇、竺道生因深受鳩摩羅什傳授的般若學說等影響，卻不講遠在西方的極樂世界。

僧肇說：

夫如來所修淨土，以無方為體，故令雜行眾生同視異見。異見，故淨穢所以生；無方，故真土所以形。若夫取其淨穢，眾生之報也；本其無方，佛土之真也。豈曰殘域異處，凡聖二土，然後辨其淨穢哉？

「無方」，無確定的方所。「雜行」，泛指修習三學、六度等善行。「異見」，指因煩惱而生起的見解。僧肇在這裡說，佛的淨土是無確定方所的，眾生

因修習的結果不同而有淨穢的區別,淨穢是眾生的不同報應,是心的不同影響,並不是真正有淨穢二土或凡聖二土的對立和區別。

僧肇又說:

夫行淨則眾生淨,眾生淨則國土淨。

淨土蓋是心之影響耳。

這都是說他不贊成離開眾生的修持去另求佛國淨土。竺道生著《佛無淨土論》更明確地宣布佛無淨土。為什麼這樣說?竺道生認為法身是無色的,既然法身無色無形,自然也是無土的:

無穢之淨,乃是無土之義。寄土無言,故言淨土。無土之淨,豈非法身之所托哉?

意思是說,淨就是無土,無所謂淨土。就土來講,姑且稱為淨土。其實法身並不是寄託在淨土上面的。竺道生認為,佛經上講淨土,完全是為了教化眾生的需要:

淨土不毀且令(原作「今」,改)人情羨美尚好。若聞淨土不毀,則生企慕意深。借事通玄,所益多矣。

淨土說是一種教化眾生的方便說法。

隋代的慧遠、智顗、吉藏也都在佛身觀的基礎上,紛紛提出對淨土的具體看法。慧遠在《大乘義章》卷十九《淨土義》中解釋說,淨土裡住有佛,也住有眾生,他把淨土分事淨土、相淨土、真淨土三種。事淨土為凡夫所住,相淨土為聲聞、緣覺、菩薩所住,真淨土是初地以上的菩薩和諸佛所住。慧遠又把真淨土分為真土和應土兩種,真土又分為法性土和實報土兩種,應土則又稱為圓應土。認為法性土、實報土和圓應土分別與佛的法、報、應三身對應。慧遠認為阿彌陀佛並不是壽命無量,而是應身佛。阿彌陀佛的淨土,一方面是凡夫於煩惱中發菩提心,借修行感得的世界,是事淨土;一方面是佛借大悲願力及其修行而得的世界,是真淨土。

天臺宗創始者智顗進一步提出四淨土說:一法身土是常寂光土,又作寂光土,是成佛者所住的國土;二報身土是實報無礙土,又作實報土,是初地以上的菩薩所住的國土;三是方便有樂土,是應身土的一種,為聲聞、緣覺及菩薩方便道者

所住；四是凡聖同居土，也是應身土的一種，它又分為穢土和淨土兩種，穢土是娑婆世界，淨土是極樂世界。這二者都是凡夫和聲聞、緣覺、菩薩三乘聖者居住的國土。智與慧遠的觀點相同，也認為阿彌陀佛是法、報、應三身中的應身，阿彌陀佛淨土是凡聖同居土。三論宗的創始人吉藏繼承了慧遠、智的淨土思想，認為阿彌陀佛淨土，既是修行後得的報土，又是為眾生而應現的應土，是凡聖同居的淨土。

自北魏曇鸞，經隋代的道綽到唐代的善導，都把阿彌陀佛看作是法、報、應三身中的報身，視淨土為超越迷妄世界的報土。道綽和善導不僅強烈反對阿彌陀佛淨土是應土（化土）的說法，甚至還主張彌陀淨土優於彌勒淨土。這都構成為淨土宗哲學思想的重要內容。

關於阿彌陀佛淨土，道綽是這樣說的：

今此無量壽國是其報淨土，由佛原故，乃該通上下，致令凡夫之善並得往生……問曰：彌陀淨國既云位該上下，無問凡聖，皆通往者，未知唯修無相得生，為當凡夫有相亦得生也？答曰：凡夫智淺，多依相求，決得往生。所以相善力微，但生相土，唯睹報化佛也。「上下」，指聖人凡夫。道綽認為，阿彌陀佛淨土是報土，由於阿彌陀佛願力之強大，聖人凡夫都得以往生，尤其是凡夫往生報土更離不開佛的願力。凡夫智慧淺薄，是求有相淨土而得往生的。

善導繼承道綽思想，其《觀無量壽佛經疏》載文：

問曰：彼佛及土既言報者，報法高妙，小聖難階，垢障凡夫云何得入？答曰：若論眾生垢障，實難欣趣，正由托佛願以作強緣，致使五乘齊入。

「五乘」，人、天、聲聞、緣覺、菩薩。這是說，阿彌陀佛報土是很難得入的，凡夫所以得入，完全是靠佛願力這一強大外緣。善導認為，指明西方極樂世界為凡夫的最終歸宿，這對凡夫的修持是極其重要的。他說：

或有行者，將此一門之義作唯識法身之觀，或作自性清淨佛性觀者，其意甚錯。絕無少分相似也。既言想像假立三十二相者，真如法界身豈有相而可緣，有身而可取也！然法身無色，絕於眼對，更無類可方，故取虛空以喻法身之體也。又今此觀門等，唯指方立相，住心而取境，總不明無相離念也。如來懸知末代罪濁凡夫，立相住心方不能得，何況離相而求事者！如似無術通人居空立舍也。

「方」，方位，此指西方。這是對《觀無量壽佛經》第八想像觀中「是心作佛，是心是佛」意義的解釋。善導批評說，用唯心論（「唯識法身之觀」）或觀念論（自性清淨佛性觀）解釋阿彌陀佛及其淨土是極其錯誤的。他說既然法身無

色，凡夫就無法直觀，這就必須依靠使凡夫能夠集中注意力的形相，也就是要「指方立相」，為凡夫指明方位（西方淨土），樹立形相（彌陀相好），以使凡夫「住心而取境」，集中心力修持往生西方極樂淨土。那種離開具體形相的修持實踐，猶如沒有神通力的人，想在空中建造樓閣一樣，完全是一種空想。道綽和善導都強調阿彌陀佛淨土是報土，而眾生只有依持阿彌陀佛的願力才能得以往生。

道綽和善導還宣揚極樂之勝、兜率之劣的觀念，如道綽在《安樂集》捲上就比較了彌陀淨土與彌勒淨土的優劣，文說：

一、彌勒世尊為其天眾轉不退法輪，聞法生信者獲益，名為信同；著樂無信者，其數非一。又來雖生兜率，位是退處，是故經云：「三界無安，猶如火宅。」二、往生兜率，正得壽命四千歲命終之後，不免退落。三、兜率天上雖有水鳥樹林和鳴哀雅，但與諸天生樂為緣，順於五欲，不資聖道。若向彌陀淨國，一得生者，悉是阿毗跋致，更無退人與其雜居。又復位是無漏，出過三界，不復輪迴。論其壽命，即與佛齊，非算數能知。其有水鳥樹林，皆能說法，令人解悟，證會無生。四、據大經，且以一種音樂比校者，經贊言：「從世帝王至六天，音樂轉妙有八重，展轉勝前億萬倍，寶樹音麗倍亦然。復有自然妙伎樂，法音清和悅心神，哀婉雅亮超十方，是故稽首清淨勳。」

「阿毗跋致」，意為不退轉。這是強調往生彌勒淨土，不僅壽命有限，且會退轉，而往生彌陀淨土，則壽命就與佛一樣無量，絕無退轉。因而，彌陀淨土是遠遠超過彌勒淨土的。同時還有迦才撰寫的《淨土論》（見《大正藏》卷四十七）更是宣揚極樂淨土是實，兜率淨土是虛，極樂淨土是淨，兜率天宮是穢；又舉出兩者的十種差別來加以論證。經過淨土宗人的闡揚，阿彌陀佛是報土，且優於淨土的思想得到了普遍的認同。

四、唯心淨土觀念的流傳

唯心淨土思想的闡揚與流傳，是佛教淨土觀念在中國發生轉型的重大標誌。所謂唯心淨土，是指心為一切的根源，淨土是心的顯現，是唯心所變，淨土實存在於眾生心中。也就是主張從心上了解佛與淨土，即觀自心以顯自性之彌陀和淨土。因謂阿彌陀佛與極樂淨土俱在自己心中，又連稱「己心彌陀，唯心淨土」。

大力提倡「唯心淨土」說的是禪宗大師。他們根據《維摩詰所說經》的「隨其心淨，則佛土淨」的思想，批評了念佛往生西方淨土的修行方式，宣揚即心即淨土的主張。

如禪宗四祖道信說：

> 若知心本來不生不滅，究竟清淨，即是淨佛國土，更不須向西方。

認為眾生的本心就是佛國淨土，不必向外追求。慧能在回答常念阿彌陀佛能否往生西方極樂世界的問題時說：

> 迷人念佛生彼，悟者自淨其心，所以佛言，隨其心淨則佛土淨。

這是批評說，期望念佛往生是糊塗人，明白的人不同，是求自心清淨，而心淨則佛土淨。大珠禪師（慧海）更發揮說：

> 經云：欲得淨土，當淨其心，隨其心淨，即佛土淨。若心清淨，所在之處，皆為淨土……其心若不淨，在所生處，皆是穢土。淨穢在心，不在國土。

這裡，大珠禪師把淨穢之別，完全歸結為心的淨穢，更鮮明地表述了唯心淨土的思想，客觀上否定了存在於心外的西方極樂淨土。到了宋代，繼承唯心淨土思想的延壽禪師又說：「唯心念佛，以唯心觀，遍該萬法，既了境唯心，了心即佛，故隨所念無非佛矣。」他認為，唯心念佛是以唯心觀照萬事萬物，了悟一切境都是唯心所作，這了悟之心就是佛，所以唯心所念就是佛。由唯心所念無非是佛，他進而主張「唯心淨土，周遍十方」。即是唯心所作的淨土，周遍十方世界，無限廣大。同時延壽又否定了禪師捨棄西方極樂淨土的說法，認為唯心淨土與修持往生西方淨土是一致的。他提倡能力強者習禪，能力差者修行諸善，同時高聲念佛，宣揚禪淨兼行、禪淨一致的主張。自此以後，禪淨雙修就成為禪門的普遍修持方式。

禪宗的唯心淨土思想，在思維格局上與天臺宗的「一念三千」、唯識宗的「唯識所變」以及華嚴宗的唯心迴轉思想有著共同之處，所以，唯心淨土說也成為禪、天臺、華嚴諸宗一時的盛談。例如，天臺宗人知禮在其所作的《觀無量壽佛經疏妙宗鈔》中就主張唯心淨土說，只是在說法上略有區別。知禮提出了「約心見佛」說，「約心」，即在心上觀佛。這種觀佛既不是把佛收進心中觀想，也

不是把心全部放入佛內觀想,既不是只觀想心,也不是只觀想佛。這裡知禮是強調「全心是佛,全佛是心」,也就是在「心佛同體」、「心外無佛」的思想基礎上觀佛。知禮既突顯心的作用,強調透過自己的心觀佛,又重視觀想佛,肯定佛存在於自心中,實是唯心淨土思想的發展。

唯心淨土思想也在淨土宗內部產生了反響,得到回應。如善導的弟子懷感,因受唯識說的影響,也接受了唯心淨土說,主張淨土是人心所作。

他說:

依彼如來無漏土上,自心變現作有漏土,而生其中……雖有漏,以托如來無漏之上而變現故,極似佛無漏,亦無眾惡過患。

認為一般凡夫憑藉佛的願力所生的淨土,並不是佛無煩惱垢穢(「無漏」)的清淨國土,而只是依託佛的清淨國土由自心顯現出的類似的淨土。也就是說,一般凡夫所生的淨土,是自心的變現,並不是真正生於佛的淨土。再如,唐代慈愍三藏日慧撰《往生義》,對禪宗批評念佛往生淨土的主張加以論難,強調念佛讀經等一切淨土修行都是禪,提倡禪與念佛並修。又如,明末袾宏評論說:

有謂唯心淨土,無復十萬億剎外更有極樂淨土。此唯心之說,原出經語,真實非謬。但引而據之者錯會其旨。夫即心即境,終無心外之境;即境即心,亦無境外之心。即境全是心,何須定執心而斥境?撥境言心,未為達心者矣。

這是說,禪宗以唯心淨土說否定西方極樂淨土的存在,是不符合經典原意的。心與境是相即的關係,不能互相排斥,以執著心而排斥境,以唯心而否定西方淨土,並不是真正了達心。袾宏還把禪淨雙修統一於念佛上,強調持名念佛是往生淨土的首要法門。

宋代律宗元照也主張唯心淨土說。元照本來是受天臺宗的影響,但他不贊成知禮的約心觀佛說,他強調不是觀心,而是觀阿彌陀佛,認為觀阿彌陀佛而悟對象與心一體時,佛就是心。可以說,元照是在觀佛的基礎上理解心與佛的關係,進而肯定唯心淨土說的。

由上可見,自宋代以來,唯心淨土、禪淨一致的主張,大體上已成為中國佛教各宗派的共識,只是在具體解說和修持方法上,還存在著一些差別。

五、人間淨土理念的倡導

近代以來,西學東漸,中國社會面臨著巨大的衝擊,歷史不斷發生變遷。時局動盪,戰亂迭起,風雨如晦,烏雲漫空。整個漢地佛教處在萎縮、頹危的勢態之中。正是在中國歷史大轉變,中國佛教日趨衰落,面對時代挑戰的嚴重深刻,被譽為近世新佛教領袖的太虛大師(1890～1947)敏銳地感察到中國社會的發展趨勢和時代的脈搏,倡導「人間淨土」說,並相應地提出了「人生佛教」、「人間佛教」的理念。太虛的主張,又經印順等人的繼承和發揮,成為了主導當代中國佛教實踐追求的新理想和中國佛教現代化的新道路。

太虛所作《建設人間淨土論》,在廣泛陳述彌勒淨土和彌陀淨土之後,直接倡導「人間淨土」的主張,他說:

> 近之修淨土者,及以此土非淨。必須脫離此惡濁之世,而另求其往生一良好之淨土。然此為一部分人小乘自了之修行方法,非大乘之淨土行……今此人間雖非良好莊嚴,然可憑個人一片清靜之心,去修集許多淨善的因緣,逐步進行,久而久之,此濁惡之人間便可一變而為莊嚴之淨土,不必於人間之外另求淨土,故名為人間淨土。

認為離開人間另求淨土不是大乘淨土修行的目的,他強調要憑藉每個人的清淨之心,共同努力,逐步地轉變惡濁世界為人間淨土。在太虛看來,淨土就是良好的社會,是人心清淨的善果,濁土就是醜惡的社會,是人心不正的惡果。他認為大家只要以良好的心知,純正的思想,去建設一切正常的事業,就不難把惡濁的中國建設成為一片淨土的中國。

為了配合人間淨土理想的提出、推行和實現,太虛又著意於改造佛教,使之人生化、人間化,提倡「人生佛教」和「人間佛教」。所謂人生佛教,是指佛教要以人類為中心,以人生為基礎,也就是對人類以外的其他眾生,如天神、鬼神等存而不論;再是不重視「人死」,他認為人生重於人死,生活重於生死。人生佛教內涵的核心是重在做一個好人,成就人格,並進到成佛的境地。

> 仰止唯佛陀,完成在人格;人圓佛即成,是名真現實。

太虛的著名詩句準確地表達了人生佛教的真諦。

太虛還在偏重於「僧人本位」的人生佛教的基礎上，進一步提出面向「社會全體」的人間佛教的理念，他在《怎樣來建設人間佛教》一文中説：

> 人間佛教，是表明並非教人離開人類去做神做鬼，或皆出家到寺院、到山林裡去做和尚的佛教，乃是以佛教的道理來改良社會，使人類進步，把世界改善的佛教。

人間佛教的理念突顯了用佛教義理化導、改良、完善社會的意義、功能，擴大了人生佛教的實行範圍，使佛教進一步貼近社會現實。太虛弟子印順，也提倡一種基於人生佛教而又超越人生佛教的人間佛教。他認為為了對治偏於死亡與鬼和偏於神與永生的佛教，必須高揚「人間佛教」，強調：

> 真正的佛教，是人間的，唯有人間的佛教，才能表現出佛法的真義。

趙樸初也汲取太虛的思想，提倡：

> 發揚人間佛教的優越性。

他説：

> 人間佛教主要內容就是：五戒、十善。

把人間佛教的主要內容歸結為佛教的基本道德規範。他還認為，人間佛教的意義在於，使人們能夠自覺地建立起高尚的道德品行，建設起助人為樂的精神文明，有助於國家社會，進而以此淨化人間，建設人間淨土。

太虛提出人間淨土、人生佛教和人間佛教的理念，除了有其深刻的歷史背景以外，還有多重的複雜的思想淵源：第一，人間淨土思想是以人們都有清淨心為出發點的，認為除去妄心，實踐德行，無須離開現實人間，就能把人間變成道德高尚、精神文明的淨土，變成彼此互助、人際和諧的樂園。可見《維摩詰經》説的「心淨則國土淨」正是人間淨土説的主要理論基礎。第二，人生佛教和人間佛教的提倡，是和中國儒家的人學思想分不開的，關於這一點，太虛在許多著作中也都有明確的論述。儒家重人事，遠鬼神，強調「入世濟民」、「經世致用」，重視倫理道德教化和修養，提倡君子人格，對人生佛教和人間佛教的內涵的界定，以及實踐方法的選擇，有著直接的重大影響。第三，太虛勇於突破傳統佛教的某些界限，也是他對當時新思潮的一種熱情反應與敏鋭感受。他先後閱讀過康

有為的《大同書》、梁啟超的《新民說》、章太炎的《告佛弟子書》、嚴復譯的《天演論》、譚嗣同的《仁學》，以及孫中山的《三民主義》、鄒容的《革命軍》等，從而擴大了眼界，增強了使命感，直接推動他提倡新佛教理念，開展新佛教運動。由此可以說，人間淨土以及相關的人生佛教、人間佛教理念，雖然也含有印度佛教思想，但主要是中國佛教思想，嚴密地說，更是中國近代的佛教思想。

太虛等人的人間淨土、人生佛教、人間佛教的理念，就其實質來說，是強調人們道德素質的提高、精神境界的昇華，從而使人間社會日益淨化、文明、和諧、美好。這些理念與原始佛教的出世精神、佛教的泛眾生論並不一致，但由於結合了中國的傳統文化和中國民情實際，適應時代發展的需要，因此成為當代中國佛教實踐活動的指針，並顯示出強大的生命力。

綜上所述，中國佛教人生理想論的內容十分豐富，且富民族特色。中國佛教學者經過接受、理解、消化直至創造，一方面適應中國人對長生不死的強烈欲望，對神祕境界的熱切期待，大力宣揚西方淨土思想；一方面又提出了自心即涅槃、自性即佛和人間淨土的理念，表現出重人心、重人生、重人間、重現實的思想特徵。這是對印度佛教思想的轉換，也是對印度佛教思想的發展。

彌勒信仰在中國

彌勒信仰無論是在印度，還是在中國的佛教史上都占有重要的地位。本文著重闡述的是彌勒信仰在中國的興起原因、演變過程和基本特點三個問題，並藉以窺探這一信仰在中國的基本面貌。

一、彌勒信仰興起的三個原因

彌勒信仰是以彌勒菩薩為信奉對象的宗教信仰。在印度，早期佛教就有彌勒信仰。在早期佛教的經典中，如《增一阿含經》和《中阿含經》敘述的只是兩位菩薩，一位是釋迦牟尼佛，描述了他成佛前的情況；另一位就是彌勒菩薩，講他是未來佛。由此可見彌勒菩薩的重要及其信仰發生之早。從中國佛教發展史來看，彌勒淨土思想的發展也很早，是各類淨土思想中發展最早的。彌勒菩薩成為民間的信奉對象，早於阿彌陀佛和觀世音菩薩。彌勒信仰的興起，始於晉代有關佛經的傳譯。彌勒經典的漢譯本，最重要的有：《彌勒下生經》（竺法護譯）、《彌勒成佛經》（鳩摩羅什譯）和《彌勒上生經》（沮渠京聲譯），三者合稱為《彌勒三部經》，又連同《彌勒下生成佛經》（鳩摩羅什譯）、《佛說彌勒來時經》（譯者不詳）和《彌勒上生成佛經》（唐義淨譯），合稱為《彌勒六部經》。這些佛經敘述了彌勒菩薩上生兜率天，和自兜率天下生世間成佛時，其種族、出家、成道、轉法輪、國土及時節等事。彌勒信仰在唐代以前一直非常流行，並且產生了極為廣泛的影響。彌勒信仰的興起和普及不是偶然的，它有著極為深刻的原因，這些原因主要可歸結為三個方面。

（一）彌勒身分的獨特性

在佛教史上，彌勒的身分相當特殊，非同一般。它的特殊之處，就是具有兩種不同的身分，一是在信仰上的，一是涉及史實方面的。他在信仰上的又有兩種身分。

彌勒，梵名Maitreya，巴利名Metteyya，意譯作慈氏。據《彌勒上生經》和《彌勒下生經》的記載，彌勒出身婆羅門家庭，後來皈依釋迦牟尼，為佛弟子。他先於釋迦牟尼入滅，並以菩薩身分長期住在兜率天，為天人說法並解決疑難問題。釋迦牟尼曾預言，彌勒菩薩將下生世間為佛以救度眾生。《中阿含經》載，釋迦牟尼向彌勒授記（預言）說：「彌勒，汝於未來人壽八萬歲時，當得作佛，名彌勒如來。」《長阿含經》也說，當未來人壽八萬歲時，有國王名叫儴伽，此時此地「人民熾盛，五穀平賤，豐樂無極」，「佛有出世，名為彌勒如來」。後

來大乘佛教彌勒經典更是詳盡地發揮了這些思想。《佛說觀彌勒菩薩上生兜率天經》（《彌勒上生經》）說：

> 世尊往昔於毗尼中及諸經藏說：阿逸多（即彌勒）次當作佛……佛記此人成佛無疑……如來應正遍知，今於此眾說彌勒菩薩摩訶薩阿耨多羅三藐三菩提記。此人從今十二年後命終，必得往生兜率陀天上。

由此可見，有關佛典一再提到釋迦牟尼預言彌勒菩薩繼當做佛的事。有的佛典還說，彌勒為了留在兜率天宮為天人決疑，「具凡夫身，未斷諸漏（煩惱）」，「不修禪定，不斷煩惱」。他要在兜率天住壽4000年，即一般說要在釋迦牟尼去世後的56.7億年後，彌勒才能從兜率天宮下降到現實世界（「娑婆世界」），在龍華樹下成佛。彌勒在龍華樹下曾三次會眾說法，教化眾生，使數以百億計的人獲得解脫。因為彌勒將代替釋尊說法，所以現在稱為「一生補處菩薩」，即過一生就成佛者，是未來佛。等到成佛時，即稱彌勒佛、彌勒如來。這就是說，彌勒是下屆娑婆世界成就正等正覺的候補者，是釋迦牟尼佛的法統繼承者。這樣，彌勒就有了兩種身分，一是現今還在兜率天宮說法的彌勒菩薩，一是將來下生此世界的彌勒佛。彌勒之所以受到特別的崇敬和信奉，與其具有這兩種身分的特殊地位是密切相關的。

相傳彌勒是在釋迦牟尼入滅900年後的一位印度佛教論師，是大乘瑜伽行派的開山祖師。現存佛典題為彌勒菩薩造的就有《瑜伽師地論》、《大乘莊嚴經論頌》、《辯中邊論頌》、《金剛般若波羅蜜經論》和《現觀莊嚴論》等。又傳，彌勒將瑜伽唯識理論傳給了無著，是無著的老師。然而這一說法也有人持有異議。彌勒論師是否為歷史上的實有人物，迄今未能定論。就廣大佛教徒和民間群眾來說，他們並不關心彌勒論師是否確有其人，他們完全是為彌勒菩薩和彌勒佛的獨特魅力所吸引，而引發出不可抑制的崇敬和信仰的情感。

（二）彌勒境界的理想性

彌勒境界與其兩種身分相應，也有兩種勝境。一是上生兜率天的天上勝境，二是下生成佛的人間勝境。兜率天是「六慾天」第四個天，共有兩部分。一是內院，為彌勒菩薩所居住的地方；二是外院，是一般天神和凡夫所居住的地方。兜率天妙聖莊嚴，《佛說觀彌勒菩薩上生兜率天經》就內院的勝境描繪說：

諸園中有八色琉璃渠，一一渠有五百億寶珠而用合成，一一渠中有八味水，八色具足。其水上湧繞梁棟間，於四門外化生四華，水出華中如寶華流。一一華上有二十四天女，身色微妙，如諸菩薩莊嚴身相。手中自然化五百億寶器，一一器中天諸甘露自然盈滿，左肩荷佩無量瓔珞，右肩復負無量樂器，如雲住空，從水而出，讚歎菩薩六波羅蜜。若有往生兜率天上，自然得此天女侍御。亦有七寶大師子座，高四由旬，閻浮耘金元量眾寶以為莊嚴，座四角頭生四蓮華，一一蓮華百寶所成，一一寶出百億光明，其光微妙，化為五百億眾寶雜華莊嚴寶帳。時十方面百千梵王，各各持一梵天妙寶，以為寶鈴懸寶帳上……諸閣間有百千天女，色妙無比，手執樂器，其樂音中演說苦、空、無常、無我諸波羅蜜。如是天宮有百億萬無量寶色，一一諸女亦同寶色，爾時十方無量諸天命終，皆願往生兜率天宮。

這是華麗異常的天堂，內中各種設施都由諸寶所成，每一寶中又有無數蓮花，每一蓮花又由百寶所成，每一寶物又放出百億光明。此外又有婀娜多姿的諸天寶女手執樂器，演說苦、空、無常、無我的佛法。兜率天上有七寶臺大師子座，彌勒就在此座上說法。四周有天人圍繞聽法，天女競相歌舞，讚歎供養。兜率天如此美妙的勝境自然會吸引無量諸天願生此處。

《佛說彌勒大成佛經》就彌勒下生的人間淨土也描繪說：

其地平淨如琉璃鏡……大金葉華、七葉寶華、白銀葉華，華鬚柔軟，狀如天繒。生吉祥果，香味具足，軟如天綿。叢林樹華，甘果美妙，極大茂盛……城邑次比，雞飛相及……智慧威德，五欲眾具，快樂安隱（穩），亦無寒熱風火等病，無九苦惱（即九種災難），壽命具足八萬四千歲，無有中夭。人身悉長一十六丈，日日常受極妙安樂，遊深禪定以為樂器。

彌勒所降生的人間世界，大地平淨，花果飄香。人們快樂安穩，健康長壽。沒有水火、刀兵、饑饉等各種天災人禍。此外，該經還描寫說，彌勒降生的人世間，又是豐衣足食、財富無量、教育普及、文化素養極高的人間淨土。在這裡，統治者和被統治者都很仁慈善良，彼此和諧相處，相安無事。

彌勒經典還就眾生上生兜率天的條件、方法做了說明，如《彌勒上生經》說具備以下條件，即持五戒、持八關齋戒、身心精進不懈、修十善法中的一項，就可以上生到兜率天宮親近彌勒菩薩。還說：「若有得聞彌勒菩薩摩訶薩名者，聞已歡喜恭敬禮拜，此人命終，如彈指頃即得往生。」這是說，眾生只要得聞彌勒菩薩摩訶薩的名，並虔誠地信奉禮拜，命終時很快就可以上生兜率天宮。下生經描述了彌勒菩薩下生的翅頭末城，說城中有諸般美好，儴法王虔誠供養彌勒，彌勒見眾生沉沒在大生死中，生出憐憫之心，於是在一天早上出家學道，坐在龍華

樹下半夜就成佛了。彌勒成佛後，又在龍華樹下三度說法（「龍華三會」），使無數民眾成就羅漢果。《彌勒上生經》還說，「得生於兜率天上值遇彌勒，亦隨彌勒下閻浮提」。這裡說的是上生與下生的關係，強調只要上生到兜率天，也就可以隨彌勒菩薩一同下生至人間淨土。可見，眾生只要信奉彌勒淨土，無論是上生兜率天堂還是下生人間淨土，都是非常簡易便捷的。

彌勒信仰傳入中國時，西晉統治階級內部互相傾軋，自相殘殺，社會動盪，人民大眾生活極不安定。後來的五胡亂華，又形成了南北對立的僵持局面，干戈相繼，兵荒馬亂，人民大眾更是生活在戰亂的水火之中。彌勒體現出的慈愛之心、相助精神成為人民大眾的理想生命價值觀。彌勒信仰反映了人民大眾的未來理想，成為人民大眾的人生觀和世界觀。人民大眾相信，彌勒菩薩是幫助自己解脫苦難的救星。因此他們一心嚮往彌勒菩薩的天上淨土和人間勝境。彌勒經典所描述的理想世界，正是適應了人民大眾的心理需求，因而彌勒成了人民大眾普遍的信仰對象。

長期以來，中國的各寺廟在除夕晚上都要舉行彌勒普佛法會，新年第一件大事就是在初一早上禮讚稱念彌勒聖號：「南無當來下生彌勒佛。」這就是在祝願彌勒早日下生到此世界，因彌勒下生成佛不僅佛法會隨之昌盛，而且彌勒下生成佛的世界與現實的惡濁世界也截然相反，那是沒有痛苦災難的清淨幸福的世界。中國佛教對彌勒信仰的巨大熱情，反映了人民大眾對理想世界的嚮往與追求。

（三）彌勒形象的可塑性

在佛教界中，彌勒的身分、地位和其他菩薩、佛都不同，如上所述，他是不固定的、變化的、上升的。彌勒菩薩經過極其漫長的歲月將下生成佛。彌勒地位、身分的這種變化性，為某些人塑造自己的形象、裝扮自己提供了契機。不同的人為達到各自不同的目的，都可以不同方式利用這種變化性，即把自己裝扮成彌勒下生的化身。武則天就藉此把自己說成是彌勒的化身，為自己登上皇帝寶座提供神學論證，民間的一些人則打著彌勒化身的旗幟造統治階級的反。至於佛教本身也在不斷改變彌勒的形象，以擴大彌勒信仰的影響。彌勒形象的這種可塑性，我們認為也是構成彌勒信仰普及化的重要原因之一。

二、彌勒信仰演變的三個階段

在中國，彌勒信仰分為上生信仰和下生信仰兩大派。下生信仰又演化出化身信仰，從而形成了上生、下生和化身信仰三類。從歷史的角度來考察彌勒信仰，這三類大體上呈現出三個先後不同的階段，當然這種階段的劃分是相對而言的，其間也存在著相互交錯的情況。

（一）上生信仰

據現有文獻記載，最早提倡彌勒上生信仰的典型代表人物是東晉名僧釋道安（312～385）。《高僧傳》卷5《釋道安傳》載：

> 安每與弟子法遇等，於彌勒前立誓願生兜率。後至秦建元二十一年正月二十七日，忽有異僧，形甚庸陋，來寺寄宿。寺房既窄，處之講堂。時維那值殿，夜見此僧從窗隙出入，遽以白安。安驚起禮訊，問其來意。答云：「相為而來。」安曰：「自惟罪深，詎可脫度？」彼答云：「甚可度耳。然須更浴，聖僧情願必果。」具示浴法。安請問來生所往處，彼乃以手虛撥天之西北，即見雲開，備睹兜率勝妙之報。爾夕大眾數十人悉皆同見。安後營浴具，見有非常小兒伴侶數十來入寺戲，須臾就浴，果是聖應也。至其年二月八日，忽告眾曰：「吾當去矣！」是日齋畢，無疾而卒。葬城五級寺中，是歲晉大元十年也，年七十二。

釋道安開創了上生彌勒兜率淨土信仰，在他的倡導下，他的弟子如曇戒、道願和法遇等也都專修彌勒兜率淨土。《高僧傳》卷5《釋曇戒傳》云：

> 釋曇戒，一名慧精，姓卓，南陽人……廢俗從道，伏事安公為師……後篤疾，常誦彌勒佛名不輟口。弟子智生侍疾，問：「何不願生安養？」戒曰：「吾與和上等八人同願生兜率，和上及道願等皆已往生，吾未得去，是故有願耳。」言畢，即有光照於身，容貌更悅，遂奄爾遷化。

曇戒重病時還念念不忘稱念彌勒佛名。弟子問他為什麼不願往生阿彌陀佛的安養淨土（即西方極樂世界），他回答說是已和道安等人發願往生兜率淨土。從他的回答可知，道安及其門下至少有八人是奉持彌勒信仰的。此外，如道安的教友竺僧輔，也發願「誓生兜率，仰瞻慈氏」。足見當時佛教界嚮往上生兜率天，親近彌勒菩薩，以求佛來解答疑難問題已成一種普遍的風尚。

兜率天不僅清淨美妙異常，而且彌勒菩薩又親自為人們說法解疑，這對佛教

知識界具有強大的吸引力。佛教傳入中國的早期，中國僧人對佛法的理解有很大困難，問題頗多，所以希望死後能往生兜率天宮，請教彌勒菩薩。道安的弟子僧睿說：

> 此土先出諸經，於識神性空，明言處少，存神之文，其處甚多。《中》、《百》二論，文未及此，又無通鑒，誰與正之？先匠所以輟章於遐慨，思決言於彌勒者，良在此也。

印度佛教關於識神（精神、靈魂）是性空還是實有的問題，各種典籍說法不同，道安對此疑惑不決，發願上生兜率天向彌勒請教。又如史載：

> 智嚴⋯⋯受具足戒，恐不待戒。積年禪觀，不能自決，大為憂苦。遂更與弟子智羽、智達，泛海重至天竺，以事問羅漢。羅漢復不能決，乃為入定，往兜率問彌勒，彌勒答云：「得戒。」嚴大歡喜。

這也說明佛教徒是視彌勒為佛國諸神中疑難問題的解決者、修持程度的裁定者，因而吸引了眾多的僧人發願往生兜率天。

與此同時，佛教學者中一部分人也熱情讚頌彌勒上生兜率和下降世間為眾生解決苦難的功德。如支道林撰寫的《彌勒贊》一文說：

> 彌勒承神第，聖錄載靈篇。乘乾因九五，龍飛兜率天。法鼓震雲宮，逸響高三千⋯⋯盤紆七七紀，應運莅中幡。挺此四八姿，映蔚華林園。亹亹玄輪奏，三擽在昔緣。

支道林盛讚彌勒上生兜率天為眾說法，傳遍了三千大千世界。經過漫長歲月後又下降世間在龍華林園說法濟度眾生。對彌勒的慈心和濟人精神表示了崇高的敬意。可見彌勒的形象是如何深入人心！在道安及其弟子等人的影響下，北方地區和江南一帶，相繼出現了不少追隨者。劉宋沮渠京聲譯出了《佛說觀彌勒菩薩上生兜率天經》並廣為流傳，進一步推動了彌勒上生信仰向廣度和深度發展。

在北魏太武帝滅佛以後，隨著文成帝下詔恢復佛教，彌勒上生信仰成為北魏中期佛教的主要信仰。敦煌、雲岡、龍門等北朝佛教石窟中，普遍開鑿的是交腳彌勒像，還鑿有彌勒龕。人們信奉彌勒兜率淨土極為熱情、虔誠。在南北朝時，整個北方地區，鑿造彌勒像相當普遍，其數量之多，僅次於釋迦牟尼像。有的學者根據雲岡、龍門、鞏縣諸石窟和所知的傳世金銅像加以分類統計，北朝有紀年的諸尊造像分別是，釋迦牟尼178尊，彌勒150尊，阿彌陀佛33尊，觀世音菩薩171尊，後者是在北魏分裂後迅速增加的。人們造像的動機雖各有不同，但有的

方面又是相同的。如,北魏神龜三年(520)四月十三日翟蠻造彌勒像記云:「佛弟子翟蠻為亡父母、洛難弟造彌勒像一（軀），願使亡者上生天上,托生西方,侍佛左右,供養三寶。」

又,東魏武定六年(548)五月三日廣武將軍奉車都尉唐小虎造像記殘石云:「仰為皇帝、大丞相,右為七世亡父母,見(現)存眷屬造彌勒像一區(軀),願國祚永隆萬代,有願先亡生天,離苦受樂,見存德福,生生世世值佛聞法,含生之類,同登正覺。」這是說,造像的目的:一是為皇上祝福,祈求國祚永隆;二是為父母祖先、兄弟姊妹等親人祈福,祝願死者上生天上,托生西方,歡樂幸福;三是祝願一切眾生同登正覺,成就正果。前兩項目的體現了中國傳統的忠、孝觀念,後者則表現了佛教普度眾生的慈悲胸懷。在中國人看來,儒家的倫理與佛教的義理是統一的,並不矛盾。

在南方,如史載:

道矯,高陸人也……住龍華寺……造夾紵彌勒倚像一軀……釋法祥,精進有志節。以元嘉九年立彌勒精舍。

慧玉,長安人也……元嘉十四年十月為苦行齋七日,乃立誓曰:「若誠齋有感,捨身之後必見諸佛者,願於七日之內見佛光明。」五日中宵,寺東林樹靈火赫然,即以告眾。眾皆欣敬,加悅服焉。寺主法弘後於光處起立禪室。初,玉在長安,於薛尚書寺見紅白色光,燭曜左右,十日小歇。後六重寺沙門四月八日於光處得金彌勒像,高一尺雲。

這表明在南方建造彌勒寺像也是非常普遍的現象,同時也說明修持彌勒淨土的佛教徒已不在少數。又如陳代名僧釋慧思也是奉持彌勒淨土的。《續高僧傳》卷17《陳南嶽衡山釋慧思傳》載:「釋慧思……又夢彌勒、彌陀說法開悟,故造二像,並同供養。又夢隨從彌勒與諸眷屬同會龍華。」從釋道安大弟子釋慧遠信奉彌陀淨土以來,彌陀淨土信仰開始興盛,信奉彌勒淨土的人也同時信奉彌陀淨土。

隋代和唐朝初年,彌勒上生信仰繼續流行。據《慧日道場僧惠雲墓銘》云:

法師俗姓賈氏,河南洛陽人……以開皇十四年,歲次甲寅三月十二日辰時,端坐正色,稱彌勒佛名,願生兜率天上。舍於內侍省。

這也是說,隋代惠雲法師是一位彌勒上生兜率淨土的信奉者。又如,天臺宗

著名學者灌頂和智晞等人也都是奉持彌勒淨土信仰的。《續高僧傳》卷19《唐天臺山國清寺釋灌頂傳》云：

> 釋灌頂，字法雲，俗姓吳氏，常州義興人也……忽以貞觀六年八月七日終於國清寺房，春秋七十有二。初，薄示輕疾，無論藥療，而室有異香。臨終命弟子曰：「《彌勒經》說：佛入滅日，香煙若雲。汝多燒香，吾將去矣！」因伸遺誡，詞理妙切。門人眾侶，瞻仰涕零。忽自合掌，如有所敬，發口三稱「阿彌陀佛」。低身就臥，累手當心，色貌歡愉，奄然而逝。舉體柔軟，頂暖經日。嘗有同學智晞，之親度，清亮有名，先以貞觀元年卒。臨終云：「吾生兜率矣，見先師智者（智）。寶座行列皆悉有人，唯一座獨空，云卻後六年，灌頂法師升此說法。」梵香驗旨，即慈尊降迎，計歲論期，審晞不謬矣。

由此可見，灌頂臨終前雖然口稱阿彌陀佛，但死後還是願生兜率天宮，這段引文足以表明，他們追求的不是到兜率天求彌勒菩薩決疑，而是想榮登寶座為人說法。這就擴展了彌勒上生信仰的含義和目的，並反映出中國僧人學識的提高和民族主體意識的增強。

事實上，隋唐時代，彌勒上生信仰已超越了宗派的分野。除了提倡彌陀淨土信仰的淨土宗外，崇奉彌勒也成為其他一些重要宗派創始者的共同信仰。與天臺宗灌頂等人一樣，法相唯識宗的奠基人、著名的唐三藏玄奘法師及其弟子窺基法師，對彌勒上生信仰也都是十分虔誠的。《續高僧傳》卷4《唐京師大慈恩寺釋玄奘傳》云：

> 又東南行二千餘里，經於四國，順殑伽河側，忽被秋賊須人祭天。同舟八十許人，悉被執縛，唯選奘公堪充天食。因結壇河上，置奘壇中。初便生饗，將加鼎鑊。當斯時也，取救無緣，注想慈尊彌陀如來及東夏住持三室，私發誓曰：「余運未絕，會蒙放免；必其無遇，命也如何？」同舟一時悲啼號哭，忽惡風四起，賊船而覆沒，飛沙折木，咸懷恐怖。諸人又告賊曰：「此人可愍，不辭危難。專心為法，利益邊陲。君若殺之，罪莫大也。寧殺我等，不得損他。」眾賊聞之，投刃禮愧，受戒悔失，放隨所往。

這是說，玄奘在西行取經途中遇賊，在將被充作祭天供品的生死關頭，他就專心注想彌勒如來的保佑，祈求放免。這一記載也表明玄奘是一向信奉彌勒的。玄奘回國以後，也熱心提倡彌勒信仰，他說：

> 西方道俗並作彌勒業，為同欲界，其行易成。大小乘師皆許此法。彌陀淨土恐凡鄙穢，修行難成，如舊經論，十地以上菩薩隨分見報佛淨土；依新論意，三地菩薩始可得見報佛淨土，豈容下品凡夫即得往生？此是別時之意，未可為定。所以西方大乘許，小乘不許。

這是說，印度佛教大小乘和佛教在家信徒普遍信奉彌勒淨土，其修行方法比較簡易。玄奘一生力主修持彌勒淨土，一生常作彌勒業，直至臨終時，乃一如既往滿懷信心地發願上生兜率天，覲見彌勒菩薩。《續高僧傳》卷4《唐京師大恩慈寺釋玄奘傳》云：

> 奘生常以來願生彌勒，及遊西域，又聞無著兄弟皆生彼天，又頻祈請，咸有顯證。懷此專志，並增翹勵。後至玉華，但有隙次，無不發願生睹史多（兜率陀）天，見彌勒佛……總召門人、有緣並集，云：「無常將及，急來相見。」於嘉壽殿以香木樹菩提像骨對寺僧門人辭訣，並遺表訖。便默念彌勒，令傍人稱曰：「南謨彌勒如來應正等覺，願與含識速奉慈顏；南謨彌勒如來所居內眾，願捨命已必生其中。」至（麟德元年）二月四日，右脅累足，右手支頭，左手臂上，鏗然不動。有問何相，報曰：「勿問，妨吾正念。」至五日中夜，弟子問曰：「和尚定生彌勒前不？」答曰：「決定得生。」言已，氣絕神逝。

玄奘以上生兜率天為歸宿，他的大弟子窺基也是彌勒上生淨土的熱情信奉者，《宋高僧傳》卷4《唐京兆大慈恩寺釋窺基傳》云：

> 釋窺基，字洪道，姓尉遲氏，京兆長安人也……年十七，遂預緇林，及乎入法，奉敕為奘師弟子……後躬遊五臺山，登太行，至西河古佛宇中宿。夢身在半山，岩下有無量人唱苦聲。冥昧之間，初不忍聞。徒步陟彼層峰，皆琉璃色，盡見諸國土。仰望一城，城中有聲曰：「住！住！咄！基公未合到此。」斯須，二天童自城出，問曰：「汝見山下罪苦眾生否？」答曰：「我聞聲而不見形。」童子遂投與一劍一鐔曰：「剖腹當見矣。」基自剖之，腹開，有光兩道，暉映山下，見無數人受其極苦。時童子入城，持紙二軸及筆投之，捧得而去。及旦，驚異末已。過信夜寺中有光，久而不滅。尋視之，數軸發光者，探之得《彌勒上生經》。乃憶前夢，必慈氏令我造疏，通暢厥理耳。遂援毫次，筆鋒有舍利二七粒而隕，如吳含桃許大，紅色可愛；次零然而下者，狀如黃粱粟粒……基常生勇進，造彌勒像，對其像日誦《菩薩戒》一遍，願生兜率，求其志也。乃發通身光瑞，爛然可觀。

窺基作有《彌勒上生經疏》，闡發了上生經的思想。傳中所說作疏時筆鋒上有舍利多粒，以示係神來之筆，非同尋常。他還造彌勒像，發願往生兜率天宮。這一系列活動都表明彌勒淨土仍是唐初佛教的重要信仰。

唐代一些在家的佛教信徒也信仰彌勒淨土。眾所周知，晚年號稱香山居士的著名詩人白居易（772～846）就是一位信奉彌勒上生信仰的突出代表。他積極參加發願「一時上生」彌勒淨土的法會，《畫彌勒上生幀贊並序》記敘了法會的盛大情況。

> 南瞻部洲大唐國東都城長壽寺大比丘道嵩、存一、惠恭等六十人，與優婆塞士良、維儉等八十人，以大和八年夏，受八戒，修十善，設法供，舍淨財，畫兜率陀天宮彌勒上生內眾一鋪，眷屬圍

繞，相好莊嚴。於是嵩等曲躬合掌，焚香作禮，發大誓願：願生內宮，劫劫生生，親近供養。按本經云：可以除九十九億劫生死之罪也。有彌勒弟子樂天同是願，遇是緣，爾時稽首，當來下生慈氏世尊足下，致敬無量，而說贊曰：百四十心，合為一誠；百四十口，發同一聲。仰慈氏形，稱慈氏名，願我來世，一時上生。

這裡敘述的是一個佛教僧侶和在家信徒的社團的活動，頗具規模。在以崇奉彌勒淨土為宗旨舉行的法會上，大家發願在下一世時上生兜率天宮內院，親近供養彌勒。這說明直到唐代中葉彌勒上生信仰還是相當流行的。

白居易在所作《畫彌勒上生幀記》中，還記述了信仰彌勒的內在動機和強烈願望：

> 南贍部洲大唐國東都香山寺居士、太原人白樂天，年老病風，因身有苦，遍念一切惡趣眾生，願跟我身離苦得樂。由是命繪事，按經文，仰兜率天宮，想彌勒內眾，以丹素金碧形容之，以香火花果供養之。一禮一贊，所生功德，若我老病苦者，皆得如本願焉。本願云何？先是，樂天歸三寶，持十齋，受八戒有年歲矣。常日日焚香佛前，稽首發願，願當來世，與一切眾生，同彌勒上生，隨慈氏下降：生生劫劫，與慈氏俱，永離生死流，終成無上道。今因老病，重此證明，所以表不忘初心，而必果本願也。慈氏在上，實聞斯言。言訖作禮，自為此記。時開成五年，三月三日記。

這段記載，表現了白氏深感老病之苦、來日不多時，追求永遠超越生死的解脫境界，上生兜率淨土並隨同彌勒下降人間淨土的強烈願望；反映了人類不可避免的生命的痛苦與幸福、短暫與永恆的深刻矛盾，反映了人類對生命的幸福與永恆的熱烈追求。

（二）下生信仰

早在西晉時，竺法護曾譯出《彌勒下生成佛經》，但流傳不廣。後秦時有鳩摩羅什譯出的《佛說彌勒下生成佛經》，廣為流傳。如上所述，此經宣稱，當彌勒從兜率天下生人間時，大地充滿光明，處處五穀豐登，百姓康樂幸福。彌勒在華嚴樹下三次說法，使廣大民眾得以解脫。彌勒下生給人間帶來了光明、豐樂和幸福。彌勒下生的思想在佛教界、統治者和下層民眾中均引發出不同而又強烈的反響。

彌勒下生信仰的突出表現是彌勒佛像的塑造。與依據彌勒上生信仰而塑造的著菩薩裝的交腳彌勒像不同，體現下生信仰而塑造的是，著佛裝、取雙腿下垂倚坐姿勢的彌勒像，在造型上和釋迦牟尼佛像已沒有多大區別。這種造像南北兩地

都很普遍。如敦煌、麥積山、龍門都有高大的彌勒佛像。浙江新昌石佛寺的彌勒像高達十幾米，四川的樂山大佛更高至62米，居世界第一。再是湧現出大量的彌勒經變畫，表現彌勒下生及在龍華樹下說法的生動情景。

隨著彌勒下生信仰的流傳，社會上還出現了若干與之相關的經典，據智升的《開元釋教錄》卷18《別錄中偽妄亂真錄》載就有《彌勒下生遣觀世音、大勢至勸化眾生舍惡作善壽樂經》1卷、《隨身本宮彌勒成佛經》1卷、《彌勒摩尼佛說開悟佛性經》1卷、《彌勒下教經》1卷、《彌勒成佛本起經》17卷、《彌勒下生觀世音施珠寶經》1卷、《彌勒成佛伏魔經》1卷、《彌勒成佛伏部莊嚴成佛經》1卷、《彌勒下生經》1卷、《彌勒下生救度苦厄經》1卷、《勇意菩薩將僧忍見彌勒並示地獄經》1卷、《彌勒下生甄別罪福經》1卷，以上均散佚。這些經典的主題就是宣揚彌勒下生，敘述彌勒成佛及進行勸化的情景。這些經雖然都是中國人造的偽經，但如此之多偽經的紛紛出現，卻足以說明彌勒下生信仰的廣泛和深入。

彌勒下生的思想也引起了某些統治者的興趣。他們認為，如果對民眾的彌勒下生信仰加以利用，可以更好地維護自己的統治。在這方面，武則天是一個很典型的例子。她以婦女身分登基及其取代李唐王朝的一系列做法，都是與儒家政治倫理思想相悖的。為了給自己當皇帝製造輿論，她就利用了佛教。據《資治通鑒》卷204「則天后天授元年（690）」載：「東魏國寺僧法朗等撰《大雲經》四卷，表上之，言太后乃彌勒下生，當代唐為閻浮提主。制頒於天下。」當改唐為周時，武則天就以「慈氏越古金輪聖神皇帝」自稱，「慈氏」即彌勒。她儼然以彌勒化身自居，神化自己，以愚弄民眾。武則天的臣下也以彌勒看她，如《資治通鑒》卷205「則天后天冊萬歲元年（695）」載：

> 庚子，以明堂火告廟，下制求直言。劉承慶上疏以為……通事舍人逢敏奏稱，彌勒成道時有天魔燒宮，七寶臺須臾散壞。

這是以明堂失火與彌勒成道時有天魔燒宮相比類，稱武后就是彌勒。我們認為這種情況的出現，也從一個側面說明了彌勒下生信仰的盛行。

統治者利用彌勒下生信仰，下層民眾也利用彌勒信仰。早在隋代就已出現了

這種情況，據《隋書》卷3《煬帝紀》上載：

> （大業）六年（610）春正月癸亥朔，旦，有盜數十人，皆素冠練衣，焚香持華，自稱彌勒佛，入自建國門。監門者皆稽首。既而奪衛士仗，將為亂。齊王暕遇而斬之。於是都下大索，與相連坐者千餘家。

上述事後三年，又出現宋子賢自稱彌勒出世、聚眾作亂的事：

> （大業）九年（613），帝在高陽。唐縣人宋子賢，善為幻術。每夜，樓上有光明，能變作佛形，自稱彌勒出世。又懸大鏡於堂上，紙素上畫為蛇為獸及人形。有人來禮謁者，轉側其鏡，遣觀來生形象。或映現紙上蛇形，子賢輒告云：「此罪業也，當更禮念。」又令禮謁，乃轉人形示之。遠近惑信，數日百千人。遂潛謀作亂，將為無遮佛會，同舉兵，欲襲擊乘輿。事泄，鷹楊郎將以兵捕之。夜至其所，逮其所居，但見火坑，兵不敢進。郎將曰：「此地素無坑，止妖妄耳。」及進，無復火矣。遂擒斬之，並坐其黨與千餘家。

這裡說的是，借彌勒信仰結社聚眾，並利用佛教無遮大會以舉兵反抗統治者。同年底，還有扶風人向海明也利用「彌勒下生」舉兵起事。

> 丁亥，扶風人向海明舉兵作亂，稱皇帝，建元白烏。遣太僕卿楊義臣擊破之。

> 有桑門向海明，於扶風自稱彌勒佛出世，潛謀逆亂。人有歸心者，輒獲吉夢。由是人皆惑之，三輔之士，翕然稱為大聖。因舉兵反，眾至數萬。官軍擊破之。

佛教徒向海明帶頭反抗隋朝，從眾至數萬人，且建元稱帝，建立政權，其聲勢之浩大可見一斑。向海明舉兵雖敗，但畢竟給了隋王朝以沉重的打擊。

到了唐代，仍有人利用「彌勒下生」信仰反抗當時的統治者。《冊府元龜》卷922總錄部《妖妄二》載：

> 王懷古，玄宗開元初，謂人曰：「釋迦牟尼佛末，更有新佛出；李家欲末，劉家欲興。」

這裡所說的「新佛出」，就是彌勒下生。這是以「新佛出」來為取代唐玄宗李家王朝的統治製造輿論和氣氛。為此，唐玄宗下詔加以禁斷。《資治通鑑》卷211「開元二年七月」載：「戊申，禁百官家毋得與僧尼、道士往還。」隨後，據《唐大詔令集》卷113載開元三年《禁斷妖訛等敕》：

> 敕：釋氏汲引，本歸正法；仁王護持，先去邪道。失其宗旨，乃般若之罪人；成其詭怪，豈涅槃之信士？不存懲革，遂廢津梁；眷彼愚蒙，將隱坑阱。比有白衣長髮，假托彌勒下生，因為妖訛，廣集徒侶，稱解禪觀，妄說災祥。或別作小經，詐云佛說，或輒蓄弟子，號為和尚。多不婚娶，眩惑閭閻，觸類實繁，蠹政為甚。刺史縣令，職在親人，拙於撫馭，是生奸究。自今以後，宜嚴加捉搦。

很明顯，唐玄宗的禁令實與有人利用彌勒下生的信仰來造反直接相關。彌勒信仰和利用彌勒信仰來實現政治目的是兩回事，但二者畢竟又有聯繫。從隋代以來，利用彌勒下生信仰來反抗統治階級的現象頻繁出現，也證明了這種信仰在民間流傳之廣。正因為這種信仰興盛，所以才有人利用。同時，這種利用又引起了統治者的關注和警覺，甚至下令禁止，這就直接地打擊了彌勒信仰。民間一些有真誠佛教感情的人，也因彌勒下生信仰與社會政治問題相牽連而興趣大減，他們不敢冒政治危險，這自然又導致彌勒信仰的衰退。

此外，彌勒信仰還遭到佛教內部彌陀信仰的思想衝擊。淨土宗人道綽和善導提倡彌陀淨土，宣揚極樂之勝、兜率之劣的觀念。道綽在《安樂集》卷上對彌勒淨土與彌陀淨土的優劣進行了比較，文中說：

　一、彌勒世尊為其天眾轉不退法輪，聞法生信者獲益，名為信同；著樂無信者，其數非一。又來雖生兜率，位是退處，是故經云：「三界無安，猶如火宅。」二、往生兜率，正得壽命四千歲，命終之後，不免退落。三、兜率天上雖有水鳥樹林和鳴哀雅，但與諸天生樂為緣，順於五欲，不資聖道。若向彌陀淨國，一得生者，悉是阿毗跋致，更無退人與其雜居。又復位是無漏，出過三界，不復輪迴。論其壽命，即與佛齊，非算數能知。其有水鳥樹林，皆能說法，令人悟解，證會無生。四、據大經，且以一種音樂比校者，經讚言：「從世帝王至六天，音樂轉妙有八重，輾轉勝前億萬倍，寶樹音麗倍亦然。復有自然妙伎樂，法音清和悅心神，哀婉雅亮超十方，是故稽首清淨勳。」

同時，還有迦才撰寫的《淨土論》（《大正藏》卷47）更是宣揚極樂淨土是實，兜率淨土是虛；極樂淨土是淨，兜率天宮是穢。他又舉出兩者的十種差異來論證極樂淨土的大優和兜率天宮的極劣。彌勒淨土思想遭到如此的貶抑，人們也逐漸在比較中認識到彌陀淨土更易修行，與其等待彌勒下生，還莫如口念南無阿彌陀佛，死後直趨西方極樂世界來得便當。這樣，彌勒信仰就逐漸地被彌陀信仰所取代，而退居於次要的地位了。然而彌陀淨土信仰之所以興盛，又實有賴於彌勒信仰的流傳為其奠定了堅實的基礎。

（三）化身信仰

自唐開元以後，彌勒信仰日益衰落，彌陀信仰代之而起並成為淨土信仰的主流。在這種情況下，於五代十國時，出現了彌勒化身的布袋和尚。傳說中的布袋和尚，常常杖荷布袋到集市上行化乞物，故而得名。布袋和尚的出現，改變了彌勒的形象、職能和身分。禪宗《景德傳燈錄》卷27載：

明州奉化縣布袋和尚者，未詳氏族，自稱名契此。形裁腲脮，蹙額皤腹。出語無定，寢臥隨處，常以杖荷一布囊，凡供身之具，盡儲囊中……時號長汀子布袋師也……示人凶吉，必應期無忒……梁貞明三年丙子三月，師將示滅，於岳林寺東廊下，端坐磐石而説偈曰：「彌勒真彌勒，分身千百億，時時示時人，時人自不識。」偈畢，安然而化。其後他州有人見師亦負布袋而行，於是四眾競圖其像，今岳林寺大殿東堂金身見存。

隨著禪宗布袋和尚為彌勒化身說的流傳，首先在江浙一帶，民間遂將布袋和尚作為彌勒的原型畫圖或造像供奉。如北宋時代開鑿的杭州靈隱寺飛來峰的布袋彌勒像，肥頭大耳，袒胸露腹，笑容可掬，一副慈祥善良、寬容大度的神態。在一般的寺院中也都有布袋和尚像，有的設在山門殿，更多的是設在天王殿的正中央，像的形態多為歡顏、皤腹、正坐。民間稱之為「大肚彌勒」。彌勒神像的兩側，有的寺院還配以寓意深邃的對聯。如：「大肚能容，容天下難容之事；開口便笑，笑世上可笑之人。」（北京潭柘寺、廣州六榕寺）「大肚能容，容天容地，與己何所不容；開口便笑，笑古笑今，凡事付之一笑。」（南京多寶寺）「日日攜空布袋，少米無錢，卻剩得大肚空腸，不知眾檀越，信心時將何物供養；年年坐冷山門，接張待李，總見他歡天喜地，試問這頭陀，得意處是什麼來由。」（廣東韶關南華寺）「笑古笑今，笑東笑西，笑南笑北，笑來笑去，笑自己原無知識；觀事觀物，觀天觀地，觀日觀月，觀上觀下，觀他人總有高低。」（四川樂山凌雲寺）這類楹聯大多語言詼諧，耐人尋味，注入了現實生活內容。勸人樂觀曠達，寬厚容人，可以說是中國人對彌勒形象的一種文學改造，可謂是中國化了的彌勒佛。大肚彌勒佛成為寺廟的護法神，又似乎兼有迎客進殿以及規勸眾人寬容對人的職能。在民間的工藝品中，大肚彌勒佛像成為吉利幸運的象徵而博得人們的喜愛。

三、彌勒信仰的三個特點

我們從以上的論述可以進一步看出中國彌勒信仰的三個特點。

（一）多樣性

中國的彌勒信仰，從其內涵看共有三個類型，即上生信仰、下生信仰和化身信仰。彌勒信仰的不同類型，適應了社會不同人群的多樣需要，如彌勒上生信仰多以高僧大德和士大夫階層為其社會基礎。按照彌勒經典的說法，彌勒往生兜率天上說法再下降人間成佛，這期間要經過56.7億年。這樣，在釋迦牟尼已逝世，而彌勒又未降生人間的這段時間內，一些高級僧侶因對佛理存有疑難問題就決心發願，命終時往生兜率天宮觀見彌勒，解決疑難。東晉的道安和唐代的玄奘都是如此。而更多的庶民百姓則熱切地期待著彌勒菩薩早日下生人間，給人們帶來歡樂和幸福，因此對下生信仰持有更大的熱情。至於化身信仰，則既適應了佛教擴大教化的需要，又適應了人們的普遍心理需求。

不同的彌勒信仰體現在造像上，也呈現出多姿多彩的形態。南北朝時，彌勒菩薩的造型多是交腳趺坐像，有的頭冠中還有化佛。此外還有彌勒思維像，其造型為一足下垂，另一足放在垂足的大腿上，一手支頤作思考狀，另一手則放在翹起的足上，神情悠閒自在。隋唐時，彌勒菩薩像多作善跏倚坐的姿勢，或雙手結說法印，或右手作無畏印，以象徵在兜率天說法的情景。彌勒佛像的造型，最常見的是善跏倚坐，雙手作轉法輪印。另外，也有交腳而坐，雙手結轉法輪印的像，還有右手作施無畏印，左手作與願印的立佛像。布袋彌勒的造像，則呈身胖肚大、袒胸露腹、笑口盈盈的形態，顯現出與人民生活密切相關的世俗化傾向。

（二）實用性

中國人往往從實用價值的角度來對待彌勒信仰，尤其是彌勒下生信仰，有的更藉以實現眼前的現實要求，達到自身的政治目的。前面所談的武則天利用彌勒信仰來為自己登基做神學的論證，唐玄宗打擊彌勒信仰以及下層民眾打著彌勒下世的旗幟反對當時的統治者，都體現了對彌勒信仰的實用態度。至於宋代以來置布袋彌勒於天王殿中央，也充分表明了一種實用性的選擇。

這裡，我們想再補充說明一下彌勒信仰中的政治實用性的影響。唐代以後，彌勒信仰因統治者壓制、禁斷而趨衰落，但同時它又走向地下與民間宗教相結合繼續發生作用。元代興起的白蓮教就是偽托彌勒教並融合摩尼教（因崇奉明玉，也稱明教）、道教等而成的，一直流行至清代。每當現實政治令平民不滿時，

「彌勒下世」、「明王出世」的說法就不脛而走，其結果雖是往往遭到統治者的鎮壓，但是彌勒信仰因融入於五花八門的民間宗教之中，又時隱時現地顯示出其存在和活力。

（三）融會性

在彌勒信仰的演變過程中，有一個十分值得注意的現象，即出現了布袋和尚。這是中國人融會思維的創造，也就是說，這種創造是一種融會的結果。布袋和尚的「布袋」能囊括各種雜物，是一種包容萬物的象徵。布袋和尚作為彌勒的化身，它融上生信仰和下生信仰於一體，融印度佛教出世觀念與中國傳統入世觀念於一體，體現了中國人的生命價值追求——吉利、福氣、包容、慈善，同時又體現了佛教的神聖形象和濟世精神，因而布袋彌勒在佛寺中占有穩定而突出的地位是絕非偶然的。

隋唐時代佛教宗派林立，表現了佛教的興盛，同時又為佛教內部帶來矛盾、鬥爭和由此產生的損耗。宋代以來禪宗與淨土宗日趨融合的趨向，也在彌勒信仰中得到突出的表現。布袋和尚是位禪者，又是淨土系統的彌勒化身，禪淨完全融為一體，體現了中國佛教的巨大創造力。

彌勒信仰有上生和下生兩派，然而中國佛教學者善於把上生和下生溝通起來。如玄奘法師等人求上生兜率天，一方面是為了向彌勒菩薩求教問法，另一方面是願隨彌勒下生廣作佛事，乃至證得無上菩提。這說明在中國的大德高僧看來，彌勒上生信仰與彌勒下生信仰的宗旨並無根本性的矛盾，二者是殊途同歸的。

值得注意的是，在藝術方面，彌勒上生的圖像與下生的圖像也是融為一體的。如雲岡第七窟北壁主龕分上下二層，上層龕內的一組五尊像，主像為一交腳彌勒菩薩，兩側是各一彌勒坐倚佛，再兩端是彌勒半跏思維像。第八窟主龕北壁也分上下兩層，上層龕中也是一組五尊像，主尊是彌勒佛，兩側分別是兜率天宮的彌勒菩薩和彌勒菩薩思維像。這彌勒菩薩和彌勒佛並出的造像形式，表明了在人們的觀念中，彌勒上生和彌勒下生信仰的關係極度密切，兩者實是一體兩面的。

總之，彌勒信仰在中國的演變就是一個不斷為中國人所接受和改造的過程，一個不斷中國化的過程，這種情況透露出的外來文化與本土文化的關係是值得我們深思的。

中國佛教慈悲理念的特質及其現代意義

慈悲是佛教的核心理念之一，是佛教的重要倫理準則和理想價值觀念，鮮明地體現了佛教的人文精神，構成為佛教人道主義思想的重要形態。闡述中國佛教慈悲理念的內涵和特質，進而揭示其現代意義，是本文所要著意論述的內容。

一、慈悲理念的哲學基礎

佛教的慈悲理念是奠立在佛教世界觀——緣起論的哲學基礎上的。緣起論是說，世界萬事萬物都由因（直接原因）緣（間接原因）和合而生，也由因緣散失而滅。這是佛教解釋人生、社會和宇宙種種現象產生、變化和消亡的基本理論。從緣起論又推導出「無我」論：就人來說，也是由各種因緣聚會而生，即生理的、心理的多種成分的組合，並沒有一個真正的獨立的自我存在。既然人不能作為自身的主宰，人生無常，畢竟空無，這就構成了人生痛苦、一切皆苦的價值基礎。人有生老病死的痛苦，有欲望和追求得不到滿足與實現的痛苦。這就形成人生的一種根本的需要——撫慰痛苦，緩解痛苦，拔除痛苦。佛教慈悲理念的重要性和必要性由此而被突顯出來。

從緣起論還推導出「同體」論和「平等」論。按照緣起論，沒有任何事物可以離開因緣而獨立產生和獨立存在，同樣，每個人也都與其他眾生息息相關。從

三世因果關係來看，其他眾生的某某在過去世可能就是自己的父母等親人，宇宙間各類生命實質上是一個整體。進一步說，佛、菩薩觀照眾生與己身具有同一的本性（同體），也就是說，一切眾生皆具有存在的同一性、本質的同一性和至善的同一性。佛、菩薩也由此而生起與眾生的絕對平等心，生起為眾生拔苦與樂的慈悲心。這是佛教提出慈悲理念的必然性和踐行慈悲理念的可能性的理論基礎。

建立在緣起論哲學基礎上的慈悲理念，成為佛教弘法度生的出發點。《長阿含經‧大本經》云：「以慈悲心故，為說四真諦。」《法集要頌經‧有為品》也云：「如是佛世尊，一切智中師，慈悲為有情，廣說真實語。」慈悲心是佛為眾生闡說苦、集、滅、道四諦的內在動因，慈悲精神也貫穿於四諦的學說之中。《中阿含經‧說處經》和《增一阿含經‧苦樂品》分別講到慈、悲、喜、捨「四無量心」與慈、悲、喜、護「四等心」。無量心亦即四等心，是佛教修持者藉以成就阿羅漢果位的解脫心願和精神力量。在小乘佛教慈悲理念的基礎上，大乘佛教進一步深化慈悲理念，宣傳慈悲思想，弘揚慈悲精神，並把四無量心發展為四種廣大的利他心願，以引導和輔助無量眾生成就佛果。許多大乘佛教經典都宣揚慈悲理念，如《妙法蓮華經》，尤其是其中的《妙音菩薩品》、《觀世音菩薩普門品》更是集中地宣揚菩薩，特別是觀音菩薩的大慈大悲精神。菩薩的這種大慈大悲精神，集中表現了佛、菩薩對眾生平等的深切關懷，在一定意義上可以說，慈悲標誌著中國佛教的根本精神。

二、慈悲理念的思想含義

慈悲是梵語Maitri-Karun 的意譯。「慈」是慈愛眾生，給與快樂，「悲」是悲憫眾生，拔除痛苦，二者合稱為慈悲。簡言之，慈悲就是「與樂拔苦」。佛教認為，慈從悲來，悲必為慈。「悲」原意為痛苦，由痛苦而生悲情。一個人深刻感受到自身的痛苦，也就能對他人的痛苦感同身受，產生悲情，自然地由衷地衍生出對他人的友情，並擴展為對一切眾生的普遍的平等的慈愛。慈與悲相輔相成，缺一不可。只有慈悲相連，才能產生「與樂拔苦」的踐行和作用。

大乘佛教把慈悲分為三種，稱為「三緣慈悲」。《大智度論》卷四十云：「慈悲心有三種：眾生緣、法緣、無緣。凡夫人，眾生緣；聲聞、辟支佛及菩薩，初眾生緣，後法緣；諸佛善修行畢竟空，故名為無緣。」這三種緣是根據大乘佛教空宗思想劃分的，認為以眾生為對象的慈悲，是凡夫的慈悲，稱「眾生緣慈悲」；「法緣慈悲」是指覺悟眾生無我進而覺悟諸法無我的道理而生起的慈悲，是聲聞、辟支佛和菩薩的慈悲；心無所緣，離一切差別，超越對立，畢竟空無，此為佛的「無緣慈悲」。

　　隋代佛教義學高僧慧遠著《大乘義章》，他在該著第十四卷中把「三緣慈悲」，分解為三種悲和三種慈，即眾生緣悲、法緣悲、無緣悲和眾生緣慈、法緣慈、無緣慈，並分別就其意義，作出明確解釋，反映了中國佛教學者對慈悲概念的重視和理解。

　　與上述三種慈悲緊密相關，佛教還把慈悲層次化，分為小慈悲、中慈悲和大慈悲三個層次。《大智度論》卷第二十七云：

　　大慈與一切眾生樂，大悲拔一切眾生苦；大慈以喜樂因緣與眾生，大悲以離苦因緣與眾生。譬如，有人諸子繫在牢獄，當受大辟。其父慈惻，以若干方便，令得免苦，是大悲；得離苦已，以五所欲給與諸子，是大慈。如是等種種差別。問曰：「大慈大悲如是，何等是小慈小悲？因此小而名為大？」答曰：「四無量心中，慈悲名為小，此中十八不共法次第說大慈大悲，名為大。複次，諸佛心中慈悲，名為大，餘人心中〔慈悲〕，名為小。問曰：「若爾者，何以言菩薩行大慈大悲？」答曰：「菩薩大慈者，於佛為小，於二乘為大。此是假名為大，佛大慈大悲，真實最大。」複次，小慈但心念與眾生樂，實無樂事；小悲名觀眾生種種身苦、心苦，憐憫而已，不能令脫。大慈者，令眾生得樂，亦與樂事；大悲憐憫眾生苦，亦能令脫苦。

　　據上所引，區別慈悲層次的標準有三：一是慈悲踐行者身分的不同。佛的慈悲為大；菩薩的慈悲相對於佛為小，相對於二乘為大，也可說菩薩的慈悲是中，是中慈悲；二乘即聲聞與緣覺的慈悲為小，是小慈悲。二是動機與效果的差異。小慈悲只是主觀的同情、憐憫，停留在心念、心願上面，而大慈悲則給予眾生以實際的關懷、幫助，使眾生真正得到快樂，脫離痛苦。三是自他有別與平等一體的區別。小慈悲是主客有別、自他有別的，大慈悲則主眾生平等、佛與眾生平等，是一種無差別的、普遍的慈悲，這也稱為「無緣大慈」、「同體大悲」，是最高層次的慈悲。

三緣慈悲偏重於從慈悲的對象來區分，大、中、小慈悲則偏於從佛教修持者的認知和思想境界的高下來立論。兩者的關係錯綜複雜，如以眾生為對象的「眾生緣慈悲」，也可以從動機與效果的差異角度區分為小慈悲與大慈悲。又如「法緣慈悲」，因慈悲踐行主體二乘與菩薩的不同而有小慈悲與大慈悲之別。至於「無緣慈悲」即是無緣大慈，同體大悲，與佛的大慈大悲異名同實。慈悲的種類與層次的關係，雖然複雜，但從思想實質來看，兩者又是統一的。

大乘佛教強調慈悲是佛教的根本，《大智度論》卷第二十七云：

> 慈悲是佛道之根本。所以者何？菩薩見眾生生老病死苦、身苦、心苦、今世後世苦等諸苦所惱，生大慈悲，救如是苦，然後發心求阿耨多羅三藐三菩提。亦以大慈悲力故，於無量阿僧祇世生死中，心不厭沒。以大慈悲力故，久應得涅槃而不取證。以是故，一切諸佛法中慈悲為大。

「阿耨多羅三藐三菩提」，意為無上覺悟。「阿僧祇」，意為極為漫長的時間。就是說，慈悲是佛法中最重大的原則，是佛教的根本所在。大乘佛教菩薩的特徵就是全力踐行大慈大悲的原則，以普度眾生為自己的崇高職責和偉大理想。

中國佛教極度推崇慈悲精神，唐代釋道世在《法苑珠林》中就說：「菩薩興行救濟為先，諸佛出世大悲為本。」中國佛教以諸佛、菩薩為理想人格的化身和學習修持的榜樣，也以救度一切眾生為最高願望。這正如《大乘起信論》所說：「眾生如是，甚為可憫。作此思維，即應勇猛立大誓願，願令我心離分別故，遍於十方修行一切諸善功德。盡其未來，以無量方便救拔一切苦惱眾生，令得涅槃第一義樂。」菩薩都有大悲願，慈悲濟世，救度眾生，不度盡眾生，誓不證菩提，不成佛道，這也構成為中國佛教的主導思想之一。

三、慈悲理念的善行要點

隨著小乘佛教向大乘佛教發展，佛教越來越強調慈悲與智慧的結合是解脫之道的兩大環節，也是大乘菩薩德性的兩個方面。慈悲是在踐行上要求自我犧牲和無私奉獻，智慧是在認識上證悟宇宙、人生的真諦。悲智結合，悲智雙運，是為解脫成佛的正道。大乘佛教把「戒、定、慧」三學的戒學、定學歸結為慈悲，慧

學為智慧。「六度」中的前五度布施、持戒、忍辱、精進、禪定也被定為慈悲之度，最後第六度智慧即是智慧之度。於此可見，慈悲在佛教修持中占有極為重要的地位。

大乘佛教，尤其中國佛教對慈悲理念的踐行主要側重於布施和不殺生兩個方面。佛教崇尚布施，認為布施具有無上功德。小乘佛教的布施有兩種：一是「財施」，將財物布施於他人，破除自我的貪心和吝嗇，以免除來世貧窮；二是「法施」，向人說法傳教，使人成就解脫智慧。大乘佛教在此基礎上又增加「無畏施」，給人增強無畏的信心，使之面對茫茫人生之苦而無所畏懼，在修持解脫的漫漫長途上勇猛精進。大乘佛教還將布施與慈悲教義聯繫起來，用以濟世利他，普度眾生，把布施的對象擴大到遍及一切有情（眾生），並把它納入「四攝」和「六度」之中，且居於兩者之首項，這就表明，布施是大乘佛教道德修養與解脫修持中最重要的善行。不殺生是佛教「五戒」的首戒，指不殺人，也指不殺鳥獸蟲蟻，還指不亂折草木等，表現了對一切生命的尊重，也體現了戒律所包含的慈悲的本質特性。佛教也認為，對社會和自然有害的東西，如害蟲害鼠，非殺不可，殺了，也是慈悲心的一種體現。中國佛教還特別反對戰爭和刑殺，並提出斷酒肉、素食、放生的主張。自南朝梁武帝提倡斷酒肉以來，素食成為漢地僧人普遍的飲食生活準則。

四、慈悲理念的形象創造

對於廣大信徒來說，任何一個宗教的神格形象，對宗教教化的神聖性、權威性的確立，都具有特別重大的意義。在大乘佛教諸多佛菩薩中，集中體現慈悲理念的神格形象是阿彌陀佛和觀音菩薩、地藏菩薩。

阿彌陀佛是西方極樂世界的教主，又因接引眾生往生西方極樂淨土而稱為「接引佛」。據《無量壽經》載，阿彌陀佛發「四十八願」，其中第十九願說，凡誠心發願往生極樂世界者，在臨終時，阿彌陀佛必親來接引往生。彌陀信仰在中國流傳久遠，東晉時竺法曠、支道林、慧遠等就信奉往生淨土法門。後經曇

鸞、道綽至善導，更創立了以持名念佛，即口頌「南無阿彌陀佛」為主要特色的淨土宗，提倡以修行者的念佛為內因，以彌陀的願力為外緣，內外相應，往生彌陀淨土。這種以信佛的因緣願生淨土，憑藉阿彌陀佛的願力便得往生，是為修持成佛的「易行道」。阿彌陀佛接引眾生往生西方極樂國土，使眾生離苦得樂，從人間火宅升入極樂世界，這中間表現出來的崇高的慈悲形象、偉大的慈悲情懷，令眾多信徒感激讚歎，趨之若鶩。

觀世音菩薩與大勢至菩薩同為西方極樂世界阿彌陀佛的脅侍，是以慈悲濟世，拯救眾生為本願的菩薩。「觀世音」稱號的含義有三：一是觀世音，觀眾生發出求救的音聲即往拯救；二是觀世意，觀眾生發出求救的意願即前往施救；三是觀世身，觀眾生身受苦難而往解救。因觀音菩薩達觀自在，理事無礙，又稱為觀自在菩薩。有關觀世音菩薩的經典很多，其中最重要的有《妙法蓮華經》，該經中的《觀世音菩薩普門品》還以《觀音經》為名單本別行。又如《大方廣佛華嚴經》的《入法界品》、《佛說觀無量壽經》和《佛說大乘莊嚴寶王經》等，也是有關觀世音菩薩的重要經典。觀音菩薩是佛教塑造的大慈大悲理念的典型神格化身，其慈悲精神的特徵有三：一是現實性：觀世音菩薩大慈大悲，能解救眾生現實生活中的種種苦難，滿足眾生現實生活中的種種願望和要求。二是隨類性：觀世音菩薩「隨類度化」，對於眾生一視同仁，不分貴賤賢愚，隨順眾生的類別、特性來不斷變換自己的形象，開示教化，度脫苦厄。三是融通性：觀世音菩薩為了拯救眾生的苦難，滿足眾生的要求，應化無方，融通自在。觀世音菩薩的應化形相千姿百態，如多首、多臂、多目，非男非女，變男變女，乃至清代以來，更有送子觀音，並與道教結合而有「觀音娘娘」之稱。觀音信仰無論在中國漢傳佛教還是藏傳佛教中，均極為普遍、深入，在廣度和深度上都超越了對諸佛與其他菩薩的信仰。這其間有著深刻的社會和思想的原因。

地藏菩薩也是中國佛教重點崇奉的菩薩。據《地藏菩薩本願經》等載，地藏菩薩受釋迦牟尼的囑託，承諾在釋迦牟尼身後和彌勒菩薩成佛以前的中間無佛時期，地藏菩薩將現身世間，救度眾生。據傳地藏菩薩立下「眾生度盡，方證菩提；地獄未空，誓不成佛」的宏願，置身於地獄拯救惡道眾生。《地藏菩薩本願經》還稱，若是崇奉地藏菩薩，必能使人世間獲得豐壤良田、無水旱天災等十種

利益。民間還以地藏菩薩為地獄的最高主宰,稱之為「幽冥教主」、「地藏王菩薩」,管轄十殿閻王。

在中國大乘佛教信仰中,上述三位佛菩薩以阿彌陀佛和觀音菩薩最為突出,在阿彌陀佛和觀音菩薩中,又以後者居於首位。三位佛菩薩的角色定位是,阿彌陀佛接引眾生往生西方極樂世界,觀世音菩薩解救眾生的現世苦難,地藏菩薩則賦予世間風調雨順,五穀豐登。他們互相配合,各有分工。這就是說,大乘佛教慈悲濟世,既滿足了人對來世的期待,又幫助人解除現世的痛苦,同時還協調人與自然的關係,從而調和了現實與來世、此岸與彼岸、社會與自然、現實與理想等人生和社會的根本矛盾,給廣大信眾帶來情感和思想上的滿足與愉悅,希望與期待。

五、慈悲理念的內在特質

佛教慈悲理念是與其解脫論緊密相聯繫的,歸根到底,是為了眾生的解脫,成就佛果。不過從中國人佛教信仰的動機和重心來看,則偏於祈求佛和菩薩幫助解決現實的問題與困難,滿足現實的功利與福祉。

從思想史角度理性地審視佛教的慈悲理念,我們會發現,它的出世性、神祕性、寬泛性等局限性,是易於引起一些人的質疑,難以讓人普遍認同的。但是儘管如此,我們還是認為更為重要的是應當思考作為擁有數以億計的眾多信徒,並構成中華文化儒道佛三大組成部分之一的佛教,其基本理念慈悲是否也是對人生和社會的省察、反思的成果?是否也是維護人類生存的智慧表現?是否與世俗社會提倡的價值、道德、精神也有共通、一致之處?我們認為回答應當是肯定的。大乘佛教慈悲理念所包含的價值理論和人文精神內涵是豐滿的,也可說是深刻的,這表現在:

人本思想與人道主義。佛教慈悲觀念的提出,主要是緣起於對人類的局限性的反思,對人的生命脆弱性的關切,對人生苦難的憂患,這種以人為對象、以人

的解脫為本位的人本思想，與以關懷人尊重人為特徵、以人為中心的人道主義是相互會通的，且有相互一致之處。

利他思想與集體主義。佛教慈悲觀念以利他為原則，強調要有利於他人，要為救濟一切眾生而致力行善，這與我們提倡的助人為樂、大公無私，一切以廣大人民群眾的根本利益為出發點的集體主義思想，也是相近、相通的。

平等思想與同情博愛。平等是佛教慈悲的思想基礎，慈悲是平等的道德體現。佛教主張人與人之間平等、人與其他生物之間平等，強調對他人，對其他生命主體性的尊重、關懷以至敬畏，這與儒家的「仁愛」、「博愛」、「民胞物與」（仁民、愛物）是一致的，與中國哲學，即以「天人合一」為基本理論架構的整體生命哲學是相通的。佛教平等思想所蘊涵的尊重一切生命的偉大同情心和博大的愛心，是值得肯定的。

六、慈悲理念的現代意義

從社會史的視角觀察，我們不能不承認，佛教的慈悲理念符合相當多人的祈望和希求；從古至今，受到人民尤其是下層人民的普遍歡迎。雖然佛教慈悲理念在古代社會的作用是複雜的、多重的，但是，從佛教慈悲理念中所折射出來的訊息中我們不難發現：人的有限性、脆弱性、人的現實困境乃至深重災難，人的追求和理想難以滿足與實現，凡由此種種切身感受而導致的仰望神靈的慈悲、扶助、賜予之心，是真誠而強烈的，一部分信徒從中得到了程度不等的情感慰藉，也是真實不容置疑的。從這方面來看，佛教慈悲理念無疑發揮了某種撫慰社會人心、穩定社會結構和社會秩序的作用。

在歷史上，慈悲理念的意義不斷得到新的詮釋和新的發展，浸潤人心，生發作用。在人類已經進入21世紀的今天，在進行社會主義現代化建設的中國，佛教慈悲理念是否也有其現代價值與意義呢？我們認為，佛教若能審時度勢，與時俱進，革故鼎新，結合社會的需要、人民的生活和容受的條件，運用現代的思

想、理論、概念、術語對佛教慈悲理念作出新的合乎本意和情理的詮釋與闡發，必將有助於慈悲理念的弘揚，進而有益於社會的發展。

我們認為，在當代社會，佛教慈悲理念具有以下新的現實意義：

有助於提高國民的素質，尤其是道德素質。倫理道德建設必須建立在符合人性的本質和要求上。可以說佛教提倡的慈悲理念，符合人性的弱點與優點共存的本質、去惡從善的要求、離苦與樂的願望，以及平等博愛的追求。提倡慈悲理念，必將有助於發揚團結和互助友愛的精神，有助於實踐無私奉獻、濟世利人、救死扶傷、扶危濟困等美德善行，有助於社會公德的完美與職業道德的提高。

有助於維護世界和平與人類安全。雖然當今世界總體來說是和平的，但是種族、宗教、地區的衝突此伏彼起，恐怖主義活動猖獗，核擴散問題形勢嚴重，人類面臨自我毀滅的危險。為了消除人類和平、安全的威脅，需要各國的共同努力，採取相應的堅決措施。就思想文化方面而言，以關懷、尊重生命價值為基礎的佛教慈悲理念，實是一種跨種族、跨宗教、跨國界的博愛文化、和平文化和安全文化，有利於調整人的觀念進而導致在行動上維護和平與安全。

有助於生態平衡與經濟可持續發展。佛教強調宇宙萬物的不可分離的依存性，佛教慈悲理念主張尊重他者、尊重異類、尊重動植物的生命，反對濫殺濫伐，任意糟蹋環境，破壞生態平衡。若將佛教平等慈悲理念應用於生態學，無疑將有助於建立完整的生態倫理學，進而也必將有助於推動經濟的可持續發展。

中國佛教的過去與未來

——為紀念中國佛教兩千年而作

一、引言

遠在兩千年前，古印度佛教僧侶奉持佛經，經由中亞細亞，踏著平沙莽莽的絲綢之路，進入中國新疆地區，再沿著馬鈴聲聲的河西走廊而深入內地，傳播佛教。以後，印度佛教的不同派別又分別北上，進入中國西南地區的西藏和雲南，弘揚佛教，由此，中國佛教形成了漢語、藏語和巴利語三大語系的完整格局。

佛教傳入中國後，它的獨特宗教信仰逐漸深入到中國人的精神生活和傳統文化之中，在中國大地上扎根、發芽、開花、結果。中國佛教學者也創立了佛教宗派，並傳入周邊國家和地區，如朝鮮、日本和越南等國的佛教就是中國佛教宗派的延伸。13世紀初，印度佛教被外來勢力消滅。這樣，事實上中國成了大乘佛教的第二母國。

兩千年來，佛教不僅深刻地影響了中國社會，也程度不同地影響了東亞、東北亞和東南亞地區。在中國和這些地區國家的宗教、倫理、哲學、文學、藝術、醫學、民俗等廣泛領域，無不顯示出佛教的巨大作用，這構成了中國歷史和上述地區國家歷史的顯著特點。這是不同民族、國家的不同文化自由交流的成功範例，也是亞洲乃至世界人類文明史上的光輝篇章。

1998年是中國佛教兩千年，是有歷史意義的年頭，值得隆重紀念。紀念中國佛教兩千年，最有意義的活動就是回顧過去、展望未來。這就要求我們對中國佛教的兩千年歷程，進行深入的反思，做出深刻的總結。我們認為，中國佛教兩千年的歷程，其實質就是佛教中國化的歷程。佛教是怎樣實現中國化的？有哪些成功的基本經驗值得總結？這就是我們要探討的主題。佛教中國化的成功經驗，是中國佛教的寶貴精神財富和優秀文化傳統，構成了中國佛教的優勢、長處、強項，也是佛教賴以長期存在和繼續發展的重要基礎。我們認為，依託佛教歷史經驗的豐富思想資源，結合未來社會的新形勢、新特點、新課題，加以細緻研究、

縝密思考，就能比較準確地展望佛教的未來前景，並確定相應的思路和舉措，以推動佛教適應時代和不斷發展。

下面，我們擬從學術文化的視角出發，就中國佛教過去的經驗和未來的走向，做一冷靜的客觀的探討，以此作為對中國佛教兩千年的紀念。

二、中國佛教的歷史經驗

中國佛教的歷史經驗就是佛教實現中國化的成功實踐，總結中國佛教的歷史經驗，就要深入探討和分析佛教是如何調整角色定位，應對排拒，化解障礙，消除矛盾，從而為中國人所接受，並得以存在的；就要深入探討和分析佛教是如何與中國國情相結合，不斷提出與印度佛教既同又異的義理思想和修持方法，從而適應中國人的精神需要，並獲得發展的。我們認為，中國佛教的歷史經驗似可以概括為以下三項基本內容：

（一）與世俗政治的協調。政治通常含括政權、政治制度與政治觀念等內容。中國自秦漢以來，直至清代滅亡，是以皇帝為首的中央集權專制國家，實行皇帝「家天下」制度，「天下」（國家）被認為是皇帝的私產。皇權至上，一切大權歸於皇帝，「皇帝」是國家最高權力的象徵。皇位世襲，傳位被視為皇帝家庭的私事。皇帝還建立一套相應的政治制度來確保自身的政治特權和經濟特權。皇帝的至高無上地位和強大政治權勢，絕不會容許神權凌駕於皇權之上，也絕不會容許神權漠視皇權的尊嚴，更不會容許神權對皇權的挑戰。因此，歷代皇帝都要運用至高無上的權力，這樣那樣地駕馭、控制、支配、管理宗教，要求宗教服從自身統治的利益。

中國封建皇權具有決定宗教命運的嚴峻現實，逐漸被中國佛教上層精英所認識，妥善處理佛教與封建皇權政治的關係，是佛教在中國獲得存在與發展的首要條件。東晉時代佛教領袖道安就說「不依國主，則法事難立」，明確地道出了政治對佛教生死攸關的重要作用和佛教必須採取的協調立場。道安弟子、東晉後期

南方佛教領袖慧遠的「政教離即」論，更是全面地闡發了政教關係說。當時以權傾一時的桓玄為代表的部分政界人士，要求沙門向王侯禮敬，並與慧遠展開了激烈的辯論。慧遠在《沙門不敬王者論》和《答桓太尉書》中就此做了兩方面的答辯：首先，把在家信徒與出家信徒加以區別，肯定在家信徒必須順應世俗禮法，尊親敬君；同時又強調出家僧侶的特殊之處，一是要隱居，一是要變俗，也就是要獨立於世俗之外，不隨俗順化，因而不恭敬王者。其次，慧遠又從出家僧侶的社會功能和作用方面說：「如令一夫全德，則道洽六親，澤流天下，雖不處王侯之位，固已協契皇極，大庇生民矣。」「一夫」，此指沙門。「皇極」，政治賢明。這是說，如果使沙門勤於修持，成就功德，就能使自己的六親乃至天下都得到好處，這是完全符合王侯的政治利益的。慧遠既高揚佛教的主體意識，維護佛教的獨立立場，又強調佛教的道德教化有利於政治統治的鞏固。也就是說，慧遠十分強調出家僧侶獨立於政治，強調政教分離，同時又論證佛教有益於政治，即與政治的一致性，肯定其相即不離的關係，將佛教與世俗政治協調起來，維護了佛教的生存權。從歷史的觀點來看，應當說，慧遠的「政教離即」論是合乎理性的，有積極意義的，是封建時代佛教僧侶對政教關係所能做出的最出色的總結，為中國佛教處理政教關係確定了原則立場，它有助於避免因僧人染指政治而導致朝綱不振、政治腐敗現象的出現，也有助於減少或避免王朝運用政治力量和行政手段壓制宗教現象的發生。

　　為了協調政教關係，自五世紀末開始，中國佛教還設立了僧官制。在執政者的管制之下，僧官負責沙汰僧眾、試經得度，禁止私建寺院、編制僧籍等，以匡正僧眾紀律，控制僧團勢力。由於慧遠的「政教離即」論和僧官制度等的調節作用，即使後來發生了「三武一宗」的滅佛事件，佛教也沒有被消滅，而是在新的最高統治者的支持下，得以復興。歷史表明，古代佛教與政治的關係是關係中國佛教生死存亡的大事，而佛教保持與世俗政治的協調關係，正是它得以長期流傳的重要原因。

　　（二）與固有文化的磨合。磨合是指摩擦與融合，由摩擦到融合。佛教與中國固有文化的磨合，即是佛教成功地與不同文化的交流，是使自身成為儒、道、佛三大傳統文化中與儒、道並列的一系，並獲得長期、廣泛的流傳的又一重要原

因。

　　佛教與以儒、道思想為代表的中國固有文化，是古代東方中印兩大國家的兩大文明體系，對人生和宇宙都做出了系統的、有深度的說明。這兩大文明體系各有特點，旗鼓相當。當彼此產生交涉、撞擊時，我們可以看到，兩者都採取了相互選擇的立場，經由相互摩擦、衝突，到相互會通、融合，尋找彼此認同的契合點，以共同適應中國社會的需要。佛教與儒家曾發生「生死」、「形神」之爭，有無因果報應之辯，和「沙門應否敬王者」之爭。佛教與儒、道曾發生中印國民性格之辯，和儒、道、佛三教的高下優劣之爭等。但是，從整個佛教與中國固有文化的交涉史來看，雙方真正在思想文化上的鬥爭不是十分突出的，也不是主要的。相反，彼此的融合則是經常的、普遍的，後來更是達到了「三教合一」的程度。

　　佛教與中國固有文化的融合，主要表現在兩個方面：一是佛教吸取、融攝儒、道，二是佛教影響、滲透儒、道。佛教傳入伊始，就重視對儒道的融攝，如用道家的專用術語來翻譯佛經的一些概念，用黃老的無為思想來解說佛教宗旨，後來又用魏晉玄學來詮釋佛教般若學。儒家把人的心性視為有關個人的道德修養乃至關係到治理國家的重大問題。晉宋之際，佛教學者竺道生在儒家重視心性和玄學家探討宇宙本體思潮的影響下，也注重從對外的本體轉向對內的人格本體即對心性的探討，以為人的本體即人類自身的「本性」，把本體論與心性論統一起來，大力宣揚佛性論，為日後形成的中國化佛教宗派提供了重要的理論基石。佛教也極為重視融攝儒家倫理思想。忠君和孝親是中國封建倫理道德的基本規範，尤其是孝，更被視為是倫理道德的根本。僧人出家，不拜皇帝，不拜父母，曾遭到儒家學者的強烈抨擊。後來中國佛教學者也轉而提倡忠孝，宋代契嵩更是撰《孝論》12章，系統地闡發了戒孝合一論。

　　至於佛教對儒、道的影響、滲透，也是多方面的、深刻的。例如，僧肇撰《不真空論》，對與玄學相呼應的般若學三派（本無派、心無派和即色派）的性空理論做了分析批判，在《物不遷論》中闡發了動靜相即觀點，在《般若無知論》中提出了不知即知的命題，這在客觀上都是對魏晉玄學哲學基本問題的總

結，推進了玄學理論的發展。又如，佛教對宋明理學的深刻影響更是大家所公認的。佛教的理事學說、心性思想和修持模式等構成理學的重要來源。佛教的禪宗和儒家的理學，就是佛教與中國固有文化互動而產生的兩大文化成果。

佛教與中國固有文化的磨合，推動了古代中國文化的發展，與這種發展同步，佛教也獲得了相應的發展。

（三）文化學術的創造。中國佛教的文化學術創造，是佛教中國化的典型表現，也是佛教長期流傳、不斷發展的又一重要原因。

中國佛教的文化學術創造，是佛教原有的思想優勢與中國的實際國情相結合的新成果。佛教與儒、道是兩種異質文化。大體而言，佛教是以宗教文化的特質而異於儒、道文化的。相對於儒、道文化而言，佛教文化關於宇宙存在的緣起論、人生痛苦的價值論、對人的生死的終極關切思想、細密的心性論、獨到的倫理學說以及系統的修持方法等，都有其顯著的優勢，構成與儒、道互補的重要基礎。中國國情包括中國政治經濟、社會結構、文化傳統、民族性格和思維方式等。佛教自傳入之日始，就一直表現出適應中國國情的靈活風格，隨著條件的成熟，中國佛教學者更把佛教的優勢和中國的國情結合起來，全面地創造了別具異彩的中國佛教文化。中國佛教的創造，涉及廣泛的文化領域。這裡僅以佛教宗派的創立和佛教叢林制度的建立為例，略做說明。

佛教宗派的創立。隋唐時代，中國佛教形成了天臺、三論、唯識、華嚴、律、密、淨土、禪八大宗派。中國佛教學者重視佛教學術研究，獨立判別印度佛教經典的高下，選擇某類經典為本宗崇奉的最高經典，並結合中國的固有文化，加以融通，進而創造出新的宗派。以中國化色彩最為鮮明的天臺、華嚴和禪諸宗為例，天臺宗重視《法華經·方便品》，倡導方便法門，並融合中國固有的「萬物一體」觀念，建立實相說；華嚴宗人法藏闡揚萬事萬物圓融無礙的思想；密宗更把儒、道思想納入佛教思想體系，以闡明人類本原的學說；禪宗依據佛教的心性思想，並吸收道家的自然主義等中國固有觀念，提出「不立文字，教外別傳，直指人心，見性成佛」的宗旨，更是充分地表現了獨立的創造精神。中國佛教宗派的創立，促進了中國佛教文化學術的繁榮，對佛教的持續發展具有重大意義。

佛教叢林制度的建立。佛教傳入中國後，原來的「三衣一鉢，遊行乞食，樹下一宿」教制，與中國國情、民俗不相適應：中國人重視農耕，難以容許乞化生活的存在；北方嚴寒的氣候，也不適宜四處遊化，宿於路邊。中國佛教及時自我調整，逐漸形成定居式的僧團制，道安法師還為僧團制定了僧尼軌範。後來唐代馬祖道一更確立叢林制度，其弟子百丈懷海制定的清規，全面建立了僧團管理制度，如長老制度，重視勞動生產的農禪生活制度，乃至僧侶服制由印度式改為中國化的唐朝衣冠等。中國佛教叢林制度，代代相承，對於維護中國佛教的持久發展有著重大作用。其中農禪並重的制度，適應了當時中國的生產方式，對緩解佛教與上層統治的矛盾，維繫僧團的生存，有著突顯的意義。

　　此外，中國佛教還重視向外傳播，並在國外獲得巨大的發展，如1.2億人的日本，現有8000萬佛教信徒，這就是中國佛教強大生命力的生動證明。趙樸初先生說，中、韓、日三國佛教徒共同構築了黃金紐帶。這條紐帶推進了三國的文化交流與發展，增進了三國人民的了解與友誼，這其中所體現出來的佛教的意義與價值，不也是十分明顯的嗎？

三、中國佛教的未來走向

　　歷史猶如奔騰不息的長河，中國佛教的未來，是中國佛教過去的延續。中國佛教的歷史經驗，是中國佛教的寶貴財富，如何把中國佛教的歷史經驗創造性地運用到佛教未來實踐中去，並結合未來社會的新形勢，適應人群的新需要，創造出新經驗，以規範中國佛教的未來走向，這是關係到中國佛教命運的重大問題。值此中國佛教兩千年之際，在探討21世紀社會基本特徵的基礎上，以中國佛教的歷史經驗為依據，規劃佛教的未來之路，確定相應的舉措，這對中國佛教未來的走向與發展是很有意義的。

　　中國佛教告別了古代史和近代史，它將要面對的是21世紀社會。與以往歷史比較，當代社會不僅在政治制度、經濟制度和社會結構諸方面，都已發生歷史性的變化，而且由於現代化建設的不斷推進，越來越顯示出與以往歷史不同的新

特徵，如：（一）由於市場經濟的日趨成熟，通訊技術的進步和交通的發達，國家與國家、地區與地區之間的經濟正在走向一體化，世界將變得越來越全球化。這樣，就出現了國別觀念的淡化而國家間競爭加劇的新形勢，也帶來了貧富懸殊的進一步擴大。據日本《世界》月刊8月號載文說，1997年，世界最大富翁比爾蓋茲的資產總額達364億美元，相當於擁有1.2億人口的孟加拉國的國民生產總值。（二）由於科學技術的空前進步，人類在征服自然、改造自然方面取得的成就也會越來越巨大，與此同時，自然也在增大報復人類的力度，生態失衡、環境污染、氣溫升高、人口爆炸、能源危機、食品短缺等難題正在日益困擾人類，人類實際上面臨著生存危機。（三）由於物質條件的不斷完善和生活方式的更加現代化，豐富的物質生活與相對匱乏的精神境界的反差現象將長期存在，也就是說，文化精神危機、價值危機是未來社會的一個重大問題。鑒於這種情況，未來社會有可能逐漸從單純追求經濟增長轉入追求人的全面發展。這就為宗教的發展提供了歷史性的新契機、新機遇。

上述特徵表明，人類社會的人與自然、人與社會、人與自我三個矛盾，有的改變了形式，有的是更尖銳了。未來的中國佛教應當在緩解這些矛盾方面發揮作用，以滿足人們的新需要。由太虛法師率先提出，現為兩岸佛教界基本認同的人間佛教理念，可以視為規範中國佛教未來走向的藍本。所謂人間佛教是對當代佛教的角色、功能、特質的定位，它以人為出發點，強調適應和提升現實社會，它的實質是，以佛教倫理道德淨化人心，提升人的思想道德素質。應當肯定，這是符合當前和未來社會需要的。

走人間佛教之路，要勇於開拓，善於開拓。例如，把修持佛教戒律和保護環境結合起來，就有助於協調人與自然的關係。又如，在條件具備的情況下，積極開展社會公益事業和文化教育事業，對於和諧人際關係以及提升人的素質，肯定是有重要意義的。再如，把佛教某些修持方式方法如何運用於心理調節、心性修養、心靈提升方面，也是很有意義的。總之，要在運作實踐中，使人間佛教的理念越來越完善，使人間佛教的道路越走越廣闊。

實踐人間佛教的理念，對佛教界提出了更高的要求。這裡，完善佛教的教

育，積極培養佛教的人才，具有關鍵性的意義。可以說，一位佛學造詣深厚、人格高尚、修持嚴謹、熱心弘法利生的佛門龍象，其作用與影響要遠遠大於蓋十座大廟。佛教人才是佛教未來命運之所繫。這也是我們在紀念中國佛教兩千年時特別需要提出和關注的大事。

佛、道的人生價值觀及其現代意義

一、人生價值觀是佛、道思想的核心

價值是近代出現的名詞。在古代中國雖無價值一詞，但有一個與它相當的詞是「貴」。佛家和道家關於「貴」即價值的思想學說，尤其是關於人生價值的思想學說是十分豐富的。人生價值觀是佛道兩家思想的核心。

人生價值觀是價值觀的基本類型和主要方面，在價值觀中具有最突出的意義和最重要的地位。人生價值的含義是多方面的：第一是生命價值。人的生命是實有的，還是空無的？人的生命有沒有實際意義？第二是人類價值。人類在宇宙中的地位如何，有無價值？第三是人格價值。每一個人在社會中的地位如何，有無價值？第四是理想價值，即最高價值。人的最高價值標準是什麼？如何衡量一個人的價值？怎樣生活才有價值？如何成就生活的最高價值？以上幾個方面就是人生價值觀的基本問題和基本方面。

佛道兩家學說幾乎是同時在西元前五、前六世紀產生的，都是古代東方文明的巨大成果。佛教約在兩漢之際傳入中國，經過與中國固有文化的碰撞、交涉、融合，日益成為漢以來中國傳統文化的一部分。值得強調指出的是，佛道兩家所

探討的主要對象都是人,都對人生價值的一系列問題作出了獨特的闡述,兩家思想的核心都是人生價值觀。

　　佛教創始人釋迦牟尼有見於人生的痛苦,為求解脫而創立佛教。原始佛教的基本教義是「四諦」和「三法印」,其基本思想是闡述實現人生的痛苦和解脫苦難的辦法。「四諦」是苦、集、滅、道。「苦」是受逼迫苦惱的意思,尤其是指人有生死輪迴的痛苦;「集」是指人的貪、嗔、痴的思想行為能感召未來的生死苦果;「滅」指滅盡因果報應,解脫生死痛苦,達到涅槃寂滅的境界;「道」是達到寂滅解脫的方法和手段。「三法印」是:「諸行無常」,世界變化無常;「諸法無我」,世界萬物都沒有獨立的實體或主宰者;「涅槃寂靜」,佛教徒經過修行,斷盡煩惱痛苦,超脫生死輪迴,達到寂滅解脫的境界。「四諦」和「三法印」都是從緣起思想出發,闡述現實世界和現實人生的痛苦、造成痛苦的原因,以及解除痛苦的途徑和目標。原始佛教是解脫道,是一種解脫人生苦難的說教。雖然後來佛教又不斷產生新的思想,形成新的派別,但「四諦」、「三法印」這一套人生解脫之道是始終堅持的,而且得到發揮,一直是佛教各派思想重心之所在。

　　道家思想奠基人老子提出「道」本原論,以無為的「道」為宇宙本原和根本法則,對宇宙理論作出了突出的貢獻。同時,他又從宇宙論衍生出人生論,強調人應以「道」為法,虛靜無為,順其自然,無知無慾,以符合人的本性。老子極重視保全自身,提出「後其身而身先,外其身而身存」(《老子‧第七章》)的觀點,強調柔弱的作用,主張以弱勝強,以柔克剛,提倡貴柔學說。老子認為儒家的仁義道德會廢棄大「道」,一味追逐名利,使人喪失「素樸」本性,由此而主張「絕仁棄義」。莊子繼承老子的自然無為的人生哲學,進一步提出「逍遙遊」的思想,認為仁義、善惡、是非、利害等區別都是人生的桎梏,主張透過「坐忘」等功夫達到「天地與我並生,而萬物與我為一」的境界,以獲得絕對的自由。把個人的自由超脫、個人精神的絕對自由作為人生的最高理想境界。

　　道教是上標老子無為,次述神仙餌服,下襲張陵符籙,即由宗教化的道家學說、長生術和仙學,以及各類齋醮雜術三個相互關聯的部分、層次所構成。道教

的價值取向是，吸取老子的無為的「道」，並把「道」視為人格化的神，進而闡揚以方術求得長生不死、羽化成仙的教義。道教也規定了諸多戒律，如不得殺生、不得葷酒、不得妄語、不得偷盜和不得邪淫等，要求信徒禁惡從善，多做善事，以求福報，成為神仙。道家以自由超脫為人生理想，道教貴生，主張長生成一仙，都表現出對個體本真生命的重視和追求。

從佛道兩家的思想內核來看，它們關注和考察的主要對象都是人，主要內容都是人生哲學，是對現實人生在宇宙和社會之中的價值作出的種種判斷，指出提高人生價值和完滿實現人生最高價值的道路和方法，是在古代中國和印度大地上產生的各具不同特色的人生哲學體系。佛道兩家都著重研究人生價值，但由於地理、歷史、社會和傳統等因素的不同，形成了不同的人生價值學說。顯然，對東方這兩大人生價值體系進行研究並標示其現代價值，是有重要意義的。

佛道兩家的學說流傳了兩千數百年，內部派別眾多，對於人生價值的具體學說也不相同，本文只選取兩家最基本、最典型、最具代表性的觀點進行論述，對兩家的內部分歧和枝末觀點則略而不論。

二、佛、道人生價值觀的要義

佛道兩家人生價值觀的要義，主要集中在對人的地位、生活、生命、生死、理想等一系列問題的看法上，並表現出鮮明的差異。

（一）人的地位

關於人的地位，包括兩個方面，即人分別在宇宙中和社會中的地位，也就是關於人類價值和自我價值的問題。

佛道兩家對於人類在宇宙中的地位所取的參照系各不相同。佛教是就「佛」來論人在宇宙間的地位；老莊道家是就人與其他「物」，尤其是與一般動物的比較來立論，從而確定人在天地間的意義；而道教主要是相對神仙鬼怪來論人在世間的地位。

佛教把宇宙間有情識的生命分為四聖、六凡，即兩類十等。第一類是佛、菩薩、緣覺、聲聞，為四種「聖者」；第二類是天、人、阿修羅、畜生、餓鬼、地獄，稱為「六凡」或「六道」，也稱「凡夫」、「眾生」。從佛教對人的地位的排列來看，人與佛相比，有凡、聖的本質區別，是分別居住在兩個不同世界裡的生類。四聖是超越生死、獲得了解脫，六凡則陷於痛苦的生死輪迴轉生之中，沒有得到解脫。人若不信佛教，就將在六道中輪迴轉生，永遠不得解脫。包括人類在內的六凡，地位是低下的。然而，在六凡中，人類處於第二等次，地位又是相對比較高的。佛教學說畢竟是以人類為主要對象，以覺悟人群為最終目的，因此它又經常強調人類的優勝，宣揚「人生難得」。佛典云：「何故人道名摩沙（譯為人，人類）？此有八義：一聰明故，二為勝故，三意微細故，四正覺故，五智慧增上故，六能別虛實故，七聖道正器故，八聰慧業所生故。」意為人類聰明，富有智慧，容易成就佛道。有的佛典還認為人道勝於天道，如《大毗婆沙論》云：「能寂靜意故名人，以五趣中能寂靜意無如人者。故契經說，人有三事勝於天者：一勇猛，二憶念，三梵行。」意思是說，天過於享樂，憶念也差，又不修行，人則勇猛精進，長於憶念，又能堅持修行，這些方面都超過了天。在六凡中，佛教對人寄予的希望最大。人的地位雖在天之下，但在不少方面又高於天，從這個意義上說，人的地位是比較高的。

對人在宇宙中地位的看法，道家內部多有分歧。老子強調人有卓越的地位。他說：「故道大，天大，地大，人亦大。域中有四大，而人居其一焉。」（《老子‧第二十五章》）老子認為人是宇宙中四大之一，且高於萬物之上。《莊子》的外雜篇則從形體的角度出發，認為人藐小無比，「吾在於天地之間，猶小石小木之在大山也」（《莊子‧秋水》）。又說，與無限大的宇宙相比，人猶如蝸角上的微生物（參見《莊子‧則陽》），人只是天地的附屬品，並沒有獨立的地位。道教是透過神、人、鬼的宇宙生命系統來顯示人的地位的。道教認為，宇宙空間是由天庭、仙境、人間、地府構成的，神居於至高無上的地位，其中的神又有尊神和俗神之別，是信徒們的主要崇拜對象。仙人是修煉得道者，神通廣大，長生不死，是人應當追求的理想人格。人是精氣和合而生者。鬼是人死後落入陰曹地府的受罰者。人是神仙與鬼之間的中介，處於上可升為神仙、下可墮為惡鬼

的中間地位。道教尊崇老子為神明，宣揚彭祖、黃帝等是神仙，打通了人與神仙的間隔。道教有時還宣傳一些神和仙的封號是由皇帝賜予的，實是把地上的皇帝置於某些神和仙之上。至於民間對道教神的態度也很有意思，如對灶君爺，陰曆年終送他上天時，特意供上「膠牙腸」，好黏住他的牙，使他無法對玉帝打小報告、講壞話。中國人往往以功利心態對待神，就像對待在上的官吏一樣。人們是基於有恩必報的心理來信奉神的，人和神之間帶有一種類似契約性的關係。道教也深受這種民間社會心理的影響。道教還明確強調「萬物之中，人最為貴」。認為人是一般生物中最有靈智的，可長生不死，直接成為神仙。這都表明了道教在一定程度上對人在宇宙間地位的重視，表現出在人神關係上，人對神具有相對獨立性的思想。

每個人作為人類中的一分子，是否具有價值？這是關於人格價值的問題，也就是人在社會中的地位問題。佛教從它的眾生平等的觀念出發，強調人與人之間是平等的。釋迦牟尼在創立佛教時反對婆羅門的四種姓不可改變及婆羅門至上的觀點，主張四種姓平等：一是在出家修行和僧團內部實行平等，即所有人不問其出身如何都有權出家學道加入僧團，而且在僧團內部不管原來的種姓高低，一律平等。二是業報輪迴方面的平等，即不管種姓、出身、職業的高低，都根據自身的業報決定生死輪迴。三是成就正果方面的平等，即所有人在成就正果的機會、條件方面也都是平等的。後來，雖然有的佛教派別主張有一種人沒有善根種子，不能成佛，但是多數派別都反對這種說法，認為一切眾生都具有成佛的根據、可能。

對於個人在社會中的價值問題，道家和道教的看法比較複雜。老子一方面比較重視人的地位，一方面又提倡「不爭」，説：「夫唯不爭，故天下莫能與之爭。」（《老子・第二十二章》）主張凡事聽其自然，不要人為地加以干預。又説：「不敢為天下先。」（《老子・第六十七章》）意思是，不敢居天下的前面。老子認為只有這樣，人才能在社會上取得成功；也只有這樣，才能救人救物，而不是棄人棄物。莊子從「齊物」的觀點出發，強調人的美醜、認識的是非，都是相對的，是平等無差別的。他反對人為造作，認為人的真正自由在於任其自然，無條件地與自然為一。

道教在道家無為觀的基礎上有所演化，《老子想爾注》說：「聖人不與俗人爭，有爭，避之高逝，俗人如何能與之共爭乎！」道教把「不爭」作為戒律的內容之一。後來還把不爭與修煉聯繫起來，強調「不與俗爭」才能得道長生。道教也強調等級觀念，它不僅宣稱天地之間有神人、真人、仙人、道人、聖人、賢人、俗人之別，而且還強調君、臣、民的不同地位，主張「君臣民當應天法，三合相通，併力同心，共為一家」。認為人君如日，人臣如月，人民如群星，人民應像眾星拱衛日月一樣，圍擁著君主大臣，服從君臣的統治。這裡強調的是，世俗社會中不同等級的人具有不同的社會價值。

（二）人的生活

人的生活有沒有意義、價值？有什麼樣的意義、價值？這主要是涉及苦與樂的矛盾問題。佛教認為人生是痛苦的。佛教所講的痛苦主要是就精神逼迫而言，尤其是指生死輪迴之苦。佛教從緣起、無常、無我的基本哲學概念出發，觀察人間和人生，認為世間一切都在無常變化之中，人生沒有快樂幸福可言。佛典說：「危脆敗壞，是名世間。」意思是說，世間一切都在變異破壞，世間一切皆苦。又說：「天下之苦，莫過有身。飢渴瞋恚色慾怨仇，皆因有身。身者眾苦之本，禍患之源。」由此佛教宣揚三苦、八苦說。三苦，指三類基本的苦惱。一是苦苦，即受痛苦時的苦惱；二是壞苦，指快樂享受結束時的苦惱，所以有「樂即苦因」之說；三是行苦，指不苦不樂時為無常變化的自然規律所支配而生的苦惱，包括生、老、病、死在內。八苦即除生、老、病、死之外，再加求不得苦、怨憎會苦、愛別離苦、五陰熾盛苦。總之，在佛教看來，人生有生理、情感和精神多層次的痛苦，人世間苦海無邊，應當回頭信佛，解脫苦難。

道家認為人的生活應以順從、符合本性為原則。凡合乎本性的生活為有價值的，不合乎本性的生活是有害的。老子反對過分的享受，強調多慾的害處，提倡無慾、寡慾，「見素抱樸，少私寡慾」（《老子·第十九章》）。要知足知止，滿足現狀，不要有更多更高的企求。莊子也講無慾，「惡、慾、喜、怒、哀、樂六者，累德也」（《莊子·庚桑楚》）。認為慾望情感是傷德害德的，應當滌除。《呂氏春秋·本生》認為對於聲色滋味，「利於性則取之，害於性則舍

之」。因此，既不能縱慾，也不能抑慾，而應當適慾。「由貴生動（適慾）則得其情矣；不由貴而生動（縱慾）則失其情矣。此二者，死生存亡之本也。」（《呂氏春秋·情慾》）《淮南子·原道訓》以主體感受的是否適意為判斷生活意義的尺度，文說：「樂亡乎富貴，而在於德和……吾所謂樂者，人得其得者也。夫得其得者，不以奢為樂，不以廉為悲。」這是說，人生的樂與悲是以是否自得為準則。又說：「能至於無樂者，則無不樂，無不樂則至極樂矣。」樂與不樂完全是主體瞬間不同的感受，是相對的，而超乎樂與不樂的「無樂」則是永恆的，是「無不樂」，是「極樂」。

　　道教發展了道家思想中的極樂觀，進一步以生為樂，以死為苦，重生惡死，追求長生不老。然而道教並不是以普通的世俗生活為樂，而是主張超脫現實生活，排除世俗享樂，出家入山修道，透過特殊的生活方式，以求成仙，永享安樂。

　　（三）人的生命

　　佛教認為人是自然的產物，原先是發光的氣體，沒有物質性的固定形態，後來因在世界上食用了香土和植物，就逐漸形成粗糙的物質身體，並有了膚色和性別的區分。同時，佛教又認為人是沒有實體的，是空的，稱為「人無我」（人空）。為什麼人是空無實體呢？因為人是由五蘊和合而成，所以沒有恆常自在的主體——「我」（主宰、靈魂）。佛教的「人無我」說具有反對婆羅門教的宇宙間存在最高主宰和靈魂不滅說的積極意義。但它的人空學說又不免導致否定了生命價值，視人體為「臭皮囊」，是汙穢之物，不值得珍視；人只是在能修持佛性的意義上才被重視，人應當努力修持，超越生死，轉凡為聖，成就佛果，進入另一種境界。

　　道家學派認為人的生命是一種自然體，是實有的。此派奠基人老子主張「無身」。他說：「吾所以有大患者，為吾有身，及吾無身，吾有何患？」（《老子·第十三章》）認為人的各種憂患都是由於有了此身所致。人若自貴其身，自貴其生，則憂患就會更重、更多。人若不貴其身，不貴其生，亦即自外其身，自外其生，就會免除無窮的憂患。老子是從免患防禍的角度提倡無身的。實際上，無

身就是超越自身、超越自我的意思。《莊子‧養生主》提出全生保身的觀點，文中說：「為善無近名，為惡無近刑，緣督以為經，可以保身，可以全生，可以養親，可以盡年。」這是說，為善就涉嫌近名，為惡不免近刑。近名和近刑都不是保身全生之道。若善惡都不為，恪守中立，就可以保身全生。老子提倡無身，莊子主張保身，說法各異，然其主張防禍免患的精神實有一致之處。《呂氏春秋‧審為》載，子華子提出了「兩臂重於天下」的重生觀點，是更為重視保全人的形體和生命了。

道教繼承道家思想和神仙方術，以養生、重生、貴生，追求長生為根本教義。道教認為，人是積精聚氣，和合受生的。「我命在我不在天」（《抱樸子內篇‧黃白》），「命」，指生命。人的生命的存亡，年壽的長短，決定於自我，不是決定於天、命。人可以經過一定的修煉而成為長生不死的活神仙。道教提倡「修道成仙」，「生道合一」。「道」是靈而有性的神異之物，宇宙精神，是萬物的父母，宇宙的本原，「道之在我之謂德」，道可以因修而得。人若能與道相合不離，稱為得道，得道就是成仙，就能保持生命的不朽。這也就是說，人若得道，也就與宇宙精神相融合，即個體的有限生命與大道的永恆生命相結合，回歸大道，實現永恆。道教認為修仙是人生的最大事業，「其事在於少思寡慾，其業在於全身久壽」（《抱樸子內篇‧釋滯》）。為此道教還提出一系列的道功和道術，如服食、行氣、導引、守一、外丹、內丹以及齋醮、符籙、守庚申等。生命是大自然的美妙傑作，人的生命更是傑作中的傑作。道教的這些主張和創造，表現了人類對現實生命的熱烈摯愛，對生命奧祕的專一探求和對生命永恆的執著追求。

（四）人的生死

這是與上面所講人的生命直接相關的問題。佛教輕生重死，道家視生死為自然，道教悅生惡死，表現出在生死觀問題上的重大分歧。

佛教認為人生是痛苦的，因而極為重視人死後的命運。佛教也有些重視人生的言論，但其目的是為了修持，以求死後成佛。佛教重視人的生是為了人死，為了人死後的解脫。佛教大講「生死事大，無常迅速」，宣揚因果報應，輪迴轉

世，人死後將按照生前所作的善惡行為而轉生為另一種生命形態，或轉為鬼，或上升為神（佛），由此又推演出一套鬼神系統。

道家認為人的生與死都是自然現象，由生而死，是自然變化，不必悅生，更不必惡死。道家學者中對生死論述最深刻詳盡的當屬莊子。《莊子‧知北遊》中說：「人之生，氣之聚也。聚則為生，散則為死。」認為人的生死只是氣的聚散，氣的形態變化而已。《莊子‧大宗師》說：「夫大塊載我以形，勞我以生，佚我以老，息我以死。故善吾生者，乃所以善吾死也。」莊子認為生是勞，死是息（休息）。若生任憑自然，死也就無可畏懼了。莊子如此從自然論出發看待人的生死問題，以至於他的妻子去世時，非但不表悲痛，還「鼓盆而歌」。但遺憾的是，莊子雖能正確對待生死，卻又否定了生命的價值，把生與死視為等同。莊子還認為，人若能以人體的氣與外物的氣相應，合為一體，就能忘乎一切，從而進入「不死不生」的境界（參見《莊子‧大宗師》）。所謂「不死不生」，就是與天地萬物融為一體，超越時間而永存不朽。

一般說來，畏死是人類共同的原始的心理情結，道教教義的中心就是要解決人的生死問題。道教的思想基石是悅生惡死，追求「肉體成仙」。道經云：「氣來入身謂之生，神去於身謂之死，所以通生謂之道……道不可見，因生而明之；生不可常，用道以守之。若生亡則道廢，道廢則生亡。生道合一，則長生不死。」人能長生不死是和道、神、氣三者密切相關的。在道教看來，人若能做到「生道相守」，「生道合一」就能長生不死。生命與宇宙絕對本體「道」合而為一，也就意謂著神不離開身，做到形神相合。「形神合時，則是人是物；形神若離，則是靈是鬼。」形神分離，人就變為鬼了。形神不離是肉身飛升成仙的條件，形神之所以能夠不離，又是因為兩者都是氣所構成的。構成神的「精氣」和構成形的「形氣」可以保持在一起。「神明精氣，不得去離其身，則不知老不知死矣。」由此，「養生之道，安身養氣」。人透過「養氣」使身體清輕如「氣」，就能飛升成仙，這也就和氣一樣可以長生不死、永恆不朽了。道教為了實現人類的悅生惡死、存生去死的願望和追求，進行了不懈探索和種種試驗。

（五）人的理想

人的理想是什麼？這也是佛道兩家著意探討的重大問題。對於人生的理想價值，佛教以涅槃成佛為理想境界，道家以無為、逍遙為人生理想，道教則主張追求長生成仙。

佛教從人生是痛苦的價值判斷出發，主張個人出家修行，成就為佛，進入涅槃境界。涅槃就是佛教的最高理想境界。涅槃的基本含義是滅除煩惱痛苦，超越生死，解脫自在。通常涅槃分為有餘涅槃和無餘涅槃兩種。修行者若證得阿羅漢果，此時業報的因已盡，但業報身心還存在，為有餘涅槃；及至身心果報也不存在，為無餘涅槃。為了達到涅槃境界，佛教強調修習，先後提出「八正道」、「七科三十七道品」、「四攝」、「六度」等修持途徑和方法。佛教的修持方法，概括起來主要是戒、定、慧三個方面，稱為「三學」，是佛教徒為達到涅槃境界必須修持的三種基本學業。

道家以得「道」，即法自然、無為、逍遙為人生理想，追求的是人生理想的精神生活和境界。老子率先提出「法自然」的主張，「人法地，地法天，天法道，道法自然」（《老子‧第二十五章》）。「自然」即「本然」，意思是道的性質、功能是自然的，要效法自然。老子進而還領悟出無為的精神境界。所謂無為，是指無意於為，任其自然，是雖有為也是無為，由此無為又是無不為。無為要求人人排除智慧、欲望，過著自然的生活。老子認為，如果人們都是無為，天下就會大治了。莊子進一步強調要達到無為仍需有為，無為並非消極地無所作為，而是合乎天道、順應自然的積極行動。猶如庖丁解牛，從庖丁的「技」中就可體會出「道」來。莊子還由無為而展衍為逍遙，主張遊心於四海之外，而與天地萬物為一體，即以逍遙遊為理想生活，極富浪漫色彩。所謂與宇宙為一，也就是不區別內外，不分主客，渾然一體，無己無物。能達到這種完全忘我而無己境界的人，稱為「至人」。至人與宇宙萬物為一，也就沒有任何束縛，因而得到了極大的自由。既不為物所動，又不為情所動，「有人之形，無人之情」（《莊子‧德充符》），這種人又稱為「真人」。著名玄學家郭象提出自生獨化論來消除對「無」的執持，他強調遊外（逍遙）與弘內（從事世俗事務）、內聖（高度的道德修養）與外王（從事王政）是完全統一的。他力圖破除內外之別，寓無為於有為。郭象實是本於莊子，澈底打通了理想與現實的聯絡關節。

莊子所講的至人、真人，實際上是過著神祕精神生活的人，這也是道教所追求的最高理想人格，即成為神仙。神仙是修真得道、神通廣大的長生不死者，又稱神人或仙人。神人之得名，是因其有神通變化的本事，仙人則因其老而不死得名。神仙又有若乾等級，在神仙之上還有真人。真人大都是受帝王封誥的仙人，如讚頌「真人」的莊子，後來自己也被唐玄宗追號為「南華真人」，其書被尊為《南華真經》，真人和仙人又合稱為「仙真」。仙真、神仙被道教徒奉為老師和榜樣，最受信徒的崇敬。得道成仙是信徒們修煉的目的和追求的目標。

三、佛、道人生價值觀的現代意義

　　上述人生價值觀的學說，是中國古代佛道兩家學者的生命體驗的總結和人生智慧的結晶，是各門精心設計的安身立命的種種方案，並成為古代處理人生各種矛盾的一種準則。人生的矛盾是極為複雜的，包括個人與自然和社會的矛盾、生活的苦與樂的矛盾、人生現實與理想的矛盾、生命的短暫與永恆的矛盾、靈與肉的矛盾、生與死的矛盾，乃至人與神的矛盾等。佛道人生價值觀學說就是探索、處理和解決上述種種矛盾的方式、答案，是中國傳統文化的重要內容，是古代先人留給後人的巨大精神財富。

　　佛道兩家人生價值觀在中國文化思想史上具有極為重要的地位。道家人生價值觀源遠流長，它不僅直接影響了古代士大夫的人生道路，而且還影響了某些時代的政治生活，同時也深刻地影響到道教和佛教兩大宗教思想的發展。道教也以其獨特的人生價值觀影響了古代不少帝王朝臣，並且在下層社會中產生了廣泛的影響。佛教傳入中國後，在兩晉南北朝和隋唐時代獲得了廣泛的流傳，盛極一時，影響深遠。

　　佛道兩家人生價值觀內容龐雜，在歷史上發生過正負等多種作用，在當代也不可能全面適應社會發展的要求。但是它畢竟是古代先人留給我們的巨大精神財富，在現代化的社會裡，某些思想甚至更顯發出它的活力和光輝，這是我們應當特別注意的。綜合考察佛道兩家人生價值觀，有以下四方面的現代意義：

（一）自然主義思想。道家創始人老子在人生理想論中所提出的「自然」範疇，是一個功能化範疇，是一種價值判斷，是為了說明如何得「道」，即如何開出生命由有限而通向無限的價值之路而提出的，體現了一種對崇高精神境界的追求。道家的自然主義思想代表了一種文化理想，透過超越人的經驗，去追求生命自覺，開發生命真實，達到人生理想價值的至上境界。自然主義思想體現了一種超越性精神：高度自覺地突破世俗情慾與利祿的局限和束縛，冷靜而理性地正視與對待人生和社會，以使自身本真生命的存全，不受外界的干擾和牽制。自然主義思想在歷史上發生過正負兩面作用，今天，我們要做的是，應當防止自然主義思想及其演化所帶來的消極作用，努力開掘自然主義思想的精髓，發揚其真精神，以助於人格的完善和社會的進步。例如，合乎客觀發展規律，棄華取實，順應自然的作業和生活態度；主張敦厚質實，反對人為造作、矯飾虛偽的作風和習俗；突破世俗財利與狹隘經驗的限制，追求高尚的超越精神；鄙視你爭我奪、爾虞我詐，提倡自重自律、互尊互諒等等。在現代化社會中，這些無疑都是能發揮積極而有益的作用的。

（二）樹立正確的苦樂觀、生死觀。人生是一種苦樂場，人生總是有樂也有苦、時樂時苦的。佛道兩教對人生的一苦一樂的相反判斷，各有其合理的內容，但又都陷入了絕對、片面。人有生也必有死，人人都不免一死，這是任何人都不可能逃避得了的自然歸宿。佛教清醒地看到這一點，但又忽視生，道教重視生而無視死，同樣也都失之偏頗、不當。我們應當去其片面性，取其合理的內容，明確認識人生是一個苦與樂的矛盾統一的過程，是由生到死的過程，進而樹立正確的苦樂觀和生死觀，確立對待苦與樂、生與死的科學態度。

（三）努力提高道德情操。佛道兩家都重視自身心性修養，提高道德情操，完善行為規範，以此作為追求和達到人生理想境界的基本途徑，並藉以協調人際關係，推進社會和諧。當今社會，科技、法制、民主等因素，在發展經濟和穩定社會方面，分別發揮了各自的功能和作用，而個人的道德素質、社會的道德建設，並不是普遍地令人滿意的。為了提高社會成員的素養，進而推進社會的健康發展，吸取佛道兩家道德修養的合理內容，以加強道德建設，實是一重大的課題。

（四）健身文化資源。道教重視養生，並採用外丹、內丹修煉方術。至南宋，全真道排斥外丹，以內丹為主要修煉術。內丹術是將人體比作爐鼎，以精、氣為藥物，以神燒煉，透過煉養，使精、氣、神在體內凝結成丹而長生不死。看來，透過這套修煉方法，要達到長生不死，這只是道教徒的信念，但能使人身心健康、延年益壽則是確實無疑的。佛教講禪定功夫，其目的不是健身，更不是為了長生，但其客觀效果則有益於心情平靜、心理平衡、恬淡通脫，進而又有益於生理健康。因此，如何科學地總結內丹術和禪法，運用於人民的保健事業，乃是一件功德無量的事情。

佛教生態哲學與現代生態意識

小引

自十八世紀進入工業文明以來，人類對生態環境的破壞日益嚴重。1970年代，德國生物學家赫克爾提出了「生態學」這一名詞。1960年代以後，生態環境問題引起了人們的普遍關注，並逐漸從觀念、理論和制度等方面進行反思。1980年代德國學者胡伯提出現代化與自然環境互利耦合的生態現代化理論。生物之間、生物與非生物環境之間究竟應該是怎樣的關係？人類究竟應該怎樣對待自身以外的其他生物和自然環境？現代化與自然環境是一種什麼樣的關係？這是生態學說的基本問題，生態哲學就是從世界觀、人生觀的角度回答這些問題。

保護資源，保護環境，保護生態，關係到整個人類和地球的命運。努力把握

人與自然之間關係的平衡,尋求人與自然的和諧發展,是保障可持續發展的基礎。理論指導實踐,思想支配行為。人類要處理好生態問題,就應當轉變和端正生態理念。佛教是一個為一切眾生提供解脫的宗教文化體系,其中蘊含著豐富的生態哲學思想。我們若從生態學的視角來詮釋、演繹佛教的相關哲學思想,不僅將有助於豐富生態學說,而且也有助於提高人們的現代生態意識,推動中國生態現代化的進展。

一、佛教緣起論與生態構成

佛教修持實踐是以追求人生精神解脫為目的,所謂解脫就是從種種煩惱中脫卻開來,在精神上臻於自由自在的境界。這種修持解脫是以佛教所理解的宇宙人生真實為依據的,而宇宙人生的真實意義又是從緣起現象上作出的價值判斷。釋迦牟尼創立佛教時,印度思想界流行著兩種因果論:一是認為宇宙是從一種總的原因轉變、演化為複雜萬象,是因中有果說;二是認為事物是多種原因積累而成,是因中無果說。佛教別樹一幟,提出「緣起論」,主張一切現象都是由於互相依待、互相作用,也即由於一定的條件或原因而形成的。也就是說,既不是一因生多果,也不是多因生一果,而是互為因果。緣起是佛教對宇宙人生的根本看法,是佛教理論的基本觀念。緣起論是佛教思想體系的哲學基石。

佛教《雜阿含經》卷第十對緣起思想的典型表述是:「此有故彼有,此生故彼生。此無故彼無,此滅故彼滅。」此是彼的緣(條件或原因),彼依此而起,彼也依此而滅。這是說,任何事物都因條件或原因而存在,都因失去條件或原因而消失。條件或原因又有主次之分,這分別稱為「因」、「緣」。「因」,指直接的主要的條件或原因;與「因」相對的「緣」則指間接的次要的條件或原因。由此在《雜阿含經》卷第二中,緣起又表述為:「有因有緣集世間,有因有緣世間集;有因有緣滅世間,有因有緣世間滅。」就是說,世間萬法皆由因緣聚集而生起,也由因緣離散而消失。緣起展現為時空兩個方面,從空間上看是一種有無狀態,從時間上看是一種生滅過程。大乘佛教中觀學派還認為,由於世界萬有是

依緣而起，不能獨立決定自身的存在，要由因緣決定，因此是沒有獨立的自性，也就是本性是空即性空的。《中論》云：「眾因緣生法，我說即是無（空）。」緣起涵蘊性空，緣起即性空，二者一體兩面，相即不離。

上述佛教緣起思想包含了多重涵義：

其一，條件互依——因果關係論。緣起現象決定於條件，由互相依待、作用的條件而生起，是各別條件相互關聯的結果，是由「彼」「此」構成的互相依存、互不分離的因果關係。也就是說，一切事物都是關係的存在，都是因果關係的存在，離開因果關係就不存在任何事物。《華嚴經》裡有「因陀羅網」的說法，謂帝釋天宮中有一張張撐開來的巨大寶網，網上結附著眾多寶玉，這些寶玉熠熠生輝，互相映發，形成為無限的反映關係。中國華嚴宗人進一步提出「因陀羅網境界」的法門，因陀羅網景象譬喻緣起萬有間可以互相涵攝，以至於重重無盡地相即相入，而互不相礙。華嚴宗人還從哲學上把這種境界歸結為「事事無礙法界」。「事事」即種種緣起的事相、事物。「事事無礙」即一事物與其他一切事物之間互相交攝而不相礙。事物之間的關係是共同為緣的緣起關係、和諧關係，事物都無自性（空），互不排斥，相即相入。

其二，生滅無常——事物過程論。佛教緣起論既講「此生故彼生」，又講「此滅故彼滅」，是生滅並舉的。一切緣起現象都是依因托緣而起，因緣時時在變，因果關係時時在變，有生有滅，生生滅滅，沒有常住性。這也就是佛教思想的重要命題「諸行無常」的意思，強調的是緣起現象隨著因緣的狀況而起伏，變化不停，成住異滅，無一間斷。生滅無常是與緣相關、由緣的變動引起的動態過程，進而又可以說，緣起現象是一個過程，一切事物都是不斷變化的過程。

其三，緣起性空——現象與本性相即論。一切現象的存在都依賴於因緣，因此是空虛無主，沒有獨立的自我、不變的自性，即「無我」的。佛教思想又一重要命題「諸法無我」，就是這個意思。此中的我，即指獨立的實體、不變的自性。無我就是空，性空。由此可見，緣起的存在有兩個層面，就存在的現象而言是有，就存在的本性而言是空。有與空統一於緣起事物之中，絕不相離，這也就是佛教所謂的「色（物質）不異空，空不異色；色即是空，空即是色」的意思。

緣起性空說還宣揚「空」成就「有」的思想。《中論》云：「以有空義故，一切法得成。」這是說，空由緣生而來，空否定對緣起事物固定實體、不變自性的執著；空本身也不是實體。由於無實體，無自性，才能表示緣生的意義，進而才能成就一切緣起事物。事物若是具有固定實體、不變自性，就不是緣生，就不能緣起。也就是說，若沒有空，就沒有緣生，就沒有一切緣起事物。沒有空也就沒有有。實體、自性的非存在，即空為事物的緣生提供可能，而一切緣起事物是這種可能成就為現實的表現。

　　從生態學視角來詮釋上述佛教緣起論的思想，我們可以得出這樣一些思想啟示。諸如，由緣起論推導出生態是一定條件、原因互相依待、互相作用的結果的論點，由此又昭示我們：個人、人類和社會都不是獨立存在的，而是與自然緊密相聯的關係存在。損害自然，就是損害人類自身；破壞自然，就是破壞人類自身的存在。由此還昭示我們：如何防止人為的生態破壞，如何維護正常的生態平衡，如何完善相關條件、因素以利於生態提升，是人類應盡的職責，也是人類保護自身應盡的職責。緣起論所蘊含的過程思想則告訴我們，生態是隨因緣條件的改變而不斷變化的，人類應當預見這種變化，並參與其中，盡力防止生態的惡化，盡力推動生態的良性發展。至於緣起論排除緣起事物本性實有的思想，筆者認為這是把事物的條件性與真實性、現象與本性、相對與絕對對立起來，是難以認同的。但是，性空思想肯定了條件性與真實性、現象與本性、相對與絕對的差別，強調了事物的條件性、相對性、暫時性則有其合理的一面，事物的本性既有實有的一面，也確有空無的一面。就實踐意義來說，「無我」論直接否定了人類中心主義，有助於破除人的優先性、優越感，提倡以虛懷若谷的心胸對待萬物，這是有利於克服人與自然的疏離，增進人與自然的和諧的。

二、佛教宇宙圖式論與生態共同體

　　佛教倡導從現實的苦難世界進入彼岸的幸福世界，並從平面與立體的角度描繪了宇宙結構圖式，佛教具有獨特的宇宙論的眼光和視野。

這是怎樣的一個世界呢？

據中國佛教學者的有關著作《經律異相》、《法苑珠林》和《法界安立圖》論述的內容來看，佛教宇宙圖式論的主要進路是：中國→南洲（南瞻部洲）→大地→三界→大千世界→佛剎。中國疆域廣闊，有四水、五嶽，居於南洲的東部。南洲為四大洲之一，是佛祖釋迦牟尼教化的世界。四大洲為一世界，世界大地以須彌山為中心，外有多重山水。大地由水輪支撐，水輪由風輪支撐，風輪由空輪支撐。眾生所居的世界有層次之分，稱為三界：欲界，為具有淫慾和貪慾的眾生所居；色界，雖脫離淫慾和貪慾但仍有物質生活的眾生所居；無色界，是厭離物質生活而修持禪定的眾生所居。世界是無限的，一千個世界名小千世界，小千世界的千倍為中千世界，而千倍的中千世界為大千世界。大千世界也通稱為佛剎（佛土）。大千世界無限，佛土無邊無量。

佛教還描述佛所居住的世界，如阿彌陀佛的西方極樂世界和毗盧遮那佛的華藏世界，都是心無煩惱、幸福安樂、環境優美、生態和諧的世界，其中還突顯強調了水質優良、礦藏豐富、鳥獸眾多、林木茂盛、花草芬芳、空氣清新等優美的、綠色的、無汙染的自然環境（參見《稱讚淨土佛攝受經》），是佛國世界的本質屬性。

佛教宇宙圖式論雖然表現出歷史與宗教的種種局限，但是作為古代宇宙論學說的歷史遺產，其中也包括了某些合理的思想：第一，佛教宇宙圖式論關於地理區域、空間結構及其多重層次、不同物體和不同生命在不同空間的分步，不同世界的相互影響和作用，以及對理想世界的描述，都是對世界生態的整體性、無限性、有序性的重要猜測，對於我們認識世界生態有著啟示意義：人類與其他生物是互為一體的，物質與生命是互相關聯的；佛教宇宙圖式論表現了超越人類和現世的思想立場和人生向上不斷追求的自覺與熱情，反映了人類內心深處追求理想生存環境的共同願望，這對於建構人類與自然和諧的生態世界也是有啟迪作用的。

三、佛教因果報應論與生態循環

在緣起論的基礎上，佛教還宣揚因果論。因指原因、因緣，果指結果、果報。《瑜伽師地論》卷第三十八云：「已作不失，未作不得。」已作的因在未得果前不會自行消失，未作的因亦不會得果。此種因果之理，儼然不亂。宇宙萬物都受因果法則支配。佛教進一步強調，因果律的一種表現方式是，善因必產生樂果，惡因必產生苦果。《佛說無量壽經》卷下云：「天地之間，五道分明。恢廓窈冥，浩浩茫茫。善惡報應，禍福相承。」這也稱為因果報應，是佛教用來說明世界一切關係和支配眾生命運法則的基本理論。

因果報應，也作因果業報。「業」指業因，「報」是果報。因果報應的關鍵是「業」，業決定報應的性質。早期佛教的「業感緣起」論，就宣揚世間一切現象與有情眾生的生死流轉，都是由眾生的業因所生起的。業是行為的意思，展開說分為三個方面，即身（行為）、口（言說）、意（意識），合稱三業。業的性質有三類：善、惡和無記（中性，非善非惡，不生果報）。佛教強調業是召感果報的力量，也稱為業力。業力作為前世或前時所表現的行為招引結果的力量，由此而引起生死「流轉」或解脫「還滅」（滅，涅槃），也就是說，由於業力性質的不同，眾生或在六道（六凡）中輪迴流轉，或是還滅，即修道證得涅槃，獲得解脫。這是說眾生行為的善惡不同性質帶來兩種不同趨向、前途：一種是流轉的，不應當的；一種是還滅的，應當的。佛教強調眾生應當變革流轉的生活，開闢新途徑，向上尋求真正的常樂我淨，這種向上的自覺是因果報應思想對眾生修持實踐的本質要求。

佛教為了闡明因果報應論，還把緣起的萬事萬物概括為三類即「蘊」、「處」、「界」三科，並以此說明，人生現像是由主客觀兩方面交織而成，受因果觀律支配的。蘊，積集之意。構成眾生生命和周圍環境的色、受、想、行、識五種要素的集合，稱為五蘊。處，認識器官作用於被認識的對象的所涉處，即眼等六根與色等六境，合稱十二處。界，界別。六根為內六界，六境為外六界，眼識等六識是六識界，合稱為十八界。五蘊、十二處、十八界都說明人的生命主體和客觀現象。這裡我們以五蘊為例來說明人生現象的緣起。五蘊的主觀客觀兩邊

分別是開頭的色和最後的識,兩邊發生交涉作用的是中間的受、想、行。識與色的接觸產生感覺、感受,不同感覺、感受決定思想,思想再決定意志、意向。在人生的這種五蘊緣起現象中間,客觀影響了主觀,影響好惡心理的形成,主觀也攝取客觀的資源來豐富自己的生活,並反作用於客觀。好惡心理支配行為,行為變革對象。人的受、想、行是客觀影響主觀的結果,而變革了的客觀是人的行為帶來的結果。主客交織,形成為相應的互為因果關係,這種因果關係構成人生現象的基本內容,支配人生的前途和命運。由此佛教強調人們要端正思想,樹立道德責任,按照因果報應原理,認識客觀,對待客觀,變革客觀。

人生現象由主客觀因素交織而成,而人既是個體的存在,又是社會群體的一員,這樣人的業也分為二類,自業和共業。自業是自己個人造的業自己得果報,也稱不共業;共業是眾人共造的業,即具有社會意義的共同的業。共業召感共同果報,也稱共報。這種由諸多眾生所共同召感的果報,主要指眾人的共同生存環境,包括社會環境和自然環境。由此果報也分正依二報。正報是指由業所召感而得的眾生身心,即個體生命的存在。依報是眾生生活所依的國土、山河等整個環境世界。道世在《法苑珠林·三界篇·述意部》云:「尋世界立體,四大所成;業和緣合,與時而作。」世界由地、水、火、風「四大」所成;眾生業力與因緣相配合,隨時而作。正報依報都是眾生業力所得的果報。天臺宗湛然在《十不二門》中還提出依正不二的思想,認為就佛來說,作為正報的佛身與作為依報的佛土是不二的,都歸攝於一心。這反映了對主體生命與客觀環境和諧統一的追求。

佛教因果報應論不是處在主體與客體的分離和對立中,而是在兩者的相依和統一中來論述眾生生命及其生存環境的。也就是說,就人類來說,人的行為是主客觀因素作用的結果,而行為又召感主客兩方面的報應。這是昭示人們,生命主體與生存環境雖有差別,但兩者又是不可分割的不斷運動的統一體。生命是生命主體與客觀環境相互影響、作用的結果,而客觀環境也是不斷受到人類行為的影響、作用而改變自身面貌的。生物與非生物環境間透過能量流動和物質循環而相互作用構成了生態系統。因果報應理論包含著人類與環境互為因果,人類作為生態系統的一員透過自身行為而與環境融為一體的思想,這在客觀上揭示了生命主體與生存環境的辯證關係,在生態學上具有理論參照意義。生態系統中生物與非

生物之間存在著一定的運行機理和調控機理，而透過自我調節達到生態平衡即反饋調節是維護生態系統的主要方式和基本要求。佛教因果報應思想要求眾生從事善業，要求人對自然的索求必須與人對自然的回饋相平衡，反對掠奪資源、破壞環境，符合生態系統的反饋調節要求。生態系統的自我調節有其一定的限度，超過一定的限度，就會引起生態失調，甚至導致生態危機。佛教勸導人類不要造惡業，就生態問題而言實具有警世意義。

四、佛教普遍平等觀與生態平衡

佛教把宇宙萬物分為兩大類：一類是具有生命的東西，生命指有情識（感情與意識）而言，原作「眾生」，後作「有情」；一類是不具有情識的東西，如草木瓦石、山河大地等。佛教的兩個命題——「眾生平等」和「無情有性」，集中地體現了佛教的普遍平等觀。

眾生平等。佛教通常把眾生歸結為六凡四聖「十法界」（十界）。六凡，即凡夫的六個層次，由低到高是地獄、餓鬼、畜牲、阿修羅、人、天。四聖是四類證得聖智者，即聲聞、緣覺、菩薩、佛。這十類眾生雖有凡聖與迷誤之別，迷或悟的程度也有所區別，但《法華經》卷一《方便品》宣揚「十界皆成」思想，認為十界的眾生都能成佛。以《法華經》為立宗主要經典的天臺宗更宣揚「十界互具」思想，認為從地獄界至佛界的每一界都具備其他境界，十界中任何一界，都具足十界。這是說，眾生雖有不同，但又都具佛性，這是無區別的。由於各界同具佛性，因此各界之間能夠交滲互具。由於不同眾生同具佛性，因此眾生之間是平等的。眾生平等包含人與人之間的平等、人與一般動物的平等、人與羅漢乃至佛的平等，其涵義是十分廣泛的。

無情有性。天臺宗人湛然在所作的《金剛　》中，系統地論證了無情有性說，宣揚草木瓦石、山河大地等無情識的東西也有佛性。其論據主要有二：一是依據色心不二，即物質與心識相即不離的道理，提出眾生成佛時，其生存所處的國土和環境也都同時成佛；二是從本體論的角度，以宇宙萬有皆具同一的真如本

體的觀點，將宇宙萬有的本性即法性與眾生的心性等同起來，進而論證草木瓦石等也具有真如性，即佛性，也都能成佛。

　　禪宗有些禪師也主張「無情有性」說。所謂「青青翠竹盡是法身，鬱鬱黃花無非般若」，是說翠竹是佛法之身，黃花是般若智慧，也就是稱翠竹黃花都有佛性。蘇軾在廬山東林寺曾作偈云：「溪聲便是廣長舌，山色豈非清淨身？」此處溪聲指東林寺山門前虎溪的潺潺流水之聲，山色指廬山美麗的迷人景色。這裡的廣長舌和清淨身是佛顯現的形相。偈的意思是說水聲山色都是佛身的顯現，都有佛性。有的禪師還宣揚「無情說法」，如楊岐方會說：「霧鎖長空，風生大野。百草樹木，作大獅子吼。演說摩訶大般若，三世諸佛在你諸人腳跟下轉大法輪。若也會得，功不浪施。」意思說，百草樹木、腳下大地，自然界的一切都是諸佛的體現，都在說法。這也就是說，無情不僅有佛性，而且無情也就是佛身，也在弘揚佛法。

　　以上兩方面的論述表明，佛教主張有情和無情，即宇宙萬物都具有佛性，都是平等的，用現代語言來詮釋，也就是世界生態的因子是平等的。這裡的平等觀念有兩層認識意義：一是每一個生物和非生物都有生存的權利，這是一種自然權利，也是生態權利。由此又可作出這樣的推論：只有這種權利得到維護，只有各個生命體之間、生命體與非生命體之間互相依待、互相作用，才能保證、維持整個生態系統的穩定和平衡。二是每一個生物和非生物都有內在價值——佛性。佛教認為，佛性是宇宙萬物普遍具有的本性，是向上提升成佛的可能性，佛性對萬物來說，並非此有彼無，也無高下之分。雖然，草木瓦石佛性之說是我們難以認同的，但是這種說法在客觀上也提示我們，宇宙萬物都有自我調節、自我革新、自我提升的內在機制，這是有助於尊重自然，敬畏自然，防止人為地踐踏生態，破壞生態，從而推進生態的結構和功能的穩定性。

　　佛教的普遍平等觀有助於提升人們的現代生態意識。比如在認同宇宙萬物普遍平等理念的基礎上，就能由平等心進而產生同情心、愛護心、慈悲心。佛教關於眾生平等和萬物都有佛性的主張，也直接否定了人類至上的觀念，否定了人類有權征服自然的觀念，把人們從人與自然絕對對立的主客二分思維框架中解放出

來，有助於確立人與自然和諧、現代化與自然環境互利耦合的心理思想基礎。

五、佛教環境倫理實踐與生態建設

　　佛教是非常重視道德責任感的教派，具有豐富的倫理思想，其中也包含了環境倫理的思想因素。環境有社會環境與自然環境之別，這裡所講的佛教環境倫理，主要是指人對自然環境、對自然界其他生物與非生物的行為規範和行為模式而言。

　　如上所述，佛教對人與自然的關係作了如下的定位：人是自然的一部分，是參與自然演化的一部分，人不是絕對的實體存在，而是緣起關係的存在；人與自然萬物是平等的，要尊重自然；人要有積極向上的自覺，要有道德操守，為完美生態作貢獻。由此，佛教進一步形成了獨特的環境倫理實踐模式。

　　（一）破我執，斷貪慾。「我執」，執著實我。佛教認為眾生本是五蘊積聚而成，若妄執具有主宰作用的實體「我」的存在，並進而執著身外的事物為我所有，就會形成妄想分別，即為我執。我執被視為萬惡之本，謬誤之源。我執在心理上表現為貪著之心及執取之欲望，在認識上表現為無明（無知），貪慾與無明成為眾生不斷輪迴流轉痛苦的根本原因。貪慾產生執取外物的意向，這種意向決定「業」即行為的性質，是一種以自我利益為中心的巧取物質、掠取自然的惡行。佛教破我執、斷貪慾的主張，是為了滅除眾生輪迴流轉之苦，獲得解脫，客觀上也有利於生態建設。《維摩詰所說經》卷上云：「隨其心淨則佛土淨。」佛土的清淨決定於心的清淨，心的染淨與環境直接相關。我們認為，欲望有不同的類別、性質，正常的、積極的、健康的欲望是進步的驅動力，反常的、消極的、貪婪的欲望則是一種破壞力量。佛教對於欲望的態度為人類如何正確對待自然提供了一種重要的參照，有助於排除人類的自我中心主義和單邊征服自然的欲望，有助於排除貪慾，節制欲望，進而有助於自然環境的有效維護。

　　（二）不殺生、放生和護生。不殺生戒是佛教戒律中的首戒，即首要的道德

規範。不殺生,指不殺人,也指不殺鳥獸蟲蟻,還指不亂折草木等。廣而言之,也就是不得殺害一切生命。同時,不僅自己不能殺生,也不能教唆他人殺生,甚至連起意殺生也是犯戒。不殺生戒,還不單指戒殺的行為、意念,也指不得持有殺生的器具。《大智度論》卷十三云:「諸餘(「余」字,疑為衍文)罪當中,殺罪最重。諸功德中,不殺第一。世間中惜命為第一。」認為殺生是最重的罪惡,不殺是第一功德。佛教不殺生戒的思想根據,一是萬物互依緣生,同為一體,彼此平等,不能互相殺害;二是生死輪迴觀念把人與其他生命連在一起,這是更深一層的不殺生理由。佛教認為其他眾生是自己過去世的父母等親人,彼此具有「血緣關係」,怎能殺親人呢? 所以在佛教看來戒殺也是孝順的一種表現。

佛教由不殺生戒又演化出「放生」的傳統。所謂放生是用錢買來被捕的鳥禽魚龜等動物,將其放回山林湖池,使之重獲生命自由。但是社會上也有一些不肖之徒利用佛教徒放生之機,濫捕野生動物出售牟利,破壞了山林江河的生態。佛教界反思放生帶來的某些負面影響,在堅持放生的同時,又提倡「護生」,倡導運用各種有利於野生動物生存的手段、方式,積極保護野生動物。

一個以不殺生為首戒的宗教自然也是提倡和平、反對戰爭的宗教。戰爭不僅直接帶來人類的互相殘殺,而且也必然帶來生態的嚴重破壞。佛教富有反對戰爭的傳統,在當代,呼籲和平,制止戰爭,更是佛教的重要實踐活動。

在階級社會,不殺生戒的社會作用是非常複雜的,該戒對古代農業生產的作用也是多重的。然而從總體來看,佛教戒殺的主張,體現了生命的平等觀和自由觀,這是一種崇高的精神境界。佛教尊重生命、尊重自然的理念,不僅有助於維護生態平衡,而且也有助於培育人的平等心、慈悲心,進而也有助於和諧社會、和諧世界的構建。

(三)素食。佛教《大乘入楞伽經》卷第六云:「凡殺生者,多為人食。人若不食,亦無殺事,是故食肉與殺同罪。」這是說,人為滿足口腹之欲食肉是導致殺生的基本原因,要實行戒殺律,就要改變以動物為食物的肉食習慣,提倡以植物為主要食物的素食。這種飲食方式是實行戒殺的重要保證。佛教倡導素食,

其主觀動機,是恪守不殺生戒,培育修行者的善良慈悲心理,保護動物。從客觀效果來看,不僅保護野生動物資源免遭破壞,也有利於恢復動物品種的多樣性。肉食動物的飼養需相應的土地、飼料和水等,自然資源的消耗量大;素食來源植物的生長所消耗的自然資源相對較小,有利於土地和水等的節約利用與保護。此外,多食穀物、蔬果、豆製品、菌類等食品,也確有益於人的身體健康。

（四）惜福、報恩。福,通常指福分、福氣,是享受幸福生活的命運。佛教依據不斷向上追求解脫的立場,認為惜福也是一種獲得解脫的行為,強調要正確對待自己的福分,主張即使有十分福氣,也只能享受二三分,甚至主張以惜福代替幸福。惜福就是要珍惜福氣,要求人們正確對待消費、享受,要求節約衣、食、住、行等一切生活資源,合理使用和積極保護自然資源,樹立正確的、適度的、節約的消費觀。

在萬物緣起而有和互相依存的思想基礎上,佛教還提出「知恩報恩」的主張。在應報的多項恩德中,有互相聯繫的兩項是報「天下恩」和「國土恩」。「天下」,相當於世界。「國土」,所在國的土地。天下和國土是眾生的住處,生存環境。眾生因獲得天下、國土的自然資源與社會資源而生存,當知天下和國土的恩德,應當尊重、敬畏、感恩天地,盡力報恩。當代中國佛教提倡信徒積極參與環境保護,植樹造林,美化環境,保護自然資源,竭力避免自然資源的透支,這也是報天下恩和國土恩的具體實踐。

小結

（一）長期以來,隨著工業化、現代化的發展,人們對大自然的無休止的索取、掠奪、踐踏,造成各類資源的枯竭,森林面積銳減,荒漠化面積擴大,物種消亡加速,全球氣候變暖,乃至瘋牛病、禽流感等疾病流行,地球已經越來越不堪人類需求的重負,越來越面臨生態惡化帶來的毀滅的可能,人類也面臨著生態失衡後的死神威逼。嚴峻的現實,要求人們從根本上對人類的生活方式、價值取向和對待自然的態度進行深入反思,確立人與自然和諧相處、良性互動的兩全其

美的格局。

（二）佛教以超越人類本位的立場和重精神解脫的價值取向，觀察和探究宇宙與人生的真實本質，從而以獨特的視角，闡發了宇宙發生論、結構論以及人生規律和道德責任，為人類處理與自然的關係提供了另一類型的理念，為認識人類生活的意義、人類生命和其他生物的生命意義提供參照，有助於人們改變價值觀念，調整生命方向，轉換生活態度，緩解人與自然的緊張關係，增進人與自然的和諧，現代化與自然環境的互利耦合。

（三）佛教生態哲學為解決生態問題提供新的思路和啟示，而要使之落到實處，落實於行動，還必須對佛教生態哲學思想進行縝密分析，揭示其合理而有效的因素，運用現代語言，結合具體實踐，闡揚佛教生態哲學的合理思想，並廣泛宣傳、動員群眾，變為群眾的生態意識和自覺行動。這種轉化工作是佛教生態哲學思想能否發生實際作用的關鍵所在。

佛教與文化

中華文化的核心與國民素質的提高

我今天講的主題是要著重探討中華文化的核心及其與國民素質提高的關係。

中華文化博大精深、源遠流長，它的核心是什麼？它的最主要特點是什麼？它和我們現代國民素質的提高是什麼關係？我們研究這麼一個主題，就是要著重探討傳統文化的構成、它的內涵，從形成和內涵當中來探討它的核心。

我們有這麼一個觀點，就是認為傳統文化的核心和國民素質提高的結合，是我們當前研究傳統文化的一個重要任務。傳統文化跟國民素質、現代化有什麼關係呢？從什麼角度去探討、研究傳統文化跟現代化的關係？我們認為大概是要找出傳統文化的核心是什麼，要分析這些核心的內容，傳統文化核心的內容有哪些方面？要比較準確地把它找出來，然後來探討它跟我們國家提高國民素質的關係。

根據我們的初步研究，認為傳統文化的核心就是一個價值觀的問題。我們講的世界觀、人生觀、價值觀這三種觀念，價值觀是根本的，也就是說世界觀、人生觀最後要體現在價值觀上。價值可以從不同的層面去分析，我們認為從哲學層面來看價值，就是作為一個主體有什麼優點？理想怎麼實現？這是從哲學層面講價值的含義。價值觀當中最根本的是人生價值觀。人生價值最重要的就是一個人的智慧、理想、才能的體現，為國家、為人民、為民族做出的貢獻，這是真正的

人生價值。人生價值觀就是關於人生價值的一些觀點、觀念、學說。

　　國民素質的問題是一個國家的大事，可以說人才資源、人力資源、國民素質這些都是相近的概念，我們大家都很清楚，這是國與國之間競爭的一個根本性的、實質性的問題。英國有個經濟學家哈比森，他認為人力資源是國民財富的終極基礎。資本、資源都是經濟當中被動的因素，人力、人才是主動的因素。因此我們也可以這麼說，國民素質的高低標誌著一個國家實力的強弱，國民素質在一個國家的發展當中可以說具有決定性的作用。那麼國民素質包括哪些內容，傳統文化與國民素質的提高是怎樣的一種關係？這些都是我們今天要講的問題。圍繞著這個主題，我想分三個問題來講。

一、中華文化的形成與核心

　　我們要探討一個民族、一個國家文化的形成，需要考慮它的自然環境、社會狀況，以及它的生態情況。我們都知道，大概在西元前六、前五世紀的時候，在東亞，在我們這個土地上就形成了道家、儒家等學說，在南亞印度有佛教，在地中海一帶有古希臘、羅馬哲學，這就在世界上形成了不同的文化系統、哲學系統。我們的中華文化是生長在這麼一個環境，就是在東亞的大陸，在西元前六、前五世紀的時候，大體是在一個300萬平方公里的範圍內，也就是黃河中下游，中原地區。我們的祖先生活的地理環境，東邊是海洋，西北、西南都是高山峻嶺，內部的幅員非常縱深、非常寬廣。這一帶地區氣候比較溫和，適合農業生產，一年四季比較分明，與印度和其他國家的自然條件、生產條件很不一樣。另外，除了黃河流域以外，長江流域土地也是非常肥沃的，氣候也很溫和。應當說中國的中原一帶是中華文化的一個發源地，當然中華文化的發源地也不是一個，其次就是長江流域，還有其他地區。中國所處的地理、氣候條件就決定了農業生產是古代最主要的生產方式。農業生產最初是集體耕作制，到了戰國的時候發展為家庭耕作制，以家庭為單位進行生產，這是一個生產方式的根本性的改變。這種環境，這種生產方式對於一個國家、一個民族的文化的形成，提供了一種客觀

的根據、客觀的基礎,也可以說自然、社會的環境和生產方式,對文化的形成具有基礎性的意義。

同時,文化的產生需要有文化人,需要有知識分子。我們可以看到春秋戰國的時候,由宗法貴族分化出了各種各樣的士,有文士、武士、隱士、方士等等,他們成為了一個獨立的階層,當時很多諸侯國家都引進這些人才來進行變法。大家都知道,商鞅變法就是最突出的一個典型。這些士,也即知識分子,發揮了知識的優勢,從事教育,培養弟子。原來在商周時代上學,學校都是官辦的,「學在官府」。到了春秋末期,由孔子首創私學,這就是說,打破了官方對教育的壟斷,使古代的學校發生了根本性的變化,也就是把教育推向了民間。另外和私學興起的同時,古代一些君主還創辦了許多文化學術中心,聘任各個學派的大師不治而議論,他們不直接參加國家政府的治理工作,只是專門議論、專門思考如何治理國家,如何發展國家。當時像中原這一帶,現在的河北、山東、河南一帶都有這樣的學術中心,特別是像山東的曲阜,還有河北的邯鄲都是當時一些很有名的文化學術中心所在地。這樣的文化學術中心,大大推動了各地文化學術的繁榮和興盛。這種興盛最集中地體現在春秋戰國時期,形成了諸子百家,因為諸子最集中的時間是在戰國時期,所以也稱為戰國諸子。這些諸子就天道、人道、社會倫理、禮法制度等等進行了探討,形成了各種各樣的學說。當時最重要的有儒家、墨家和道家,在這三家當中,儒家跟墨家在當時被稱為顯學,道家也很重要,但是道家是個隱士之學,它沒有列到顯學的範圍裡面。春秋戰國,特別是戰國時期的百家,後來西漢的時候,司馬談就把它概括為六家,以後又有人把它概括為十家,還有更多的,有的說諸子有100多家,如189家的說法,但是最重要的就是剛才我們前面講的三家。在這三家裡面,我們可以看到,儒家給我們民族提供了一個人本主義的學術系統、人本主義的文化傳統;道家提供了一個自然主義的傳統。可以說《周易》,就是《易經》,它是把人本主義傳統跟自然主義傳統結合起來,這兩個傳統可以說奠定了整個中華古代文化的基本走向。一直到現在,我們都可以感受到這兩個傳統的影響和作用。中華文化後來當然是不斷發展的,我們現在可以說,它是世界上唯一沒有中斷過的文化傳統,它表現為哲學、倫理、文學等等。根據我們學哲學的人的觀點,文化裡最根本的東西是哲學,因

為哲學講的是世界觀的問題、人生觀的問題、價值觀的問題和思維方式的問題，一個民族的價值觀念和它的思維方式在文化當中具有極為重要的地位。

就文化形態來說，剛才我們提到有儒家、道家。在漢代，大概在西漢末東漢初印度的佛教傳到了中國內地。我們可以看到印度佛教對於中華民族文化來說，是個異質文化。中華民族已經有儒家、道家學說，佛教要進來，當然會遇到很多阻力，有很多障礙。我們也可以看到西方基督教從唐朝就傳到了中國，但是它沒有融入到中國傳統文化裡面去，佛教是融入到傳統文化裡面了。後來我們大家都有一個共同的說法，就是儒釋道，釋就是佛教，儒道佛三家是傳統文化的三大組成部分。那麼佛教之所以能夠融入到中國傳統文化裡來，我們應該看到中國的人本主義傳統、自然主義傳統雖然符合了中國人的需要，但是它還有缺陷，那就是說對人生的煩惱、痛苦，特別是人的死亡問題，中國的傳統文化探討得很少。大家都知道，人如果沒有死亡，人生就沒有意義，生與死是相聯繫、相對應的，沒有死亡，就不用探討人生的理想意義的問題，因為他一直活下去的。正因為有死亡，我們要探討在有限的生命裡如何來確定自己的理想，如何來實現自己的理想，在這方面，可以說佛教恰恰彌補了中華文化的缺陷，它造成了補充作用，所以我們認為佛教給中國文化提供了一個解脫主義的傳統。解脫主義，就是解脫煩惱、痛苦，解脫生死問題，這也是適應中國人民的需要的。所以長期以來我們的傳統文化就由儒釋道三家所組成。

我們可以看到，這三家從實質上來說，探討的就是人的問題，人生的問題。所以從一定意義上來說，也可以說它是人學。因為就儒家來說，它主要是探討為人之學，探討怎麼做人。它提倡仁愛，那是講人與人的關係問題。它主要是要在現實生活當中去提升自己的理想。我們在平時生活當中，在平時的工作當中，就是從平凡的活動當中，怎麼能夠提升人生的意義和價值，即實現人生的理想，這是儒家思想。道家講自然，講自然主義傳統，這個自然，就是要順其自然的意思，要合乎自然本性。用我們現在的話來說，一定意義上也可說要合乎自然的規律。道家提出了這麼一個傳統，這從根本上來說也是個生命哲學，也是講人的問題。怎麼能夠實現人生的理想呢？道家認為那就要合乎自然。佛教不同，佛教講出世。應當說佛教是個宗教，我們剛才講的道家、儒家，它是人文。所以中國是

個人文主義傳統的國家，跟印度那個宗教國家不一樣。印度是個宗教國家，它的一些宗教領袖比政治家地位要高。中國不是這樣，中國是人文的傳統。但是我們也可以看到，佛教裡面很多內容實際也是講做人的問題，特別是傳到了中國以後，佛教發生了很大的變化。中國佛教跟印度佛教是有區別的，當然它有共同性，它們都是佛教。中國佛教相對印度佛教來說，最重要的是創造了兩個東西。一個是禪宗，實際上禪宗把成佛的理想由彼岸世界移到了內在的主體世界裡面來，它宣揚即心即佛，你的心、你的思想，與佛不相離，用我們現在的話說，就是思想意識覺悟了，那就是成佛了。我們可以看到，這實際上就是由神轉到了人，轉到覺悟的人。另外，在我看來，中國佛教的第二個創造，就是現在講的人間佛教，我們已故的趙樸老就提倡這個。臺灣的佛教也是提倡這個，兩岸佛教都提倡這個。人間佛教就是認為，透過佛教道德的弘揚以及其他思想的弘揚，能夠使人間成為淨土。從這裡邊我們可以看到中國佛教，當然它有出世的一面，當然它是個宗教，但是實際上它已經受到中國的儒道的影響，帶有很大的人文色彩，它也很重視做人的問題。這是從我們的文化的核心，從各個學派的思想核心來看，我們可以看出它的確是以人學為中心的。另外從中華文化的發展、歷史的發展來看，我們可以看到孔子、墨子，以後的孟子、韓非，以及漢代的董仲舒、王充等等都是提倡為人之學，都是提倡透過為人，進而能夠為家、為國作貢獻。中華文化提倡的，實際是一種人生的價值觀念。

另外一個方面，文化和民族有不可分割的聯繫，世界上不同的民族呈現了不同的文化。不同民族文化體系的差異，最主要表現在什麼地方呢？我們認為最主要就表現在價值觀念上。像我們下面要介紹的，中國文化就比較重視做人，重視和他人的關係，重視與自然的和諧，這就是它的價值觀念。西方就不是這樣，印度也不完全是這樣。現在我們一些記者招待會，西方國家元首，包括小布希總統在清華的演講，都是要推行西方的價值觀念，也就是說，要推行他們文化的核心內容。所以，今後在一定意義上來說，就是不同民族的價值觀念的較量。所以我們東方、東亞地區形成的、我們中國形成的價值觀念，它的優勢在什麼地方？它的內容、內涵是怎麼樣的？它對我們國家的發展以及世界未來的發展有什麼意義？這就是我們下面還要探討的問題。

二、人生價值觀的要義

　　人生價值觀念，是在人生的一些基本矛盾基礎上形成的。人類，包括我們每一個人的人生當中，最基本性的、普遍性的矛盾是什麼呢？我們認為有三個矛盾：第一個矛盾就是人與自我的矛盾。我們每一個人和自己的矛盾，比方我們的現實狀況與理想追求，我們的物質生活與精神生活，我們的生命價值跟人格價值、道德價值的關係怎麼樣，我們要處理好這些矛盾。第二個矛盾就是人和他人的矛盾。因為人都不是孤立存在的，他在社會當中存在，他有家庭關係。在一個單位，他有一個工作關係，有同志關係。再推廣就是還有民族的關係和國家的關係，這就是由人與他人的關係當中派生出來的人與民族、與國家的關係，這是我們經常面臨的又一類矛盾。第三個矛盾就是人與自然的矛盾，人與自然環境的矛盾。因為人是生存在特定的自然環境當中，自然環境對人類的影響是很大很大的。自然養育了人類，但是如果我們人類過分地去征服、去破壞自然，自然可能就要報復人類。所以人與自然的矛盾是我們天天可以感覺到的，像遇有沙塵暴，每個人的心情是會不太好的，這是人與自然的關係。三類矛盾當中，我們也可以把人與他人的矛盾展開為人與他人的矛盾、人與民族、人與國家的矛盾。所謂價值觀念，一定意義上也可以說，就是一個人如何處理這些矛盾的問題。透過正確地處理這些矛盾，就形成了正確的價值觀念。下面我們就按照剛才所講的三類矛盾，或者四組矛盾，分四個問題來講。

　　（一）人與自我的關係

　　人與自我的關係歸根結底可以說就是一個塑造人格的問題。「人格」是現代的用語，古代沒有「人格」兩個字，古代叫人品。什麼叫做具有崇高的人格？怎樣能夠達到和保持崇高的人格？這是古代思想家經常熱心討論的一個中心性的問題。特別是儒家，也還有道家。在這方面，大家都知道孔子有這樣的名言：「三軍可奪帥也，匹夫不可奪志也。」「三軍」是泛稱軍隊，古代的諸侯大國裡可以有三個軍。「匹夫」就是指男子漢，男子漢他有獨立意志，每一個人都應當有獨

立意志、獨立的人格,這對做人來說是一個極為重要的問題。孟子也說:「富貴不能淫,貧賤不能移,威武不能屈,此之謂大丈夫。」大丈夫的人格是怎麼樣的呢?就是要始終在任何情況下,在富貴情況下、在貧賤情況下、在威武的壓力下,都要堅持自己的原則,保持自己的人格。自己的意志不能動搖,這很重要。現實生活當中也表明他這種說法有相當的普遍意義。道家也提倡要有崇高的人格,但是道家是從一種自然主義思想脈絡裡來講這個問題,莊子這樣說:「至人神矣!大澤焚而不能熱,河漢冱而不能寒,疾雷破山、飄風振海而不能驚。」所謂至人,道家系統講的至人,就是思想道德境界很高的人,那很神妙。一個人的境界是不一樣的,境界很高的人,很神妙。就是大澤,大的草澤都焚燒了,他都不受影響。「河」就是黃河,「漢」就是漢水,就是黃河漢水凍了,他也不受影響。這是說至人具有不受任何環境影響的獨立的精神和自主的精神。莊子還提倡追求「天地與我並生,而萬物與我為一」的精神境界,這是一種極高的境界,主張人跟萬物都是平等的,沒有價值的高低區別。這種與天地萬物為一的境界,我們可以想像,我們也去體會,那就是說要超越自我,與天地同在,這是極高的一種精神境界。

　　上面所講的孔、孟、莊子關於人格價值追求的一些主張,對後來產生了極為深遠的影響。人與自我的關係當中的一個問題就是物質生活和精神生活、物質價值和精神價值的關係的問題。我們每天都要吃飯穿衣,但是我們還要過一種精神的生活;物質價值和精神價值的關係怎麼樣?我們應當怎麼來處理?古代思想家認為衣食是禮儀的基礎,物質生活是一種基礎,這個基礎是不能否定的。另一方面又強調精神生活是高於物質生活的。包括後來宋代理學家講的「存天理,滅人欲」,也不是把人的基本的欲望消滅了,人照樣吃飯、穿衣,這個不在「滅人欲」範圍內。「滅人欲」指的是取消超越精神生活要求的那種物質生活追求。在人與自我的關係當中,我們剛才講它是一個塑造人格的問題。每一個人都會遇到這樣一個問題,那就是要正確地對待生命。人的生命與道德、人格的關係中,生命是很重要的,所以儒家是主張保生命,一個人要保生命。道家還主張順其自然,保全生命。但是在我們的先人看來,人的生命價值如果跟道德價值、人格價值發生矛盾的時候,比較起來,道德價值、人格價值更重要。如果為了國家、人

民、民族需要犧牲自己的時候，我們要勇敢地付出自己的生命，來保持自己的人格價值。所以孔子主張「殺身成仁」，孟子主張「捨生取義」，都是這個意思。古人還看到了人的死亡跟「不朽」的關係問題。「不朽」就是人死亡以後怎麼樣才能夠永遠存在的問題。因為人都要死亡，那麼死亡以後，人是不是還有可以值得以後的人永遠敬仰的東西？有沒有不朽的東西？這方面《左傳》裡有這樣的記載，認為人雖然有死亡，但是死而不朽，他的精神、他的功業是永恆存在的，所以有「大（太）上有立德，其次有立功，其次有立言」這樣的說法，這就叫做「三不朽」，就是要「立德、立功、立言」：「立德」就是樹立人格道德榜樣；「立功」，就是建功立業；「立言」就是你有新的思想言論，有助於人民素質的提高，有利於國家的發展。古人認為道德、功業和言論這些價值是很重要的，這叫做「三立」。人要在「三立」方面都有貢獻，或者是在某一個方面作出貢獻，這樣人雖然死亡了，但他又是不朽的。我們現在可以看到像孔子孟子他們都是不朽的，到現在我們都要紀念他們，甚至於還要學習他們的某些思想。在人與自我的關係當中，探討這個問題的時候，我想起了我的老師馮友蘭先生，他有人生四境界的學說，每個人不一樣的，有四種境界。他說第一種境界叫自然境界，什麼叫自然境界呢？自然境界是適應人的生物本性、生理本性的要求，吃飯、穿衣，還有繁衍子孫、適應世俗習慣等等，這個叫自然境界。第二是功利境界，功利境界是功利性的，就是追求個人的私利。有些人做事情首先考慮的是個人的利益，對我有沒有利，這是第二境界。第三個境界就是道德境界，它是為社會謀福利的，我做的事情是為了對國家、社會有利。第四是天地境界，天地境界就是人是天的一部分，是自然的一部分，人歸根結底要和天統一起來。這一思想境界，應當說是更高的一個境界，我們想問題、處理事情是從人與整個自然統一的角度來思考。人生有四種境界，應當說後面這兩個境界都是很高的境界。

（二）人與他人的關係

人與他人的關係，就是人際關係、人倫關係、群體關係。在這方面，古人認為人和別的動物不一樣。人是有義的，是講道義的，所以人能夠組織起來成為一種群體。人的體力可能不如有的動物，但是人能夠駕馭動物，能夠組織群體，能夠組織社會，能夠按照職分、按照道義來妥善地處理人與人之間的關係問題。那

麼人與人有哪些關係呢？最早提出人與人的關係的是孟子，他認為有五類關係，那就是父子關係、君臣關係、夫婦關係、長幼關係、朋友關係，其中長幼關係就包括了兄弟關係。所以後來又演變為「五倫」，就是「父子、君臣、夫婦、兄弟、朋友」這五種關係。這五種關係是由十種角色組成的，所以古人又提倡「十義」，就是十種道德規範，每一個角色都有特定的道德要求、道德規範。根據《禮記‧禮運》上的記載，所謂「十義」叫做「父慈、子孝、兄良、弟悌、夫義、婦聽、長惠、幼順、君仁、臣忠」，這是十個不同的角色應當具有的道德規範。這裡面，我們可以看像父子之間、兄弟之間、君臣之間都是各有權利和責任的。像「忠」，臣對君要忠，但君一定要「仁」，君是仁的，所以臣要對君盡忠。如果君不「仁」，他不是仁君，那臣就不一定「忠」了。兒子對父親也不是一種絕對的服從關係，父要慈愛然後子要孝，這個和漢代以來一方絕對地服從另一方又不同，所以「三綱」、「五常」、「十義」都有一個演變的過程。

　　古代學者在關於人與他人的關係準則和規範方面，所提出的準則和規範最重要的有「仁、禮、和、義、信」這幾個範疇。現在我們簡單介紹一下這幾個範疇的意義：

　　1. 仁：「仁」字好像是兩個人那樣，從字的造型裡可以看到它是講人與人的關係的。大家都知道，孔子有個很重要的定義，「仁」就是愛人，就是泛愛眾，要愛大眾，要愛他人，人與人之間要相愛。在孔子看起來，愛人的內容有兩條根本性的原則，第一條就是「己所不欲，勿施於人」；第二條是「己欲立而立人，己欲達而達人」。第一條是消極性的，你自己不喜歡的不要給別人，第二條是積極的，「立」就是自立，「達」就是顯達，你想立的，你自己追求的、要實現的東西，也要幫助別人達到。現在國際上宗教界也在探討普世倫理，全世界人類能不能有一個基本的倫理規範，有沒有？討論很長時間了。其中有的學者就提出來，孔夫子的這個話可以作為基本倫理的條款，特別是「己所不欲，勿施於人」。孟子也有這樣的主張，孟子認為你如果不能夠做到愛人，人家也不會愛你，不尊敬你，所以儒家提倡「仁愛」。我們可以想像，一個國家、民族，人與人之間都能這樣做，會形成一個什麼樣的狀況，它可能是非常和諧的。還有墨家，墨家提倡「兼愛」，主張「視人之國若視其國，視人之家若視其家，視人之

身若視其身」。它主張「兼愛」,這個「兼愛」和儒家有等差的愛、有等級的愛是不太一樣的。儒家的愛是由親近的關係,然後推到更廣泛的、其他的人的關係。墨家主張「兼愛」,要求把別人的家庭看作像自己的家庭一樣。我們可以看到,「仁愛」跟「兼愛」都是古代人道主義思想的一種體現,但是這兩者有一定的區別。儒家的「仁愛」,是有等級性的,墨家是講廣泛的「兼愛」,但是,我們又可以這樣考慮,很可能,墨家的「視人之家若視其家」這種觀念,和古代社會以家庭為本位的那種社會結構是不太一致的,所以墨家的衰亡也不是偶然的了。

2. 禮:「禮」是古代的社會規範和道德規範,通常是包含了三個方面的內容,那就是社會政治制度、法律準則、道德規範。古代非常重視「禮」,孔子這樣講:如果一個人「不知禮」就「無以立」,起碼的禮都不懂,這個人就不可能自立。所以孔子又把「禮」跟「仁」聯繫起來,提出「克己復禮為仁」,也就是要約束自己,要符合「禮」,這樣來做到「仁」,達到「仁」的境界。「仁」跟「禮」的關係實際上是一個形式跟內容的關係。「禮」是「仁」的表現形式,「仁」是「禮」的實質內容。荀子有一篇文章叫《禮論》,對「禮」做了總結,他對儒家思想又有進一步的發展,他認為治理國家是「治之經,禮與刑」,治理國家靠兩個方面,一個是「禮」,一個是「法」。如何治理好國家呢?一方面要講「禮」,一方面要講「法」。我們可以看到中國的這種思想對韓國、日本影響都很深的。本來我們是禮儀之邦,可是現在,學校師生之間的禮都比較淡了,這對我們國家以及政府機關、上下級的關係,都不是好事。我們當然要講平等,平等是政治上、人格上的平等,但是禮要不要?很可能有「禮」比沒有「禮」要好得多。

3. 和:「和」就是和諧。在這裡有個很重要的問題,我們古代探討兩個很重要的範疇,那就是「和」跟「同」,「和」與「同」的關係與區別。古代很早在中國哲學史上就發生了「和同之辯」,辯論「和」跟「同」有什麼區別,有什麼關係。所謂「同」就是同一,相同。所謂「和」就是不同的東西的平衡。古人認為「和」能夠產生不同東西,不相同的東西的平衡、和諧,能產生新的事物。「同」,相同的東西,就是重複,它不能產生新的事物。所以中國古代主張「和

而不同」。孔夫子有個名言「君子和而不同，小人同而不和」，把是否追求和諧看為君子區別於小人的根本的思想分野。孔夫子還講這樣的話：「均無貧，和無寡，安無傾。」「均無貧」，平均了的話，就無貧；「和無寡」，寡就是指人口很少，就是沒有凝聚力，老百姓都不跟著你了，和則人家都會凝聚在你的周圍；「安無傾」，安全的話就不會有危險。孔子有個學生叫做有若，他說了這樣的話：「禮之用，和為貴。」禮的作用是以和為貴，肯定了「和」的價值。根據我們學者的想法，比方說我們跟西方文化的關係，我們主張和而不同。所謂和而不同，就是能夠把各種文化的優長綜合起來為自己所用。孟子也有重「人和」的名言，大家都很熟知了，就是「天時不如地利，地利不如人和」，這裡的「人和」就是齊心協力的意思，齊心協力、團結合作。在孟子看起來，天時、地利、人和這三個因素當中，人和是第一位的，很重要，很可能他講的是一個真理。如果以和為價值取向的話，我們可以看到對人類社會的發展可能是很有意義的。在現實生活裡面，我們可以看到人與人之間、集團與集團之間、社群與社群之間、階層與階層之間、階級與階級之間，都存在著矛盾、對立和鬥爭，這是不能迴避的，我們要面對的。但是從歷史上來看，鬥爭的結果一般可以說有這麼幾個結局：一種結局就是兩者同歸於盡，第二種結局就是一方壓倒另外一方，第三種結局就是雙方和解而兩利。所以和作為處理人際關係的一項基本原則，可以用來處理不同的矛盾，對不同的矛盾，採取一個恰當的處理方式。

4. 義：「義」本來是適宜的意思，適合情況，引申為公正。我們老百姓希望做官的人第一條就是公正，清廉與公正。

5. 信：「信」就是誠實、守信用，古人認為這是朋友之間應當遵守的一個基本道德規範，實際上在經濟生活當中也應當是這樣。

這是關於人與他人的關係的看法，是古人的一些生存智慧。

（三）人與民族和國家的關係

中國是有這麼一個優良傳統的，有個愛國主義傳統。愛國主義傳統的內容是什麼呢？就是關心社稷民生、維護民族獨立和保衛中華文化。愛國主義的內容是很豐富的，古人很多都是以愛國主義為人生的最高價值，一個人要愛國，要愛民

族。孔夫子有這樣的話：「微管仲，吾其被髮左衽矣。」「微」是假如沒有，管仲是古代很有名的一個政治家，「被」和「披」是一樣的，「衽」就是衣服的衣襟，有的少數民族衣襟是往左邊開的。孔夫子是說，如果沒有管仲，我可能也是衣襟往左邊開了。這是表現了這麼一種深層的意思，就是主張維護民族尊嚴、國家獨立。至於像屈原、范仲淹，乃至顧炎武，他們都有很多以天下為己任的抱負，那是對我們很有教育意義的言論。大家可能都知道，像「先天下之憂而憂，後天下之樂而樂」、「天下興亡，匹夫有責」等等，都是很重要的。我們古代都提倡「忠」。「忠」的含義，就是要盡心盡責，但是到了漢代以後這種意義轉變為為國君盡忠了，而把盡責又推到絕對服從，這個就不好了。所以辛亥革命有很大的功勞，就是把君主專制推翻了。但是我們應當說，對民族、中國、人民，我們還是應當忠的，忠於民族、忠於中國、忠於人民是每一個公民的崇高的職責。

（四）人與自然的關係

古代一些思想家是怎麼樣來看待人與自然的關係呢？人處在自然當中，人是自然的一部分，人跟自然的關係就叫做「天人之際」。這裡我們先要搞清楚古代的「天」的含義。「天」的含義很多，主要是有兩條，第一條指的是自然，也可以說這個自然就是自然界，特別是指天空、天體，或者說是天地，用我們現在的話來說，也就是客觀的物質自然。「天」的另外一個意義就是神靈，認為天上有神靈存在。我們現在要探討的主要是人與自然這個層面上的關係問題，就是要探討天道跟人道的關係、自然跟人為的關係。在這方面，古代主要有三個學說：

第一個是「天人合一」，就是強調天道跟人道、自然與人為息息相通、和諧統一，這是一個非常重要的概念。例如，孟子就主張「盡心知性知天」。「盡心」，就是發揮我們自己的本心，我們的主體精神充分發揮了，就能夠「知性」，就能夠知道人的本性，進一步就能夠知道自然。這裡很重要的一個思維方式就是認為天跟人是個統一體，人心、人性跟天道是一樣的，這是中國古人的一個很重要的思考方式。由於能夠「盡心知性知天」，因此也認為人能夠和天地相通，進到一種天地境界。道家也是主張「天人合一」的，我們剛才已經提到莊子。莊子主張「萬物與我為一」，人與天地萬物要合一、要統一起來，進一步反

對人為地去破壞自然,主張「因順自然」,順從自然的規律。莊子的學說,有一種主張回覆到原始狀態的思想,這種思想當然是一種落後的思想。但是他主張不去毀壞自然,應當承認,這種思想對我們有一種警鐘長鳴的意義。

第二個是「與天地參」,就是人要參與自然界的變化,這是在肯定天道、人道既有區別又統一的基礎上,認為人不是消極的,不是被動的,人可以參與自然界的變化,這種觀點也是很重要的。在這方面像《周易大傳》有這樣的話,要「裁成天地之道,輔相天地之宜,範圍天地之化而不過,曲成萬物而不遺」。「裁成」、「範圍」都是動詞,都是調節的意思,「輔相」、「曲成」都是輔助的意思。這是說,一方面要承認自然的變化和它的規律,一方面要透過發揮主體的能動性來調節自然的變化,協助萬物達到完滿的程度。

第三個就是「天人之分」,認為天和人不一樣,是有根本性的區別的,要把天和人加以區分,各有其規律。在「天人之分」這種主張裡面,有的主張要「知天命而用之」,就是要控制自然、治理自然。這種主張,就是強調要發揮人類的主觀能動性去控制自然。這種主張可以說和前面「與天地參」的主張有聯繫,但是也有區別。

在這三種主張當中,我們可以這麼說,它們之間並不完全是對立的,不是互相排斥的。凡是主張「天人合一」的,都是以「天人之分」為前提,都是在確定了天人之間的區別的基礎上形成的。主張天人之分的也不完全否認天人相通、天人之間的聯繫,有的就主張天的職能和規律是不能違反的。所以在這三種學說之中,「天人合一」是一個基調,是中國古代關於天人關係的一個基本的學說。

三、人生價值觀與國民素質提高的關係

剛才我們在探討這個主題的思路時曾經提到,我們要提高國民素質,應當充分運用傳統文化的資源。提高國民素質的途徑是多方面的,其中利用傳統文化的資源是一個重要方面。在探討利用傳統的人生價值觀來提高國民素質這個問題的

時候，我們首先要來分析一下二十一世紀國際中國社會的一些新的變化，它的特色。我們認為二十一世紀國際中國社會最根本性的特徵很可能是以下這幾個方面：

第一，由於市場經濟的日益成熟，國家與國家、地區與地區之間的經濟正在走向一體化，又由於通訊技術的進步和交通的發達，世界，特別是在經濟領域就會越來越全球化。這種情況，不僅會加速推動不同文化的交流和碰撞，而且會使國與國之間的競爭進一步加劇。

第二，由於科學技術的空前進步，人類在征服自然、改造自然方面取得的成就越來越大，但與此同時，自然也增大了報復人類的力度。所以生態失衡、環境汙染、氣溫升高、人口暴長、能源危機、食品短缺等等問題、難題日益地困擾人類，人類將地球和大自然作為征服對象的同時要付出巨大的代價，以至於我們現在一些基本的生活需要，像水，有的地方都很缺，人類在滿足水資源的需要上都出現了問題，這是一個很大的問題。要解決這個問題，一方面是要努力地去尋找、開發新的科學技術，來緩解開發自然所帶來的負面作用，另外一方面需要提高人文素質來協調人類跟自然的關係，這可能是未來又一個很重要的特點。

第三，因為物質條件的不斷完善和生活方式的更加現代化，豐富的物質生活和相對匱乏的精神生活的反差現象將長期存在。精神生活出了問題，就出現了一種文化精神危機，這種文化精神危機在我們看來實際上就是價值危機，就是價值觀念失衡了。如果人們長期受到追求物質欲望、物質需要這種價值觀念支配，停留在物質享受的層次，就會形成惡性的消費。惡性的消費勢必帶來惡性的開發，由此又進一步帶來國民素質的下降，同時又影響了社會的可持續發展。根據這種情況，未來社會人類能不能覺悟到要逐步地把單純地追求物質，或者著重追求經濟的增長，轉到追求人的全面發展，是一個很重要的問題。

二十一世紀顯然是國與國之間競爭很激烈的一個世紀，我們要立於世界民族之林，就需要有高素質的人才，國民素質要高。什麼叫做素質呢？素質包括了哪些內涵、哪些要點呢？根據我們初步的研究，素質主要包括四種，第一種是文化知識素質，這個又包括兩個方面，一個是綜合知識素質，一個是專業知識素質。

既要有綜合的知識，又要有專業的知識。第二種是品德素質，品德，就是人品，包括了道德素質和思想素質。道德和思想也是兩個概念。比方說培養家庭美德、職業道德、社會公德是極為重要的，有利於形成和諧美滿的家庭關係、人際關係。第三種是心理素質，這也是極為重要的素質。心理素質裡包括情感素質、智力素質、意志素質。意志素質，就是我們前面講的人要有意志、有人格。情感素質，就是在情感問題的處理上，要處理好，不要失足。智力素質，就是培養以創造性思維為核心的素質，這對於一個民族的進步、國家的興旺發達都具有戰略性的意義。創造性的思維，不是墨守陳規、保守陳舊的那種思維，要培養創造性思維，這屬於心理素質裡面的智力素質。最後一個素質就是身體素質，身體也很重要，學校不是講德智體嗎？「體」就包括了體質、體力、體能，身體的素質在人的素質結構裡的地位是不言而喻的，它是一個前提性、基礎性的東西。比如說我們中華民族都要講健康，這是極為重要的。在我們看起來，素質很可能是包括了這四個方面。那麼傳統文化、傳統的人生價值觀念對於提高國民素質，是有一定的積極意義的。

根據當前國民素質的一些狀況，特別是為了青少年素質的健全發展，我們認為，在當前應當重點地弘揚傳統人生價值觀當中的一些積極的內容。傳統人生價值觀也會有它的局限性，我們今天講的是它的積極方面的內容。關於積極方面我們認為最重要的有三個方面：

第一，弘揚為人之道，提高人文素質。上面我們說了，中華傳統文化是十分重視闡揚做人的道理的，強調道德、人格的崇高的價值。它在處理物質生活跟精神生活、生命價值跟人格價值這些方面都提出一些積極的思想，這些思想如果用來提高國民的素質，我們認為是有幫助的，特別是對於糾正當前只重視技能、經濟、功利、實用而忽視人文、精神、思想、道德這種偏頗、偏差，對於正糾只追求物質生活而忽視精神生活的傾向，應當說是有啟迪的意義。

第二，弘揚群體觀念和愛國精神，樹立社會的責任意識與歷史的使命感。在這種經濟全球化，國與國之間的交往日益頻繁，外來的文化不斷地衝擊我們本土文化的情況下，我們認為提倡集體主義、愛國主義精神尤為迫切，特別是對青年

一代的教育尤為迫切。因為現在國與國之間的觀念淡泊了，不同國家的很多年輕人都通婚了，有的都出國定居了。所以我們對那種忽視國家、集體利益的傾向一定要注意。我們認為在處理這個問題的時候，那種忽視個體的利益、地位、作用的傾向，是不對的。我們以往曾經忽視發揮個體的積極性、主動性、創造性，這不利於我們國家的發展，但是我們也認為那種忽視群體的需要、忽視群體的價值和利益的態度也是片面的。我們應當肯定個人的價值只有透過對群體的貢獻才能獲得真正的體現。中華傳統文化對有關群體的關係、公私的關係，以及個人和民族、國家的關係，都有很多很精粹的思想。闡述這些合理的思想和精神，對提高國民素質特別是道德素質與心理素質，增強對人民、對社會、對中國的奉獻精神應該說是有意義的。

第三，弘揚天人協調的思想，提高辯證思維水平。在處理人與自然關係問題上，我們剛才已經提到以「天人合一」為代表的思想，特別是其中關於天人協調的思想，就是人可以參與天地自然變化的思想，在我們看來很可能就是處理兩者關係的一個正確的原則，那就是說主張人與自然的和諧，良性互動。人類與自然一定要良性互動，這對人類的發展是有重要意義的。所以我們認為那種人類要征服自然、把人類與自然對立起來的觀念是一種形而上學的思維，人類應當與自然和諧、協調，要保持這種良性互動，要運用這種辯證的思維。那種把地球有限的資源耗盡的做法，只能是毀滅地球，也毀滅人類本身。

我們認為積極地弘揚中華傳統價值的合理思想，對於培養國民的精神品質有極大的好處，對增強國民的智慧有極大的好處。總之有助於中華民族、有助於我們國家的國民形成和完善求真、行善、崇美這樣的人格品質。

問：非常感謝方教授，您講得很精彩，但您對中華文化進行歸納和總結，主要是從正面、從積極的角度來分析的。我這個問題是中華文化中有哪些內容是糟粕，是消極的，它既阻礙了社會進步，也阻礙了現代文明的進步？希望您在這方面給分析一下。

答：這個問題極為重要，大家都知道優點是跟缺點相聯繫的，長處是跟短處相聯繫的，在優點當中，我們要清醒地看到我們的缺點，對傳統文化也應當是這

樣。比方說傳統文化當中的天人合一整體觀念就有局限性，它的局限性是什麼呢？缺乏分析，籠而統之地作為一個整體的把握。這個整體的把握是很重要的，按照我們搞哲學的人來說，靈感就是整體把握、領悟，直接體悟，那很重要。但是還要分析，如果不重視分析，科學的發展就受到影響了。所以中國古代自然科學發展的緩慢很可能和我們傳統的思維方式有關係，這是一條。第二，我們都可以看到中國傳統文化很重視現實，重視物質生活，民以食為天，中國人很講究實際，重視現實問題，這當然也很重要。中國人都是有問題才去信教，有所失就想有所得，是臨時抱佛腳，如生病了，家裡出什麼事了，才去信教，動機不純呢，和宗教的本義相違背，這是一種現狀。過分重視現實以後，對於那種超越的精神就有所忽視，對追求一種更高層次的境界會受影響。我們可以看到目前我們國家存在的一些現象都和這個問題有聯繫，有的人想有權要趕快用，不用就白不用，是吧，要出問題的。有的商人也是這樣，有人做很多假藥，大米裡放了什麼，他追求眼前的利益。一個國家、民族要有一種很高的超越精神，這是提高素質的一個很重要的方面。另外我們國家強調人與人之間的關係，重視集體、重視愛國，是完全正確的。但是也應當承認，我們過去比較忽視對主體、對個體的積極性、創造性、主動性的發揮。我們認為，現在我們已清醒地認識到傳統文化的優點、長處，也看到它的缺陷、短處。講起缺點來也是很多了，可能得另外的時間了。今天主要是講我們的優點，因為我們要增強自尊心，而且我們講的確實是優點。我們是在清醒地、深刻地洞察到我們的缺陷基礎上來講我們的優點，我們要發揮我們的優點，透過發揮優點來克服我們的缺陷。在這方面當然我們要吸取其他民族的一些優良文化的合理因素，來彌補我們的不足。

問：剛才您講到了中華文化的核心和人生價值觀，而且提到了西方的人生價值，特別是基督教不容易融入中國，但是現在一些年輕人相反地比較容易接受這些，是不是您能評論一下西方文化的核心價值觀，特別是基督教的人生價值觀和中華文化價值觀的異同和優劣。

答：這個題目很大，我想最重要的，中華文化跟基督教文化比較，最核心的問題大概是，基督教文化強調個人，強調個人的利益，也強調發揮個人的積極性，強調個人的自由。我們的文化主張集體、整體，這兩者，在我看起來很可能

應當是互補的,所以我很贊成我另一位老師張岱年老師,他的一個觀點叫做綜合創新,綜合創新就是要綜合不同文化的優點,創造出一個新的主張來。我們現在缺這樣的人,也就是說把東方的文化跟西方的文化,把西方重視個體的文化和東方重視集體、整體的文化統一起來,形成一種新的更高層次的思想體系,在我看來是思想家、哲學家很重要的一個任務,這個事情要很冷靜,不能感情用事。應當很清醒地看到,西方基督教精神有很多好的東西值得肯定。我們要吸取它的長處來為我所用,因為西方的發展實際和它的基督教精神直接相聯。另外一個就是我們剛才已經提到了,西方的文化追求一個彼岸的東西,要超越自我,外在超越,它要服從上帝的意旨。我們中國是一個人文的國家,相對而言,它也有宗教。中國的宗教也跟別的國家不一樣,中國自己創造的宗教大家都知道就是道教。道教的目標是什麼呢?追求長生不死、長生不老,羽化登仙,成為神仙,就是人一直活下去。這當然體現了中國人對生命永恆的一種追求。但是大家也可以看到,人不可能永恆的,人有死亡的,死亡就是人的大限。道教也正因為它的理論的這種局限性,所以趨於衰落。中國的道教不很興旺,後來也調整了它的主張了,本來追求成仙,後來轉到心性,主要是修身養性,就是由外丹轉到內丹。外丹就是煉礦,提煉金丹。以往皇帝更需要吃那種金丹,皇帝批的山,你去煉吧,煉出來吃,吃一個中毒一個,好處呢,就是水銀啊這些都煉出來了。所以道教對化學、醫藥學貢獻很大,但是它的目標不能實現,吃下去都要中毒而死。所以它後來轉到內丹,內丹就是包括氣功、心性修養這一些。實際上它和佛教,乃至儒家的心性相協調。中國人比較現實,比較講現實,重視現實是很重要的,但是重視現實又是不夠的。作為一個人來說,重視現實是處於一種比較低的境界。當然西方基督教以回到上帝那兒那種境界為最高境界了。我們當然不主張回到上帝那兒,我也不認為有個上帝。但是不是得有一種更高的境界呀?我們是不是應當提倡一種超越現實的更高的追求?我們認為這是中國人比較缺乏的,這個是提高整體國民素質需要探討的一個問題。

問:您講了中華文化的核心,那麼核心外圍的文化主要包括哪些?

答:一個國家、民族的文化有核心,核心周圍有很豐富的內容。這個內容很多,像文學、藝術、建築乃至於自然科學。中國也不是說沒有自然科學的,特別

是技術，都是文化內容。因為文化的含義非常廣泛，我現在確定核心的角度是這麼選取的，就是對人、對人類社會、對我們一個民族，它最有指導意義的、有決定意義的是什麼東西，由此來確定它的核心。我們認為這個核心很可能是價值觀念，因為這是個指向性的東西。價值觀念可以指導文學研究、藝術研究以及其他方面的研究，乃至可能影響到政治、治理國家的操作，影響到官員，影響到官員的人生態度，他對人民的態度。

談談佛教與中國民俗

　　佛教自漢代傳入中國以後，不僅對中國的倫理道德、哲學、文學、藝術等方面給予了影響和滲透，而且與各類民俗也有著廣泛的聯繫，甚至有的民俗簡直就是中土與印度佛教的混血兒。正是隨著佛教的流傳，中國的民風民俗在不斷充實、變化，佛教氣息、佛教色彩日見鮮明濃郁。佛教對中國民俗方面的影響，方面之多，範圍之廣，程度之深，恐非千言萬語所能詳盡，這裡只從幾個方面略述其皮毛而已。

一、佛教信仰與民風葬俗

　　說起佛教對中國民俗方面的影響，最主要的方面怕是在民間信仰觀念上帶來的變化。早在佛教傳入之前，中國就有了天上、人間、地下的三維空間的概念。人們普遍認為，天上有個天帝，它是至高無上的神，最具權威，嚴正無私，它時時刻刻在俯視人間，行使著獎善罰惡的權力。一些有權威的祖先神也客居在天上，誰做了壞事，他們都能看得清清楚楚。而地下是鬼類待的地方，極其陰森恐

怖,人死了會變鬼,鬼也有識別善惡的能力,既能報答恩情,也能報仇雪恨,會把活人的魂勾了去。佛教傳入後,宣揚因果報應觀念,認為人們做善事會得善報,做惡事會得惡報,因果關係是宇宙的法則,因果報應是人生命運不可抗拒的鐵的規律。

佛教的因果相應、六道輪迴觀念不脛而走,改變了中國人的生死觀念,並使民間習俗發生重大的變化,出現了信仰佛教的熱潮。修建寺廟,塑造佛像,建造佛塔,燒香拜佛,吃齋誦經成為普遍的風氣。在中國許多地區,無論是都市或鄉村、平原或山野,普遍建有佛寺。歷史上的長安、洛陽、開封、太原、北京、南京、蘇州、杭州等地都曾寺林立,盛極一時。中國佛教徒對觀音、地藏、文殊、普賢四大菩薩尤為尊奉,分別將他們安放在環境清幽的普陀、九華、五臺、峨眉四大名山上。普通的百姓對四大菩薩中的觀音菩薩更懷有發自內心的崇敬。為什麼會這樣呢?據佛典說,觀音菩薩是以救苦救難為本願,當你遇到困厄之時,只需要在口中誦唸他的名號,觀音菩薩就會立即作出回應,根據聲音判斷出你的方位,然後前來搭救。觀音菩薩如此慈悲,這自然就打動了苦難重重的平民百姓的心,把他視為生命的保護神。對觀音崇拜的狂熱,不僅表現在造像之多,出現了十面觀音、千手觀音像,而且還將觀音菩薩這個中性菩薩改變為女性菩薩,日久天長,又成為能給人們送子的菩薩娘娘了。這自然是非常符合中國「不孝有三,無後為大」的傳統觀念,符合人們求子心切的心理需求。此外,阿彌陀佛也是人們信仰的一個熱點。

由於佛教信仰的普及,長期以來佛教寺院(廟)就成為民間信仰的中心。「初一十五廟門開」,每月的這兩天,善男信女相攜而來,尤其是婦女、老太太們懷著無比虔誠的心情,帶著香燭到佛像前燒香禮拜,求神問卜。一些寺院每逢佛教節日也向社會開放,人們便紛紛去「趕廟會」,拜佛誦經,祈求消災祛難,保佑平安。後來又有一些老百姓乘此機會帶上自家的土特產品、自製的日用雜物、手繡剪紙之類的民間工藝品等設攤叫賣。屆時也有民間藝人玩雜耍,獻絕活。孩子們最喜歡的各種風味小吃也搞得火火熱熱。廟會和集貿活動、文化娛樂聯袂攜手,發揮了特殊的經濟和文化功能。歷史上,河南開封的相國寺,每月要開放五次。舊時北京的隆福寺每月初九舉行廟會。四面八方,百姓雲集,熙熙攘

攘，好不熱鬧。廟會活動幾乎成了普通人家生活中最有趣、最引人的一部分。

　　佛教的因果報應、輪迴轉世說的流傳，使人們普遍對地獄懷有恐懼之感，在世的人總希望親人死後不要墮入地獄受盡折磨。這種觀念又帶來了喪葬習俗的重大變化。佛教輪迴觀認為，人從死亡的一剎那始，到再次受生的一瞬間止，這中間稱為「中有身」。「中有身」最多只存在七七四十九天。在這個階段裡將根據死者生前所作的善惡行為決定轉生的方向，於是出現了七七四十九日的誦經祈福的習俗。

　　至於死者遺體的處理方式也受佛教影響不小。中國大部分地區的民俗是講「歸土為安」的，人死了，埋在地下，修座墳。佛教實行的火葬，一般把骨灰（舍利）裝進瓦罐，找個認為風水好的地方埋下。大僧人還要築龕建塔安放骨灰。佛教這一規定，民間也不斷效法。有的寺院還為俗人提供方便，推廣火葬，幫助火化俗人死者。佛教紀念死者，寄託哀思，常以掃佛塔來表示。這種方式也逐漸被民間所仿效。中國傳統的祭祖活動是在祠堂宗廟裡進行的，後來也出現了掃墓活動。時至今日，我們仍沿襲著這一習俗，懷念親朋，祭奠先烈。清明時節掃墓成為一種普遍的民間風氣。

二、佛教活動與民間節慶

　　中國不少地區的民間節慶與佛教活動是密切相關的。到目前為止，中國從歷史上沿襲下來的民間節日名目繁多，不同民族又有各自不同的節日。例如說中元節、臘八節、藏族的薩格達瓦節、傣族的潑水節，幾乎都是佛教傳入後形成的節日。讓我們簡要介紹一下。

　　佛教有一個制度，就是每年陰曆的七月十五這一天，僧人都要對自己一年來的言行進行懺悔，或檢舉其他僧人的不端，稱為「自恣日」。這一天還同時舉行盂蘭盆會。「盂蘭盆」是梵語音譯，一般認為是救助倒懸之苦的意思。七月十五這一天，各寺院拿出百味干鮮果品，各類飲食供養十方的自恣僧。以此善舉使現

生父母及七世父母得以超脫苦難。在中國最早舉行盂蘭盆會的是南朝的梁武帝。每逢七月十五設盂蘭盆會，施放食物於各寺院。此後蔚然成風，上自王公大臣，下至普通百姓，到了這一日，紛紛前往寺院貢獻各類雜物。至唐代更是盛況空前。唐代宗把盂蘭盆會就設在宮廷之內，所供奉的器物也更加莊嚴豪華。當時長安各寺廟的供奉也非常隆重。花蠟、花餅、假花，滿堂生輝。佛殿前鋪設豐富的供養，全城人也到各寺隨喜貢獻，以修功德。大約到了宋代，盂蘭盆會又與道教的中元節相結合，並逐漸為之取代。有的地區老百姓認為，七月十五這一天，地獄大開其門，大鬼、小鬼一時出動。於是民間舉行各種活動，施主到寺廟供奉錢財米糧，和尚也集中誦經。有的人則帶上果品到荒郊野外祭奠祖墳，把紙鬼紙船和燈一起點燃，放在河裡順水漂去，叫做放河燈。中元節又叫鬼節，它的一系列活動都是為了超度亡靈，消災免禍，祈求鬼神保佑，闔家平安。目前臺灣仍十分重視中元節，當地佛教界正在醞釀，把這一天定為僧寶節。

　　中國民間現在仍保留著喝臘八粥的習慣。其實這臘八粥的來歷也與佛教有關。據佛典說，臘八這天（陰曆十二月初八日），是佛祖釋迦牟尼的成道日。釋迦牟尼出家後，一直過的是雲遊四方的苦行生活。一天，由於饑餓困頓，昏倒在地，幸遇一牧羊女，她用隨身帶著的雜糧和採來的果品，用泉水熬煮成粥湯，並給釋迦牟尼一口口餵下。釋迦甦醒過來後，就到附近的尼連河裡洗了個澡，又坐在篳鉢羅樹（後稱菩提樹）下閉目打坐，終於在臘月初八這天悟道成佛。後來佛教便把這天稱為佛祖成道日。各寺院也效法牧女煮粥以示紀念。臘八粥的主要原料多以五穀雜糧為主，輔以紅棗、杏仁、核桃仁、栗子、花生仁等，甘甜爽滑，有滋補功效，在寺院的影響下，民間也逐漸有了煮臘八粥的習慣，鄉鄰好友互相饋贈品嚐，增添了生活的情趣。後來祭佛祖的意義逐漸淡化以致消失了，主要意義變成為驅邪避疫，歡慶豐收。

　　中國雲南西雙版納傣族人的重要傳統節日是新年，俗稱「潑水節」。這個節日的形成也與佛教傳入直接有關。根據小乘佛教上座部的傳說，陽曆的四月十五日是佛祖的誕生日，也是他的成道日和涅槃日。又根據佛教所說「佛生時龍噴香雨浴佛身」的說法，傣族人也在這前後三天裡潑水慶賀。人們先是擁入佛寺為家人祈禱，然後用浸著鮮花的清水為佛洗塵，再捧起洗過佛的清水洗自己的雙眼、

面頰,最後用手或樹枝撩水彼此洗塵,互相祝福。從寺院出來,人們又走向街頭,用桶、臉盆盛水,互相潑灑,追逐嬉戲,互相洗禮、祝願,高潮迭起,極為熱烈。

在西藏地區,人們信奉的是藏傳佛教,俗稱喇嘛教。他們慶祝佛祖成道日是在公曆的四月十五日舉行「薩格達瓦節」。屆時,拉薩人傾城出動,帶著自製的酥油茶和各種酥油食品,先到布達拉宮後面的龍王潭裡,乘著牛皮船悠悠泛舟。夜幕降臨時分,就在龍王潭的林子裡搭起一座座帳篷,盡情歌舞,通宵達旦。四川康定地區的藏民有「轉山節」的習俗。為了慶祝佛祖的成道,他們在四月初八這天紛紛騎馬上山,縱橫馳騁,盡情抒發對佛祖的虔敬之情和節日的歡愉情懷。

三、佛教生活與飲食習俗

最後談談佛教在飲食方面對民俗的影響。影響最明顯也最深刻的有兩方面,一是素食,二是喝茶。原來印度早期佛教並沒有禁止僧人吃葷,只要是自己沒有親眼看見、親耳聽見或者懷疑是特地為出家人而殺生的肉都可以吃。後來大乘佛教認為食肉就是殺生。南朝梁武帝信仰大乘佛教,中國佛教徒吃素就和梁武帝直接有關。他根據《梵網經》和《涅槃經》等大乘經文,提出佛教徒要愛惜生靈,禁戒酒肉。他認為吃肉就等於殺生,是違背「不殺生」戒條的。此後和尚吃素成為了戒規。一般在家信佛的人也以吃素律己。影響所及,每逢初一、十五,或在年節不動葷腥,逐漸在民間形成一種風氣,也有人甚至常年吃素。和尚不能吃葷,寺院就想方設法在素食方面不斷研究開發出新品類,尤其以豆製品為主料的素食,真是花樣翻新,也頗多美味佳餚。

「天下名山僧占多」,「好茶出在我山中」,名山多寺廟,名山出名茶。茶與僧相伴成趣,聲名與共。喝茶是寺院生活中的一項重要內容。寺院一般都設有「茶堂」,這是專門用來討論佛教義理,招待八方施主賓客,品嚐名茶的地方。類似現在的會議室、會客室,但冠以「茶」字,說明了喝茶是缺不了的。有的寺院還設有「茶鼓」,每到喝茶時,擊鼓為號。寺院裡有「茶頭」,專司燒水煮茶

工作。此外還有「施茶僧」,每日站在寺門前為進香的人或過往者免費供給茶水。有的寺院還常常舉行品茶活動,邀請僧人來共同品評名茶,叫做「茶宴」。不少寺院有自己的茶場,能自製名茶。現在人們喝的「碧螺春」茶,原來叫「水月茶」,是江蘇洞庭山水月院的山僧最早焙製的。人們喜喝的烏龍茶,在宋元以後,以福建武夷寺僧人製作的為上乘。可以這樣說,許多名茶最早幾乎都是從寺院傳出來的。現在講究喝茶的人多願用紫砂壺,這種壺的發明者就是明代江蘇宜興金沙寺的一位老僧。唐代有個叫陸羽的人,他遍遊名山古剎,對茶道深有研究,撰寫了世界上最早的一部《茶經》,其內容不少來自於寺院種茶、製茶、飲茶的經驗總結。

寺僧喝茶是生活中的重要組成部分,是僧人宗教生活的一種調劑。寺院的喝茶之風也流行到民間,成為中國人普遍的習俗,直到今日。

佛教與中國文化

一、小引:探討的範圍、方法和視角

「佛教與中國文化」的關係,是一個龐大而複雜的問題。在論述之前,有必要明確一下探討的範圍、方法和視角。

我們知道中國佛教是印度佛教與中國社會實際相結合的產物,是印度佛教的新發展。探討「佛教與中國文化」,既要分析印度佛教與中國文化的關係,又要分析中國佛教與中國文化的關係。大體上可以這樣說,在隋唐時期以前,重點是印度佛教與中國文化的關係,隋唐時期以後重點則在中國佛教與中國文化的關

係。

「中國文化」,是中華民族全部物質文明與精神文明的成果,是一個極其博大豐富的總體。中國文化有它自身的演變歷程,有其過去、現在和未來。就探討「佛教與中國文化」的已有關係而言,「中國文化」其實相當於「中國傳統文化」,本文所論的中國文化就是指中國傳統文化。文化的中心或重點是思想,尤其是學術思想,由此中國傳統文化通常是指以儒、道、佛三大思想系統為代表的文化,我們也是在這種意義上運用中國傳統文化這一概念的。在中國傳統文化中,儒、道是本土的固有文化,而印度佛教則是外來的異質文化。中國佛教的情況較為複雜,它屬於根植中國的本土文化,除具有中國人的價值觀念和思維方式的固有特性外,同時也含有外來佛教的異質性。這樣,相對於印度佛教來說,儒、道文化是中國本土文化、固有文化;相對於中國佛教而言,儒、道文化則是中國傳統文化中的不同系統,儒、道、佛同為中國傳統文化的組成部分。

中國佛教是由漢語系、藏語系和巴利語系(上座部)三支佛教匯合而成,擁有的佛教典籍最豐富,教派最齊全,是13世紀印度佛教被消滅以後,保存佛教最完整的典型代表。探討「佛教與中國文化」,應當分別就漢傳佛教與漢族等傳統文化、藏傳佛教與藏族等傳統文化、上座部佛教與傣族等傳統文化進行分析研究,然後再加以歸納,進行綜合研究,得出相應的結論。但由於多種原因,本文要著重探討的是漢傳佛教與中國文化中儒、道文化的關係,以下的論述都將圍繞這一重心展開。

關於佛教與中國文化關係的研究範圍,大致可從以下五個方面展開:

(一)佛教與儒、道文化的關係

打個比方,中國傳統文化猶如一條大河流,其上游是儒、道兩個支流的匯合,在中游處又有佛教支流匯入,與大河的原有水流相互激盪,奔向遠方。在歷史長河中,儒、道、佛三種思想,構成三角關係,即佛對儒、道,儒對佛、道,道對儒、佛各有不同的關係,並在互動中發展。探討「佛教與中國文化」的關係,應當一方面探討佛教對儒、道的關係,另一方面探討儒、道對佛教的關係。而本文著重探討的是佛教對儒、道的關係。

（二）佛教與中國文化不同層面的對應關係

文化通常由物質、制度、思想三個層面構成，這三個層面大體上相當於文化形態的外、中、內三層結構。佛教與中國文化的三層結構，互相對應，最易發生互動交涉的關係。如佛教物質層面上的寺院建設、寺院經濟等，制度層面上的沙門敬不敬王者、服裝和穿著方式等，以及靈魂的存滅、果報的有無等思想層面，均曾與中國文化發生糾葛、論爭，乃至衝突，這三種不同層面關係的性質、形式以及結果是並不相同的。

（三）佛教與中國文化具體形態的關係

相對於政治、經濟、軍事而言的文化，有哲學、倫理學、文學、藝術等多種具體形態。佛教傳入中國以後，與中國文化的多種具體形態發生交涉，推動了中國哲學、倫理學、文學、藝術等的發展，探討佛教與多種具體文化形態的關係，對於了解具體文化形態的發展具有重要的意義。

（四）佛教與中國文化的迎拒關係

佛教與中國文化的關係大約有相通與不相通、相容與不相容、互補與互斥等幾種類型。如佛教與儒家以及唐代以來的道教在心性上是相通相容，乃至是互補的，在生死觀上則佛教不單與儒家的觀點不同，與道教的長生不死說更是對立的，但三家在人生理想目標上又是相近、相通乃至可以相容的。探討諸如此類不同類型的關係，有助於深入了解佛教和中國文化變遷發展的根源。

（五）佛教與中國文化交涉的歷史動態關係

佛教作為傳播者，中國文化作為受容者和對佛教的制約者，雙方在歷史演變中互動，雙方的關係隨著歷史發展而變化。佛教在傳入、興盛、創宗及其以後的不同階段，與中國文化的關係呈現出不同的歷史特點，從歷史的動態視角探討佛教與中國文化的關係的演變，有利於把握兩者互動關係的歷史規律。

我們認為在探討方法方面，應重視以下幾點：第一，中國國情（包括自然環境、社會政治、經濟、文化、生活等）鮮明、有力地制約了佛教的傳播及其與中國文化的關係，並使印度佛教演化為中國佛教。中國佛教與印度佛教的根本宗旨

是一致的，但兩者又有不同的特質。如上所述，中國佛教的根在中國，中國佛教是中國僧人立足於民族文化，吸取印度佛教思想，熔鑄重整、綜合創新的成果。從中國社會環境和文化背景去考察佛教與中國文化的關係是我們研究的重要原則。同時，我們也充分肯定思想對適應、改變社會存在的積極作用。由於本文將從佛教的角度去探討與中國文化的關係，因此將著重論述佛教之所以能與中國文化發生種種交涉的內在思想機制。第二，運用比較學的方法，重視分析印度佛教、中國佛教與中國文化的異同，探求彼此交涉時何以發生衝突，何者又得以融合，以及如何又由衝突而走向融合的。第三，運用文化發生學的方法，注意研究中國僧人是如何融合佛教與中國文化，而提出新的教義，創宗立教，使印度佛教轉軌為中國佛教，並總結其成功的經驗。

綜上所述，我們把本文視角確定為：以佛教為主，從佛教出發，去探討佛教與中國文化，也即與中國傳統文化的關係。著重探討印度佛教是如何與中國本土的固有文化相交涉的，又是如何在與中國固有文化的衝突與融合中逐步中國化的；印度佛教，尤其是中國佛教是怎樣充實和豐富中國文化的；並總結佛教與中國文化交涉又有什麼樣的成功經驗。我們認為，這不單有助於了解外來佛教與中國文化交涉的歷史、事實、規律與特點，也有助於透過總結異質文化交流的經驗，進一步推動中外文化交流的展開。

二、佛教與中國文化發生交涉的內在思想機制

佛教傳入中國內地時，中國本土文化已十分繁榮，儒、道等思想體系在社會生活中發揮了巨大作用，並積澱為社會心理和民族心理。佛教與儒、道等本土文化，是宗教與非宗教兩種不同性質的文化，在理論思維上互有高下。一般說來，外來文化與本土文化以及兩者的文化元素之間具有相通不相通、相容不相容、互補互斥的錯綜複雜的關係。佛教在與中國傳統文化的撞擊、交涉過程中，與中國文化發生聯繫的機制主要是佛教思維，其內容和形式就是價值觀念和思維方式。這是佛教與中國本土文化發生交涉的重要根源，也是佛教滲透、轉化為中國傳統

文化組成部分的重要原因。

佛教價值觀念的主要內容是人生解脫論。佛教認為一切事物都是由多種原因和條件構成並處於不斷變化、流動的過程中的。人生也是如此。人有生老病死的自然變化，有對自由、幸福、永恆的強烈追求，有從自我出發的無窮欲念。由於與不斷變化的客觀現實相矛盾、相衝突而不能得到滿足，因此人生是痛苦的。中國僧人說，人的臉形就是「苦」字形，是副苦相：眼眉是草字頭，兩眼和鼻子合成十字，嘴就是口字。佛教還認為，人要根據生前的行為、表現，死後轉生為相應的生命體，這叫做「生死輪迴」。輪迴是無休止的，這樣人就陷於不斷的生死輪迴的痛苦深淵中。佛教認為，人的理想、目標是解除痛苦、超脫生死輪迴，就是「解脫」。解脫的境界稱為「涅槃」，涅槃梵語原意為「火的熄滅」。涅槃作為佛教所求的一種解脫境界，是透過佛教修持，熄滅、超越一切欲念、煩惱、痛苦和生死輪迴而達到的理想境界。人生現實是痛苦的，這是現實性；人生理想是涅槃，這是超越性；人活在現實社會中，又要超越現實生活得解脫，就是要由現實性轉化為超越性，從而達到更高的主體性──理想人格。

應當承認，佛教對人生所作的價值判斷有其一定的合理性。人生確有歡樂的一面，但也有痛苦的一面，佛教看到了人生的痛苦，是符合現實的。佛教強調人生是痛苦，這是現實生活的深刻反映，表達了人的心靈深處的基本憂慮，這也是人的一種覺醒、自覺，對於人們清醒認識人生是有一定意義的。特別是對於在人生歷程中遇到困難、挫折、磨難、不幸的人，更會引起他們的贊同與共鳴。佛教的價值觀念表現了人生的內容，人們在贊同佛教價值觀念後就會產生出一種積極的，甚至熱烈的情感，從而獲得心靈的撫慰和心理的平衡。人是有精神的，人的精神世界是平衡的整體。若人的精神長期失衡得不到調節，人也就失去為人的支撐。佛教的價值觀念為一些人的現世生活與出世願望提供基本信念，具有平衡心理的功能。

中國傳統文化中儒家的價值觀是重視人類在宇宙中的地位，稱人和天、地為「三才」，且有鮮明的人格意識，如云：「三軍可奪帥也，匹夫不可奪志也。」（《論語·子罕》）重視獨立的意志、人格，提倡剛毅觀念，強調自強不息。但

是儒家又竭力主張等級制度，宣傳濃厚的等級思想。儒家肯定人生是快樂的，主張「自樂其樂」、「樂天知命」。孟子說：「反身而誠，樂莫大焉。」（《孟子‧盡心上》）道家的價值觀念和儒家不同，具有強烈的批判意識，對現實不滿。與此相應，道家以個人的自由超脫為人生理想，個人不受約束，也不損害社會。莊子更提出「逍遙遊」的觀念，認為任何事物都不能超越自己本性和客觀環境，主張人要各任其性，消解差別，超然物外，從而在精神上產生一種超越現實的逍遙自在境界，成為「神人」。佛教傳入後產生的道教則主張經過修煉得道，使形神不滅，超越生死，變幻莫測，成為「神仙」。道教是樂生、重死、貴生的，認為人生活在世上是一件樂事，而死亡是痛苦的，人們應當爭取長生不死，起碼要盡其天年。儒家是入世的，道家帶有出世的傾向，道教是出世的，佛教也講出世。在價值觀念上，佛教與儒家是對立的，與道家則有相通之外，既同又異，主張超越現實是同，超越的途徑、方式和目標不同是異。儒家更注重生，孔子說：「未知生，焉知死？」（《論語‧先進》）而佛教認為生死事大，講生也講死，特別重視人的「來世」。生和死是人生的兩個對立面，是一個十分嚴肅的整體人生觀問題。儒家重視生，是一個方面，佛教重視死也是一個方面，兩者可以互補。道教追求的長生不死，成神成仙，事實上不可能。佛教講有生必有死，在理論上比道教圓滿，更具有思想吸引力。

　　佛教的思維方式內容豐富，類別頗多，其中的直覺思維、否定思維和具象思維等，與中國傳統文化的思維方式，既有相同性，又有相異性，既有相容性，又有不相容性，這也是兩者發生聯繫的重要機制。至於中國佛教學者運用綜合圓融思維來判別、安排印度佛教各派教義和不同經典的關係、地位，則是和深受中國傳統的整體、綜合思維的影響直接有關的。這一點留待本文最後一部分「佛教與中國文化交涉的成功經驗」再申述。

　　直覺思維是佛教的基本思維方式。這是因為佛教是一種人生解脫論，其宗旨是對人生的終極關懷，追求人生的最高理想境界。按照佛教說法，這種境界大體上有三類：成佛進入佛國世界；對人生和世界的本質的最終認識、把握，如悟解一切皆空；對人類自我本性的最終認識、返歸，如體認人的本性清淨。這三類境界雖側重點不同，但同時又是可以統一的。這些境界具有神祕性、意向性、整體

性、內在性等特徵。一方面可以滿足某些人的精神需要，另一方面也決定了這種境界的把握是非邏輯分析的直覺思維。佛教的直覺思維方式極為豐富，主要有禪觀，要求一邊坐禪，一邊觀照特定的對象；現觀，運用般若智慧直接觀照對象，併合而為一；觀心，返觀自心，顯示本性，這也是內向思維；禪悟，中國禪宗提倡在日常行事中，排除妄念，體證禪道。這些直覺思維方式具有直接切人性、整體契合性和神祕意會性等特徵。中國儒家和道家也都重視追求人生的最高理想境界，強調把握天道、道或理，所以，也重視和運用直覺思維。如老子提倡「玄覽」，莊子主張「坐忘」，孟子主張「盡心、知性、知天」，張載主張「體悟」。這種思維方式的相同性、相容性，有利於佛教與中國傳統文化的共存。同時，佛教與中國本土文化的直覺思維方式的內容又有很大差異。佛教直覺思維是追求對人們現實生命的超越，終極目的是超越人成為佛。儒家和道家的直覺思維是對現實生活的超越，或追求理想人格，或追求精神自由，帶有平實性。這些相容性、不相容性，又為佛教與中國本土文化帶來互斥，也帶來互補。魏晉以來迄至近代，佛教哲學與中國傳統哲學的長期相互激盪、交滲、影響，充分表明了這一點。

否定思維是佛教所特有的重要思維方式。佛教追求超越現實的人生理想境界，除了運用直覺思維外，還運用否定思維，以否定現實的真實，讚美肯定理想。這種否定思維是奠定在相對性的原理和以破為立的方法論的基礎上的。佛教的基本哲學學說是緣起論，認為世界上一切事物和現象都是因緣（條件、原因）和合而成，都是互為因果、互相依存的，都是相對的、變化的，並由這種相對性、變化性說明事物沒有永恆實體，沒有主宰，是空的。與緣起論相應，佛教還提倡以破為主，甚至是只破不立的思維方法，強調主觀上對世界破除淨盡是成佛的基本條件，甚至就是成佛的理想境界。在中國本土中否定思維沒有得到充分的運用和發展，儒家講現實，不重玄想和否定。道家雖有批判意識，但它的順應自然觀念仍然是肯定思維的運用。道教多虛幻怪誕，但它肯定人的形神不滅，成仙得道。佛教的否定思維方式具有兩重性，它在否定人和事物的客觀真實存在的同時，也否定人和事物的主宰性、永恆性，並揭示了名稱、概念和事物之間的差異、矛盾。佛教的否定思維方式受到儒家等本土文化的排拒，但卻為具有強烈宗

教意識和宗教需要的人們所接受，一些佛教學者並運用於哲學、道德、文學、藝術等領域，從而又豐富了中國傳統文化的思維方式。

形象思維也是佛教的重要思維方式，這是與佛教的宗教特質直接相關的。佛教既是人們受自然力和社會關係的壓抑的表現，也是對這種壓抑的超越，它所追求的理想境界和彼岸世界是排除卑俗的欲求、汙濁的功利的。與之相應，它所描繪的人類應當超脫的地獄、餓鬼等是充滿罪惡和痛苦的。這兩種帶有強烈反差的世界，極易使信徒或引生美感，或引生恐怖感，或抒發虔誠的情感。佛教為了以情動人，使信仰者進入既定境界，就需要有豐富、奇特的想像，浪漫、神異的意象，需要豐富多彩的藝術去描繪佛國境界和地獄苦難，描繪佛、菩薩的法術威力，高僧大德的靈異事蹟，這就要充分運用形象思維。佛教的形象思維既是具象思維，又是意象思維。具象思維是一種對特定的具體形象的反覆、專一的思維活動，意向思維是一種內心的意想活動，在意想中形成各種形象，這兩種思維是相連相通的。

佛教運用這些思維方式構成佛、菩薩、羅漢與佛國樂土、地獄、餓鬼以及高僧與法術等形象或境界，而且用於宗教修持實踐。比如，小乘佛教禪觀的不淨觀、白骨觀，就是專以人身或白骨為對象進行觀照活動，以排除欲念，不執著自我為實有，體悟「人無我」的佛理。再如密教，尤其是它的意密是以大日如來為觀想對象。又如佛教觀想念佛的思維方式，教人集中思維觀想阿彌陀佛的美妙、莊嚴，以生起敬仰、嚮往之心，並說眾生因如此虔誠而會由阿彌陀佛接引到西方極樂世界，如此等等。

佛教的形象思維具有自由無羈的聯想、想像的性質，也是自身豐富的完美潛在力的藝術展現，為中國傳統文化，尤其是為文學藝術提供了大量的想像、意象。中國儒學、道學文化也都具有豐富的形象思維，在審美情感和表現方法等方面與佛教都有驚人的一致之處，但是它們的浪漫性、想像力遠遠不如佛教，也沒有人類最高潛在力的神化，沒有出世、超世的宗教審美價值。佛教對於中國傳統文學藝術的豐富和發展起了巨大的作用。

三、佛教與中國文化交涉的過程與方式

佛教傳入中國以後，就一直與中國文化相互擊撞、相互激盪，演成外來文化與本土文化波瀾壯闊、錯綜複雜的交涉關係史。作為傳播主體的佛教，與中國文化的交涉，採用了調適與比附、衝突與抗衡、融匯與創新等基本方式，透過這些方式基本上突顯出了佛教的思想性格及其與中國傳統文化交涉的特點。這三種基本方式還大體上表現了佛教與中國文化交涉的三個歷史階段。這樣，也為論述方便起見，我們便把本文第一部分所述佛教與中國文化關係研究範圍五個方面中的（一）、（二）、（四）、（五）四個方面結合起來，組織在一起來論述。

（一）調適與比附

這在佛教傳入前期比較突出。漢代時，佛教在宗教哲學觀念上依附道術、道學，到了魏晉則主要依附於玄學。在政治倫理觀念上，佛教一直迎合儒學。佛教透過翻譯、釋義、著述和創立學派等不同途徑迎合、比附中國固有的文化。佛經是佛教的主要傳播媒介。由於中印語言文字的不同，就需要翻譯，而了解印度語言並非易事，譯經者往往用道家等術語翻譯佛經。如將佛教譯為「釋道」，佛教的最高理想境界「涅槃」譯為「無為」，本體「真如」譯為「本無」，其實無為與涅槃、本無與真如的含義是有很大差別的。又如用「五陰」翻譯構成人的五類因素就含有陽尊陰卑的貶義。再如佛教中涉及的人際關係和倫理道德的內容，像主張父子、夫婦、主僕之間的平等關係，就與儒家道德學說相悖。漢魏晉時代譯者透過選、刪、節、增等手法，將譯文做了適應儒家綱常名教的調整，從而減少了佛經流傳的阻力。

與譯經密切相關，還有一個理解佛經、解釋經義的問題。東晉時的佛教學者創造出一種「格義」方法。史載：「雅（竺法雅）乃與康法朗等，以經中事數，擬配外書，為生解之例，謂之格義。」「格義」就是用《老》、《莊》等著作（外書）去比擬、解釋佛經義理的條目名相（事數），以量度（格）經文正義。因初學佛的人對佛教思想並不了解，而對本土文化思想則有一定認識，用本土文化思想去解說佛理，觸類旁通，使人易於理解，當然也有牽強附會、背離原意的

情況。佛教學者還透過著述來把佛教與中國本土的宗教信仰文化觀念附會、等同起來。如中國早期闡述佛教義理的著作《理惑論》，就把佛教視為「道術」的一種，說：「道有九十六種，至於尊大，莫尚佛道也。」佛教是九十六種道術中最高的一種。該書還把佛比作中國傳說中的三種神：一種是道家所講的「修真得道」的真人；一種是神仙家所說的「恍惚變化，分身散體」、法術多端、神通廣大的仙人；一種是「猶名三皇神、五帝聖」的神人、聖人。該書還批判那種把佛教的布施等修持與「不孝不仁」對立起來的觀點，強調佛教的修行是完全符合「仁」和「孝」的。

晉代佛教般若學六家七宗，即解說空的六七個學派，實際上也是用魏晉玄學比附般若學的結果。佛教般若學的主旨是講空，破除人們對一切事物的執著。魏晉玄學的中心是本體論問題，探索本末有無的關係。兩者主題不同，但可以相通。般若學者深受中國文化思想的影響，依附玄學，用玄學本體論去看待般若學派，以為玄學的「無」就是般若學的「空」，實際上玄學家的無是指無形無名的絕對本體，般若學的空是針對無自性、無實體而言，中國般若學者所講的空，是與印度般若學所講的空即否定事物實體性的觀點大相逕庭的。當時一些般若學者不單援用玄學來解說佛學，而且言談舉止也力求仿照名士風度，東晉孫綽在《道賢論》中就以竹林七賢配佛教七道人，亦可謂竹林叢林，競相輝映。

（二）衝突與抗衡

東晉以來佛教經典翻譯日益增多，流傳更趨廣泛，與中國文化的矛盾日益暴露，也更趨明顯；同時由於佛教寺院經濟的壯大，佛教僧侶涉足政治，形成了佛教與統治階層的直接現實利益衝突。佛教與中國文化的衝突，集中表現在佛教與儒家、道教的關係上，衝突的領域主要是哲學思想、政治倫理觀念和儒、道、佛三教地位高下幾個方面。

在哲學思想方面，佛教和中國哲學的衝突，主要是「生死」、「形神」之辯和因果報應之辯。佛教主張人有生必有死，在沒有超脫以前，生死不斷循環，陷於輪迴苦海之中，只有超脫了生死才能進入理想境界（涅槃）。一般地說，佛教是反對靈魂不滅的，但它的輪迴轉生和進入涅槃境界的主體，在儒家看來就是靈

魂，就是一種神不滅論。儒家也持有生必有死的自然觀點，但不贊成轉生說和靈魂不滅論，所以後來釀成了分別以梁武帝和範為代表的縝神不滅論與神滅論的大論戰。與生死形神問題相聯繫，佛教宣揚因果報應論，認為人的善或惡的思想言行都是因，有因必有果，有業就有報應。這種報應有現報、生報（來世受報）和後報（在長遠的轉世中受報）三報。一些儒家學者抨擊這種思想：「西方說報應……乖背五經，故見棄於先聖。」但是，儒家提倡祖先崇拜，鼓吹「神道設教」，佛教和儒家的善惡觀念又可相通，從而因果報應論又成了儒家倫理道德的輔助工具。這樣，無論是生死形神之辯，還是因果報應之辯，爭論的結局不是一方壓倒另一方，而是各持己說，彼此存異。

在政治倫理方面，主要是「沙門應否敬王」之爭，其實質是禮制問題，是涉及君權與神權、佛教與儒家名教的關係問題。佛教出家沙門見到包括帝王在內的任何在家人都不跪拜，只是雙手合十以示敬意，與中國傳統禮制相悖，因而逐漸形成了與封建皇權和儒家名教的尖銳矛盾，不斷出現沙門應否向帝王跪拜的爭論。在爭論儒、道、佛地位高下方面，主要表現是老子化胡之爭。這一爭辯是佛道兩教之爭的重大歷史事件，也涉及儒、道、佛三家的地位問題。佛教與儒道的衝突、鬥爭，通常都是採用撰文筆戰和朝廷殿前辯論的方式，其中有的涉及深刻的思想內容，有的則是宗教的成見。值得注意的是，道教徒曾借用信仰道教的皇帝的最高政治權力打擊佛教，這就是歷史上著名的三武滅佛事件——北魏太武帝、北周武帝和唐武宗的毀佛運動。這三次滅佛事件尤其是北魏太武帝和唐武宗滅佛事件，雖有其深刻的政治、經濟原因，但又都和佛道兩教的矛盾相關。

（三）融匯與創新

佛教傳入中國以後，一直與中國本土文化相融合，這種融合是全面的持久的，尤其是隋唐以來，融合的情勢更大，吸取中國本土思想而創立的中國化的佛教宗派，大大改變了佛教的面貌。以下是佛教融合中國本土文化的方式和重點。

提倡圓融方式。佛教傳入中國內地，面對著強大的中華民族文化，出現了如何對待、儒道的問題。從總體上來說，佛教一直採取調和融合的態度。如《理惑論》就包含了儒、道、佛三教同源的觀念，南朝梁武帝也倡導三教同源說，唐代

以來佛教學者如神清在《北山錄》中力主三教一致的說法，到了唐宋之際更形成了三教合一的思潮。為了與中國本土文化相融合，有的佛教學者推崇《法華經》中的《方便品》，提倡方便法門，運用各種靈活方便教化眾生。有的佛教學者突出《華嚴經》的圓融無礙（無矛盾）思想，宣揚各種事物、現象都是無矛盾的。有的宣傳佛教的無上菩提之道與儒、道無異，且高於儒、道。張商英的《護法論》以藥石治病為喻，說：「儒者使之求為君子者，治皮膚之疾也；道書使之日損，損之又損者，治血脈之疾也；釋氏直指本根，不存枝葉者，治骨髓之疾也。」還有說佛教治心，道教治身，儒教治世的。這種「方便論」、「無礙論」、「合治論」，為佛教融合中國本土文化提供了理論的根據，也表現了佛教的內在的調適機能。

吸收儒道思想，創建新宗派。這主要是天臺、華嚴和禪諸宗。如天臺宗學人吸收道教的丹田、煉氣的神仙等說法，作為本宗的修持方法，主張先成仙而後成佛。華嚴宗學人竭力吸取《周易》思想和儒家道德，作為本宗思想體系的內容。禪宗學人也是在道家的自然無為、玄學家的得意忘言和儒家的心性學說的薰陶和影響下，創立以「不立文字」、「教外別傳」和「性淨自悟」為宗旨的宗派。這些宗教還都和中國儒道兩家重視心性修養的歷史傳統相協調，以心性論為宗派學說的重心，著重闡發心性理論，從而又反過來豐富了中國傳統的心性思想。

突顯宣傳佛道儒道德的一致性。佛教和中國本土文化的矛盾最集中的表現就是與儒家忠孝觀念的對立。面對這種道德觀念的對立，中國佛教運用各種手段加以調和。早期漢譯佛經，就透過刪節經文來避免和儒家倫理觀念發生衝突。後來佛教著重強調「五戒」與儒家「五常」的一致性。到了唐代，僧尼已拜父母，後來又對皇上稱「臣」而不稱「貧道」。中國佛教還有《父母恩重經》，宣揚應報父母養育之恩，又註疏《盂蘭盆經》，該經講釋迦牟尼的弟子目連入地獄去救餓鬼身的母親的故事，被中國僧人視為佛教的「孝經」。寺院還要在農曆七月十五日舉行盂蘭盆會，以追祭祖先。宋以來一些佛教學者撰文宣揚孝道，強調戒就是孝。如名僧契嵩作《孝論》十二章，闡發持戒就是行孝，為父母修福，由此，又論定佛教最重視孝，遠比儒家更崇孝道。這都是佛教求得與當時社會道德相協調的鮮明表現。

適應社會的心理，重塑諸神的形象和地位。佛教傳入中國後，日益適應中國的觀念、願望、習慣、趨向，重新調整、塑造佛教諸神的形象。如中國佛教突出尊崇的觀音、地藏、文殊、普賢四大菩薩，在中國人心目中地位實在釋迦牟尼之上。尤其是大慈大悲的觀音菩薩被奉為能解除眾生現實苦難的大救星而極受中國人的崇敬。由於中國的宗法制度和傳宗接代的觀念的影響，約自唐代以來觀音菩薩的形象就由中性變為女性，送子成為她的重要職能之一。地藏菩薩由於被奉為保佑風調雨順、五穀豐登的神，也極受農民尊崇。至於阿彌陀佛是由於能接引眾生到西方極樂世界過極其美好幸福的生活，即能滿足人們對未來的追求，也極受中國人的歡迎。諸如此類的神，有的成為佛教名山主奉的「本尊」，有的是佛教某一宗派崇奉的主神，在中國佛教中受到特殊的崇拜，這都是佛教融合中國文化，從而使自身發生重構的表現。

上述佛教與中國文化的交涉方式與過程，向人們昭示以下帶有規律性的現象：整個佛教與中國文化交涉的過程，就是透過相互激盪，逐漸走向彼此融合的過程。佛教對中國文化的迎合、比附，可以說是一種外在的融合，經過衝突、抗衡而後的融合、創宗，可以說是一種內在的融合，整個交涉是由外層融合進入內層融合的過程。佛教與中國文化的衝突、抗衡，在整個交涉史上並不佔主要篇章，而且除了生死和因果報應問題以外也缺乏理論意義。佛教傳入中國以後，一直是自發或自覺地尋求與中國文化的結合，它與中國文化的衝突、抗衡也是被動的，是守衛性的，除了佛道兩教鬥爭以外，佛教幾乎很少向中國本土文化發動進攻性的挑戰，佛教在中國傳播並進而成為中國傳統文化的一部分，其原因之一就在於它的融合機制。與印度佛教重分析、重理論系統不同，中國佛教重綜合、重思想的圓融。外來文化與本土文化相結合，是文化交流的成功之路。綜合、圓融，進而創新，是中國佛教成功之路。

四、佛教對中國文化的充實與豐富

佛教本身也是一種宗教文化，是以信仰─哲學觀念為核心的多層次多形式的

立體文化，是包含各種文化形態的綜合文化。佛教在中國流傳過程中，透過自身文化的優勢和特點呈現出對中國文化的強大滲透力，並對漢以來整個中國文化發生了極其廣泛和深刻的影響，進而使自身融入中國各類具體文化形態之中，充實與豐富了中國文化。

以下舉十個方面的例證，略作說明。

（一）佛教與哲學

佛教作為解脫學，歸根到底也是以哲學為理論基礎的。佛教的世界觀和人生觀是其整個思想體系的核心。佛教哲學豐富和發展了中國古代哲學，並與中國固有哲學合流，成為古代傳統哲學的一部分。佛教哲學的影響，表現在人生論上，提出人生價值是痛苦，人生本質是空的命題，並以因果報應說為支配人生的鐵的法則，成為了對儒、道人生哲學的補充。在心性論上，南北朝尤其是隋唐時代的佛教多講心性之學，對於人的本性、欲望、煩惱等的性質和轉換問題，作了細緻的闡發，極大地影響了唐以來中國哲學的方向，也是佛教對古代哲學的最大發展。在宇宙論上，佛教不單提出現象和本質皆空的學說，還著重闡發了以個人的意識和共同的「真心」為本體的學說，豐富了中國古代唯心主義本體論。在認識論上，佛教以其神祕直覺思維方式、主體與客體的關係學說，以及強調主體、自我意識和主觀能動性的學說，豐富了中國古代的認識論，並在倫理道德和文學藝術領域發生了深刻影響。

此外，這裡還應當指出佛教對玄學和理學的思想內容、思維方式和學說取向的深刻影響。魏晉玄學家探討有無、言意和動靜等問題，各執一端，相持不下。佛教學者僧肇立著，闡述非有非無、不知即知、動靜相即的觀點，客觀上對玄學的基本問題作了總結，把玄學理論推向了一個新的階段。東晉以來，張湛《列子注》顯然受佛學影響，文中玄學與佛學趨於合流，玄學的顯要地位也為佛學所取代。佛教對於理學的影響，是大家公認的，應當說這種影響是全面、深刻的。從學術的角度來看，主要是隋唐佛教大講心性之學，大談修持方法，對儒道造成了強烈的刺激，推動了儒學形態諸方面的變化。第一，促進了儒學要典的確定。一些涉及心性修養問題的典籍，如《孟子》、《大學》和《中庸》，與《論語》相

配合，合稱「四書」，作為儒家要典，以與佛教相抗衡，並長期成為封建統治階級科舉取士的初級標準書。第二，推動了儒學學術轉移。宋明新儒學——理學和以往儒學風格不同，不是側重社會政治倫理、少言性命之學，而是重視修心養性的性命之學。第三，影響理學思維方式的轉換。佛教心性學說著重講人的本性與欲念對立，本性清淨、覺悟，欲念汙染、迷惑，應當去掉情慾妄念，恢復本性。這種本性與欲念對立的思維方式為理學家所吸取，轉化為天理與人欲對立的概念，「存天理，滅人欲」成為理學家的核心思想。第四，促使理學修養方法的確立。佛教的止觀學說，直指本心觀念，即觀心、禪定的方法，也為理學家所效仿，形成了主靜、主敬的修養方法。禪宗與理學是唐宋時代儒、道、佛三教融合而成的兩大思想文化成果。

（二）佛教與倫理道德

如上所述，佛教倫理道德與中國封建宗法社會的等級制度和儒家綱常名教存在著嚴峻的對立。儒家學者從維護儒家禮儀和中國傳統習俗的立場出發，指責佛教僧侶的剃髮出家、不結婚生子、見人君無跪起之禮、施捨家庭財產等，是不孝、不忠、不仁、不義的表現，佛教對此一直採取調和的立場，以協調兩者的關係。中國佛教透過比附融合、撰文論證以及確定有關宗教儀式，突顯宣揚忠孝等儒家觀念。如宋代名僧契嵩說：「夫不殺，仁也；不盜，義也；不邪淫，禮也；不飲酒，智也；不妄言，信也。」把佛教的「五戒」比作儒家的「五常」。契嵩又大力闡揚孝道，稱：「夫孝，天之經也，地之義也，民之行也。至哉大矣，孝之為道也夫！」強調孝是天經地義的大道。契嵩還崇揚中庸之道，說：「中庸之道也，靜與天地同其理，動與四時合其運。」中庸與天地同理，與四時合運，是宇宙的真理與法則。佛教傳入中國以後，隨著因果報應、業報輪迴思想的深入人心，為父母追祭冥福，請誦經作法事的僧侶擔當孝道使者的活動在社會上廣泛流傳。凡此，對於孝道觀念的強化，積澱為社會心理，都起了重要作用。

佛教的基本道德標準是去惡從善、慈悲平等、利人利己，這些觀念不但充實了中國的倫理道德學說，而且也發揮了穩定社會的作用。在近代，佛教倫理道德還曾為一批先進人物如林則徐、魏源、龔自珍、康有為、梁啟超、譚嗣同、嚴

復、章太炎等,作為改造社會道德乃至改造社會的工具,它顯示出的積極作用是不能不承認的。在當代,佛教的大乘戒行、無我利人的精神、去惡從善的德行,以及人間淨土的行願等,都是能與現實社會相協調,並有助於推動社會發展的。

(三) 佛教與文學

和宗教與藝術的關係一樣,宗教與文學也有不解之緣。自由無羈、豐富熱烈、奇詭神異的聯想、想像和意象都是宗教和文學不可或缺的內在機制。佛教對中國文學的影響是全面的、長期的,給中國文學帶來了內容和形式兩方面的巨大推動和變化。佛教典籍中如《維摩經》、《法華經》、《楞嚴經》和《百喻經》等,本身也是瑰麗多彩的文學作品,向為文人所喜愛。又如《本生經》是敘述佛陀生前的傳記文學,《佛所行贊》是長篇敘事詩。這些佛典的譯出,不但創造了融冶華梵的新體裁——翻譯文學,而且為中國文學的創作帶來了新的意境、新的文體和新的命意遣詞的方法。佛教典籍促進了中國晉、唐小說的創作,並為後來的古典小說如《西遊記》、《三國演義》、《金瓶梅詞話》和《紅樓夢》等的創作提供了故事情節和思想內容。佛教的俗講、變文,也直接推動了後來的平話、寶卷、彈詞、鼓詞、戲曲等通俗文學藝術的形成。佛教禪宗詞錄也對後來的民間文學作品發生影響。佛教不但對中國古代文學產生過重大影響,而且還深刻地影響到中國古代文學理論批評。如佛教的「言語道斷」說、「頓悟」說、「妙悟」說、「現量」說和「境界」說,以及「以禪喻詩」——用禪宗的一套禪理來論述詩的創作、欣賞和評論,就是這方面的突出表現。可以說,沒有佛教的影響,中國漢代以後的古代文學將是另一番面貌。

(四) 佛教與語言

印度聲明學(訓詁和詞彙學)影響漢語體系的發展,因明學(認識論和邏輯學)則影響到邏輯思維的發展。佛教文化是漢語文化源之一,它推動了漢語語言方法論的變化。漢字是以音節為單位的象形文字、表意文字,南朝時人在佛教梵聲的影響下,把字音的聲調高低分為平上去入四聲,用於詩的格律,推動了音韻學的前進和律體詩的產生。在注音方式上,東漢以來盛行將直音改用反切,這也可能與受梵文拼音的影響有關。至於在唐末僧人守溫制定30個字母的基礎上,

在宋代形成了36個「字母」——漢語語音的36個聲母，以及分析漢語發音原理及發音方法的學科「音韻學」，更是梵語語音體系漢語化的產物。還有佛教音義之書，由於保存了大量久已失傳的古代字韻和其他文史典籍，又為古籍的輯佚、校勘、訓詁提供了寶貴的資料。在語法學方面，佛教對漢語的句法結構產生了潛在的影響，如佛教著作判斷句用「是」來承接主賓語，句末不再用「矣」、「焉」、「也」、「耳」等語氣詞。佛教還為中國文學語言寶庫增添了新的詞彙。佛教成語占中國漢語外來成語的9／10。而且許多佛教用語逐漸演化成日常用語，如世界、實際、方便、平等、知識、相對、絕對等。至於出現姓氏、人名、地名的佛教化，更反映出佛教對漢民族心理和文化意識的深入滲透。

（五）佛教與藝術

這是佛教與中國文化關係最密切的領域之一。宗教與藝術在價值觀念、思維方式、情感體驗和表現手法等方面是相似、相近和相通的。宗教需要透過自身的審美潛在力的藝術展示來顯現自身的存在，佛教也需要藝術，沒有藝術活動它就不能存在。漢魏以來，佛教在建築、美術和音樂等方面都取得了輝煌的成就，使中國藝術大放異彩，進入嶄新的階段。佛教建築主要是寺塔，這是隨佛教的傳入而發展起來的。最古老的石窟寺，其中舉世聞名的如敦煌、雲岡、龍門三大石窟，都是根據印度佛教造型藝術，糅合中國民族形式建造的。又以今天漢族地區124座全國佛教重點寺院來說，如洛陽白馬寺、登封少林寺、南嶽福嚴寺、廣州光孝寺、韶關南華寺、蘇州寒山寺、揚州大明寺、泉州開元寺等，都是各有建築特色的有上千年歷史的名剎古寺，五臺山的南禪寺、佛光寺是至今保存完整的古代木結構寺院，寺內彩塑精美絕倫。中國的佛塔的建築大約起源於三國時代，除了印度式的，多為中國式樣，採取中國原有閣樓形式，建成可供憑眺的樓閣式建築。藏傳佛教的寺廟，一般都有龐大的建築群，體現了藏族古建築藝術的特色和漢藏文化事例的風格。佛教美術主要是繪畫、雕塑，也是隨佛教的傳入而發展為具有中國民族的風格和特色。早在梁代，以善畫佛像名世的張僧繇，是佛畫中國化的開創者和推動者，創立了筆法簡練的「張家樣」，在南北朝後期影響很大。北齊佛畫家曹仲達創立了「曹家樣」，其特點是衣服緊窄，與印度笈多王朝的雕刻風格相近。唐代吳道子創立的「吳家樣」，其特點是衣帶寬博，飄飄欲仙，突

顯了濃重的中國風格。佛教的壁畫也很著名，敦煌莫高窟和麥積山石窟都保存有壁畫，這些作品色彩艷麗、輝煌燦爛，具有極高的審美價值。佛教音樂也是佛教藝術的重要方面。佛教認為，音樂有「供養」、「頌佛」作用，在舉行宗教儀式時都要用音樂——聲樂和器樂。佛教音樂傳入中國內地稱為唄。由於漢梵語音不同，曲調難以通用，約在三國時佛教音樂就「改梵為秦」，用中國的音調來配唱經文，形成了中國佛教音樂。中國地域遼闊，佛教音樂在創作過程中，由於各地方言、地方民間音樂和風俗習慣的差異而形成了各種各樣的獨特風格。唐代進入鼎盛時期，佛教音樂家輩出，在創作、演唱、演奏上都達到了很高水平。佛教音樂對中國民間說唱音樂、音韻學、樂律、音階、音型、音調和字譜學的發展，都產生了重大影響。

（六）佛教與科學

宗教與科學屬於不同領域，佛教與自然科學有其對立的一面，也有其統一的一面。佛教徒的物質生活、宗教實踐和宗教宣傳，使佛教在醫學、天文和印刷術方面作出了卓越的貢獻。佛教與醫學的聯繫不是偶然的，佛教的寺廟多集中在遠離都市的山區，寺廟僧人形成相對獨立的社會實體，需要有和尚兼任醫生專門醫治疾病。佛教講樂善好施、普度眾生，濟世治病也是寺院的一大功能。中國佛教寺院有的設專科，有診堂、藥室，為患者治病。如浙江蕭山竹林寺女科，歷史悠久，聞名遐邇，一度門庭若市。唐代寺院立的福田院或悲田院，就是養病院。宋代政府的安濟坊（救濟機關）置官醫，也往往請僧人擔任。現在有的藏傳佛教寺廟還設有專門學習醫學的經學院。中國敦煌石窟壁畫和藏經洞遺書中，保存了大量的醫學史料，遺書中有近百件醫藥文書，其中有已知的中國最早的一幅有關口腔衛生的繪畫，還有不少久已失傳或書目上未見記載的醫書，都是彌足珍貴的。唐代名僧鑒真，也是一位名醫，相傳著有《鑒真上人祕方》，他將中國的醫藥以及建築、雕塑介紹到日本，增進了古代中日文化交流。佛教與天文學的聯繫也不是偶然的，人類的生產和生活都與季節變化密切相關，而季節變化和天象直接相連，所以古代都重視對日、月、星等天體現象的觀察。由此各國也都流行占星術，以觀察星辰運行、人事禍福。還依據天象編制曆法作為計算年、月、日的時間系統。唐高僧一行，也精通曆法和天文。他與人同制黃道遊儀，用以測定恆星

的位置和研究月球的運動；又與人根據實測，在世界上第一次測量出子午線一度的長度。他還訂有《大衍曆》，這是當時一部先進的曆法，施行了二十九年，並對後來曆法家的編曆產生了很大的影響。敦煌遺書中保存著兩幅星圖，其中一幅是世界上迄今為止發現的最古老的，還有曆、日、天文圖等文獻資料和繪圖，對於研究古代天文學史具有重要的價值。印刷術被稱為「文明之母」，雕版印刷和活字印刷都為中國首創。佛教不僅推動了印刷術的進步，而且它保存的大量古代印刷品，為研究印刷術的演變提供了寶貴的實物例證。例如現存世界上第一部標有年代的雕版印刷品，就是唐懿宗咸通九年（868）王玠為父母祈福所刻的《金剛經》，經卷完整無缺，雕刻精美，印刷清晰，表明絕非雕版印刷初期的印本。自宋太祖最初雕印《大藏經》而後1000多年，先後有20餘次刻本，完整地體現了宋以來印刷術的前進歷程。佛教對造紙也是有貢獻的。有的寺院植楮樹，取皮，浸以香水（香料），製造經紙，用以抄寫佛經。如唐代法藏在《華嚴經傳記》卷五《書寫》中就有僧人造紙的明確記載。

（七）佛教與道教

道教為了宣傳教義與佛教爭高下，大量仿照佛經編造道教的經典。如《洞玄靈寶太上真人問疾經》就源於《法華經》，《太上靈寶元陽妙經》是據《涅槃經》改編而成，《太玄真一本際經》是深受《般若經》空論影響的產物。在《道藏》中還有一些題屬佛教的著作，如《曇鸞法師服氣法》、《達摩大師住世留形內真妙用訣》等，也包含了鮮明的佛教內容。一些著名道士改革道教、推動道教的發展，其內容之一就是吸收佛教思想和方法。例如北魏著名道士寇謙之，改革天師道，主張六道輪迴就是引佛入道，還模仿佛教儀節和修行方式，提倡立壇宇、積累功德、持戒修行、誦經成仙等。南朝齊梁時著名道士陶弘景，開道教茅山宗，是南朝道教上清派的代表人物。他主張佛道雙修，親受佛戒，建佛、道二堂，輪番朝禮。金初王重陽創立的全真道，主張三教合一，以《道德經》、《般若波羅蜜多心經》、《孝經》為主要經典。他還學習佛教的規定，創立道教的出家受戒制度；又學習佛教的參禪、止觀法門，發展內丹修煉，不搞外丹。如果說，宋明理學是儒道佛融合的產物，那麼道教全真派雖也受儒家思想影響，但主要是道佛融合的產物。全真道在北方影響頗大。

（八）佛教與民間宗教

佛教對民間宗教的影響極為深遠，可以說宋以來的重要民間宗教幾乎都與佛教有關。民間宗教中最大的教派白蓮教就淵源於佛教淨土宗，並混合明教教義而成。南宋僧人慈昭（茅子元）在流行的淨土結社的基礎上創立新教門，稱白蓮宗，即白蓮教。此教也崇奉阿彌陀佛，以往生西方極樂世界為目標。師徒傳授，宗門相屬，並形成了一大批有家室的職業教徒，稱白蓮道人。白蓮教一度被視為「事魔邪黨」，後在元代勢力極盛，不久隨之發生分化，以致宗派林立，迄至清代，白蓮教的支派竟多達百餘種。白蓮教的重要支派有大乘教、弘陽教、黃天教、龍天教和無為教（羅祖教、羅教）等。白蓮教各派的成分複雜，有的攀附上層、取悅朝廷，有的與下層群眾結合，發動武裝起義反對朝廷。自宋至清，不僅影響了民間信仰，而且在社會生活中也發揮著重大的作用。

（九）佛教與民間習俗

佛教的傳入和佛教徒的生活，帶給中國民間習俗的影響是十分廣泛和深遠的。首先，在飲食文化方面，印度佛教戒律規定僧尼不準吃葷，不是指禁食肉食，而是指禁食蔥、蒜等氣味濃烈的刺激性較強的食物。南朝佛教信徒梁武帝蕭衍根據佛教禁戒殺生和《大般涅槃經》等的教義，提倡茹素，並在漢族僧尼中普遍實行。這種素食制度推動蔬菜、水果和食用菌的栽培和加工，包括豆製品、麵筋製品業和製糖業的發展，並形成了淨素烹飪流派。素食對人民的飲食結構和身體健康影響極大。由於坐禪養神的需要，寺院飲茶成風。種茶、製茶、品茶、飲茶是山寺僧人的重要生活內容。名山、名茶、名剎幾乎是三位一體。寺院的飲茶風氣，極大地促進了民間飲茶習俗的普及。此外，佛教以農曆十二月初八為佛祖釋迦牟尼的成道日，自宋代開始，佛寺於是日供應臘八粥。這是民間臘八節喝臘八粥習俗的由來。其次，在節日文化方面，民間元宵燈節就從佛教法會演變而來。佛教視火光為佛的神威，謂燈火的照耀，能現佛的光明，破人世的黑暗，摧眾生的煩惱。所以燈是佛像、菩薩像前的供具之一。據傳，佛祖釋迦牟尼示現神變、降伏神魔是在東土正月十五日。為紀念佛祖神變，是日舉行燃燈法會，以表佛法大明。在佛教法會的影響下，從唐代起，元宵張燈漸成民間習俗。另外，漢

地佛教每逢農曆七月十五日舉行盂蘭盆會，以超度先靈，後演成民間的中元節，屆時以各種形式祭奉祖先。還有佛教紀念佛、菩薩的誕生日、成道日，也演化為廟會和民間信仰節日。如按照佛教傳說，農曆二月十九日是觀音菩薩誕生日，漢族地區普遍舉行盛大的觀音廟會，十分熱鬧。至於藏族和傣族地區，佛教節日和民間節日更是融為一體了。再次，在葬儀方面，人死後不僅要請和尚誦經修福，超度亡靈，而且宋元明三代火葬習俗的流行也受佛教葬儀的影響。相傳釋迦牟尼逝世後實行火葬，其舍利安置在塔中，佛教沿襲這種做法，僧尼逝世後一般都實行火葬，中國漢地佛教也是如此。中國火葬起源很早，但火葬的流行是受佛教的影響，時至今日也有在家佛教徒死後送到佛寺火葬和安置骨灰的。

（十）佛教與社會心理

社會心理是一種普遍存在的潛意識，是不見文字著作表述的內在概念。佛教對中國社會心理所造成的最大影響是報應觀念。佛教宣傳因果報應理論，強調「未入業不起，已作業不失」，人們的現實社會地位和各種遭遇都是自身前世作善惡業的結果，今世所作的業將決定來世的命運。這種理論和中國固有的報應觀念相融合，長期積澱在人們的心裡，形成了深沉的善有善報、惡有惡報的觀念，為約束自身的言行，奉行去惡從善的道德準則奠定深厚的思想基礎。此外，佛教提倡忍辱以求得好報，帶來了容忍、寬容、忍辱、忍受、忍讓的心理影響。佛教講普度眾生、布施，也生發出同情心情、助人精神，而這些心態和精神對於維護社會的穩定和人際關係的和諧是有積極作用的。

五、佛教與中國文化交涉的成功經驗

佛教透過與中國文化的交涉、會通、融合而逐漸實現了中國化，中國文化也部分地佛教化，從而充實和豐富了中國傳統文化的內涵，形成中華文化生命的共同體，促進了中華民族文化的發展。這是不同民族、國家的不同文化自由交流的成功範例，是具有悠久歷史文化的中華民族吸取外來文化的成功範例，也是亞洲乃至世界人類文明史上的光輝篇章。佛教與中國文化的交涉，包含了豐富而深刻

的經驗，其中成功的基本經驗，大致有三項。

（一）立足於本民族文化

佛教在中國傳播，首先是要使中國人接受基本教義。這就要求在傳播時適應由中國本土文化培育出來的中國人的國民性格和心理結構（佛教稱為「應機」），進而提升其精神素質與精神境界。這就有一個出發點與立足點的關係問題，在中國傳播佛教是出發點，推動中國文化建設則是立足點。這種立足點的定位，決定了處理佛教與中國文化的關係時要立足於中華民族文化及其建設，積極吸取、融化佛教文化。中國佛教學者正是自覺不自覺地基於民族文化的立場，一直重視運用漢文、藏文譯出佛教經典，從西元二世紀至十五世紀共譯出漢、藏經論達萬卷之多，有力地推動了佛教民族化，也極大地豐富了中國文化。又有中國古代高僧大德，如法顯、玄奘、義淨等人，跋山涉水，歷盡艱辛，遠赴印度學習、取經，其目的就是回國建設佛教的新文化。唐玄奘在印度留學時，其學問、學識、學養已在包括其師父戒賢在內的印度全部佛教僧侶之上，印度朝野和教內教外也強烈懇求玄奘留在印度，但玄奘毅然決然回國，在當時都城長安組織譯經，弘揚佛法，創立佛教宗派，這是吸收外來文化，以建設本民族文化的成功實踐，是中國僧人堅持民族文化立場的突出典型。

（二）重視學術理論研究

學術研究和文化創新是中國佛教的優良傳統，也是中國佛教不斷發展的內在動力和歷久不衰的重要生命力。

佛教典籍浩瀚，內涵豐厚，思想深邃，經過中國佛教高僧大德長期持續的譯經弘法、註釋撰述，佛學成為了一門專門學問，並與儒學、道學鼎足而三。中國社會的知識階層一般也把佛教視為一種學術思想學習鑽研，且有所得。經過社會知識分子的研究，佛學思想廣泛滲透到思想文化各個方面，進而使中國佛教在思想文化領域裡的影響持久擴大。

學術研究是文化創新的基礎，文化創新是學術研究的結果。中國佛教高僧大德透過學術研究，不斷取得新成果，獲得新創造，從而推動了佛教的發展。例如，隋唐時代高僧大德重視佛教學術研究，各自獨立判別印度佛教經典的高下，

選擇某類經典為本宗崇奉的最高經典，結合中國的固有思想，加以綜合融通，進而創造出新的宗派。以中國化色彩最為鮮明的天臺、華嚴和禪諸宗來講，天臺宗重視《法華經》，倡導方便法門，並融合中國固有的「萬物一體」觀念，建立實相說；華嚴宗人法藏闡揚萬事萬物圓融無礙的思想；宗密更把儒、道思想納入佛教思想體系，以闡明人類本源的學說，為華嚴宗人生解脫論提供理論根據；禪宗依佛教和儒家的心性論，並吸收道家的自然主義思想，提出「不立文字，教外別傳，直指人心，見性成佛」的宗旨，更是充分地表現了文化的獨創精神。隋唐佛教宗派的創立，極大地推動了中國佛教的空前繁榮與向前發展。又如，近代太虛法師等人根據佛教重人生解脫的原理，結合時代特點和現實狀況，創造性地提出「人間佛教」的理念，作為佛教實踐的指針，對於佛教在現代的發展具有重大的指引意義。當前海峽兩岸的中國佛教界，都一致推行人間佛教，而且取得了顯著的效果。凡此都表明中國佛教重學術、重文化創造的優點，表明佛教與中國文化不斷交涉融合的活力，也表明佛教與中國文化的成功交涉，對於中國佛教的命運和發展產生的重大意義。

（三）運用綜合創造性思維方法

佛教在中國流傳及中國化佛教的形成，這其間中國佛教學者發揮了決定性的作用。中國佛教學者通常都在早年學習儒、道典籍，深受中國固有文化，尤其是先秦文化的熏陶，具有中國國民性格和中華民族精神。在這方面，綜合性思維方式為中國佛教學者提供了融合不同文化，推進文化創新的思維方法，而中國儒、道等思想文化內容，又為中國佛教學者提供了文化融合的豐富思想資源。例如，道家《莊子》提出從「道」的觀點來看，一切事物都是平等無差別的，是一體的思想；儒家《中庸》強調「中和」，要求人們隨時選取適應的標準，隨具體情況採用適當的方法。這類綜合思維方式，實際上成為中國佛教學者確立佛教與中國文化關係的原則和方法。中國佛教與印度佛教的重大差別點在於，印度佛教重分析，重理論系統的分明，重自家經論的堅守，並具有強烈的排他性，與「外道」是敵視、對立的，並一直處於激烈鬥爭的狀態中。中國佛教則重綜合，重各自的判教，不重理論系統的分明，而力求思想的圓融。有的中國佛教學者還把儒、道學說納入判教視野之中，而且絕大多數中國佛教學者也都普遍重視融合儒、道的

思想。這其間實有可能透露出印度佛教趨於滅亡和中國佛教久傳不衰的內在原因。

中國佛教文化的內涵

很高興今天能夠見到各位，我們彼此來進行一場關於中國佛教文化的學術交流。我看到這裡有年長的，也有年輕的，這標誌著中國人對文化的訴求越來越高。這種活動首先在深圳市舉行，也不是偶然的，它裡面可能包含了很深刻的原因，這也是深圳值得我們敬仰和尊敬的地方。

我今天要和諸位交流的是中國佛教的文化內涵。我們要知道中國佛教屬於國學範疇，印度佛教不是我們國學，它是印度的國學，中國佛教是中國國學裡面的重要的內容。中國傳統文化有儒、釋、道三個部分。今天我的主要目的是要讓各位對中國佛教的文化有一個初步的、簡要的概念，給大家提供一個基本的理念，使我們了解佛教是一個什麼樣的宗教。

我要講的內容分三個部分。第一部分是學習了解研究佛教的意義；第二是佛教文化的基本內涵；第三是我們怎麼樣看待佛教。第二問題是我要講的重點，也是我今天要花時間最多的地方。

一、佛教文化的意義

現在我先講第一個問題，就是了解佛教文化的意義。了解佛教文化的意義可以從四個方面思考。

第一，了解中國佛教，首先使我們可以對其他的宗教有一個比較，特別是和基督教、伊斯蘭教另外兩個世界宗教進行比較。我們都知道宗教有成千上萬個，其中有三個教是世界宗教，那就是佛教、基督教、伊斯蘭教。基督教裡面有三派，可能諸位都知道，那就是天主教、東正教和新教。羅馬有天主教，俄羅斯地區有東正教，這些都是廣義的基督教。還有伊斯蘭教，這三個稱作世界宗教。所謂世界宗教，指的是世界性的，它的範圍是世界性的。佛教是三個世界宗教裡面成立最早、歷史最悠久的，它的文化思想內涵最豐富，超過其他宗教。佛教和基督教、伊斯蘭教有個很大的區別。基督教和伊斯蘭教都是一神的，都是信仰上帝，基督也好，上帝也好，阿拉也好，是一神的。佛教不是這樣，佛教是多神的。佛教起初很可能還反對偶像崇拜，反對上帝創造世界，反對上帝主宰世界，反對一個人可以由上帝來成就，而不是透過自身的努力，甚至一段時間反對靈魂不滅，這就是佛教的特點。佛教包含了很多理性的、思想的、哲學的內容。當然，後來為了擴展佛教的影響，是有很多神的塑造。特別是大乘佛教以後，有很多菩薩，所以我們現在看到廟裡，有大雄寶殿，中間坐著釋迦牟尼，那就是教主，佛教的創造者，旁邊坐的是菩薩，還有十八羅漢等等，這是多神教，它的思想是不一樣的。

第二，佛教是中國傳統文化三個組成部分之一。基督教很早就傳到中國了，那個時候叫景教。後來有人考證那個有可能就是現在的東正教。這個派系很早就傳到長安一帶了。長安有碑，你們看到陝西省那有碑林，而且傳播得很廣。但是，好像一直到現在，中國人還沒有說基督教是中國傳統文化的組成部分。為什麼基督教沒有融入中國的傳統文化？這個原因可以從思想層面來考察。原因就在於我們中國自己創造的儒學、道家有缺陷，他們對人的死亡、人的煩惱、痛苦這些方面講得不夠，研究得不夠。中國傳統文化可以說有三個傳統，第一個就是儒家的傳統，儒家就是人本主義，以人為本，一切問題考慮到人。不是以錢為本、以物為本，更不是以神為本，而是以人為本思考問題，這就是儒家的傳統。有的以人為本當中還包括以民為本這種思想。它就是側重解決現實問題，解決現實人生問題，人在世界上應該怎麼去努力，去實現理想，怎麼去立功建業。第二個是道家系統，就是老子、莊子這個系統。這個系統提倡自然主義傳統，它是自然主

義，強調自然。什麼叫做自然？自然不是自然界，中國古代講的自然就是自然而然，是本然、本性的意思。如果我們用現代的語言給它轉換來說，就是你做事情要符合客觀本性和客觀規律。這也很好，你看中國已經有了要怎麼做人的，要怎麼做事的。但是中國人很現實，中國人條件也不錯，生長在黃河流域、長江流域，氣候比較溫和，物產也比較有保證，所以對死亡對痛苦想得比較少。那麼在西元一世紀左右，佛教傳到了中國的內地來。佛教是一個什麼思想體系，怎麼樣一個文化體系呢？佛教是解脫主義，它是解剖人生的痛苦，說人生在世界上有很多煩惱，有很多痛苦，有很多困惑，有很多不能解決的事情，有很多理想願望不能實現的事情。最後還有大事情，人還有死亡。一般來說，按照人的本性，不喜歡提前死亡，對死亡有畏懼，都希望活著。中國人以道教為代表，長生不死，中國人希望生命是永恆的。佛教不同，認為人是有生老病死，有很多痛苦，最後是一個大限，還有死亡。因此，怎麼來消解這個煩惱，消解這些痛苦並來化解這些痛苦，怎麼樣來安頓死亡，怎麼樣來看待死亡，這是一個問題。我們諸位可以想一想，這是不是人生要思考的問題？很顯然是應當要思考的問題。人有生活還有死亡，人生包含死亡。中國的儒學、道學都講得很少，未知生，焉知死呀。生的問題還沒有搞清楚呢，你還要研究死的問題？但是人必然會思考這種終極關懷、終極關切的問題。佛教傳來不久，就遇到三國魏晉南北朝這個階段，大家都知道，這時我們國家有相當長的時間處在分裂中，戰爭很頻繁，社會動盪不安，人不能掌握自己的命運。當時中國可能是死亡率相當高的，因此人的死亡問題就提到大家的面前，提到了精英們面前，要思考這一問題，所以佛教這套理論傳到中國來，中國人慢慢接受了這個思想。佛教提出人有生必有死，人的命運是要透過因果報應這個鐵的法制來體現。做好事以後可能會有好運，有好命，下一次可能投身到更高級的生命當中去。相反會投身畜牲，會變成餓鬼，更糟糕的是要掉到地獄去。佛教給中國人補充了一個新的價值觀念。三教不光是人本的、自然的，還有解脫的，所以三教能共存，能互補。

第三個意義，現在我們也構建和諧社會、和諧世界。中央最近作了決定，其中有一句話，就是發揮宗教在構建和諧社會當中的積極作用，這標誌著我們對宗教理念某個意義上的一種調整，肯定了宗教的積極作用。佛教在構建和諧社會當

中，同樣有它的積極作用。我們還可以説，佛教的和諧資源極為豐富，這個下面還要介紹，所以剛才講的首屆佛教論壇，為什麼不搞別的論壇，為什麼要搞首屆佛教論壇，請了三十幾個國家，上千的人來參加討論佛教與構建和諧社會關係的問題。這顯然是佛教具有這樣的資源，這個下面還要講到。

最後一個意義，我們都知道深圳是廣東一個很重要的市，廣東是佛教大省。深圳有一個廟，叫弘法寺，裡面住了一個非常重要的高僧，當代佛門的泰，禪宗的泰，本煥長老，他在信徒當中影響很大。有一次我在廣東的一個佛教學術會上講，廣東出很多人才，其中最重要的兩位，一位是慧能，一位是孫中山。唐代的慧能，文化很低，悟性很高，很聰明，一聽人家講金剛經，他就悟了。人生觀念發生根本的轉折，他就信佛教，然後創造了自己的宗派，現在影響很大。我們知道他在日本、韓國、越南影響都很大。現在這種思想還傳播到世界其他國家和地區去。另外一個大家都知道，孫中山是我們國家民主主義革命的領袖。這兩人有個共同點，有人叫慧能叫六祖革命，我倒不認為他是革命，起碼是革新、創新，創立了禪宗這一個新派。創立禪宗很了不起，這就是國學。禪宗是我們現在漢傳佛教的主流。我聯想到我們這個活動，深圳舉辦了深圳市民的文化講座，也有創新。在廣東這個地方實際上也可以創新。現在北方可以逐漸向南方學習，南方的理念生活方式逐漸往北方推近。我們講了廣東是個佛教大省，那麼應當對佛教有一個了解。這樣你到弘法寺、光孝寺、南華寺，去了就不一樣，不是光看看建築和那個佛像，也不知道它包含了深刻的文化內涵。

二、中國佛教文化的內涵

下面講第二個問題，中國佛教文化的內涵。中國佛教文化的內涵很豐富，如果概括起來，它的文化結構、它的文化體系包含哪些要素？這些要素直接相互關係又是怎麼樣的呢？我們認為佛教文化，最主要有五個方面的內涵。第一個是信仰，第二個是哲學，第三個是它的倫理道德，第四個是文學藝術，第五個是它的風俗、民俗、風俗習慣，叫做習俗，共五個方面。當然還有其他方面，包括科

學、中醫、天文，因為時間關係來不及講了，並且這五個要素之間相互的關係，它們與儒道的關係，和外部的關係以及內部的關係怎麼樣，因為時間的關係今天也不展開講了。今天我們要講的是五個方面，直接對它所包含的內容要點作一個提示。

首先講信仰。佛教是一個宗教，當然信仰是核心，它的文化裡面的核心內容是信仰。佛教的信仰是怎麼樣的？佛教的信仰可以說包含了兩個方面，就是外部信仰和內部信仰。內部信仰是指思想信仰。內在的思想信仰是什麼，內涵有很多，但是概括起來我們可以說是因果報應。佛教就是信仰因果報應的一個宗教。什麼叫做因果報應？因果就是原因和結果，佛教認為有因就有果，善因得到樂果，惡因就得到苦果。人生也是這樣的，你多做一些善舉，那就會有好報。你幹不好的事情就會得到惡報，這就是它的觀念。這個觀念由幾個要素構成。第一，佛教認為人有三業，每個人有三方面的業，身、口、意。身是身體的行動和行為；口，就是說話，你這個人是很文明很誠實的，還是善於欺騙別人的，還是說假話的；意就是思想、意識，不一定體現在行動上，但是有一些很邪惡的念頭，那也不行。每個人有三方面的業，業有三個性質，有善的、惡的和中性的。中性就是無所謂善惡，佛家叫做無記，就是沒有記號的東西，因為它不留下什麼東西。

佛教說了，人有三報，有生報，有現報，有後報，都不一樣。現報就是現在做的事情現在就報，比方說今天，在這裡如果我沒有認真準備，我是來敷衍大家，那很有可能就會對我有一種報應，會說這個人很不敬業，很不認真。如果我今天認真講，使大家有收穫，大家可能對我有一個好的評估。第二是生報，現在發生的事情，是上一世所做的事的報應。那麼現在有些壞人，生活各方面都很好，榮華富貴，那是因為他上一輩子做過好事。現在做不好的事情，可能在下一輩子受到報應，所以還有一個後報。後報是現在做的事情，下一輩子受報，或者是還有下一輩子，乃至於更多的世代來受報應。所以它從理論上把困難解決了，能夠解答惡人有好報，好人有惡報。這就是因果報應理論，這是基本觀念。

我認為因果報應從理論框架、理論方式來說是有合理性的，因為它講的因

果，有因就有果。現在每個人來體悟一下我們的生活，如果一個人善於幫助別人，善待別人，他遇到困難的時候，也有人會樂意幫助他；如果這是一個孤家寡人，或者是一個損人利己的人，我想他遇到困難的時候，大家可能不會伸出援助之手，這就是現報。從因果報應的理論上來說，有因就有果，強調了人的生活的價值取向，要求我們做好事，不要去做不好的事情，從這個意義上來講是應當肯定因果報應理論的，它要我們去惡從善。所以國外有學者說，因果報應是人類最美好的思想。比如說文學獎得主，日本的川端康成，在接受諾貝爾獎答謝的時候說了這句話，每個人都要懂得因果報應，那麼這個國家，這個民族很可能就會強大。當然因果報應裡面，包括佛教講的，有六道輪迴，這一些我們可能很難認同，人死了以後變成畜牲，我現在沒有想好，會不會這樣，但是它所指引的、所提供的價值理念，是值得我們批判地汲取，是有值得肯定的地方，這不是迷信。

外在信仰有三個方面，第一就是佛、菩薩、羅漢以及四大天王等等。我們在廟裡拜佛，拜釋迦牟尼、阿彌陀佛等等，這裡面是有層次的，佛是級別最高的。什麼叫做佛？簡單地講，按照佛教的定義，佛就是覺悟者。用現在的話來講，所謂成佛，就是成為對宇宙人生有所覺悟的人。佛不是別的，從這個定義來說，是排斥那種偶像崇拜，是對宇宙人生有所覺悟，對宇宙人生的真實、真諦、真相的本質有所覺悟。我們講人生的本質是什麼？我們每個人問過沒有？你的本質是什麼？你的真實是什麼？我們生活在大千世界，世界的本質是什麼？佛教就回答這個問題。佛是覺悟，自己覺悟，又幫助別人覺悟，覺醒很圓滿，三個目標都達到。菩薩，我們大家都知道有觀音菩薩等等。菩薩是自己覺悟，幫助別人覺悟。他是普渡眾生的，具備了兩條，還沒有做到完全覺醒圓滿。羅漢是自覺，自己覺悟，所以中國人不太喜歡他，把他們看成是搞個人主義，追求個人覺悟。至於在廟裡面看到的四大天王則並沒有解脫，四大天王還有身世問題。四大天王是佛國世界裡的武裝警長，保衛幹部的，是保衛佛國世界的，所以他是看門的，他也不能犯錯誤，犯錯誤要掉下來的。同時，在這裡，中國有中國的特點。問老奶奶她們，問誰是釋迦牟尼？她不知道；問觀音菩薩，每個人都知道。中國人對佛教的外在信仰進行了調整。雖然從級別上來說，觀音菩薩比釋迦牟尼佛、阿彌陀佛要低一級，但是從知名度來說，觀音菩薩遠遠超過了釋迦牟尼佛。

外在信仰的第二個方面，就是佛堂、佛牙、佛指骨、佛舍利，所謂神性的聖物。

　　第三個外在信仰，就是對祖庭、極樂世界，佛土世界的信仰。什麼叫祖庭？祖庭就是佛教的祖師活動過的地方，住過的地方。這就使我想起廣東。廣東是禪宗的祖庭，新興縣是慧能的老家，光孝寺是慧能出家的地方，南華寺是慧能弘法的地方，這個是主要的地方。各地禪宗的信徒來朝拜。所以我建議廣東有關單位，可以申請世界文化遺產，禪宗之旅，這是一個很有特點、很有意義的事情。

　　第二就是哲學。我們都知道，好像哲學是屬於學者思考的一些內容，其實佛教裡面充滿了哲學。佛教和基督教、伊斯蘭教不同的地方，就是世界觀上不同，剛才講了一條，一個是一神論，一個是多神論。從哲學上來說，一個是上帝創造世界，一個是主張緣起論。緣就是緣分的緣，因緣的緣，這是佛教哲學的基本概念，是它理論的核心和理論的基石。緣起論就是認為一切事物都是由原因和條件構成的。一個緣字，就包括因和緣兩個方面，如果分開說，講因緣，因就指主要原因、內在的根據，緣就是指次要原因、外部的條件。如果光講一個緣字，就包括外在原因和內在原因兩個方面。緣起論就是講宇宙萬物是怎麼形成的，不是上帝創造的，不是由一個神創造的，而是由各種事物之間互相依賴、互相作用、互相依靠、互相依存而形成的。這就是佛教的理論根本。遠的不用說，就說我們的講臺，講臺就是緣起。講臺一般來說是由木料構成的，木料是一個因素，油漆是第二個因素，第三個因素是工人的勞動製作，三個條件構成。這三個條件相結合的時候就有了講臺，這三個條件分開的時候這個講臺就沒有了，佛教就講的這個道理，這就是緣起論，非常重要。你們要了解佛教嗎？首先要把這三個字搞好，這就是緣起論。我反覆思考，用我們現在的語言來講，緣起論就是兩個意思。第一個就是因果關係論，一切事物都是因果關係，不是嗎？每個人都是這樣，每個人都是由父母所生，由父母養你，然後在學校有老師對你的影響，同學對你的影響，有時候老師會影響你一輩子。然後結婚，夫婦、家庭關係如果和睦，那對你的事業是很大的推動。如果兩口子經常吵架，對你的事業影響很不好。

　　第三個是倫理道德。佛教的倫理道德有三個基本原則，第一個就是去惡從

善,所有惡的事情,大大小小都不能去做;所有好的事情,大大小小的事情,你都要去做。第二,就是平等慈悲。第三是自覺、覺他。自己從道德上提升,還要幫助別人提升。這是佛教的倫理三大原則。那麼它的道德規範很多,我們都知道出家人,比丘尼有幾百條戒,男的也有兩百幾十條。據説早上起來第一次出門,第一隻腳怎麼走,要注意不能踩到螞蟻,踩到螞蟻就是殺生的,那個罪惡也很大。佛教最基本的有五條戒律,這個很值得我們注意,值得我們社會去思考。我們對很多和尚很尊敬,也就認為他人格很高,道德很高尚,能夠不吃葷,能夠不結婚,一般常人做不到,對他肅然起敬。

第四是文學藝術。文學藝術非常重要,佛教之所以能夠在中國傳播跟它的文學藝術很有關係,佛教用它的文學藝術來推行它的理念。我們中國現在的語言很豐富,但是我們也知道,我們成語的百分之十,就是從佛教來的,還有我們常常每天要説的話,比方説講世界、相對、絕對、功課、實際、就近、轉變、煩惱、平等、希望、享福、譴責、消化、援助、贊助、享受、評論、厭惡、控告、機會、正宗、種子、覺悟、悲哀、因緣、方便、眾生、悲觀、一針見血、一彈指間、三生有幸、五體投地、快馬加鞭等等,都是佛教的話。佛教對中國的語言文學影響很大,很多品種都是佛教傳進來以後發展起來的,對小説的主題結構、情節安排影響也很大。我念一下大家看過的《三國演義》,《三國演義》開頭的題詞是這樣的:「滾滾長江東逝水,浪花淘盡英雄,是非成敗轉頭空,青山依舊在,幾度夕陽紅……」佛教的思想,緣起性空,政治鬥爭,人物之間的爭權奪利,是非成敗轉頭空。藝術方面影響也很多,包括音樂、美術、書法、繪畫、舞蹈、雕塑。可以這麼説,中國的藝術如果沒有廟,沒有塔,沒有建築,沒有雲岡、龍門、敦煌等等,中國的山河大地上的美景,可能要受到很大的影響,而且旅遊業的收入可能要大減少。以前有一句話,説旅遊,「白天看廟,晚上睡覺」,説明旅遊就是看廟了。到廣州,不看南華寺、光孝寺不行的,到這裡看一看弘法寺。現在全國的重要的旅遊業三分之一都跟佛教有關,佛教給我們中國山河大地增加了很多美麗的人文景觀,而且佛教都建立在天下名山,所以這留給我們很大的遺產。好的地方、好的名山都建了寺廟,黃色的瓦、紅色的船,看它多漂亮,有的是白色的,點綴了中國的山河大地。這就是中國的文化之美很重要的

一個方面，所以這個藝術是很重要的。

最後是民俗，就是民間風俗習慣。佛教對我們民間風俗習慣有很多的影響，第一要喝臘八粥，就是講釋迦牟尼成道的日子。素食，關於素食我簡單地說一下。佛教不主張吃葷，大家知道葷是草字頭，下面一個「車」，原來佛教講的不能吃葷是大蒜、蔥、韭菜等有氣味的東西，生薑、辣椒不包括，說起話來沒有味道，是可以的。佛教叫你不能吃這些東西，因為這樣做的話，比如說我中午吃了很多蒜，朋友們會待不住，會汙染空氣，所以不讓吃。現在講不能吃葷菜，包括不能吃肉，這是中國人決定的，是一個信佛教的皇帝，南朝梁武帝決定的。他信佛比較虔誠，還是用佛教作為一個工具，這個我也沒研究。他認為佛教不能殺生， 正因為老百姓要吃肉，所以就推動了很多殺生的事情，殺魚、殺雞、殺鴨，屠夫就多了。所以不吃肉的話，就不能殺生，就下了一條命令不能吃肉，不能吃動物性的肉，也不能喝酒，這是梁武帝定的。中國漢人的和尚就遵守了。所以吃素是這樣來的。我們這個要搞清楚。在印度、東南亞的和尚是可以吃肉的。他每天上午跑到人家家裡等，站在那，不能敲門，我來了，你給我點飯，那也不行。等到主人開門，看到有法師在外面乞食，就給他一碗，那個飯菜是主人吃什麼，就給什麼，有雞有魚也照吃，因為那不是你殺的，也不是你做的，所以概念要上分清。還有像西藏蒙古喇嘛，過去不吃牛肉和羊肉，就沒有能吃的了，因為那裡的蔬菜很少，那裡很難種，只能吃肉。這個佛教不能吃肉，是我們漢傳佛教的規定。

這是我們要講的佛教文化的基本內涵的五個方面，信仰、哲學、倫理道德、文學藝術和民俗。給大家做個參考。

最後，如果了解了佛教，我們就應該知道：第一，我們應該糾正過去那種把佛教簡單地看成迷信的態度，認為它一無是處，這是不對的。佛教是中國傳統文化組成部分之一，是我們老祖宗所信奉的一種學說，其中包含了許多合理的積極要素，值得我們今天發揚，比如說佛教哲學的六個基本定義，緣起、因果、平等、慈悲、中道、圓融，我認為在當前很重要。在西方，資本主義的自由、平等、博愛思想影響全世界幾百年的歷史。我們現在社會又發展了，後工業化的時

代、訊息化的時代、地球村的時代，我們能不能把中國佛教的緣起、因果、平等、慈悲、中道、圓融貢獻給全人類。當前是要發揮它的積極作用，這是很重要的。第二，我們這麼說是不是講佛教全身都是一個寶，它所有的東西都很好，已經很完美，什麼缺陷也沒有？是不是這樣的？不是的。佛教是有它理論上不完善的地方，也有一些守舊的地方，佛教也有它的缺陷，也有它的局限，這也是很正常的。因為任何事物都有長處，也有短處，有優點，也有缺點，有肯定的地方，也有否定的地方。所以我們採取分析的態度來對待這些問題。

中國佛學思想精華與當代世界文明建設（論綱）

一、中國佛學思想的特質：重自力、重解脫、重入世

研究中國佛學思想的基本特質、基本精神是了解中國佛學思想精華的前提，我們擬用比較的方法，從三個方面來揭示中國佛學思想的基本特質、基本精神。

佛教是三大世界宗教之一，相對基督宗教和伊斯蘭教而言，佛教有很多獨特之處。

創世說與緣起論　基督宗教和伊斯蘭教都講上帝創造世界；佛教不講創世，而是主張緣起的，認為宇宙一切事物都是因緣聚合而生，因緣散失而滅。

一神與無神、多神　基督宗教和伊斯蘭教都是嚴格的一神教；而佛教在終極世界觀上，是無神論的，而在信仰實踐上，則是多神的，有十方諸佛菩薩、護法神靈，是多元而開放的信仰崇拜體系。

信外力上帝與崇內力自力　基督宗教和伊斯蘭教比較強調人的有限性，必須依賴外力、神力才能解脫；而佛教主張人人皆有佛性，只要不懈追求智慧，勤修善行，人人都可以覺悟成佛。

　　中國佛教是中國傳統文化儒、釋、道三教之一，相對儒家與道教來說，中國佛教也有很多獨特之處。

　　生命的快樂與痛苦：儒家與道教，比較重視生命快樂的一面，或獨善其身、安貧樂道，或兼濟天下、與民同樂；而佛教則更加深沉一些，重視的是人生老病死的痛苦，以及解脫痛苦的方法。

　　重今生、重長生與重生死：儒家重視今生的建功立業，道教追求的是長生不老；而佛教重視生死。《法華經》上講：「佛為一大事因緣出現於世。」什麼大事呢？生死事大。佛教修行就是為了「了生死」。

　　重人本、重自然與重解脫：儒家學說是人本主義的，天道遠、人道邇，儒家很少涉及超驗世界；道教注重自然，道法自然，自然就是自然而然的狀態。佛教則注重解脫，既關注人生痛苦，又要進行改變，將人從痛苦、不覺悟的狀態中解脫出來，達到更高層次、更加理想的生存狀態。

　　中國佛學是中國國學的重要組成部分之一，與印度佛學比較，中國佛學也有很多獨特之處。

　　融合與創新中國佛學，例如天臺宗、華嚴宗、禪宗，融中、印兩國佛教精英學者的生命智慧，表現出既融合又創新的特色。

　　入世性：印度早期佛教偏於出世，而中國佛教，特別是佛教中國化的兩大成果——唐代的南宗禪、近代的人間佛教，表現出強烈的入世傾向。

　　綜上所述，透過與基督宗教、伊斯蘭教等世界宗教的比較，同中國傳統儒家與道教的比較，乃至於同印度佛教的比較，我們可以看出中國佛學思想的特質、精神是重自力、重解脫、重入世。

二、中國佛學思想的精華：緣起因果，求智修善，平等慈悲，中道圓融

哲學是時代精神的精華，而佛教是極富哲學思想的教派。我們要確定中國佛學思想的精華，需要有一個標準，這個標準就是：有助於人格完善、社會和諧、人與自然的協調，有助於當代世界文明建設。按照這個標準，我們可以確定中國佛學精華之要點有：緣起因果，求智修善，平等慈悲，中道圓融。

（一）全球化時代的三大矛盾

人類社會的矛盾形形色色、錯綜複雜，而歸結起來，主要是三類基本矛盾：人與自我的矛盾、人與群體（他人、民族、國家、社會）的矛盾以及人與自然的矛盾。工業經濟和知識經濟的發展，尤其是以全球化為特點的知識經濟的發展，給人類社會各類矛盾帶來了廣泛和深刻的影響，導致了人類社會矛盾的新發展。

上述矛盾的形成，原因有三：一是利益的不同，二是制度的差異，三是觀念的缺陷。如在思想觀念方面，面對如何看待人的精神生活與物質生活的關係、個人利益與群體（集體、民族、國家）利益的關係、國家與國家之間的關係、人與自然的關係，以及不同地區、不同國家的文明、文化、價值觀念的關係等問題。如何調適思想觀念，以緩解乃至化解人類社會的矛盾及其根源，以建設和諧世界，是人類面臨的共同課題。正是在這一方面，佛教可以發揮其獨特的作用。

佛教哲學是佛教對宇宙、社會、人生的基本看法，佛教的世界觀、社會觀和人生觀可以作為人類認識世界、社會、人生的借鑑。中國佛教哲學體系的理論基石是緣起論，在緣起論基礎上形成核心性的中國佛學思想範疇：緣起因果，求智修善，平等慈悲，中道圓融。它們構成了中國佛學思想的精華。

（二）中國佛學思想精華的具體內容

緣起：這是佛教最基本的觀念，最根本的教理。緣起論是對宇宙萬物的生成演變和世界的本來面目的合理的論說。緣起論自身包含著兩個重要的理念：「關係」和「過程」。緣起論認為事物是諸多因素的組合，凡事都是一種關係；

既是關係組合,就是不斷運動變化的,也即凡事都是一個過程。

緣起論的萬物由因緣聚合而生即緣起共生的思想,邏輯地肯定世界的多樣性,肯定世界的多極格局,由此也必然提倡多邊合作、和諧共贏的主張,也必然否定自我中心和單邊主義的思維。當前世界不同國家經濟上的互相依賴越來越深,正如有些美國學者所說的,沒有中國的支持,美元也許已經暴跌,美國經濟即使不出現蕭條,或許也已經陷入衰退。又如世界性難題南北貧富差距,是與廣大發展中國家在經濟上長期處於被剝削的地位,無法分享全球經濟繁榮成果直接相關的。要解決這個問題,就必須加強國際合作,採取措施促進世界經濟秩序合理化,尤其是發達國家要保證發展中國家平等利用資源和分享財富的權利,幫助貧窮國家的經濟發展。

因果:由緣起直接推導出因果觀念和因果法則,即有因必有果,有果必有因。這一法則,反映在倫理方面,則有善有善報、惡有惡報的懲戒規條。佛教包括因果報應在內的因果理論,強調因果相連,要求人們的行為必須考慮帶來的後果,善惡有報。同時佛教的因果強調「自作自受」,強調了個人的主體性及其道德責任。

求智:佛教並不神祕,佛也是人,是「覺悟」了的人,是了解事物的真相,通曉緣起法則及事物的來龍去脈的覺悟者。佛教就是要給人智慧,給人辦法,去解決人生面臨的諸多煩惱、痛苦。西方哲學的研究者常常說:哲學是智慧之愛,不是智慧之有;我則要說,佛教不僅是智慧之愛,而且也是智慧之有。佛教就是要啟迪人們的智慧,去妄契真,獲得真知覺悟。

修善:「諸惡莫作,眾善奉行,自淨其意,是諸佛教」。佛教講究因果,反對各種惡因及給自身和社會帶來的惡果,提倡做各種善因,以給自身和社會帶來善果,鼓勵人心向上,人心向善。應當肯定,這從根本上說是有利於個人道德操守、社會秩序穩定以及人與自然關係的和諧的,是有利於人類社會的可持續發展的,是有利於和諧世界建設的。

平等:佛教的平等觀是基於緣起的學說,是建立在因果平等上的——眾生與佛同具成佛的因「真如佛性」,也同能成就佛果,進入涅槃境界。由此又肯定

人與人之間的平等、不同種類眾生之間的平等，乃至眾生與「無情」（山川大地、草木花卉等無情感意識的事物）之間的平等。佛教平等觀體現了生命觀、自然觀與價值觀的統一，具有理論意義和現實意義；它可以作為處理人與人、民族與民族、國家與國家等相互關係的基本準則，從而成為維護世界和平的思想基礎。和平從平等中確立，和平來自平等。因為平等意謂著互相尊重，易於建立互信與合作；平等意謂著互相理解、諒解，進而達到互相寬容、友愛，不致兵戎相見；平等意謂著消弭瞋恨、仇視，有助於從思想觀念上消除戰爭產生的根源；平等還意謂著消除根深柢固的人類中心主義，樹立人與自然和諧共生的理念。

慈悲：這是與平等觀念直接聯繫著的理念，是大乘佛教提倡的對眾生的平等一如的深切關懷。慈是給眾生以快樂，悲是拔除眾生的痛苦。慈與悲結合在一起的心願，即慈悲心，是維護眾生平等、建設和諧世界的重要心理基礎。每當某一國家、地區發生特大自然災害時，世界各國人民慷慨解囊，給予無私援助，是人類同情心、慈悲心自發的生動體現，而佛教徒往往站在援助行列的前頭，並作出了重大的貢獻，是內在慈悲心的實際表現。佛教的慈悲理念有助於化解人們的妒嫉心、仇恨心、復仇心，有助於緩解弱勢群體的痛苦，有助於減少恐怖主義和戰爭的發生。

中道：這是在緣起、平等等理念基礎上形成的涉及認識論與真理論、倫理觀與境界觀的重要理念。中道是遠離事物的對立狀態，遠離有無、斷常等對立見解，這被認為是認識事物的中正之道，也被認為是反映事物的實相，即最高真理。在修持上，遠離苦行與快樂兩端的不苦不樂中道，被視為正確的道路，堅持中道必得解脫，由此也可以說，中道是最高境界。中道思想是佛教能夠兼容並蓄、協和諸方、適應變化的方法論基礎。在當前，佛教中道理念對於從思想方法上克服極端主義、單邊主義、霸權主義都是有益處的，是有助於人際和諧、國際合作的。例如，貿易爭端是國際衝突的根源和表現之一，近幾十年來，解決這類爭端的國際慣例是，在世界貿易組織的框架下，透過談判、協商和互相妥協來解決，這是國際社會的一大進步，從思維方式來說，是與佛教的中道觀相一致的。

圓融　在緣起、中道的思想基礎上，中國佛教天臺宗和華嚴宗都著力闡發圓

融的理念。華嚴宗宣揚本質與現象、現象與現象的圓融無礙,天臺宗則宣揚空、假、中三諦同時成立,即空即假即中,互相融合。圓融是中國佛教宇宙觀和真理觀的重要理念,同樣是能夠兼容和諧、調和適應的方法論基礎。圓融要求尊重事物的不同因素,尊重差異各方的共存共榮。按照佛教圓融觀來看待世界,世界是一個豐富多彩的、多元化的統一整體。按照圓融理論,各個國家、各個民族的不同文化並無高下之分,也並不存在相互衝突的必然性,各自不同的文化特性,都應獲得尊重。我們認為,當前地區一體化和經濟全球化迅速發展,保護各個國家和民族的不同文化特性尤為重要,這是建設和諧世界的要素之一。

佛教具有豐富的哲學範疇體系,這裡講的四組八個範疇,提供了一個互為因果、互相聯繫、互相依存的世界觀,構成了中國佛學思想的精華,在世界觀、個人修養、人際關係、思維方式等方面都具有現代價值,是當今世界文明不可或缺的組成部分。

三、中國佛學思想精華與當代世界文明建設

當代世界文明建設有三個層次:個人文明建設、社會文明建設和生態文明建設。中國佛學思想精華對上述三個層次的文明建設,都具有啟迪和借鑑意義。

如何更好地繼承和弘揚中國佛學思想精華,為推進當代世界文明建設服務,是我們當前面臨的一個重要課題。我們認為以下幾點是比較重要的:

要正確認識中國佛學思想在建設當代世界文明的積極作用。以往人們過多地看到佛教消極避世的一面,而忽視了佛教積極進取的一面。特別是在當代全球化背景下,佛教的圓融中道,沒有咄咄逼人的態度,這恰是佛教的優點,更有利於宗教的對話,化解文明間的衝突。

佛教要貼近世間生活,關心化解人類社會的矛盾、問題。佛教的本懷就是關心人的疾苦,關心人在現實生活中身、心遇到的一切煩惱,將之化解,讓人獲得覺悟解脫。要真正實際發揮中國佛學思想精華對當代世界文明建設的積極作用,

其前提性的條件之一是要力求密切地關注和把握當代人類社會面臨的矛盾、問題，只有這樣才能有的放矢地進行對話，進而化解人類社會的矛盾、問題。

科學地挖掘、整理中國佛學的合理、積極因素。中國佛學是一個寶藏，還有許多積極有益的內容沒有發掘出來，哲學思想、文學藝術、語言文字、民俗遺產等等，需要我們深入挖掘，綜合開發利用，既擴展現有學術研究範圍，同時也為現實生活服務。

著力做好創造性轉換和現代詮釋工作。用現代學術語言、概念和範疇，重新表達和詮釋古老的佛學思想，這既是對當代學者的學術要求，也具有重要的現實意義。創新是佛教發展的本質要求。佛教主張「依法不依人」的原則，把佛法、真理的權威置於個人權威之上，體現了以追求真理為歸依的精神。佛教在弘揚佛法方面，提倡「如理如法」和「契時契機」相結合的原則，即一方面要求符合佛法、真理，另一方面又要求契合時代特點和傳教對象的具體條件，並把兩個方面有機地結合起來，體現了理論與實際相結合的精神。求真是創新的動力，理論與實際結合是創新的途徑。只有深入當今社會現實，我們才能提出真正有價值的學術問題，才能真正做好對中國佛學思想的現代詮釋和創造性轉化。

自由、平等、博愛等源於西方基督宗教背景下的理念，自文藝復興以來影響了世界幾百年；而在今後數百年，中國佛學思想的精華，也必將在地球村中產生越來越大的影響。如何更好地挖掘整理、詮釋發揚中國佛學的精華，為構建當代世界文明作出應有的貢獻，是今日我們宗教學者的重要責任。

在中國人民大學宗教高等研究院高峰論壇上的講演

佛教中國化與中國化佛教

——以漢傳佛教為中心

印度佛教於兩漢之際傳播到中國內地，一直到宋代，前後約歷經十個世紀之久。這是外來文化第一次長時間地輸入中國。佛教的傳入，帶來了偉大的印度文化，還帶來了希臘文化、波斯文化，由此而形成了規模非常宏偉的中外文化交融現象。

　　佛教傳入中國和中國對佛教的吸納，梵典華章，交相輝映，各顯異彩，其間積累了不同文化對話、交流的豐富經驗，這是中印兩大文明古國異質文化的成功交流，是世界文化交流史上可圈可點、甚堪玩味的典範之一。這一文化交流的偉大實踐，展示了中華民族在吸收外來文化方面的充分自信、博大胸襟的開放性與同化力，也體現了佛教適應不同地域、滿足不同民族精神需求和與時俱進的開拓性文化品格。

　　佛教在中國的長期流傳過程中，逐漸與中國實際相結合，實現了佛教中國化，形成了中國化佛教。本文著重就佛教中國化與中國化佛教的界說、佛教中國化的必然性及其歷史進程，以及中國化佛教的基本內涵與重要特點做一論述，請方家指正。

一、佛教中國化與中國化佛教的界說

　　佛教中國化不是抽象或象徵性的話語，也不只是一種學術史意義上的脈絡梳理，而是佛教教義在中國的實現途徑和實現方式。也就是說，佛教中國化作為一個特定命題，是指佛教徒在推動佛教流傳的過程中，逐漸使印度佛教與中國政治、經濟、文化、社會實際相適應、相結合，接受中國社會環境的影響和改造，從而在教義思想、儀軌制度和修持生活諸方面都發生了變化，打上了中國社會的深刻烙印，具有鮮明的中國民族性、地域性和時代性特徵，納入了中國傳統文化的巨流，轉變為中國文化的品格和旨趣，形成了有別於印度佛教的獨特精神風貌。

　　佛教中國化，包含佛教的民族化、地域化和時代化三層意義。

佛教的民族化。中國是大國,是多民族組成的國家。印度佛教的傳入與中國各民族的地理分布有直接的關係。佛教約於一世紀經新疆少數民族地區傳入內地漢族地區,並於七世紀分別傳入中國的西藏地區和雲南傣族地區。佛教結合不同民族的文化心理和歷史傳統,在中國形成了具有不同民族氣派、形式、性格和特徵的三大支:漢傳佛教、藏傳佛教和南傳上座部佛教。三支分別運用漢文、藏文和傣文譯出佛教經典,分別著重弘揚大乘佛教、密教和上座部佛教的教義。正是在這個意義上,我們可以說,佛教漢化、藏化和傣化的總稱,就是佛教中國民族化,而佛教中國民族化,也就是佛教中國化。

和中國漢族是由古代華夏族與其他民族長期混血而成的情景相仿,漢傳佛教也是由漢族和少數民族的僧侶乃至僑民游僧共同創造的。東漢以來,來自西亞、中亞和南亞的域外僧人和中國新疆於闐、龜茲、疏勒等地僧人,深入內地譯經傳教。隋唐佛教八大宗派中的三論、唯識、華嚴、密和禪諸宗的創立都有非漢族僧侶參與,或者是直接由非漢族僧侶創建。漢傳佛教實際上融匯了多民族佛教精英的智慧,融進了多民族的思想文化,體現了多民族共創的融合性格。藏傳佛教也受漢傳佛教,尤其是禪宗的影響。漢藏佛教是交融的,兩者共同構成中國佛教的主體。

在佛教民族化的結構中包含了兩個層次:一是由民族上層人士、知識分子所代表的著重闡揚經典教義的精英佛教,二是民間社會奉持的以念經拜佛為主的大眾佛教。這兩類佛教的分流是中國佛教的一大特點。前一層次是佛教民族化的主導,後一層次是佛教民族化的基礎。這兩個層次的佛教是有所不同的,但又是相互影響的。

佛教的地域化是說,由於中國疆域遼闊,不同地域不同地區的情況差異較大,這種差異對佛教中國化產生了很大影響。中國佛教的地域性差異有三:自然環境——各地山、水、土地、氣候、位置、生物各不相同;文化環境——中國各個地域民風習俗的差別,文化心理的不同;政治環境——中國主要江河山脈的東西走向,決定了南北的地理區別。值得注意的是,自秦統一中國以來,經濟重心雖從南北朝開始逐漸南移,但政治中心則一直在北方。這些地域環境的差異,形

成了佛教中國化的地域性特徵，如：石窟雕塑北方多南方少；不同地區僧侶生活習俗差異很大；一度北方佛教重修持，南方佛教偏於義理；中國歷史上的三武一宗滅佛事件，除唐武宗滅佛外，其餘三次都發生在南北分裂時期，而且都發生在政治重心所在的北方，南方政權則從未滅佛等等。中國佛教地域化的色彩，豐富了佛教中國化的內涵。

佛教的時代化。這是指佛教在傳播的過程中，要和當時的現實需要和時代特徵結合起來，不斷推進中國化內涵的拓展。為什麼說佛教在中國化過程中也包含時代化呢？這是因為：第一，歷史是不斷發展的，古代的王朝更替就給佛教帶來不同的挑戰或機遇，要求佛教做出適應當時王朝統治需要的回應。第二，不同時代的背景與特徵不同，如和平或戰爭、統一或分裂、繁榮或衰弱、開放或封閉等不同狀況，都給社會不同人群帶來了不同的宗教需求，從而要求佛教與時代氣息相應，滿足該時代不同人群的具體精神需要。第三，中國思想文化潮流是不斷演變的，不同時代的主流思想給予佛教的影響極大。第四，佛教傳播是一個逐漸擴大、深化的過程，由一般弘法到自主創造的過程，如譯經講經、撰寫經論、分派立宗，在不同歷史時代佛教主體的活動重點是不同的，是帶有時代特徵的。這些時代因素都會反映在佛教中國化的進程之中。

以上佛教的民族化、地域化和時代化「三化」綜合為「一化」，即佛教中國化。「三化」的相互結合，構成了佛教中國化的基本內涵。

如果說佛教中國化是一種實現方式和現實追求，那麼，中國化佛教就是佛教中國化的成果和結晶。也就是說，佛教中國化必然形成中國化佛教，中國化佛教是佛教中國化的必然結果。中國化佛教同樣作為一個特定命題，是指佛教與中國國情相結合的產物，是中國僧人吸取佛教一般義理結合中國實際的創造，是中國式的佛教思想與實踐方式，是在內容與形式兩方面都與印度佛教既有聯繫又有區別的。中國佛教與印度佛教同屬於以解脫人生痛苦為基本宗旨的佛教，兩者的聯繫、一致性是十分顯然的，但兩者在具體內容與形式上又確有顯著的不同特點。

有人認為，佛教就是佛教，不存在中國化問題。我們認為，這裡關鍵的問題是如何看待佛教在不同地區、國度的流變和演進，以及這種演變的社會根源，如

何看待印度佛教與中國佛教的差異,如何看待佛教結合中國實際的新發展,如何看待中國佛教是中國傳統文化的不可分割的有機組成部分。我們認為,印度佛教是脫胎於印度社會,活動在印度社會,是印度的宗教,而中國佛教雖來源於印度,但活動在中國,扎根在中國,是經過改造的佛教,是創新性的佛教,中國化的佛教是中國的宗教。

與佛教中國化和中國化佛教的界說相關,還有一個人們常說的佛教化,即佛教化中國的問題。我們認為,佛教的中國化過程和中國化的佛教形成,使佛教滲透到中國文化和生活的許多方面。例如,佛教的一些教義融入中國文化之中,帶來中國一部分人價值觀念的新變化,佛教的文學藝術感化、教化中國人,豐富了中國人的精神生活。又如,在某些地區佛教信仰實現了普遍民間化,也使民間習俗佛教化,以及帶來一些人名、地名、姓氏的佛教化等等。凡此都表明了中國部分文化的佛教化,表現了佛教對中華民族心理與文化意識的廣泛而深刻的影響。同時,我們也認為,從整體來說,中國並沒有佛教化,中國沒有整體佛教化,理由是中國人並沒有普遍地接受和認同佛教信仰,更沒有以佛教為主要信仰,在中國傳統文化結構中,儒家和道家是中國固有文化的主流,儒家更居於主導地位,而佛教融入中國傳統文化之中,是為傳統文化儒、道、佛三家之一,且居於輔助儒家的地位。也就是說,印度佛教在中國是中國化了,且形成了中國化的佛教,但中國並未在整體上佛教化。

二、佛教中國化的必要性與可能性

(一)佛教中國化的必要性

印度佛教傳入中國,為什麼一定要中國化呢?其必要性何在?原因很多,重要的有三點:

1.中印兩大國自然環境和社會結構的差別

發源於印度的佛教要在中國流傳,涉及中印兩大國的空間性互動,即由南亞

到東亞的地區性溝通。中印兩大國的自然環境差別很大。印度位於南亞次大陸，地處熱帶，每逢旱季，氣溫高達攝氏四十多度，熱風過處，草木枯萎，蛇蟲匿跡，人們猶如居於「火宅」之中。因此，印度文化也被人稱為「炎土文化」。佛教的「苦」的理念和出世思想，以及齋戒、沐浴、坐禪等宗教生活的形成，都與氣候炎熱有關。位於東亞大陸的中國，地處溫帶，自然環境與印度有很大的差異。不同的地理條件和自然環境，形成人們不同的生活價值取向和生活習慣。這就要求佛教作出相應的調整。

中印兩國古代的社會基礎不同。古代印度盛行種姓制度，主要是四種姓，即婆羅門等四個社會階級。在中國則是以家族制為中心，按血統遠近區別親疏的宗法社會。古代印度在政治上或實行貴族統治，或實行共和制，長期以來小國林立，統一時間相對較短。中國自秦漢以來是中央高度集權的專制社會，國家統一時間遠遠長於分裂時期。印度神權高於王權，中國則王權在神權之上。這些差異是佛教在中國傳播遇到的一大社會問題。

中印兩國國情的又一重大差別是，印度是一個幾乎人人信仰宗教的典型的宗教國家，人們重視來世，盛行出家修行。相對而言，中國則是一個以追求個人人格提升和天人合一境界為人生和社會價值取向的人文國家。人們注重家庭和家族延續，重視現實。如何使宗教信仰相對淡薄的中國人能夠接受和信仰外來的佛教，如何吸引佛教的信仰者，獲得社會精英的認同、支持和社會大眾的靠攏、擁護，實現佛教的民間化、大眾化，是佛教在中國傳播遇到的又一重大問題。

佛教在中國面對的國情不同，佛教在中國是否得以流傳決定於它能否滿足中國社會的需要。佛教為了在中國傳播，就需要適應中國國情，在理論話語和實踐方式方面都做出相應的改變。

2.佛教與儒、道文化的歧異

約在釋迦牟尼創立佛教的同時，也就是西元前六世紀，中國形成了儒家和道家學說。儒家思想以「人」為本，重視人的生命意義與價值，重視人際關係和社會秩序，宣揚以道德提升人生和以「德治」、「仁政」、「王道」治理社會為最高理想。道家以「自然」為本位，強調自然是人生的根本，主張順應自然，張揚

自身本性和個體自由，回歸自然。在道家思想基礎上，後來又形成了以合道成仙為主旨的道教。儒家的人本主義和道家的自然主義，構成了中國固有文化的兩大傳統，奠定了中華古代文化的基礎和走向。

佛教重精神輕肉體、重解脫輕生命、重來世輕現世、重神靈世界輕世俗世界，是以「眾生解脫」為主旨，宣揚眾生要透過修持，以求從煩惱、痛苦、壓力、緊張、困惑和生死輪迴中解脫出來，進入大自在的「涅槃」境界。佛教強調現實的存在是痛苦的，涅槃境界是幸福的。佛教的解脫主義思想，顯然與儒、道兩家的思想主旨的具體內容有相左的一面，而且儒、道思想尤其是儒家作為社會意識形態，儒家的道德禮法作為中國文化的內核，關乎人生和社會的意義系統，一直在主導著中國人的價值取向和思維方式。這樣，如何回應儒家的思想，就構成了佛教能否在中國傳播的關鍵性因素。佛教作為一種外來的文化，若要加盟於中國文化生態結構中，落地扎根，開花結果，是存在需要排除的障礙和克服的困難的。

佛教傳入中國後，儒家和道家（含道教）分別從自身本位立場出發來排拒佛教和迎接佛教。如儒家責難沙門不向國王頂禮是不忠，沙門落髮出家，是斷子絕孫，是大不孝。道家以長生成仙理念指斥佛教的人皆當死的思想等等。又佛教傳入早期，儒、道兩家只是以比擬的手法認同佛教，如儒家以「殺身成仁」比擬大乘佛教菩薩行，道家以無為思想比擬佛教「法身」，中國人還以道術定位佛教。可見佛教若要在中國占有一席之地，就必須與儒、道文化相磨合，而這種磨合也就是佛教中國化的實踐。

3.印度佛教一般義理與中國僧人具體實踐的矛盾

佛教義理對所有佛教信徒都具有規範意義，而佛教傳播和佛教修持則是信徒的一種具體實踐，佛教義理與佛教傳播、修持二者不是等同的，是有矛盾的，印度佛教在自身的不斷演變中呈現出的前後差異就說明了這一點。至於佛教傳入中國，其主要媒介是傳譯和講習。在翻譯方面，佛典本來就難理解，又因大小乘佛典混雜一起傳入，不了解佛教的發展次第脈絡，就更難理解了。要將梵文譯成漢文，有時也很困難，中國人和印度人的思想方法又不同，也影響文字的理解和表

達。這些條件的制約，必然導致翻譯難免有錯解、模糊和不準確的地方。在講習方面，講授者根據自己所學所知的講，聽講者是藉助原來中國文化知識去理解，實際上就是透過中國固有思想與印度佛教思想的比較而接受佛教思想的。這兩方面的情況都是推動佛教中國化的重要原因。也就是說，佛教的傳入不可避免地要受信仰者本人民族傳統文化的影響，帶上民族的特點。僧團內部由於謀求各自的生存和發展，也會產生分歧，並帶上派別的特點。僧人面對不同弘法對象（如社會精英與一般大眾）的不同要求，也帶來了教化的內容和方式的差別。僧人受地區差異和時代潮流的不同影響，導致對佛教義理的理解差異。凡此種種情況，都決定了中國僧人的傳播實踐與修持實踐是歷經變化而千差萬別的。中國僧人尤其是其中的精英人物，根據中國社會實際情況和人們信仰需求，既堅持佛教解脫主義的根本立場和基本義理，又摒棄了不符合中國國情的一些理念與規定，並結合新的實際提出新的學說和修持模式。可見，由於中國佛教傳播者與修持者的實踐活動的多樣性及其與佛教一般義理的差別性，決定了佛教必須結合中國僧人的具體實踐，發展印度佛教，推進佛教中國化。

以上是決定印度佛教必須中國化的三個原因、根據。相應地，中國國情、中國固有文化和中國僧人的新實踐，也是影響、制約和決定佛教中國化內涵的三個因素、作用力。

（二）佛教中國化的可能性

佛教在中國必須中國化，也可能中國化。佛教中國化是否具有可能性在於，一方面，佛教作為傳播主體是否具有普遍意義的思想因素，能否和如何適應中國社會的需要，順應中國固有文化而調整、重構自身；另一方面，中華民族作為接受主體是否具有開放性的思想，能否和如何從中國社會需要出發，按照本民族固有文化形成的主體接受圖式而取捨、重塑佛教。歷史表明，這兩方面的可能性都是存在的。

佛教具有補充中國儒、道文化缺陷和滲透民間底層的思想內涵與實踐方式，具有實現中國化的自我調節、自我更新和自我組織的機制。佛教教義的中心關懷是人生的痛苦問題，佛教講人的生死是大苦海，「生死事大」，強調只有正視生

死大事，從生死困境中解脫出來，生命才有意義。這種對生命、生死的關切，是與人的終極關切相聯繫的。怎樣看待生死，怎樣安頓死亡，是人類心靈深處的永恆難題，是人生哲學的重大問題。在這個問題上，儒、道所論較少，而佛教則有專門論述，佛教所論彌補了儒、道的理論空缺，滿足了人們的精神需要。佛教教義的根本宗旨是教人從生死的痛苦中解脫成佛。「諸惡莫作，眾善奉行，自淨其意，是諸佛教。」佛教以去惡從善為行為規範，以體悟自性清淨而達到理想的精神境界。佛教的戒律、禪定為實現超越理想提供現實可行的操作程序和方式。佛教的根本宗旨與中國固有的儒、道教人成聖、成仙的文化宗旨有相左的一面，也有相通的一面，且與儒家的高度重視道德的價值取向相一致，與儒、道強調完善心性修養也是異中有同。這都構成了佛教在中國流傳的思想前提和基礎。

佛教是富有哲學理性色彩的多神教，在傳法上，它的「如理如法」與「契時契機」說、「方便」法門說和佛教真理的「真俗二諦」說，為佛教自身的中國化提供了方法論基礎。「如理如法」是要求隨佛所說的教理教法而不違背，「契時契機」是說弘法要與時俱進和適應對象的實際需要。佛教講的「方便」，是指諸佛接引眾生的種種權宜便捷的方式。佛教提倡「方便菩提」，以菩提智慧施設種種方便接引眾生。佛教二諦說的真諦指佛教真理，俗諦指世俗真理。佛教宣揚二諦雖有高下真假之分，但又是缺一不可，互不相離。上述說法使佛教具有開放功能、適應功能、融合功能和創新功能，有利於自身實現中國化。

文學藝術對於人的心靈、情感有著巨大的衝擊、感染作用。佛教文學藝術是佛教傳播的行之有效的手段和方式之一。豐富多彩的佛教文學，大量的佛寺、佛塔、雕塑、繪畫、音樂等藝術作品，為中國人所喜聞樂見、欣賞讚美，極大地豐富了中國人的精神文化生活，也為佛教中國化奠定了一塊堅實的基石。

此外，佛教又有出家僧人和在家居士兩支龐大的修持實踐者，他們使佛教在中國得以廣泛流傳而發揮作用。同時，他們的中國傳統文化基因和民族心理，又構成了推進佛教中國化的內在動因和客觀可能性。

另一方面，中國社會也為佛教的傳播和中國化提供了良好的、開放性的人文環境，這是佛教成功實現中國化的有利的客觀條件。正如上面所述，儒、道的成

聖、成仙的文化旨趣，為教人成佛的佛教提供了比較參照；至於中國傳統的天帝崇拜、祖先崇拜、神靈觀念以及方技道術等，也為佛教的世俗世界與神靈世界等多重世界說的流傳鋪平了道路。歷史還為佛教流傳中國提供機遇。魏晉南北朝時期，時局動盪不安，中國固有的價值觀念發生動搖，佛教的生死解脫教義易於流傳滲透。北朝一些少數民族統治者為了牽制、對抗漢族統治者，也有意提倡佛教。這是佛教之所以能夠在中國流傳，並成為中國傳統文化的一個組成部分的極為重要的歷史原因。

中國傳統的核心理念與思維定式，如「和而不同」、「致中和」等，為不同學說、不同學派、不同宗教的互相爭鳴和共同發展提供了輿論保障。《周易·繫辭下》有云：「天下同歸而殊途，一致而百慮。」殊途同歸的思想，使有別於儒、道學說的佛教也得以與儒、道爭奇鬥艷，進而達到「同歸」的境界。又如魏晉玄學家盛倡「言意之辨」，也為中國佛教提供重在「得意」的思辨方法，進而為靈活對待佛教經學、戒學，以及會通儒、道帶來了很大的方便。

三、佛教中國化的歷史進程

佛教中國化始於佛教初傳中國內地之時。佛教作為外來宗教，其中國化的需要、努力和追求，不僅存在於過去，也存在於當下，而且還存在於未來。佛教中國化是一個持續進行、不斷推進的歷史過程，是佛教不斷面對中國實際、不斷結合中國實際和不斷適應中國實際的互動過程，是不斷產生矛盾、發現矛盾和解決矛盾的動態過程。由於不同時期佛教中國化遇到和需要解決的問題不同，導致佛教中國化實現方式的差異，而這種方式的差異，也就構成了佛教中國化的歷史進程及其階段性特徵。

相對而言，迄今為止，佛教中國化經歷了五個階段：

（一）漢代：比附階段。佛教初傳入中國內地，面臨如何使中國人認識、了解的問題，為了適應這種需要，其中國化的方式是比附。這表現為兩個方面，一

是佛教傳播的手段是譯經。佛教譯經者在譯經中往往採用中國道家、陰陽家的重要術語來翻譯佛典的理念，並根據儒家的倫理準則來刪、增、改佛典的相關內容。二是早期中國信奉佛教者並不真正認識、了解佛教，而是籠統地從整體上把佛教視為近似當時的中國黃老之學、神仙導引之術，即道術的一種。這種譯經比附和信仰比附，是漢代佛教中國化的基本特徵。

（二）魏晉南北朝時期：磨合階段。磨合是指經過摩擦、衝突，進而達到相融、契合。隨著佛教典籍翻譯的增多，人們對佛教的了解也日益提高，東晉時佛教已為貴族社會所接納，到了南北朝時佛教更是滲透到民間。與佛教勢力逐漸增強相應，佛教的主體性、獨立性也得到提升，進而佛教與中國社會、傳統文化的矛盾也全面突顯出來。此時佛教面臨在中國如何推行其世界觀、人生觀和價值觀，以及修持生活方式的問題。佛教一方面因應與中國政治、倫理、思想、宗教的衝突，在王權與神權、王法與佛法、儒家禮教與佛教教儀，以及佛教與道教的分歧等方面，都做出了結合中國國情的闡說；另一方面又自主地進行大量的學術性活動，講習經論，撰寫論著，形成學派，以推進佛教中國化的進程。也就是透過探索、辯難、闡揚、融匯等方式，與中國實際相磨合，逐漸適應中國的實際，並在中國扎根。

（三）隋唐時代：創宗階段。此時佛教創宗的主客觀條件均已具足。在北朝兩次毀佛事件的推動下，佛教加快適應中國實際的創宗步伐，形成了中國化的佛教宗派。在思想文化方面，中國化佛教宗派的創宗理路有二：一是結合中國固有的相應思想，把儒學、道學和道教的一些理念納入創宗的體系，如禪宗就是繼承老莊思想、六朝清談和儒家心性論的產物。二是適應中國民族重視現實、重視現世、重視福報的精神品格，確定創宗的價值取向，如華嚴宗就提倡個體之間、事物之間的圓融。又，即使是主張往生西方極樂世界的淨土宗，也以口誦阿彌陀佛名號即可求得福報而往生彼岸為思想主軸。在適應中國信眾類別方面，天臺宗和華嚴宗是側重於滿足社會精英需求的教派，禪宗具有分別適應社會精英和大眾不同需求的宗教功能，淨土宗則以適應大眾需求為主。佛教有助於社會成員內心的和諧，客觀上也有利於王朝的政治統治。

中國化佛教教派,尤其是禪宗的形成,標誌著佛教中國化的完成。但完成不等於結束,佛教作為從異域傳入中國的外來宗教,其中國化的進程在爾後不同時代又呈現出新的特點。

　　(四)宋元明清時代:合流階段。隋唐佛教宗派的創立,標誌中國佛教在思想、理論、信仰上臻於定型,由此中國佛教也轉向在實踐上實行禪淨合流,並在此基礎上進一步與中國社會生活、思想文化合流。這種合流主要表現在三個方面:1.與民眾社會生活融合。唐武宗會昌滅佛給精英佛教以沉重打擊,推動佛教轉向以民眾為中心開展活動。禪宗的挑水斫柴無非妙道,和淨土宗的口稱阿彌陀佛即可往生的修持實踐,受到民眾的歡迎。禪淨合流成為此後中國佛教的主流,佛教由此也真正深入民間,融入中國人的社會生活之中。隨著歲月推移,佛教又逐漸演變成民眾的求福工具,有時則演化成為社會改良的輔助武器。2.與儒、道思想,尤其是儒家思想的合流。宋以來社會主導意識儒學繼續排拒佛教,佛教則尋求與儒家思想的深度融匯。其要點,一是突顯闡揚忠孝思想,把忠孝,尤其是孝置於佛教倫理的首位;二是從儒、道、佛三教的心性本源一致、社會功能分工等方面,闡發三教合一的思想。3.與道教、民間信仰的同化。隨著佛教與社會生活、道教思想的日益融合,佛教與道教、民間宗教在神靈信仰上的界限,也逐漸模糊、混淆、淡化,以致佛教寺廟與一般神廟不分。有的佛寺共同供奉釋迦牟尼、老子和孔子。更多的佛寺供奉城隍、土地、文昌、真武以及大仙、娘娘之類的神像,僧人居住或住持神廟也為數眾多。以上現象表明,宋代以來佛教在實踐上的中國化是更加深化了。

　　(五)近現代:轉型階段。清代末年以來,中國佛教在理論、修持、制度等方面的雜亂和流弊極為嚴重,佛教徒因循苟且,故步自封,消極避世,逃避現實,脫離現實人生和現實社會,佛教原有的積極救世精神湮沒不彰。佛教衰頹不振,處於風雨飄搖、岌岌可危的境況之中。佛教界有識之士提出「人生佛教」、「人間佛教」、「新佛教運動」的概念,積極推動傳統佛教的轉型:提倡強化佛教的慈善、文化、教育功能,關懷人間的痛苦,積極提升大眾的道德素質和人文精神,以推動人間社會的和諧發展。

四、中國化佛教的基本內涵

漫長的佛教中國化的歷史進程，帶來了豐碩的成果，這些成果構成了中國化佛教的基本內涵。概括起來，這些內涵的要點有以下五個方面：

（一）中國化的佛教義理

印度佛教傳入中國後，其學說日益具有中國思想文化的特色，亦即在義理上日趨中國化。

在佛教傳入中國早期，漢代人以當時社會流行的黃老之學和神仙方術來看待佛教。魏晉以來，佛教闡揚「緣起性空」思想的般若學開始流行，之後又形成了闡發般若學的「六家七宗」，即六七個般若學派。值得注意的是，這些學派多認為「心」或「物」為實有而非「性空」。這是中國佛教對印度佛教基本理念「性空」的重大衝擊和自發調整。

魏晉南北朝時期，戰爭頻仍，人的生命尊嚴時時受到威脅，「死亡」問題成為社會普遍關注的突顯問題，如何對待生死，成為人們價值觀念的重大問題。佛教義理的傳入為中國人提供了新的人生觀、生死觀、價值觀，並引發了相關的爭論。這種爭論主要是在東晉南北朝時期的兩場關於佛教基本理論的論辯：因果報應之辯和神滅神不滅之爭。經過論辯，佛教既堅持眾生的命運決定於自己的「業」（行為）和「業力」（召感果報的力量）的基本理念，同時，一方面接受中國儒、道的價值取向的影響，使「業」的內涵發生局部異化，另一方面又把中國固有的人生命運，由先天「氣數」決定的「分命」說納入到自身的因果報應思想體系中，把泰山崇拜與地獄報應合而為一，並與儒家典籍中的報應觀相溝通，形成了中國化的果報思想。它宣揚人的死亡並非生命的終結，死後有來生，或沉淪或提升，關鍵在於人的行為，也就是說，人的行為善惡決定未來的命運。這成為支配中國民間社會富有道德責任感和未來希望感的新的重要價值尺度。又，關於神滅神不滅的問題，印度佛教早期排斥靈魂不滅說，後又多認為，人的靈魂是

不斷變化的意識狀態之流。中國佛教則在中國的實體性思想影響下，結合祖宗崇拜、靈魂鬼神觀念以及氣論等思想，高揚靈魂不滅論，以實有的靈魂即不滅的神為永恆的主體，為中國佛教輪迴轉世和修持成佛提供了理論基石。

隋唐時代，中國佛教形成創宗高潮，邁出了中國化佛教的決定性一步。中國佛教宗派的建立，構成在義理上與印度佛教的重大區別。如天臺宗吸納道教的丹田、煉氣等說法，與道教信仰相融合，又吸取中國傳統的人性善惡觀念，與儒家的道德相呼應。又如華嚴宗著重宣揚圓融無礙的思想，以《周易》「乾」的「四德」（元、亨、利、貞）比配佛身的「四德」（常、樂、我、淨），以儒家的「五常」（仁、義、禮、智、信）比配佛教的「五戒」（不殺生、不偷盜、不邪淫、不飲酒、不妄語），直接把儒、佛兩家的理想境界、道德規範協調起來。唐代著名佛教學者、思想家宗密把華嚴宗和禪宗結合起來，進而以華嚴禪去統一佛教其他宗派，更進而與儒、道相統一，推動了三教一致思潮的發展，在推進佛教義理中國化方面有著獨特的意義。更為突出的是禪宗，在道家自然說和儒家心性論的影響下，禪宗創造性地提出「性淨自悟」的佛學理論，把佛教原來主張的外在成佛軌跡轉換為主體自身的本性顯現，即「見性成佛」；貶斥繁瑣義理思辨和繁雜修持方式，破除思想和文字的束縛，否定累世修行，提倡自悟體證的頓悟法門；還反對佛法脫離世間的傾向，強調佛法與世間相即不離，在世間求得解脫。禪宗理論的實質是把印度佛教的基本範疇空性與有相、真諦與俗諦、出世與入世加以深度的融通，並轉向側重於有相、俗諦和入世的闡揚，是對印度佛教修行成佛軌道的深刻改革，是典型的中國化的佛教理論。

淨土宗和禪宗被稱為中國佛教的雙璧。淨土宗信仰阿彌陀佛的本願，而稱頌其名號，持念南無阿彌陀佛，倚仗他力，藉以往生極樂世界。這種簡易的解脫法門，是中國佛教又一創造，構成中國佛教的重要特色。

如上所述，近現代以來，中國漢傳佛教的主流是「人間佛教」，這既是一種新的思想潮流，也可看成是一種佛教現代化運動。人間佛教是以現實人生為基點，以人的清淨心為基礎，透過大乘菩薩道的修持，達到完善人格，進而建立人間淨土的佛教。人間佛教的學說與中國儒家的人本主義思想相一致，而與印度早

期佛教的出世精神、佛教的泛眾生論思想相悖，這是中國佛教繼禪宗之後的又一理論創新，是中國化佛教義理的又一重大表現。

（二）中國化的佛教神靈信仰結構

印度佛教神靈信仰在大乘佛教和密教時期達到了頂峰，佛、菩薩和羅漢成為廣大信徒頂禮膜拜的神聖對象。這套信仰崇拜傳入中國後，經過了不斷的詮釋、調適的過程。佛教傳入前期，中國人以儒、道兩家學說加以比附，如東晉喜佛的著名文學家孫綽就認為「體道」者是佛，還說：「周、孔即佛，佛即周、孔。」（《喻道論》）後來禪宗以「如何是佛」作為參悟的重要話題進行了持久的追問，有「心即佛」、「無心是佛」等說，把佛與心溝通乃至統一起來。由此還一度演成呵佛罵祖、否定偶像崇拜的思潮。禪宗經過省思，後來又轉而提倡禪教一致、禪淨一致，修持念佛禪，為中國佛教的神靈信仰奠定思想基礎。

印度佛教神靈信仰系統是由從低到高的羅漢、菩薩和佛三個不同層次構成的。其中釋迦牟尼佛是佛教的教主，享有至高無上的至尊地位，但在中國民間其知名度遠不如觀音菩薩。「西方三聖」主尊阿彌陀佛，雖被佛教徒時刻口誦，但其影響也遠不如左脅侍觀音菩薩，獨自擁有浙江普陀山道場，享有旺盛香火。「華嚴三聖」主尊毗盧遮那佛雖端坐在河南洛陽龍門奉先寺供人朝拜，但也不如其左右脅侍文殊、普賢二位菩薩深入民心，分別被山西五臺山、四川峨眉山寺院奉為「本尊」，名聲顯赫。唐中葉以來，在民間逐漸重組崇拜對象和朝拜中心，構成以文殊、普賢、觀音和地藏四大菩薩為主體的神靈信仰架構，進而形成了以崇拜菩薩為中心和以祈福求運為目的的中國佛教的信仰特色。

四大菩薩之所以受到中國人的特殊青睞，是因他們的角色和職能接近平民百姓，適應平民百姓的心理需求。中國佛教徒當然追求成佛，但對絕大多數人來說，這被認為是遙不可及的事。中國佛教徒也渴望來世有好報，但更為關注的是戰亂、貧困、疾病、水旱災害、饑荒乃至傳宗接代等現實苦難、困惑的解除或解決。人們敬仰高高在上的諸佛，但心理上更為親近的是能為之解決現實困難、滿足現實需要、提升現實生活質量的菩薩。如觀音菩薩因其大慈大悲、救苦救難的神聖功能而深受民眾歡迎。後來觀音菩薩更與道教的「娘娘神」信仰結合，被塑

造為「觀音娘娘」、「送子觀音」，由佛道兩教共同建「娘娘廟」供奉。在長篇小說《封神演義》中，觀音連同文殊、普賢「三大士」的生平身世也被中國化了。《西遊記》描寫的「海島觀音」群像的雛形，進一步推動了觀音形象的中國化。地藏菩薩也因其保護農業和防治百病的大願而深受民眾特別是農民的崇敬。在民間更說地藏菩薩化身為閻羅王，為地獄的最高主宰。中國人視菩薩為慈悲救世、護佑眾生的神靈，在菩薩身上寄託著祈求現世利益的厚望。

在明代，中國佛教形成了地域分布比較均衡的「四大名山」說，確立了四大菩薩教化眾生的道場。五臺山文殊菩薩代表大智，峨眉山普賢菩薩代表大行，普陀山觀世音菩薩代表大悲，九華山地藏菩薩代表大願。智、行、悲、願代表中國佛教的精神特質，四大菩薩成為中國佛教信仰的神聖象徵。

已故中國佛教協會會長趙樸初居士《往無錫靈山大佛開光大典上的致詞》中，提出四大名山四大菩薩是因行上的信仰，在果德上則應崇奉五方五佛。他說，神州大地上東、南、西、北、中五個方位分別有五尊大佛：東方靈山大佛（無錫）、南方天壇大佛（香港）、西方樂山大佛、北方雲岡大佛和中央龍門大佛。可以說，四大名山四大菩薩和五方五佛，構成了當代中國佛教神靈信仰的基本格局。這是中國人尤其是下層平民的心理願望、精神需求和價值取向的信仰表現。

（三）中國化的佛教倫理道德

印度佛教是追求出世解脫的宗教，主張嚴格區分王道和佛道。在世俗禮制方面，出家人見到在家的任何人都不跪拜，既不敬王者，也不拜父母，只合掌致敬。更為重要的是，在傳統核心價值觀念方面，僧人出家就不再過問世事，也不能娶妻生子。佛教把人的煩惱解脫、精神超越置於血緣親情與社會責任之上，瓦解現實社會秩序。這都與中國專制宗法社會的結構秩序和忠孝道德直接相扞格，被認為不忠不孝，遺禮廢敬，背理傷情，莫此之甚。這是佛教與中國儒家社會共同體及其綱常名教最為尖銳的矛盾，也是佛教與中國固有文化衝撞最為突出的焦點。

東晉時王朝曾詔令「沙門應盡敬王者」，但因朝廷內部大臣意見不一，未能

貫徹執行。南方廬山慧遠著《沙門不敬王者論》五篇，又分別地提出出家沙門不必敬王者，而在家奉佛的信徒則要盡敬王者。北方北魏沙門統法果與慧遠不同，帶頭禮拜皇帝，稱「太祖明睿好道，即是當今如來，沙門宜應盡禮」。認為跪拜皇帝就是拜如來佛。南朝宋孝武帝強令沙門必須對皇帝跪拜，否則就「鞭顏皺面而斬之」。此後，尤其是宋代以來，雖有僧人仍堅持不敬王者的立場，但總體説來佛教是屈服了。僧人上書皇帝以「臣」自稱，以示忠君，盡君臣之禮了。

面對中國普遍重孝的巨大壓力，中國佛教調動多種輿論手段和工具，盡其所能編造重孝的「偽經」，撰寫論孝的專文，並在每年農曆七月十五舉行盂蘭盆會，超度祖先亡靈，以及由和尚主持世人父母、先輩死後的追念法事，為宣揚傳統孝道增加新形式。中國僧人高唱孝是天地的根本，宗密説：「始於混沌，塞乎天地，通人神，貫貴賤，儒、釋皆宗之，其唯孝道矣。」《虛堂和尚語錄》卷十云：「天地之大，以孝為本。」智旭宣揚孝是世俗社會和佛教出世法的共同宗旨，「世出世法，皆以孝順為宗。」又説：「儒以孝為百行之本，佛以孝為至道之宗。」中國僧人還認為孝是佛教戒行的宗旨，「經詮理智，律詮戒行。戒雖萬行，以孝為宗」。把戒與孝統一起來，以孝為戒，孝即是戒。中國僧人還在父母去世後，提倡「三年必心喪，靜居修我法，贊父母之冥」。由此，還張揚説：「夫孝，諸教皆尊之，而佛教殊尊也。」甚至説佛教比儒家更尊孝。經過這樣一番融通、闡發，中國佛教形成了以孝道為核心，以孝為戒，孝即是戒的獨特倫理規範，充分地體現了中國佛教倫理的民族特色。

儒家倫理以家族為本位，突顯宣揚對父母前輩盡孝，對朝廷皇上盡忠，相對而言，對中間社會大眾的道德規範比較忽視。佛教面向眾生的倫理道德，如不殺生、不偷盜、不妄語、不邪淫的「四戒」主張，彌補了上述缺陷。可以説，中國佛教倫理既豐富了古代專制社會的道德內容，又造成幫助維護儒家道德和鞏固專制社會秩序的作用。

（四）中國化的佛教文學藝術

為了使佛法廣泛深入民間，維繫佛教的生存與發展，中國僧人積極與世俗相適應，採用平易通俗的文學形式為傳教手段，日積月累，逐漸產生了佛教通俗文

學。禪宗為了「繞路說禪」，也採用中國文人學士喜愛的偈頌、詩歌形式，創作大量禪詩。通俗文學和禪詩是中國化佛教文學的突出典型。

中國佛教通俗文學的基本類型有俗講、變文、寶卷等。俗講是以在俗者為對象的通俗的講經法會，盛行於唐朝、五代。俗講有一定的程序，有說有唱，所講內容屬於故事之類，既有佛教故事，也有世俗故事。俗講底本「講經文」，又演變為純粹以「說唱」故事為主、以神變故事為題材的更加通俗化的「講經變文」。能說的散文和能唱的韻文結合是變文的標準文體。變文雖為民眾所喜愛，但不能登大雅之堂，在北宋初俗講被禁，佛教寺院講唱變文之風熄滅。宋代，民間變文又演變為以唱為主的「寶卷」，並盛行於明清兩代。寶卷多以七字句、十字句的韻文為主，間以散文。題材以佛教故事居多，著重宣揚勸善懲惡和因果報應思想。通俗文學是中國佛教文學的一大創造。在中國，佛教文學的「俗」化，也就是佛教文學的中國化，與印度佛教及其文學是有區別的。

隨著唐代禪宗的創立和流傳，也形成了禪詩創作的熱潮。禪詩是抒發禪理、禪趣、禪味、禪悅、禪境的詩作。如被稱為「詩佛」的王維作《鹿柴》云：「空山不見人，但聞人語響。返景入深林，復照青苔上。」遠山的人語襯托著深山的空寂，黃昏時分落日餘暉返照在深林的青苔上。這是依據禪宗的「返照」、「空寂」的禪理，透過描繪鹿柴深林中傍晚的景色，表現空寂的禪境。又如白居易的《讀禪經》：「須知諸相皆非相，若住無餘卻有餘。言下忘言一時了，夢中說夢兩重虛。空花豈得兼求果，陽焰如何更覓魚？攝動是禪禪是動，不禪不動即如如。」詩文通俗直露，飽含寂靜空靈的禪味。禪詩「以禪入詩」、「以禪喻詩」，發展了參禪的新形式，推進了詩歌的新意境，禪與詩交相呼應，相得益彰。禪詩在中國古代詩壇上獨樹一幟，是中國佛教文學的一束奇葩。

印度佛教藝術傳入中國後，受到中國固有審美情趣和藝術風格的影響，逐漸發生變化。大約到了隋唐時代，中國佛教藝術實現了由模仿到創新的轉折，也就是把外來佛教藝術融入到本土的傳統藝術之中，逐漸形成具有中國民族特色的佛教藝術。

例如，在佛教寺院建築方面，始建於前秦或北魏的敦煌、雲岡、龍門等石窟

寺，多仿照印度佛教的石窟塔廟，在洞窟中建塔，後壁雕刻大佛，石窟前空地建寺院。隋唐時代，佛寺建築逐漸改變過去以塔為主的布局，而以佛殿為中心了。許多寺院不建塔，若建塔則置於寺的前後或兩側。寶塔的建造雖來自印度，但也受中國建築文化傳統的影響，而有中國的藝術創造，如塔下地宮是受中國深葬制度影響而產生的，高大的塔基則與中國古建築傳統重視臺基作用密切相關。此外，塔的建造還結合了實際應用的需要。例如，西安大雁塔是為藏書防火而建的；開封鐵塔也是軍事上的瞭望臺，以保衛北宋王朝首都的安全；杭州六和塔上掛有燈籠，則是為進出錢塘江的船隻起導航作用，等等。

雕塑和繪畫是佛教視覺藝術的重要內容。如體現在造像方面，敦煌早期洞窟中塑造的東王公、西王母，就是早期佛教融合中國道教的藝術的特殊形式。更為重要的是，佛教神靈的形象也逐漸還原為人的形象，唐代的造像就多富有人情味和親切感。菩薩的形象和裝束大致是面作女相，體態健美；少著僧衣，衣飾華麗，實是印度貴族裝飾與唐代貴族婦女時裝的混合。可以說是以唐代貴族婦女為模特兒，實現了菩薩外在形象的中國化。正如史載：「宣（道宣）律師云：『造像梵相，宋齊間皆唇厚鼻隆，目長頤豐，挺然丈夫之相。自唐來，筆工皆端嚴柔弱，似妓女之貌，故今人誇宮娃如菩薩也。』」

（五）中國化的佛教制度、教儀和生活

佛教在印度一度享有崇高的地位。佛教僧侶或依寺院或遊化托鉢，遵守戒律，規範修持和弘法傳教。佛教傳入中國後，中國僧尼雖然基本上遵守印度佛教的戒律和教儀，但為了適應中國的國情，在若干方面也相繼發生了重要變化。

僧官制度的設立是佛教制度中國化的一項極為重要的內容。早在漢代，西來僧人就由政府機構大鴻臚（寺）接待，姚秦時更正式設立了僧官制度，由朝廷任命僧人管理全國佛教僧尼事務，此後歷代因之。中央專制王朝牢固地掌握著僧尼名籍簿冊、寺院僧尼數目以及僧尼行為模式和活動內容。

在佛教制度、教儀和生活中國化的過程中，東晉道安法師和唐代道宣律師、懷海禪師等人，都做出了重要的貢獻。

東晉時代傑出佛教學者道安，長年從事佛教的研究、著述和弘揚，四方之士

聞風前來，法席極盛，形成了一個數百人的僧團，因此著手訂制僧規。道安規範僧尼內部生活和齋懺儀軌，這對中國佛教僧團的制度建設、獨立僧侶階層的形成，以及佛教的持續發展，具有歷史性的意義。

戒律是佛教徒修持生活的制度性規定。唐代律宗創始人道宣律師以《四分律》開宗弘化，為中國僧尼提供了行持的規範。同時，在持戒方面，中國僧人重視把「五戒」視同儒家「五常」的道德實踐，並強調把「孝」行和持戒統一起來。在傳戒方面，後來更設立戒壇、戒場，開設律宗道場，並形成中國特有的授戒儀式「三壇大戒」，只有受足三壇大戒者，才被公認為合格的大乘出家人。

唐代禪宗僧眾多半住在律寺，由於參學的人數不斷增多，住在律寺有諸多不便，一些禪師便率眾開闢荒山另建叢林。叢林也需要規章制度，百丈懷海禪師乃折中大小乘的戒律，結合中國的文化、民情，制定禪院清規。禪院清規的最重要特色，一是不循印度佛教禁止「掘地墾土」的戒律，確立「一日不作，一日不食」的規制，實行「普請」（集眾作務）法，上下協力勞動；二是不立佛殿，只設法堂，表示遵循佛祖囑咐，以現前的人法為重。此外，還規定以具道眼的禪師，號為「長老」，住在方丈，參學大眾則住在僧堂。「百丈清規」使禪宗叢林有了規範，這是唐代佛教制度建設的最大成果。清規與戒律，可謂是禪宗規章制度的雙軌制，這一定意義上也可以說是標誌著中國化的佛教制度、教儀的完成。

還應當論及的是，與印度僧人托鉢為生不同，中國僧人雖遊化可以托鉢，也可以到其他寺廟掛單，但定居後，必須依中國的習俗不得沿門托鉢。這樣就有了自行舉炊之制，進而就有自籌資糧，集資蓄財，乃至經營田地山林，治理產業，形成了寺院經濟。這是與禁止「手捉金銀」的印度佛教截然不同的。這種寺院經濟又不同於中國世俗家庭經濟，其土地一般既不準買賣，也不致分散（如五分家事），也不太受改朝換代的影響，因而得以長期存在。佛教寺院經濟既維護宗法經濟，延緩社會發展，也推動了中國佛教宗派的發展，帶來了佛教生活的世俗化。此外，中國僧尼的服飾、食法（使用筷子）、素食、坐姿、禮拜以及懺法等，也都做出了適應中國國情的調整，這些也是中國化佛教的具體表現。

中國佛教在繼承印度佛教的基本精神的同時，透過佛教的學術化、神靈信仰

化、倫理化、文學藝術化和社會化五個方面的努力，從整體結構上實現了佛教中國化，形成了中國化佛教，並融入了中國傳統文化之中，完成了世界佛教史上的一項文化創舉。

五、中國化佛教的重要特點

佛教中國化，必然使印度佛教的某些性質、狀態和形式在中國發生變化，必然形成有別於印度佛教的中國化佛教的若干特點。我們認為，中國佛教區別於印度佛教的重要特點有以下六個：

（一）重自性

自性是印度佛教的重要概念，指自己的存在的本性，也即自己決定自己存在的真實不變的本質。印度佛教對自性的看法有一個演變的過程。早期佛教有個「人無我」的命題，「我」，即自性，「無我」即無自性，「人無我」是說，人的生命存在是由物質和精神方面的多個要素結合而成的，並沒有真實的自性。部派佛教時期，有的部派佛教認為「自性實有」。大乘佛教形成後，其中中觀學派高揚「緣起性空」說，主張緣起萬物自性空，不贊成「自性實有」說。此外，大乘佛教中也出現了真心—佛性思想說，有的還以自性表示佛性，作為眾生成佛的超越根據。印度佛教內部對自性學說的論述並不一致，但主流思想是主張自性空論。

以禪宗為代表的中國佛教繼承了印度佛教的真心佛性思想，把自性等同為佛性，並作為核心概念以構建本宗的學說，進而表現出印度佛教主流思想偏於講自性空，而中國佛教偏於主自性有的重大差別。

史載，禪宗五祖弘忍欲付衣法給慧能，叫慧能夜半入丈室，為說《金剛經》，至「因無所住而生其心」句，慧能言下大悟：一切萬法不離自性。並說：「何期自性本自清淨，何期自性本不生滅，何期自性本自具足，何期自性本無動搖，何期自性能生萬法。」在慧能看來，自性是清淨的、絕對的、自足的、恆常

的，是一切萬法的根源、根本，是宇宙和人生的本體、本原。這是對人的本性、對人的生命本質的一種肯定，是對人的心性本體和人生的實踐主體的肯定，這為人的修持成佛提供了理論基石和內在基礎。中國禪宗的自性說對印度佛教的真心佛性說有明顯的繼承關係，同時也時而可見般若性空思想的影響，但是與印度佛教的性空學說的基本精神有所不同，是偏重於從自性有的方面來闡述人生解脫問題的。禪宗主張修持應以自性為樞紐，而且提出自性是一種「本覺性」的論說，慧能說：「自色身中……自有本覺性。」本覺是先天本來具有的覺悟、智慧。宗密更以自性本覺表示中印佛教心性思想空與不空（有）的區別。他在《禪源諸詮集都序》中從「性」、「空」對舉的角度，把佛教區分為空宗和性宗兩宗，並分析了兩宗的十種異點，其中最重要的是指出兩宗「性」字的意義不同：空宗的心性指空寂而言，性宗所說的心性則「不但空寂，而乃自然常知」。又說：「空宗以諸法無性為性，性宗以靈明常住不空之體為性。」宗密認為，代表印度佛教的空宗講的心性是不覺、無知的，是諸法無性為性，而中國佛教的性宗講的心性是本覺、有知的，是以靈明常住不空之體為性。心性本覺說是肯定心性覺悟不是可能而是現實的，是不需要經過修持就本來具有的。宗密所說的心性具有現實靈知不空之體的思想，實為隋唐時代中國化佛教宗派天臺、華嚴和禪諸宗所共有，並成為這些宗派的理論基礎。中國佛教的這種自性說與中國固有的重視個人心性修養、儒家的性善說和反省內心的方法以及道家的自然本性說，是彼此相互呼應的。

（二）重現實

佛教的主旨是透過修持以解脫人生的煩惱、痛苦，進入遠離現世苦惱的涅槃境地。由此如何對待和處置現實與理想、經驗與超越、現世與來世、入世與出世的關係，就成為佛教的重大理論問題和實踐問題。

印度小乘佛教聖者聲聞、緣覺嚴格區分經驗的現實的世界與超越的理想的世界，強調獨善自了，捨離世間，超脫現實的情慾世界，具有強烈的出世傾向。大乘佛教則認為出世間與世間兩者不能分離，強調出世間的理想要在世間中實現。大乘佛教並不否定人生價值，也不忽略現世生活，而是要求投身於世間，改革人

生，變革世間。

中國佛教繼承印度大乘佛教思想，而且更加重視現實，重視現實人性、現實人生、現實社會和現實世界，禪宗和人間佛教在這方面的表現尤為突出。

禪宗創始人慧能在自性本來具有覺悟性的思想基礎上，提出了「自性自度」的修持模式，宣揚無須向外求索，也無須外界助力的自我解脫說。由此「本來是佛」、「心即是佛」、「即心即佛」、「平常心是道」，乃至「一切觀成」，也就成為爾後禪門修持的基調。

慧能還提倡禪修要在世事上實踐，他說：「法元在世間，於世出世間，勿離世間上，外求出世間。」後世將此句改為「佛法在世間，不離世間覺，離世覓菩提，恰如求兔角」，強調佛法與世間的相即不離的關係。又說：「若欲修行，在家亦得，不由在寺。」提倡修行不必脫離現實的家庭生活。慧能甚至說：「心平何勞持戒，行直何用修禪；恩則孝養父母，義則上下相憐。」認為佛教修持重在心平行直而不是一定要持戒禪修，關鍵是要重視世俗道德，講究恩義，孝養父母，愛憐上下。慧能重視不離開現實世間的禪修主張，極大地拉近了世間與出世間的距離，緩解了世間與出世間的矛盾，有力地推動了佛教修持的世間化的進程。

形成於近現代的人間佛教是繼承禪宗重現實重世間的基本精神、適應近現代特點和需要的新佛教，是中國佛教的新派別、新類型、新模式。作為一種新佛教的人間佛教，它的「新」就在於更加重視現實性，重視現實人生，重視現實人間，強調要在此生、此時、此地的現實中去實現佛教理想。展開一點說，人間佛教重現實的基本向度有三：一是以人類為本位、為中心，強調佛教主要是使人類進步，而不是離開人類去做神做鬼，貶低、排除鬼神在佛教中的地位，也貶低、排除人類以外其他動物「眾生」在佛教中的地位。二是重現生，輕死後。重視人的現實生命的提升，在視野中淡出死亡、來世、「永生」，以對治「死人佛教」、「鬼的佛教」的偏向。三是反對消極厭世、逃世、出世的傾向，強調要服務社會，為社會謀利益；要影響社會，淨化社會，建設人間淨土。

此外，中國民間大眾對佛教的信仰追求，也多側重於物質層面、現世福利、

眼前好處，表現為追求福、祿、壽，祈求消災祛難、避禍得福、多子多孫、升官發財、延年益壽等現實性利益。

（三）重禪修

「禪」是梵語Dhyāna音譯「禪那」的略稱，漢譯是思維修、靜慮、攝念，即冥想的意思。與禪的含義相應的梵語還有Samadhi，音譯為三摩地、三昧等，漢譯作定、等持等，是指心神凝然不動的狀態。在中國通常是梵漢並用，稱作「禪定」。實際上，禪定的主要內容是禪，其要點是靜慮、冥想。

禪定是印度佛教戒、定、慧「三學」之一，也是大乘菩薩修持的六種德目「六波羅蜜」之一，在佛教思想體系中具有重要的意義。從印度佛教歷史發展的實際過程來考察，相對而言，印度早期佛教偏重於持戒實踐，中期以中觀學派和瑜伽行派為代表則偏重於義理的闡揚，到了後期，佛教又逐漸密教化，奉行身、口、意「三密」的修法。中國佛教則有所不同，從佛教傳入迄今兩千餘年，禪定一直是中國佛教修持的基本方式。太虛法師據此提出「中國佛學特質在禪」的論斷，揭示出中國佛教的一個重要特點。

禪修作為中國佛教的特點，表現在兩晉南北朝時期大量僧人，尤其是北方僧人的修持實踐上，更表現在中國化佛教宗派——天臺、華嚴、禪諸宗也都以禪修為立宗基點，甚至於淨土宗在其演變中也出現日益與禪修合流的傾向。

天臺宗先驅慧文禪師一生力闡禪觀，於《大智度論》、《中論》深有所得，而悟入「一心三觀」的觀行方法。慧文後繼者慧思禪師則是日間談義理，夜間禪觀思維。慧思的傑出弟子智顗禪師不僅繼承和發展了慧文、慧思的「一心三觀」，還吸取了其他有關學說，倡導圓頓教觀，在佛教的教義和觀行方面構成一家教法，創立了天臺宗。天臺宗的獨特禪觀，從一個重要側面反映了中國佛教重禪修的特點。

華嚴宗的學統傳承，一般作杜順—智儼—法藏—澄觀—宗密。杜順早年從僧珍禪師受持定業，相傳他撰有《華嚴法界觀門》。杜順弟子智儼作《華嚴經搜玄記》，闡揚《華嚴經》的教相和觀行。智儼門人法藏繼承杜順、智儼的學說，並發揚光大，創立宗派。此宗宣導理事圓融、事事無礙的觀法，構成中國佛教禪觀

的一項重要內容。華嚴宗四祖澄觀早年廣泛參學禪教各家，後更是融會禪教，強調唯心，立一心法界無盡緣起說。澄觀弟子宗密，以誦經、禪修為業，後世稱為圭峰禪師，尊為華嚴五祖。他繼承澄觀的融會教禪的思想，盛倡教禪一致。歷史表明，華嚴宗與禪修有不解之緣。

禪宗更是把本來是佛教的實踐德目之一的禪定，發展為一種獨特的實踐方式，以用參究的方法，徹見心性的本原為主旨，強調成佛主要是顯現本心本性，從而形成了有別於印度佛教修持的獨具特色的佛教宗派。禪宗在唐末以後，日益成為中國佛教的主流派別，這是中國佛教重禪修最為典型的表現，

淨土宗本以專修稱名念佛而求死後往生彌陀淨土的法門而得名。五代以後，淨土宗逐漸與禪宗合流，同時實行禪與淨土念佛相結合的修習法。宋、明以來還出現了「念佛禪」，踐行念佛的禪法。

禪源自印度，但把禪作為佛教整體修持實踐的重點則是中國佛教的特色，其中禪宗的創立及其禪修方式更是中國佛教的重大創造。

（四）重頓悟

佛教講的悟，即覺悟。所謂覺悟，指對宇宙人生的真理的認知和體悟；相應地，也含有生命的煩惱痛苦獲得解脫的意思。總體來說，佛教的覺悟方式通常分為兩種：漸悟和頓悟。漸悟是經歷不同次第、階段，漸次悟入真理，證得佛果。頓悟則是當下的、頓然的覺悟，成就佛道。

印度小乘佛教認為人透過長期修行只能證得阿羅漢果。大乘佛教也認為修行是一種漫長的漸次過程，要經歷極為複雜的次第階段。漸修是頓悟的前提和基礎，頓悟是在漸修的最後次第才出現的。如菩薩的修行要經過五十二個階位，才能臻於成佛。也就是要經「三阿僧祇劫」，即經過異常久遠的時間，在功德圓滿時才能成就為佛。

佛教傳入中國以後，中國僧人也有持漸悟說的，且時有漸頓之爭，但就其主流來說，則是主張頓悟的。

頓悟說的首創者是東晉南北朝時的竺道生，他說：「夫稱頓者，明理不可

分,悟語照極。以不二之悟,符不分之理。理、智恚釋,謂之頓悟。」他認為宇宙人生的最高真理是一個不可分割的整體,既然最高真理是不可分割的,對真理的悟得也是不可能分階段、漸次實現的。道生的頓悟說在中國佛教思想史上有著重要的意義和深遠的影響。

隋唐時代,宗派佛教處於鼎盛時期,頓、漸之爭十分激烈。有主漸修頓悟的,也有主頓修漸悟的,還有提倡漸修漸悟的。在諸宗派中,禪宗慧能南宗力主頓悟說,神秀北宗則偏重漸修說。

敦煌本《壇經》載,慧能結合本人的宗教體驗說:「善知識,我於忍和尚處,一聞言下大悟,頓見真如本性。是故將此教法流行後代,令學道者頓悟菩提,令自本性頓悟。」慧能所謂頓悟,是頓然悟得菩提智慧,直接契證本性(覺性)。王維在《六祖能禪師碑銘》中稱慧能倡言「本覺超於三世」,「超於三世」就是頓悟。頓悟是在剎那間、瞬息間實現的。竺道生的頓悟說重在悟理,把握最高真理。慧能的頓悟說則重在悟性,頓悟清淨自性。悟理和悟性有相通之處,其間的橋梁是悟菩提智慧。就悟理和悟性相較而言,悟性比悟理似較易操作,也更能體現修持的主體特徵。慧能突顯了眾生自心的覺悟,並以此為解脫的根本思想和唯一途徑。頓悟本性說開闢了一條自心快捷覺悟的成佛之道,成為祖師禪區別於如來禪的主要標誌,也成為爾後禪宗各派系禪修方式的根本指導思想,影響深遠。

(五)重簡易

中國佛教的重簡易,首先表現為淨土宗修持的簡易法門。淨土宗實際創始人善導把往生淨土的行業分為正、雜二行。正行是依淨土經典所修的行業,雜行則是修持其他善行。正行有五種:讀誦淨土經典、觀察彌陀淨土的莊嚴、禮拜彌陀佛、讚歎供養彌陀佛和專稱彌陀佛的名號。五行中前四行是助業,稱名是正業。善導的淨土法門是舍雜行,歸正行;正修正業,旁修助業;念念不捨,一心專念阿彌陀佛的名號。也就是以稱名念佛為主,以往生淨土為目的。稱名念佛與禪修念佛不同,也與禮拜、讚歎、供養彌陀佛不同,而是口上稱頌阿彌陀佛的名號,心中念想之,心、口並用。善導認為,只有稱名是符契阿彌陀佛本願的正業,而

透過念佛，就能得到阿彌陀佛的他力的幫助往生淨土。也就是說，淨土法門不僅易行，也「易往」，易於往生，即「速超生死」，進入淨土。淨土法門既無深奧義理之解和艱難勞苦之行，又定能進入極樂世界，並不會退轉，而直至成佛。淨土宗正以其簡易修行方法，凝聚了廣大信徒。宋代以來，也吸引了不少禪宗、天臺宗和律宗的信眾兼弘淨土。

其次，慧能禪宗的根本思想和修持方式也具有簡易性。所謂「直指人心，見性成佛」，就是排除經典學習和戒律修持，把成佛歸結為自我本性的還原、呈現，具有主觀、簡易和便捷的特徵。後世禪家還把這種思想滲透到日常生活裡頭，使之成為一種隨緣任運的態度。《景德傳燈錄·慧海傳》裡有這樣的故事：「有源律師來問：『和尚修道，還用功否？』師曰：『用功。』曰：『如何用功？』師曰：『饑來吃飯，困來即眠。』曰：『一切人總如是，同師用功否？』師曰：『不同。』曰：『何故不同？』師曰：『他吃飯時不肯吃飯，百種須索；睡時不肯睡，千般計較，所以不同也。』」這就是說，一切言語舉動，不著事相，行無所事，順其本然，就是用功修道的法門。禪修就是在日常生活中，在舉手投足間，這也是簡易性的突出表現。

印度佛教修學綱要和實踐要道是戒、定、慧「三學」。佛教徒要修持遮惡從善的各種規範，要攝散澄神，觀悟佛道，要廣學佛理，消除無明，提升智慧。由戒生定，由定發慧，戒、定、慧三者，缺一不可。此外，又有八聖道、六度等的進一步闡論。相較之下，中國淨土宗專修稱名念佛，禪宗主隨緣任運，其修持之簡易性是十分明顯的。

（六）重圓融

圓融，即圓滿融通。從中印佛教史來看，圓融構成了中國佛教區別於印度佛教的又一重要特點。

印度佛教歷史大體上是由統一到分裂、分派，是一個不斷地分化、衍生的過程。印度佛教於西元前六～前五世紀創立，約西元前三世紀，分裂為保守的上座部和革新的大眾部兩個部派。後來這兩個部派又分化為18個或20個部派。西元一世紀，在家信眾組織的菩薩團成立，標誌著大乘佛教的形成。迄至大乘佛教中

期，又分為中觀學派和瑜伽行派兩大派別。後來兩派又各自分化出不同的派系。西元七世紀中葉，又形成密教。密教的產生，涉及佛教與印度教的關係。此時伊斯蘭教軍隊屢次入侵印度，印度大眾由於反抗意識主導而傾向於民族宗教印度教，佛教則為了維護自身的存在，也逐漸融合於印度教並導緻密教化。至十二世紀末，佛教已完全融入於印度教中，並在伊斯蘭教軍隊的摧毀下，奄奄一息，終至銷聲匿跡。可見，印度佛教雖也有圓融思想，但在內部，不斷分化是其主流，而在外部，則因與印度教融合而導致自身特質的喪失，從而也就失去了獨立存在的價值。

中國佛教則不同，它的流傳是一個從譯經、講習到創新的過程，是一個由分派到融合的過程。它在流傳過程中，不僅融入了中國傳統文化之中，而且又保持了自身的特質，成為中國傳統文化儒、道、佛三大組成部分之一。中國佛教的圓融是成功的，譜寫了中國文化史上的光輝篇章。

中國佛教內部的圓融，主要表現為，一是教相判釋，二是中印異質文化融合，三是諸宗合流。教相判釋即判教。佛教經典浩如煙海，且又大小乘不同派別的學說混雜一起介紹過來，在教義內容上多有不一致之處。中國佛教各宗派普遍採用判教方式，把各經典加以綜合、融通，依說法的時序、對象、內容和形式的不同進行排列，成為一種順序過程，而不致產生矛盾。關於中印佛教文化，如上所述，印度佛教追求未來，重在來世的安頓，中國文化奉行忠、孝、仁、義之道，重在現實的關照，兩種文化基質不同。而中國佛教運用中道圓融精神，使兩者互相融合，成功地實現了佛教中國化的整合。又與判教學說相適應，唐代以後各個宗派之間融合傾向也日益增強，先是實現禪教一致，次是各宗與淨土的合一，再是以禪淨合一為中心的各派大融合，這也是中國佛教歷久不亡、沒有被邊緣化的重要原因。

中國佛教外部的圓融，表現為與中國社會政治、倫理道德、價值觀念、信仰習俗等多方面的融合會通。如佛教鼓吹「仁道」的政治，宣揚佛教的存在需要「國主」的支持，以求王權的保護。佛教主動調整有違中國倫理道德的話語，宣揚孝順父母、尊敬君主，以求與中國倫理道德觀念的協調。佛教綜合因果報應論

國家圖書館出版品預行編目(CIP)資料

方立天講談錄 / 方立天 著. -- 第一版.
-- 臺北市：崧燁文化，2019.01
　面；　公分

ISBN 978-957-681-655-0(平裝)

1.佛教哲學 2.中國

220.11　　　　107021143

書　　名：方立天講談錄
作　　者：方立天 著
發行人：黃振庭
出版者：崧博出版事業有限公司
發行者：崧燁文化事業有限公司
E-mail：sonbookservice@gmail.com
粉絲頁　　　　　網　址：
地　　址：台北市中正區重慶南路一段六十一號八樓815室
8F.-815, No.61, Sec. 1, Chongqing S. Rd., Zhongzheng Dist., Taipei City 100, Taiwan (R.O.C.)
電　　話：(02)2370-3310　傳　真：(02) 2370-3210
總經銷：紅螞蟻圖書有限公司
地　　址：台北市內湖區舊宗路二段121巷19號
電　　話：02-2795-3656　　傳真：02-2795-4100　網址：
印　　刷：京峯彩色印刷有限公司（京峰數位）

　　本書版權為九州出版社所有授權崧博出版事業股份有限公司獨家發行電子書及繁體書繁體字版。若有其他相關權利及授權需求請與本公司聯繫。

定價：500 元
發行日期：2019 年 01 月第一版
◎ 本書以POD印製發行